国家林业和草原局普通高等教育"十三五"规划教材

应用写作

陈勇 林平◎主编

中国林业出版社

图书在版编目（CIP）数据

应用写作 / 陈勇，林平主编.—北京：中国林业出版社，2021.7（2024.9重印）
国家林业和草原局普通高等教育"十三五"规划教材
ISBN 978-7-5219-1208-1

Ⅰ.①应… Ⅱ.①陈…②林… Ⅲ.①汉语—应用文—写作—教材 Ⅳ.①H152.3

中国版本图书馆CIP数据核字(2021)第108735号

策划、责任编辑：曹鑫茹	责任校对：苏 梅
电　　话：（010）83143560	传　　真：（010）83143516

出版发行　中国林业出版社（100009　北京市西城区德内大街刘海胡同7号）
　　　　　E-mail:jiaocaipublic@163.com　电话：（010）83143500
　　　　　http://www.forestry.gov.cn/lycb.html
印　　刷　北京中科印刷有限公司
版　　次　2021年7月第1版
印　　次　2024年9月第3次印刷
开　　本　787mm×1092mm　1/16
印　　张　20.25
字　　数　460千字
定　　价　58.00元

未经许可，不得以任何方式复制或抄袭本书之部分或全部内容。
版权所有　侵权必究

前言

北宋文学家、哲学家周敦颐在《通书·文辞》中曾有言："文所以载道也。"可见，文章的本意在于叙述事情，说明道理。由此，写作的初衷是为了便于沟通。应用写作是一种为适应社会生产、生活的实际需要，为解决一切实际问题而从事的写作活动，其目的是实行管理、传递信息等社会效用，主要行使经济社会管理的实用性功能，是一种最直接、最有效地为表述思维、传播信息、解决问题从而实现社会服务的写作。在各类文章体裁中，应用文与人们的关系最密切、最直接，使用频率最高、范围最广。大到国家制定政策法令，小到单位和个人处理日常事务，都离不开应用文。党政机关指导工作，需要使用党政公文；企业开展生产经营，需要使用商业合同；科研人员发表研究成果，需要撰写学术论文；新闻记者报道公众事件，需要形成新闻稿件；甚至个人生病请假，也需写一份请假条。一个人可以一辈子不写小说、散文、诗歌和剧本，但在生活、学习和工作中却免不了要写应用文。正如叶圣陶先生所说："大学毕业生不一定能写小说诗歌，但是一定要能写工作和学习中实用的文章，而且非写得既通顺又扎实不可。"基于此，我们编写此书，以期为有志于精进应用写作的学子提供帮助。

本教材在南京森林警察学院2019规划教材《应用写作实务》（2019404）的基础上，结合多年《应用写作实务》课程教学实践，更加注重本科教学中应用写作能力的系统化培养，厚基础，重提升，系统化设计教学体系，兼顾理论性和实用性。既有对各类应用文文种概念、使用范围、特点、写作规范等基础知识的详细阐释，又有在纠偏错误认识、重塑审题思维、搭建论述框架、填充论证"血肉"、优化美学体验等几个方面的着力强调；每个文种都辅以例文，使学生在学习中体会、模仿、实践，最终为学生形成良好科学的思维模式、问题意识，提高学生的综合分析能力、解决问题能力和文字表达能力，为学生更好地走上工作岗位、理解社会、感悟人生提供助力。

本教材注重做到三个结合：

一是课程与思政的结合。应用写作历史源远流长，其背后蕴含着许多文化因素、价值观念和审美情感。本教材注重有针对性地选择能够体现党和国家政策、伦理道德、行为准则、职业精神、先进典型、优秀传统文化的内容和例文，力图使学生在学习过程中锤炼政治素养、涵养人文素养、提升专业素养；注重通过对不同文种写作规范的训练，培养学生实事求是、严谨扎实、善于协作的工作态度和工作作风；注重通过对应用写作意义的进一步阐述，使学生领略文字和写作艺术的魅力，进而成长为既具有应用写作能力、良好语言表达，又兼具家国情怀的德智体美劳全面发展的社会主义合格建设者和接班人。

二是学与思的结合。本教材采用深入浅出的语言叙述知识点，利用大量例文重现学生写作情境，帮助学生分析应用写作过程中的难点疑点，引导学生从"想明白"到"写明白"的转变。

三是条与块的结合。本教材采用模块化方式布局，从应用写作基础、党政公文、事务文书、新闻文体、科技文书、申论等不同知识模块着手，分章叙述；同时，在每章内按照理论基础构建、结构写法、例文赏析、难点剖析等方面建构内容，形成经纬交织、逻辑严密的学训体系。

本教材共分为六章。第一章为应用写作概论，第二章为党政公文写作，第三章为常用事务文书写作，第四章为新闻文体写作，第五章为科技文书写作，第六章为申论写作。其中，第一、三章由陈勇编写；第二章由刘烨、任贤兵编写；第四章由刘烨编写；第五章由陈积敏编写；第六章由金秋编写。全书由林平指导、统筹及审定。

本教材在编写过程中参阅了大量优秀教材、专著、学术论文，借鉴吸收了很多专家、学者的教学体会与研究成果，同时，还采用、改编了不少机关单位、高校的成型文书作为例文。由于篇幅有限，未能一一标记。在此，我们一并向相关作者、刊物、网站致以衷心感谢！

受限于编者水平，书中难免有疏漏与不足之处，诚请各位专家、同行及广大读者不吝指正！

编　者

2020 年 12 月

目录

前言

第一章　应用写作概论 / 001

第一节　写作概述 / 002
第二节　应用写作概述 / 007
第三节　应用文概述 / 012
第四节　应用文撰写基础 / 015
第五节　学习应用写作的方法 / 037

第二章　党政公文写作 / 043

第一节　党政公文概述 / 044
第二节　党政公文格式 / 049
第三节　通知 / 054
第四节　通报 / 062
第五节　通告 / 068
第六节　请示 / 070
第七节　批复 / 075
第八节　报告 / 078
第九节　函 / 083
第十节　纪要 / 087

第三章 常用事务文书写作 / 091

第一节　事务文书概述 / 092
第二节　计划安排类文书 / 095
第三节　总结报告类文书 / 112
第四节　发言讲话类文书 / 124
第五节　调研分析类文书 / 147
第六节　礼仪信函类文书 / 156
第七节　会务材料类文书 / 165
第八节　宣导推动类文书 / 180
第九节　典型材料类文书 / 189
第十节　记录记载类文书 / 200

第四章 新闻文体写作 / 209

第一节　消息 / 210
第二节　通讯 / 219

第五章 科技文书写作 / 233

第一节　科技文书概述 / 234
第二节　文献综述 / 237
第三节　毕业论文 / 242

第六章 申论写作 / 253

第一节　申论概述 / 254
第二节　申论作文写作技法 / 264
第三节　真题解析 / 279

参考文献 / 316

第一章 应用写作概论

写作活动从性质和功能上分,主要有两大类,一类是文学写作,另一类是应用写作。文学写作是艺术创作,以审美的方式反映生活;应用写作重在应用,它是与人们的工作、学习、生活关系最直接、最密切,最有实用价值的写作。

在我国,应用写作、应用文章的产生和发展与社会发展始终紧密伴随,甲骨卜辞、钟鼎铭文等作为萌芽,证明应用写作、应用文章的产生是源于实用、源于社会现实需要。我国古代有诸多涉及应用写作的理论研究和实务探索。《典论·论文》《文心雕龙》等,不仅建构了古代应用文章写作的理论体系,奠定了应用文体与一般文章的分类基础,而且明确了应用文体写作的经国理政功用,对后世影响深远。

作为一种创造性活动,应用写作需要遵循内容建构、文体结构和语言表达等方面的要求和规律。除此之外,写作者的积累和实践对应用写作也具有重要意义。"胸藏万汇凭吞吐,笔有千钧任翕张"。积累是写作的基础,写作是积累的最好表达。只要能够不断提高观察能力,积累生活;扩大阅读范围,积累语言;注重真实表达,积累情感;加强写作训练,积累写法,应用写作能力一定会得到明显提升。

第一节 写作概述

一、"写作"溯源

作为一种人类行为，写作伴随着文字的产生而产生，是社会生产、社会分工、社会发展的产物，是人类精神生活与实践活动的重要组成部分，在人类文明进程、国家繁荣发展、个人成长进步中具有极其重要的作用。

在英语中，"write"的含义是"写作、著述"（do the work of an author, compose for publication）。这一含义将写作视为一种专业要求高、目的性十分明显的活动，并将其与特定的行业、与发表出版的社会效益和功利追求相连结。

在汉语中，"写作"由"写"和"作"两个汉字构成。"写"即"瀉"的本字，含有"输瀉"之义。《说文解字》释"写"为"置物也"。段玉裁作注说："按凡倾吐曰写。"可见，"写"虽然是由"物的倾瀉"而来，但后来转为表达心灵的倾吐、抒发。《诗经·小雅·蓼萧》中有"既见君子，我心写兮"的表述，这里的"写"含有"写意""写忧""写怀"之意，即表露心意、发泄忧闷、抒发胸怀，以求信息的传达或情感的宣泄和解脱。同时，"写"还有抄录、誊写、描摹之意，即用笔书写、记写和描画等操作和劳动。这两个基本义，已经体现了今天"写作"所表达的思想情感的外化以及记写行为和过程等实质性含义。

《说文解字》对"作"的释义是"起也，从人从乍"；《广雅·释诂》认为"作"是"始也"。事物的初始兴起，正是"作"的本义。加"人"字旁强化人的创造意识，既有创作之意，也指出了这是人的一种外部行为动作。

由此可见，"写""作"两字连结起来，实际上体现了从内部倾吐到外部书写的整体行为过程。

尽管写作实践伴随着人类文字的产生而产生，但溯源而论，在我国历史上，"写作"一词的确出现较晚，使用并不广泛，且内涵多有迁变。如"落日闲云归意促。小倚蓬窗，写作思家曲"（宋·张孝祥《蝶恋花·行湘阴》）、"初为郢中唱，再奏邯郸吟。不惜努力歌，写作绝代音"（明·高启《拟古十二首·其二》）等诗词句中的"写作"，意同"写成"，指创作诗文、绘画等；"女工针指，百伶百俐，不教自能。兼之幼时，贺司户曾延师教过读书识字，写作俱高"（明·冯梦龙《醒世恒言·吴衙内邻舟赴约》）、"壁间一联云：'直把春赏酒，都将命乞花'，写作俱佳，饶有雅人深致"（清·周友良《珠江梅柳记》）中的"写作"，又指的是书法和文章。

就发展历程来看，"写作"在我国古代多以"著文""作文""为文"等代替，如"笔能著文，则心能谋论"（东汉·王充《论衡·超奇》）、"乃重修岳阳楼，增其旧制，刻唐贤今人诗赋于其上。属予作文以记之"（宋·范仲淹《岳阳楼记》）、"为文必在养气"（明·宋濂《宋文宪公全集》）、"必尽读天下之书，尽通古今之事，然后可以放笔为文"（明·万斯同《与钱汉臣书》）。清代以后，"作文"一词被更加广泛地使用，如倪士毅的《作文要诀》、唐彪的《读书作文谱》、梁启超的《中学以上作文教学法》、陈望道的《作文法概要》、叶圣陶的《作文论》等。可见，"著文""作文""为文"是"写作"的前身，"写作"是"著文""作文""为文"的发展。这些词在其源头都用来描述动态的写作行为，在后来的演变过程中又逐渐可用来表示物化的静态的写作成品。《辞源》(1980年版)在阐释"写作"时强调，"写"为"用笔作字"，"作"系"创作""撰述"。这一释义不仅规定了写的工具和写的行为，体现出"写作"是人类独有的一种实践活动；而且指出写作的目的是制作出人类独具的精神产品，应包含文学审美功能的"创作"和一般的实用性的"撰述文字"。这已经呈现出现代"写作"概念所包括的"行为"与"成品"动静结合的基本内涵。

二、写作的定义

20世纪80年代，我国写作教学和写作研究迅速发展。1981年，中国写作研究会（中国写作学会的前身）第二届年会首次明确提出把写作作为一门独立学科探讨，倡导建立与开创我国独立的写作学。此后，国内学界就"写作"的定义进行了众多探讨，但时至今日，"写作"仍然没有确切而统一的定义。比较有代表性的定义有：

写作指写文章（有时专指文学创作）。

写作是以语言文字为媒介的文化交流行为，是人类各个领域不可或缺的信息记录与传播方式。

写作是一种以文字符号传达的创造意义的制作行为。

写作是人类精神生活与实践活动的重要组成部分，同时也是创作文学作品的重要途径。

写作是以语言文字为工具反映见闻感思，传送信息的创造性的精神生产活动。

写作是人类的一种特殊的、有目的的社会实践活动的记录，是为满足人类社会活动实践和学习社会知识的需要而产生的。

写作就是客观事物通过作者的主观意识在恰当的文字形式中的正确反映。

写作是一种以一定的文字组合形式使反映主客观世界的创造性思维具体显现的传播手段。

写作是运用文字为主的推理符号来传播信息、交流思想，以期发生相应变化的社会活动。

写作是写作者为实现写作功能而运用思维操作技术和书面语言符号，对表达内容进行语境化展开的修辞性精神创造行为。

写作是一个收集、加工、输出信息的整体系统。

以上各种定义，或从功能论、价值论、实践论角度认识写作，或从语言学、文章学、传播学层面思考写作，或从动机、过程、目标等维度观照写作，或从精神、思维、心理等领域透视写作，或从信息论、系统论、控制论等现代"三论"领域诠释写作。不同的定义

从不同的角度，昭示出写作的不同品性和面貌。

结合有关学者研究成果，我们认为，既然写作的中心是文章，写作的目标是文章，写作的物化成果是文章，那写作即是一个呈现文章的行为。

这个定义十分简洁、清晰，较之其他定义，具有如下显著特点：

（一）突出了写作的文本目标

写作行为必须有具体的文本目标，最终必须产生物化的成果，即文章。概括而言，文章是人类在社会生活中反映客观事物、传递信息、表达思想、组成篇章形式的书面语言。作为写作的物化文本，文章和金字塔、故宫、鸟巢、狮身人面像、清明上河图、富春山居图一样，都是具体的存在、物化的形态，也都是客观事物的反映。但与绘画、雕塑、舞蹈等有所不同的是，文章是语言的书面存在形式，而且是合乎语法修辞，具有结构次序和逻辑，严格按照语言规律和思维规律组成的篇章形式文本。不呈现文章的思维（如构思）和书写行为都不能称之为写作。

（二）聚焦了写作的呈现特征

"呈现"一词，也可以表述为"制作""创造""创制"。但写作活动范围包罗万象，写作行为指向十分广阔，写作物化文本形形色色。从大的方面来看，文学创作虚构、想象、创造色彩浓，而应用写作说明、记述、记录成分多，若仅以"制作"或"创造""创制"表述，不足以概括多种多样的写作生态。"呈现"更有包容性，能够泛指所有的写作现象。无论是客体世界栩栩如生的曼妙形象，还是主体心理丰富复杂的精神活动，都要通过语言转换，都要通过笔墨书写或键盘敲打呈现，都要付诸书面语言物化成文，这是写作的突出特征。

（三）强化了写作的行为过程

呈现文章不可能一蹴而就，需要一个过程，且这一创制文章的过程往往伴随着阅读的过程、思考的过程、调查研究的过程、实践的过程。这些过程都服务于具体明确的目标指向，即呈现文章。写作的行为过程，就是文章呈现的过程。因此，强化写作的行为过程，既突出了写作呈现文章过程中表达、修改等外在显性行为特征，又包含了写作行为过程中阅读、构思、体验等内在隐性特征。文章写作过程中呈现什么、如何呈现，均隐匿在写作行为过程中，均是文章呈现需要把握的问题。

从不同的层面和视角研究写作，会呈现出不同的特点和规律，有助于推动写作学学科建设和写作学的深入研究。但就写作教学而言，从写作思维向写作行为的转变、写作意图向呈现文章的有效转变，有赖于学习者体验文章呈现的方法，感悟文章呈现的特点，掌握文章呈现的规律，从而拥有呈现文章的经验和技巧。古往今来，在不断的写作实践探索中，人们逐渐认识到，虽然写作总体上具有实践性和灵活性，即"文无定法"，但却有具有相对稳定的技法与规律，即"术有恒数"。辩证认识、学习研究这些技法与规律，有助于学习者少走弯路，有效提高写作水平。

三、写作的基本部类

作为人类所特有的一种精神生产活动,写作实践主要分为两大基本部类:一类是具有审美功能的文学写作活动,为抒发主观情感、反映现实生活、进行艺术创作而写;另一类是具有实用功能的应用写作活动,为处理公私事务而写。

与此相对应,从现当代文体分类学的角度,写作学界一般把文章分为文学类文体、应用类文体两大部类。文学类文体主要包括散文、诗歌、小说、戏剧等。应用类文体则是一个广义范畴,除了人们经常接触的公私应用文书之外,还包括一些日常不称为应用文的新闻文体、理论文体。

就学习应用写作而言,能否正确认识和把握应用写作与文学写作的异同,是能否有效提升写作能力的关键。二者的区别之处,主要表现在以下五个方面:

(一)写作目的不同

国家机关、社会团体、企事业单位等在工作运转的过程中,发生种种外部、内部的联系和各种需要解决的问题,这便产生了公务应用文,通过它可达到组织、指挥、协调、沟通的目的。作为社会的个体成员,每个人与社会其他成员之间也会发生许多联系,也有许多问题、事务要解决,这便产生了私务应用文。无论公务应用文,还是私务应用文,所要解决的问题都是现实提出的,都是直接的、具体的、明确的,有着现实利害关系的。

文学写作不同,作者不期求也不可能通过文学写作解决现实生活中的具体问题,而是为了抒写自己的志趣、情怀和对自然、社会、人生的体验、认识与感受,追求一种审美创造的满足。如果说文学写作也具有某种社会功利性的话,那么,这种功利目的也是宏观的、久远的、非直接性的。另外,其社会功利性也是附着在其审美价值之上的,没有后者,前者也不复存在。正是因为有这样的特点,王国维曾称文学写作为"无用之用"。

(二)角色定位不同

所谓"角色",就是文章叙述者出现的身份及所处的位置。在应用写作中,作者的角色是真实的、具体的、实在的。私务应用文的作者就是其本人,他以自己确切的身份书写表达并承担相应的责任。在公务应用文中,作者为文时进入的是一个虚拟的角色。这里的虚拟不是虚构或杜撰,而是一个真实身份和确切位置的模拟与代言,作者必须排除自我或小我的介入,立足于所拟定的角色的角度书写表达。

在文学写作中,作者如果以第三人称叙述,这个身份完全是虚化的,没有任何确切的指向,纯粹是出于叙述方便的需要。如果使用第一人称身份叙述,要么是虚构出来的"我",要么是泛化的"我",并非仅指作者本人。即便是《藤野先生》(鲁迅)、《背影》(朱自清)这些作品,作者虽然看起来十分真实、确切,但却具有抒情主体的角色性质,与应用写作中作者角色有着迥然不同。

(三)真实要求不同

对于应用写作来说,真实是灵魂和生命。这个真实是指事实本身存在的真实以及作者对事实本质的准确把握与表述。应用文所依据的是党和政府的路线、方针、政策和法律法规，引用和表述时不得发生偏离和出入；所使用的事实材料必须是确凿无误的，不得从利害好恶出发对事实真相加以隐瞒和改变；作者必须抱着对党和人民、对社会和他人高度负责的态度，对文中所有涉及真实性的内容严格把关。新闻如有虚构，人们对时局的认识会陷入误区；广告如有虚构，人们对商品的认识会陷入误区；文书如有虚构，公务活动和私务行动会陷入误区。

文学写作也强调真实，该真实追求的是对生活本质的成功艺术概括，是指艺术的真实而非生活的真实。以《红楼梦》为例，曹雪芹写得虽然很有现实生活的影子——清代曹氏家族由兴到衰的经历——但为了感染人，作者通过虚拟、假定、联想、拼合、夸张等艺术手法，创造了众多艺术形象，构建了一个既似南京随园又不是随园，既似北京恭王府又不是恭王府的"大观园"。郭沫若的历史剧《屈原》，把屈原一生的坎坷浓缩在一天内来展现，创造出了婵娟的形象，改写了宋玉的历史形象。这些文学允许虚构的艺术真实，应用写作却与之绝缘。

（四）思维方式不同

抽象思维（又称逻辑思维）是应用写作的主要思维方式。应用写作讲究以事实为依据，讲究开门见山、直奔主题，讲究材料观点相宜、因果对应。这个过程，就是运用概念、判断、推理的过程，就是抽象思维的过程。

文学写作则不同。为了达到以情感人的目的，文学创作往往通过形象思维，以象征、拟人、想象等手段，创造出一个个意象，形成一个个引人入胜的意境。《水调歌头·明月几时有》（北宋·苏轼）中的"不知天上宫阙，今夕是何年。我欲乘风归去，又恐琼楼玉宇，高处不胜寒。起舞弄清影，何似在人间"，虚拟了天上、人间两种意境，正是运用形象思维的佳作。

（五）语体风格不同

话语交际在一定的语境中进行，由不同语境类型决定并形成了不同的语体风格。应用语体又称事务语体或公文语体，隶属于书面平实语体，强调庄重朴实，简洁准确、明快严谨，避免歧义和含混不清；用词上讲究妥帖合度，常用一些专有术语和习惯用语，较少使用语气词、叹词、象声词、儿化词等。行文中常用完全句、常式句，以陈述句和带祈使性的句子为多，多用介词、连词等，长定语、长状语、插入语较多。在修辞方式上，主要使用消极修辞手法，以明确、通顺、严谨等为标准。即便使用积极修辞，也往往局限于排比、比喻、层递等一般手法，不会为了追求艺术性使用双关、反语、婉曲、拈连、夸张、拟人、借代、通感、象征等手法，也不追求绘声绘色和声律和谐。这一语体风格特点是与其重实用功能相联系的。

文学语体也称书面艺术语体，追求语言的生动性、情意性和独创性，可以选用所有的词语、句式句型和修辞方式，具有异彩纷呈、灵活多变的特点。很多体裁还讲究节奏和韵律的优美与和谐，追求意境的创造和情感的表现。用词上特别讲究喻义、转义和临时性变义，常是言外有他义、弦外有他音。修辞上常用比喻、拟人、夸张、借代等各种修辞方式以加强作品的感染力。由于文学语体强调语言的独创性，因此最能体现个人的语言风格。文学语体的这一风格特点是与其对审美价值的重视与追求相联系的。

应用写作与文学作品写作的区别还有很多，如格式要求不同、时效要求不同等，但主要区别体现在上述五个方面。理解并掌握二者的区别，能够有效减少学习应用写作时的盲目性，避免认识上的混乱，增强自觉性，提升学习效果。

同时，我们也应认识到，应用写作与文学写作也有相互支撑、交叉渗透、互融互通的方面。文学写作中体现出的一些写作实践活动特点和规律，文章写作的基本理论、基础知识和方法，以及文学作品展示的世事人情，对于提高应用写作水平往往有着直接或间接的帮助。《谏逐客书》（秦·李斯）、《答司马谏议书》（北宋·王安石）、《出师表》（三国蜀汉时期·诸葛亮）、《陈情表》（三国两晋时期·李密）等，既是当时的应用文，又是传诵千古的文学名篇。毛泽东同志的一些讲话、调研报告、为新华社起草的电文、与党内外人士交往的一些书信，往往兼具应用文体和文学文体的某些特点，极具个性和魅力。

在进行应用写作时，关键在于作者除了具有一定的专业知识、社会知识外，还要具备一定的文学素养，把某些文学性的因素恰当、适度地运用到应用写作中去，使文章在保证其基本特征不受损害的前提下增强鲜活性、可读性和表现力。如果片面强调应用写作自身固有的特点，简单排斥它与文学写作交叉互动的一面，就会割断应用文发展的丰富资源，剩下一套单调乏味的"公文腔"。这样既无法提高写作水平，也难以实现好的写作效果。

第二节　应用写作概述

一、应用写作的概念

所谓应用写作，即呈现应用文章的行为，是一种为适应社会生产、生活的实际需要，解决实际问题而从事的写作活动。

应用写作和文学写作运用的表达工具都是语言文字，但二者的社会功能作用却十分不同。应用写作的直接目的和作用是实行管理、传递信息等社会效用，主要体现"实用性"功能，是一种最直接、最有效地为表述思维、传播信息、解决问题从而实现社会服务的写作；文学写作的主要功能是抒发主观情感，反映现实生活。通过文学作品中艺术形象的塑造，能够对阅读欣赏者实现审美愉悦和陶情冶性的教育影响作用，体现"审美性"功能。

二、应用写作的性质与特征

应用写作的基本性质和功能，体现在"应用"二字上。具体而言，可从四个方面去理解：

（一）写作内容

应用写作的写作内容是经济社会管理、社会生产生活以及实际工作中所需要解决的问题，具有直接的应用价值，在经济社会管理中起到"中介性"和"工具性"的功能作用。

（二）写作目的

应用写作有着直接明确的写作目的，或传播信息，或交流经验，或指导工作，或指挥行动，或协调关系，或告知事项，针对性很强，社会职能明确。

（三）表现方法

应用写作的表现方法不是采取文学写作的艺术化方法，而是采用朴实简练、准确真实、实录直书式的表达方法，直接宣明写作主旨和目的，依靠事实材料表述和逻辑分析论证来"说话"。

（四）形式结构

应用写作的文体结构组合形式一般都有规范性和程式化的要求。从内容组织到外在形式，即材料的安排和格式的运用上，应用文体都有较为固定的"套路"和格式。有些应用文具有定型的内在结构和外在形式（如表格式应用文），写作时要求"循规蹈矩"；有些应用文虽然没有绝对固定的格式，但却在内容构成上有一定的规律可循。

总之，解决实际问题的明确写作目的、真实具体的写作内容、朴实简练和准确直书式的语言表达、较为规范的写作格式要求、直接产生实际工作效益的写作价值，以及在经济社会运行中起到的"中介性"和"工具性"的功能作用等特点，构成了应用写作活动的本质特征。

三、应用写作的产生与发展

（一）原始社会时期

应用写作和应用文，是人类社会发展到一定阶段的产物。原始社会绵延数十万年，在没有出现文字之前，人们在生产劳动、经济往来、战争、宗教等种种活动中，创造出能够记事载言、传递信息、表情达意的原始形态的"应用文"，包括口头形态和物画形态。

据《史记·五帝本纪》记载，舜帝巡狩时，出于治理国家的需要，会把有关言论遍告天下，这可以说是口头的"公告""通告"。

物画形态指实物记事和图画记事。典型的实物记事是结绳，这在古籍中多有记载。实物记事大多只能记载简单的事情，而且外人难以理解，而图画记事借助形象能说明复杂的内容，具有更强的传递信息、表情达意的功用。

在原始社会漫长的孕育时期，在没有出现定型的文字之前，口头和物画的原始形态是形成应用文章的胚胎。这两种形态虽然不是真正意义上的应用文和应用写作，但在原始社会人类的生产、生活中起到重要作用，具有明显的应用性质，也对文字的产生、文章的形成有重要意义。

（二）先秦时期

先秦是指夏、商、周至秦统一中国之前。这一时期，应用写作、应用文产生的两个前提条件——文字和国家——均已具备。

殷墟甲骨刻辞是现在所知道的最早的文章形式的萌芽，也是最早的应用文章形式的萌芽。这些甲骨文刻辞长短不一，短则几个字，长则几十个字，多是占卜记录，内容包括征伐、祭祀、年成、风雨、农事、渔猎、畜牧等，具有明确的社会功用，实用性很强，文辞简括而有表现力，不但体现出公务应用文的严肃性，而且开始出现了最基本的篇章形式的萌芽。如下面这则记事辞：

壬午，王田（畋）于麦菉（麓），（获）商（商河）识（魅）兕，王易（锡、赐）宰丰寝（饮）小脂兄（兕觥）才（在）五月，隹（唯）王六祀彡日。

辞的大意是：壬午那天，王田猎于麦山山麓，获取商河角犀，赐给宰丰并用小兽形酒器（兕觥）饮酒，在五月王六祀三日。这里具备了时间、地点和事件前后经过，内容已稍复杂，记叙相当清楚，形式整齐，表明构思、表达较有次序，形成了最基本的篇章形式，而且可能体现了较为固定的程式，这正体现了公务应用文的特点和要求。

这一时期成书的《尚书》是我国第一部以应用文为主体的文章集，被学术界普遍认为是我国古代应用文章已经形成的标志。《尚书》中出现了诰、誓、命等应用文体裁，一度成为古代应用文体裁的典型，对秦汉及以后各朝代公务应用文撰制产生了深远的影响。到春秋战国时期，应用文由卜问到记言、记事、论说，文种不断增多，大幅扩展了反映社会生活的广度和深度。清章学诚在《文史通义·诗教上》中提出："盖至战国而文章之变尽。""至战国而后世之文体备。"这个论断虽然有所夸大，但从应用写作和应用文的发展源流来看，春秋战国的确形成了众多应用文体裁。这是秦汉及以后应用文体裁发展、演变的先河。

（三）秦汉时期

秦汉时期，应用写作和应用文发展到了较为成熟的阶段。应用文章体式、语言进一步发展，体裁分类更加稳定规范。

秦初并天下之后，不断健全文书制度，首开公务应用文体裁分类规范化之先河。秦建立健全文书制度主要体现在三个方面：一是文种增加；二是文体内涵发生变化；三是行文关系开始有了明显的区别。秦还规定了一些公文格式。如"奏"类公文，开头应写"臣昧死言"，结尾要写"稽首以闻"，以示对君权的尊服。除公文之外，这个时期还出现了"书""议"和"碑志"等应用文体。

汉代的应用写作既承秦制，又有所发展，是一个承前启后的时期。这时出现了许多新的应用文体。《文心雕龙·章表》指出："汉定礼仪，则有四品：一曰章，二曰奏，三曰表，四曰议。章以谢恩，奏以按劾，表以陈情，议以执异。"《史记》和《汉书》这样的长篇记叙性文体的出现，代表了这一时期记实文章写作的高水平。不仅文种增加，而且各类

文种的分工和要求也越来越明确，形式也随之越来越完备、固定。公文发展的同时，民间的契约、书信之类的应用文也随着社会经济和人际交往的发展而发展、完善起来。在理论方面，东汉时期的王充在他的巨著《论衡》中，阐发了许多精辟的写作观点，如"为世用者，百篇无害。不为用者，一章无补"，这就从宏观上突出地强调了应用写作的目的性和实用性。

（四）魏晋南北朝和唐宋时期

我国古代应用写作和应用文开始走入成熟的发展阶段，是魏晋南北朝时期至唐宋时期。这有三个标志：各种应用文体裁形成了明显的文体特点；众多应用文体裁有众多名篇问世，并出现了众多应用文名家；形成了古代应用文体研究理论。

魏晋南北朝时期，应用文的适用范围、名称、格式又有了新的发展变化，记叙、议论、描写、说明、抒情五大类文体已发展齐备，文坛上始有"文""笔"之分。"文"指诗、辞、赋等文学作品，"笔"指各种散体应用文章。自有"文""笔"分野始，"文学"的概念逐渐明确，而应用写作与文学写作也从混同中分离出来，取得了各自独立发展的地位。这一时期应用写作取得了十分可观的成就：一是属于奏议类的用以陈情的"表"大为兴盛，发展起来；二是又出现了"启""檄移"（檄文、移文的并称，前者多用于声讨和征伐，后者多用于晓喻或责备）等新文体；三是曹丕的《典论·论文》、刘勰的《文心雕龙》、陆机的《文赋》等学术巨著的诞生，显示了应用写作已取得了空前的成果。

曹丕的《典论·论文》是古代文学理论批评史上第一篇专篇论文，第一次从宏观上提出了文章价值说，强调"文章者，经国之大业，不朽之盛事"。曹丕还进一步提出了"四科八体"的文体论，并具体分析了它们不同的写作特点，指出"奏议宜雅，书论宜理，铭诔尚实，诗赋欲丽。"至此开了以体论文的先河。

刘勰的《文心雕龙》被奉为我国古代文学理论的不朽巨著。在这本书中，论述的文体共有五十九类，其中四十四类属于应用文。刘勰对应用文功用的评价比曹丕评价的更为具体。他提出，"章表奏议，经国之枢机"。应予注意的是，这个评价专指章、表、奏、议类公务应用文，论述对象更为明确，足见应用文在国家政事中的价值和功用。

唐宋时期应用写作又有了新的发展，产生了一些新的公务、私务应用文体，如册、制、敕、赠序、杂记等。这一时期，还出现了辨、说、解、原等独立的论说类新文体。一些公文文种名称也发生了一些变化。总体而言，唐宋时期公文的格式逐渐完善并且固定，惯用的行文方式已经形成。宋代不仅对公文首末用语、避讳等作了严格的规定，而且对书写文字的大小、行的字数、年月、件数等细节，都作了详尽的规定，格式和行文表达日趋严格规范。

（五）元明清时期

元明清时期是我国古代应用写作和应用文稳定发展阶段。相对于魏晋南北朝、唐宋时期的发展成熟和名家辈出、名篇如云，元明清时期的应用文体总体沿袭了前一个时期特别是宋代的体裁和规范，也未出现更多有如魏晋南北朝时期的文论大家和唐宋时期的杰出创作主体，表现出一种成熟之后的稳定。

元代历史不长，总体承宋制，应用写作和应用文没有多大变化。明清时期应用写作取得的辉煌成果，突出地表现在科技应用文的繁荣和应用写作理论的发展两方面。在科技应用文写作上，明代徐光启的《农政全书》、李时珍的《本草纲目》、宋应星的《天工开物》等科技著作的出现，使说明性应用文的写作大大发展起来。在应用写作理论研究上，明代归有光的《文章指南》，清代李渔的《闲情偶寄》、章学诚的《文史通义》、姚鼐的《古文辞类纂》等理论著作，总结了历史上应用写作的经验和技巧，对于提高当时的应用写作水平，起到了较大的推动作用。

然而，由宋代兴起的繁杂文风，到明清时期已发展到极其严重的地步。这一时期，公文种类名目繁多，重复混杂，多至几十种，其中平行文数种，上行文和下行文各有十余种。繁文缛节、陈词滥调已成为当时公务文书的一大弊病。

（六）近现代以来

辛亥革命后，公文文种发生了根本性的变化。最大的特点是文种大大简化了。1912年，中华民国临时政府颁布了辛亥革命以来第一个公文程式条例，废除了旧有体式，确立新的公文文种和用途。1927—1928年，中华民国国民政府先后颁布了三个公文条例，以加强其政务管理。与此同时，中国共产党领导下的苏区工农民主政权也确立了自己的公文文种，当时规定下行文有命令、指令、指示、决定，上行文有报告，平行文有信电，对外宣传有布告、通告等。抗日战争时期，为战时需要，文种有所简化。解放战争时期，由于形势的发展，解放区机关职能的扩大，文种又有所增加，如训令、布告、批复、通知、通报、公函等。这一时期，历代相承的公务文书在发展中变化，文种由多到少，文体由繁变简，文辞日趋浅显易懂，无论是内容还是形式，都与封建社会的公务文书有着本质的不同，为中华人民共和国文书制度的确立奠定了基础。

1919年五四运动前后掀起的白话文运动，为应用写作和应用文的发展注入了新的生机。应用写作在废弃文言文之后进入了现代白话文写作的新阶段，这一转变是应用写作由古代进入现代的标志。

在这一时期，我国出现了许多文章写作大家，这其中最典型的范例是毛泽东的政论和鲁迅的社会杂感（杂文），其思想性和艺术性都开创了一代文章写作之新风。20世纪二三十年代，陈独秀、胡适、刘半农、钱玄同、陈望道、叶圣陶、夏丏尊等，为现代应用写作理论建设作出了巨大贡献，立下了开创之功。陈望道的《作文法讲义》、叶圣陶的《作文论》、夏丏尊和刘薰宇的《文章作法》、叶圣陶和夏丏尊的《文心》《文章讲话》、刘半农的《应用文之教授》、钱玄同的《论应用之文亟宜改良》等一系列著作，大大丰富了现代应用写作理论的宝库。

中华人民共和国成立以来，党和国家为建立完善和统一公文制度做了大量的工作。20世纪50年代，先后颁布了《公文处理暂行办法》《关于对公文名称和体式的几点意见》，把公文进行了分类和规范要求。党的十一届三中全会以后，为适应新的社会政治经济形

势，国务院办公厅分别于1981年、1987年、1993年、2000年先后四次发布《国家行政机关公文处理办法》，规定公文的种类和体式。2012年中共中央办公厅、国务院办公厅印发的《党政机关公文处理工作条例》进一步调整了公文的种类及其适用范围，使之更加明确、规范、科学，有利于提高办事效率和信息的传递。这标志着我国公务应用文的改革到了更加成熟、完备、科学和规范的程度，也标志着我国应用写作进入了蓬勃发展的新时期。

第三节 应用文概述

一、应用文的概念

应用文是应用写作活动的物化形态，是党和国家进行有效管理的一种工具，也是人们开展日常工作、参与社会活动、交流思想、传递信息、处理事务的一种工具。

"应用文"一词，一般认为出自《艺概》（清·刘熙载）。刘熙载在《艺概》中指出："辞命体，推之即可为一切应用之文。应用文有上行，有平行，有下行。重其辞乃所以重其实也。"在此之前，《答刘巨济书》（北宋·苏轼）、《跋陈后山再任校官谢启》（南宋·张侃）都分别出现过"应用文"一词，但都与专门的文体概念相去甚远。刘熙载所说的"一切应用之文"，尽管也不是为了诠释应用文概念，但其强调应用文重在实用，已经深入到应用文体的性质。这对于研究应用文源流具有重要参考价值。

如同"应用写作"难以给出明确而统一的界定一样，对于什么是应用文，历来也存在着种种不同的看法。学术界有四种常见观点：

（1）应用文即一切非文学之文。早在五四运动时期，陈独秀就提出，"文之大别有二，一曰应用之文，一曰文学之文"。刘半农把文分为"文学"和"文字"两大类，将诗歌、戏曲、小说等列入文学范围，将评论、文告、日记、信札等列入文字范围。这里的"文字"与"应用之文"名词虽不同，但实质并无太大差别。客观地说，这种"文学之文不能应用，应用之文不是文学"的见解完全可以作为文体分类理论的基本出发点，是对文体理论的宝贵贡献。但将一切非文学之文均视为应用文，却是对应用文概念的泛化。

（2）应用文即经常应用之文。《现代汉语词典（第7版）》指出："应用文指日常生活或工作中经常应用的文体，如公文、书信、广告、收据等。"但什么是"经常应用"，并无清晰界定，且与"不经常应用"之间很难有一个统一的划分标准。仅以"经常应用"为判断依据缺乏说服力。

（3）应用文即互相往来使用之文。如"凡个人与个人之间，或机关团体与机关团体之间，或个人与机关团体之间，互相往来所使用之特定形式之文字，谓之应用文"。这一概念强调了接受对象的明确性、操作行为的约定性和使用主体的广泛性。把"互相往来"等特征作为一些应用文的一般特征并无错误，但这不是所有应用文体的特征，也不是应用文区别于非应用文的本质特征或根本属性。

（4）应用文即实际应用之文。有学者提出，应用文同其他文体之间的最大差异，就在于"应用"二字，并提出以"直接价值"作为鉴别应用文的依据。也有学者根据传统观点，把文章的用途归并为载道、怡情、致用三大类，强调"凡作品不含载道功能，不带感情作用……以实际应用为目的者属之（应用文）。"这些观点强调实际应用和直接价值，是认识和研究应用文的重要思路和基本出发点，但却冲淡了应用文的其他特性，并非一个全面准确的概念。

由此可见，由于认识的角度不同，加之应用文文体异常繁杂、差别极大，要认识并揭示它们共同的本质属性确实具有难度，也根本无法提出一个包罗万象、精确完美的定义。

我们认为，直接作用于人的实践领域，直接服务于特定具体的实用目的，具有直接的应用价值，是"应用"的深层含义，能够较好较全面地体现应用文的客观规律性。由此，为方便教学，特对应用文做如下定义：

应用文是指直接作用于人类日常生活和工作等行为实践领域，为具体的实用目的而作，具有直接应用价值的实用文体的总称。

二、应用文的分类

应用文的分类是一个复杂的问题，其困难在于，既要考虑各类应用文的特征，又要照顾实际分类工作的需要，加之新的应用文文种不断产生，因此很难遵循同一标准。有学者对近现代应用文体进行系统归纳后发现，应用文种类多至300余种，是一个文体极其混杂的范畴。通常而言，可按照使用领域，从广义的角度，可将应用文书大体分为以下四类：

（1）公务通用类应用文。指党政机关、社会团体和事业单位用于处理公务的应用文。既包括党政机关公文，如通知、通报、报告、请示等；又包括机关事务文书，如计划、总结、简报、介绍信等。

（2）日常生活类应用文。指个人用来处理日常生活事务的应用文，如书信、讣告、请柬等。日常生活类应用文与个人的日常生活、人际交往活动关系密切，使用范围很广。

（3）行业专用类应用文。即在一定专业机关或专门的业务活动领域内，因特殊需要而专门形成和使用的应用文，如公安机关、司法部门所使用的法律文书，医务工作使用的医务文书等。此类应用文除了需要遵守应用文的一般规则外，还有很强的自身特点。

（4）传志记录类应用文。即对曾经从事或发生过的具体活动进行记录的文书，包括回忆录、方志、日志、大事记、年鉴等。此类文书的突出特征是记录性。

三、应用文的特点

与非应用文相比，应用文有以下五个突出特点：

（1）"与事相关"的特定受文对象。作为记录或处理具体公私事务的工具，应用文的受文对象必然是与要处理的具体事务相关的人或群体。虽然在外在形式上应用文的受文对象有时明确（如家信），有时并不明确（如广告），但就应用文整体行文方式而言，其信息传达对象的定位都是清晰可辨的。

（2）"依事而定"的固定格式。在社会实践中，人们所从事的具体活动大部分具有重复性。重复性的行文意图和功能要求造就了固定表达形式。于是，在应用文的发展进程中逐渐形成了各种不同类型的较为固定的格式，以此服务于不同类型的具体事务。

（3）"缘事而发"的写作目的。这是应用文的根本特征。非应用文只为反映人的主观精神活动而存在，只作用于人的思想领域；而应用文则与人们所从事的具体社会实践活动直接相关，既反映这种活动，也服务于这种活动。

（4）"随事而止"的时效性。应用文是为解决现实存在的问题而写的，这就要求必须在规定的时间内写成和运转，不允许慢条斯理、拖拖拉拉。而当应用文在其服务的特定事项完成以后，其使用价值也随之丧失并转化，获得作为记录的使用价值。

（5）"因事而异"的语言风格。总体而言，应用文的语言要求合乎书面语言的语法规律，讲究平实、准确、简洁、得体，追求清晰流畅、直截了当。但是，由于不同的社会实践活动涉及的人群不同，发文者与受文对象之间的关系类型不同等原因，各类应用文的语言风格会有所不同。如公文语言要求庄重、严肃、明确、简洁、朴实；新闻语言则要求在追求准确、通俗、流畅的同时，适度地追求生动和形象。越来越多的学者认为，应用文的语言风格是类型化的，追求准确性与模糊性的统一、简洁性与严密性的统一、平实性与生动性的统一。

四、应用文的作用

在各类文章体裁中，应用文与人们的关系最密切、最直接，使用频率最高、范围最广。大到国家制定政策法令，小到单位和个人处理日常事务，都离不开应用文。归纳起来讲，应用文主要具有交际、管理、传播、凭证四大功用。

（1）交际作用。社会是极其复杂的共同体，群体与群体、群体与个体、个体与个体之间有着各种联系和交往，都需要通过应用文建立交际纽带与桥梁，从而达到了解情况、交流思想、联络感情、建立友谊和业务关系的目的。

（2）管理作用。组织管理、指导工作、协调关系，通常是通过应用文来实现的。在现代社会，国家机关、企事业单位需要通过制发文件来规范人们的行为，部署各项工作，传达上级的意图和决策，实现对下级或下属的领导和管理，确保复杂而庞大的社会机器能够有序有效地运转。

（3）传播作用。应用文作为现代社会各种信息的载体，是一种非常重要的传播手段。信息的获得、提供、处理、传送、反馈，无不依赖于各种应用文。随着科学技术的发展和通信手段的现代化，应用文可以传播科学文化知识、传递经济信息、传达上级指示精神、反映群众的意见和呼声、进行各种宣传。人们也可以通过识别应用文传递的不同信息来区别不同的事物，获得各种知识，接受各种教育，认识世界和改造世界。

（4）凭证作用。"口说无凭，有文为证"。应用文作为一种以记载反映实事和事实为主的书面语体，在记载事务发展状况和反映客观现实的同时，能对已有事实的存在和肯定的事情起到一定的证实作用；同时，在发挥现实效用之后，应用文具有可据可查的属性，变成了凭据，起着立此存照的作用。

第四节 应用文撰写基础

撰写应用文，需要统筹考虑主旨、材料、思路、结构和语言。

一、确立主旨

（一）主旨的含义和作用

从写作学意义上讲，主旨也称为主题，是一篇文章的中心思想和基本观点，是文章的叙写、议论目的。我国古代多称为"意""旨""主旨""主脑"等。唐代杜牧曾说："凡为文以意为主""意者一身之主也"。清人李渔说得更直白："古人作文一篇，定有一篇之主脑。主脑非他，即作者立言之本意也。"

应用文的主旨是行文的用意和目的，是应用文表达的主张、见解、评价和态度。应用写作是一种有明确目的的创造性工作。在日常的公务活动、生活过程中，我们制发应用文总有某种意图，或宣传某种思想，或介绍某一事物，或说明某个问题，或阐述某种主张和意图，或传送某种信息和内容。这些目的或用意，必然通过行文主旨反映出来。

应用文写作有四项基本要素，即主旨、材料、结构和语言。在这四项要素中，主旨居主导地位。大量写作实践证明，应用文材料的取舍、结构的划分与组合、表达方式和语言风格的选择都受主旨的制约，必须符合应用文工具性或记录性的写作目的和要求。

（二）确立主旨应遵循的原则

（1）客观、正确。应用文所确定的主旨必须体现党的路线、方针、政策和国家的法律法规，能够真实反映客观实际，按客观规律办事，切实解决问题。同时，除个人事务应用文外，绝大多数应用文都是"受命而作"，作者要明确写作目的，正确领会写作意图，表达机关或团体的集体意愿，而非个人意愿。

（2）集中、深刻。应用文是解决实际问题的，为了能及时地解决问题，提高办文办事效率和质量，主旨必须单一集中、观点明确，不能多个主旨、多个意图、多个中心。同时，应用文所确立的主旨，还应该能够反映生活的本质和规律，能够揭示事物所蕴含的最有价值的思想意义，能够提出使问题得以顺利解决的有益的见解，体现出较强的针对性和现实意义。

（3）明确、简洁。应用文为解决实际问题而写，其作用的发挥、价值的体现首先取决于受文对象对主旨的把握，取决于主旨能否明确体现出对具体事物的判断、总结和要求上。这就要求应用文主旨的表达必须做到直截了当，明白清楚，直陈文中，显露于外，不

能拐弯抹角、含糊其辞，要用最准确、平实、简洁的语言表达主旨，清晰地说明意图和主张。

（三）主旨的表现方式

（1）标题显旨。也称"题中见意"，即在文章标题中直接表达主旨。不少应用文标题的事由部分就是本文的基本主旨。这种方法是用简洁的语言把主旨告诉读者，让人一看就能明确全文的主要精神和行文意图。例如，《关于防范非药用类麻醉药品和精神药品及制毒物品违法犯罪的通告》这则公文标题，其事由"防范非药用类麻醉药品和精神药品及制毒物品违法犯罪"就是基本主旨；又如《中国生态文明的国际话语权建构》，这篇学术论文标题，也非常清晰地把文章的主旨表达了出来。

（2）篇首点旨。这种方法即开门见山、开宗明义、起句立意。在应用文开头直接用简短的文字把基本主旨表达出来。主旨句常以介词结构"为了……"为特征，通知、通报、通告、报告、意见等公文以及规章、制度、计划、方案等事务文书常用此方法。篇首点旨法能够使受文对象在开篇迅速把握要领，领会主要精神、主张和意图。如《最高人民法院 最高人民检察院 公安部 司法部关于敦促涉黑涉恶在逃人员投案自首的通告》的篇首：

> 为贯彻落实宽严相济刑事政策，依法惩处犯罪行为，维护社会安定，保护人民群众生命财产安全，同时给涉黑涉恶在逃犯罪嫌疑人、被告人（以下统称"在逃人员"）改过自新、争取宽大处理的机会，根据《中华人民共和国刑法》《中华人民共和国刑事诉讼法》的有关规定，特通告如下……

（3）篇尾结旨。篇尾结旨即"卒章结意"，在篇尾点明主旨，与篇首进行呼应。这种突出主旨的方法，往往存在两种情况：一是开篇提出问题、引起注意，正文阐明内容，回答问题，篇末点明主旨；二是开篇阐明主张、目的等，在结尾对问题作出结论，实现首尾呼应，深化主旨。如《优质优价不失为解决"就医难"矛盾的良策——从北京儿童医院患儿家长意向调查看医疗收费制度改革的可行性》一文，开头写道：

> 生产、销售等经营部门的商品实行优质优价，已经为人们所接受。但医院能不能实行？有的同志存有疑虑。为此，我们最近对北京儿童医院门诊患儿家长就医意向进行了连续一周的抽样调查。

文稿的结尾则写道：

> 这次抽样调查的结果有力地说明，当前群众对医疗服务存在着多层次的需求。因此，根据服务水平实行多层次的收费标准，优质优价是完全符合实际的，它一定会得到患者的理解和欢迎。我们对此不应再有顾虑。可以相信，医疗服务实行优质优价必将大大增强医院的活力，也将进一步强化医疗单位的竞争意识，这将有利于扩大医疗服务范围，提高医疗质量，从而使广大患者直接受益。

（4）段首明旨。段首明旨也称"文中点题"，即将主旨分解为几个部分，以段首小标题、段旨句、条旨句等形式出现，实现全文主旨一线贯通。如 2020 年 10 月 6 日，中国常驻联合国代表张军在联合国大会第三委员会一般性辩论中的发言材料，其主旨就体现在若干个段旨句中：

  我要正告美国，你们的卑劣行径完全违背历史潮流。世界在发展，历史在进步。要团结不要分裂，要合作不要对抗，要共赢不要零和，是大势所趋、人心所向。你们完全站在了历史的错误一边，站到了国际社会的对立面。

  我要正告美国，你们的陈词滥调完全不符合事实。中国的人权发展成就举世瞩目，不是你们的谎言和欺骗所能否认的。中国采取有效措施，打击恐怖主义，维护国家安全，促进经济社会发展，得到全体中国人民的坚决拥护，经得起历史和时间的检验。

  我要正告美国，你们的政治阴谋绝不可能得逞。发展中国家有权捍卫主权、实现发展、维护安全。你们的做法屡遭失败，频频碰壁，该醒醒了！指责别人解决不了你们的问题，更掩盖不了你们的失败。

必须强调的是，在应用文写作过程中，为使文章主旨更加突出、鲜明，常常不是单一而是综合地使用各种主旨表现方式。

二、选取材料

（一）材料的含义和作用

文章的材料是指形成文章主旨和表现文章主旨的事实、数据、观点、政策法规、科学原理等。材料是构成文章诸要素中最坚实、最丰富、最具活力的一个因素。主旨的确立需要依靠材料，增强文章的感染力和说服力也需要依靠高质量材料。

我们写作应用文的过程，实质上是在搜集、积累、占有材料的基础上，对材料进行整理归类、研究分析，根据既定的主旨和应用文的写作要求，在主旨的统帅下选择、使用材料，谋篇布局，结构成章。这个过程的关键之一就是解决主旨和材料的关系问题。正所谓"巧妇难为无米之炊"，动笔之前，材料是提出问题的依据、说明主旨的基础，没有材料就"加工"不出"成品"来，提出的问题也就无法解决，工作也就无法落实。写作之际，材料是表现主旨的支柱，没有事实、理论材料的支撑，主旨根本无法"树立"；没有适当、足够分量的材料，主旨即使勉强"立"起来，"根基"也不牢固。应用文必须做到有主旨、有材料，用主旨统帅材料，用材料说明主旨，并使二者有机统一。

（二）材料的种类

根据不同的标准，我们可以从若干角度对材料进行分类。

（1）按内容划分，可分为事实材料和理论材料。事实材料包括人物、事件、现象、数据、图表、经验、成果等；理论材料包括党的路线、方针、政策，经典著作，法律、法规，上级文件，报刊重要社论、重要理论文章及重要领导的公开讲话等。

（2）按时间划分，可分为历史材料和现实材料。历史材料是指生活中发生已久或在历史上早已发生而存留下来的史实、文物、作品、文献、资料等。现实材料是指存在于当前现实生活中的一切写作材料。应用文论事说理，既离不开历史材料，也离不开现实材料。

（3）按获取途径划分，可分为直接材料和间接材料。直接材料指写作者直接参与社会实践活动或亲自进行调查研究而获得的材料；间接材料指写作者从现实生活以外的其他渠道获取的材料，如从阅读文件、图书、报刊或观看影视剧、听广播、听他人讲述等途径获得的材料。应用文的写作常常借助于间接材料，以补充直接材料的不足。

（4）按材料的是非判断划分，可分为正面材料和反面材料。正面材料是写作者从正面的角度选取的用来表明自己观点和感情倾向的材料，是进步的、积极的、向上的、经验性的材料。反面材料是写作者从反面的角度选取的，用来批驳或否定对方的观点，反衬写作者思想观点的材料，是落后的、消极的、体现教训的材料。正反两个方面的材料对比使用是应用文的常见写法。

（5）按材料的性质划分，可分为感性材料和理性材料。感性材料是写作者通过视觉、听觉等感官手段从现实生活中获得的材料，是客观现实中具体存在的事物。人、事、景、物都是感性材料。理性材料是人们对客观事物理性认识的结果，公理、原理、法则、定律等是理性材料。感性材料的运用，可以增强文章的生动性；理性材料的运用，可以增强文章的说服力。

（6）按详略程度划分，可分为具体材料和概括材料。具体材料又称"点"上的材料，较有代表性、具体、详尽，重于表述细节和各个环节的具体事物，说明典型事物或情况，反映事物的个性和特殊性，因此有时又称"典型材料"。概括材料又称"面"上的材料，简明、概括，重在勾勒轮廓，给人以总体印象，说明一般或普通情况，反映事物的共性、普遍规律和现象，有时又称"一般材料"。应用文使用具体材料，可说明具体问题，反映细节情况，但用得过多，则会使文章冗长、啰唆；使用概括材料可使受文对象从宏观上把握事物，总体上认识现象，但使用过多，则会使文章空洞，只见"森林"，不见"树木"，缺乏深刻性和具体性。

（三）选取材料的原则和标准

选取材料通常应以主旨为主导。在主旨确立之后，以旨选材、定章、行文，即以文章所要表达的主旨来决定材料的取舍，选取最适用、最有价值的材料写进文章中去，做到"当行则行，当止则止"。

选取材料时应该遵循的原则和标准是切旨、准确、典型、新颖。

（1）切旨。指材料要有针对性，能紧扣写作主旨；有实用性，能具体显示或说明观点。精心选择材料的最终目的是表现主旨，因此选择材料从根本上说应围绕主旨，根据表现主旨的需要决定材料的取与舍。能深刻突出主旨的材料就选取，不能说明烘托主旨的材料应坚决舍弃。

（2）准确。即真实、确凿。写进应用文里的材料，无论是大的事件、小的细节，或是一句引语、一个数据，都不允许失实或虚假，必须做到一真二准，确凿无误。材料的真实可靠是应用文让人信服的前提和基础。要保证材料确凿，就必须坚持实事求是，注重事物本质的真实，注意核查，防止和克服"凭空编造想当然""华而不实笔生花"等错误做法。

（3）典型。材料要具有代表性、最有特点和说服力，能够深刻揭示事物的本质。典型材料能够强力体现主旨，以一当十、以少胜多，并使应用文言简意赅，富有说服力和感染力。材料不典型，就会缺乏代表性和说服力，难以令人信服，自然也难以体现行文的主张、意图和目的。

（4）新颖。材料应该具有强烈的时代感，能够表现客观事物的发展变化趋势，反映客观事物的最新面貌，以及现实生活中人们最关心的那些新人、新事、新思想、新成果、新问题，能给人以新鲜感。老舍先生在提到文章选用材料时说"宁吃鲜桃一口，不吃烂杏一筐"，强调的正是这个道理。旧的材料陈陈相因、东拼西凑，不能让人耳目一新，无法使应用文更好地发挥对社会实践的指导作用。

三、理清思路

（一）思路的含义

叶圣陶在《语文教学二十韵》中提出，"作者思有路，遵路识斯真"，因而有了写作理论中"思路"一词。刘锡庆认为，思路即思想前进的轨迹在文章表述上的显现。由此可见，所谓文章"思路"，就是构思文章时，作者有规律、有条理、有方向、有逻辑思维过程的"路线"，是整体思维、系统思考、统观大局的结果。

在写作的构思阶段，作者的思维活动会非常活跃。确立主旨，选择好材料，进而考虑如何表达主旨和如何安排材料，由此逐渐形成一条清晰、连贯、独到的思维活动路线——思路。此时，文章的大体框架已在作者的头脑中"闪现"出来。等到作者用书面语言把思路表达出来时，文章的结构也就具体安排好了。因此，文章的思路与结构关系非常密切。思路是结构的内核和基础，结构是思路的体现和反映。文章结构是否严谨清晰，取决于思路是否严密清晰。结构杂乱的文章，主要问题往往是思路不清。理清思路，对于文章写作至关重要。

（二）应用文常用思路

应用文比较常用的、典型的写作思路包括归纳思路、演绎思路、总分思路、因果思路、递进思路、比较思路。我们主要依据学者叶黔达的研究和思考，对应用文常用思路整理分述如下：

1. 归纳思路

所谓归纳，就是从一系列具体事实概括出一般原理。这是一种从个别到全体、从特殊到一般的思维方法。应用文写作中，经常需要从多个具体的、个别的、特殊的事物推出普遍性结论。运用这种思维方法，就是归纳思路。

归纳思路通常采用完全归纳法、科学归纳法、简单枚举法三种方法。

（1）完全归纳法。是以某类事物中每一对象（或子类）都具有或不具有某一属性为前提，推出该类对象全部具有或不具有该属性的归纳推理，即穷究同类中所有个别事物，得出普遍性结论。如某市公安局下辖四个公安分局，对每一个公安分局进行调研，发现每个分局都曾荣立集体一等功，由此推出"某市公安局所有公安分局都是集体一等功获得者"这个属性。

完全归纳法的前提是无一遗漏地考察一类事物的全部对象，断定该类中每一对象都具有或不具有某种属性，结论断定的是整个这类事物具有或不具有该属性。因此，前提与结论之间的联系是必然性的，只要前提真实，结论必然真实。

理论上而言，当运用归纳法来认识客观事物时，完全归纳法最为可靠。但在实际运用中，完全归纳法有其使用局限：一是当对某类事物中包含的个体对象的确切数目还不甚明了，或遇到该类事物中包含的个体对象的数目太大，乃至无穷时，人们就无法进行一一考察，要使用完全归纳法就很不方便或根本不可能。二是完全归纳法所依赖的全体个别事物往往容易出现变化，一旦个别事物发生改变，则会迅速动摇甚至推翻原来归纳得出的结论。因此，完全归纳法虽然在应用写作中比较常见，但一般应用于某类事物所含的全部对象不多，方便进行考察了解，能够穷尽的情况。

（2）科学归纳法。是以某类事物中部分对象具有或不具有某一属性为前提，以科学实验或科学分析的结果为主要依据，由某类事物部分对象与其属性之间所具有的因果联系，推出该类事物的全部对象都具有某种属性的归纳推理。科学归纳法的重要特征，是通过对事物间的因果联系的科学分析来推出一般性结论，这也是其不同于简单枚举法的根本之点。如人们在实践中接触瓜、豆这类个别事物，通过反复实践和科学分析，最终得出一个一般性的认识：一切生物都有遗传现象。这个过程就是一个科学归纳推理的过程。

科学归纳法是人们广泛使用的基本的思维方法，在科学认识、日常工作和生活中具有重要的意义。一切科学发现，都是通过观察、研究个别事实并对它们进行总结的结果，自然科学中的很多定律和公式大都是应用科学归纳法制定出来的。我们平常所讲的深入实际、发现问题、典型调查、解剖麻雀、从个别中找出普遍性、透过现象抓住事物的本质，都是科学归纳法的一些重要环节。

在应用写作中，科学归纳法常用于一些说理性较强的文章和一些典型材料、典型报道。先进典型之所以有力量，之所以对"面"上的工作有指导意义，是因为它本身虽然是一个个别事例，但却反映了事物发展的普遍规律。这种抓典型的方法，也就是科学归纳法的运用。

（3）简单枚举法。即根据某类事物部分对象的概括判断，推出一般性结论的方法。简单枚举法的显著特点是，根据考察了一类事物中的部分对象都具有某种属性，没有遇到相反的情况，从而得出该类事物都具有这种属性的一般性结论。例如，农民在长期的农业生产实践中发现，只要前一年冬天下了雪，第二年就可能获得农业丰收。这种情况重复出现，没有遇到相反情况，于是，就形成了一个谚语："瑞雪兆丰年"。许多谚语都是这样形成的，如"天下乌鸦一般黑""月晕而风，础润而雨"等，这些结论都是根据事物的同类现象重复出现而推出的。

简单枚举法和科学归纳法都属于不完全归纳法。二者的根本区别在于：前者一定要通过对事物间的因果联系的科学分析才能推出结论；后者则只依据某种现象的多次重复推出结论。它们虽然都只是考察了部分现象，但是简单枚举法仅仅停留在对这些部分现象的表面罗列上，只要没有矛盾现象便可以得出结论，而科学归纳法则不仅要考察这一部分现象，更重要的是必须在考察现象后进一步地去研究现象之间的因果联系。

简单枚举法在应用写作中也较常见，不少调查报告、总结、表彰或批评性通报，都会选择使用这种方法形成思路。但在使用这种方法时，要尽可能避免轻易下结论，不要犯以偏概全的错误。

2. 演绎思路

所谓演绎，是一般到特殊的推理方式，即由普遍性的前提推出特殊个别结论的思维方法。演绎依靠抽象思维的方式，舍弃具体表象，抽取出事物的本质特征，与归纳的思维方向正好相反，是从全体到个别、一般到特殊。运用演绎方法形成的思路，就是演绎思路。

毛泽东在《为人民服务》一文中有一段著名的论述：

> 人总是要死的，但死的意义有不同。中国古时候有个文学家叫做司马迁的说过："人固有一死，或重于泰山，或轻于鸿毛。"为人民利益而死，就比泰山还重；替法西斯卖力，替剥削人民和压迫人民的人去死，就比鸿毛还轻。张思德同志是为人民利益而死的，他的死是比泰山还要重的。

这段话就体现着演绎思路。"人总是要死的""为人民利益而死，就比泰山还重"，是普遍性原理；"张思德同志是为人民利益而死的，他的死是比泰山还重的"则是具体结论。

演绎法在应用文写作中有较多运用，在一些说理性文章中，使用频率尤其高。普遍性结论的科学性、正确性，是运用演绎法的最重要前提。若前提不够正确，很容易产生"失之毫厘，谬以千里"的错误。

3. 总分思路

总分思路是一种坚持把整体分解为部分、把部分重新结合为整体的写作思路。在认识论中，把事物分解为各个部分、侧面、属性，分别加以研究，即所谓分析；把事物各个部分、侧面、属性按内在联系有机地统一为整体，以掌握事物的本质和规律，即所谓综合。因此，总分思路是运用综合和分析两种思维方法所形成的文章思路。

分析是由总到分，化整为零；综合是由分到总，集零为整。分析与综合是互相渗透和转化的，在分析基础上综合，在综合指导下分析。分析是基础，没有分析也就无从综合；综合是方向和目标，没有综合则无法统观全局。分析与综合，循环往复，推动认识的深化和发展。一切论断都是分析与综合的结果。

在应用写作中，总分思路是最为常见的思路。运用总分思路，要特别注意分析的基础性作用，在分析时注意把握好分类和归类，学会纵剖横断，注重定性分析和定量分析相结合，以使分析更准确、更科学，更能说明事物的性质。

4. 因果思路

因果思路是一种坚持"因果律",寻求因果联系的一种文章思路。因果思路既可以体现为由因及果,先分析事情发生的原因,再推导出必然结果、结局、影响或发展态势;也可以由果溯因,先摆出事情结果或现状,再探究导致这种结果或现状的原因、条件或根据。

在应用写作中,因果思路中的由果溯因被广泛运用。应用写作采用因果思维方法时,要全面分析导致结果或现状的原因,既要抓住主要的、根本的原因,也要重视次要的原因;既要实事求是地、全面地分析事物的内因,也要重视外因;同时,要多问几个为什么,不能只满足于表面的、浅层面的原因。要力求"打破砂锅问到底",揭示出最深层的、最根本的、最起作用的原因,这样才有助于抓住事物的本质。

5. 递进思路

递进思路是运用递进思维方法形成的一种文章思路。递进思维是认识事物或事理由浅入深、由表及里、由低到高、由小到大、由轻到重,层层递进,循序渐进,逐步深入的一种思维方法。运用这种方法,可以深入、清晰地阐释某些比较复杂的事理,说明某些比较复杂的关系,有助于深刻认识事物的本质属性,使文章有一定深度。一些说理性较强的公文常循此法形成文章思路,或者由浅入深层层推进,或者由"提出问题、分析问题、解决问题"形成递进关系。

运用递进思路的应用文,文章层次之间必须有直接的必然联系,能够从前一个层次合乎逻辑地过渡到后一个层次。各层次之间要环环紧扣,层次依序展开,不能颠倒混乱、随意调换中断。

6. 比较思路

比较思路是运用比较和鉴别的思维方法形成的一种文章思路。比较是确定事物之间的差异和相似,鉴别是辨析、判定,它是比较的结果。比较和鉴别是在事物的相互关系中认识事物本质属性的一种极为重要的思维方法,是进行逻辑加工的初步方法。人们认识一切客观事物,往往是从区分开始的。要进行区分,就要学会比较,通过比较来实现。有比较才有鉴别,比较是一切理解、一切思维的基础。

比较思路大体可分为横向比较和纵向比较两类。横向比较,是指对同类的两个或两个以上的事物、事项在同一标准下进行的比较。纵向比较,是指对一个事物的历史、现状,乃至未来进行的比较。横向比较一般强调某一时间点上的同层次的比较,能够使人们明察同类各项事物现象之间的联系,了解它们之间的差异和影响,从而在更大范围内揭示出更为一般的规律,避免认识上的局限与狭隘。纵向比较则强调单个事物与过去某个时间的状态进行比较,通过对事物、事项在不同历史阶段的比较,从而了解发展变化过程,揭示发展规律。

纵向比较和横向比较各有长短。前者追本溯源,易于看到发展变化,但思路又显狭窄,不易拓展;后者铺排宽阔,易于看到相关事物、事项间的差距,但又容易浮于表面,看不到发展变化和实质。因此,在应用写作中,纵向比较和横向比较往往综合运用。我国古代文章名篇《谏逐客书》（先秦·李斯）就体现了纵、横比较同用的思路，颇为典型。

  臣闻吏议逐客，窃以为过矣。昔穆公求士，西取由余于戎，东得百里奚于宛，迎蹇叔于宋，来邳豹、公孙支于晋。此五子者，不产于秦，而穆公用之，并国二十，遂霸西戎。孝公用商鞅之法，移风易俗，民以殷盛，国以富强，百姓乐用，诸侯亲服，获楚、魏之师，举地千里，至今治强。惠王用张仪之计，拔三川之地，西并巴、蜀，北收上郡，南取汉中，包九夷，制鄢、郢，东据成皋之险，割膏腴之壤，遂散六国之众，使之西面事秦，功施到今。昭王得范雎，废穰侯，逐华阳，强公室，杜私门，蚕食诸侯，使秦成帝业。此四君者，皆以客之功。由此观之，客何负于秦哉！向使四君却客而不内，疏士而不用，是使国无富利之实，而秦无强大之名也。

  今陛下致昆山之玉，有随、和之宝，垂明月之珠，服太阿之剑，乘纤离之马，建翠凤之旗，树灵鼍之鼓。此数宝者，秦不生一焉，而陛下说之，何也？必秦国之所生然后可，则是夜光之璧，不饰朝廷；犀象之器，不为玩好；郑、卫之女不充后宫，而骏良駃騠不实外厩，江南金锡不为用，西蜀丹青不为采。所以饰后宫，充下陈，娱心意，说耳目者，必出于秦然后可，则是宛珠之簪，傅玑之珥，阿缟之衣，锦绣之饰不进于前，而随俗雅化，佳冶窈窕，赵女不立于侧也。夫击瓮叩缶弹筝搏髀，而歌呼呜呜快耳者，真秦之声也；《郑》《卫》《桑间》《韶》《虞》《武》《象》者，异国之乐也。今弃击瓮叩缶而就《郑》《卫》，退弹筝而取《昭》《虞》，若是者何也？快意当前，适观而已矣。今取人则不然。不问可否，不论曲直，非秦者去，为客者逐。然则是所重者在乎色乐珠玉，而所轻者在乎人民也。此非所以跨海内、制诸侯之术也。

四、谋篇布局

  所谓谋篇布局，就是安排文章的结构，实际上就是解决以怎样的思路来处置材料，用怎样的外部形式来反映内容的问题。

（一）结构的含义和特点

  在写作中，结构指文章内部的组织、构造，还可称为组织、布局、章法、格局、文序。应用文的结构，是指应用文的部分与部分、部分与整体之间的内在联系和外部形式的统一。如果说主旨是应用文的"灵魂"，材料是应用文的"血肉"，那么，结构则是应用文的"骨骼"。离开了结构，主旨和材料就无所依托。

  相较于文学性文体千变万化、不拘一格的结构而言，应用文的结构相对简单。这主要源于两个方面的原因：一是应用文的内容要素比较明确，先写什么、后写什么，如何过渡、如何呼应比较清晰；二是很多文种有约定俗成或明确规定的格式。

  应用文结构的总体特点是布局严谨，灵活性小，模式化特点突出。按结构类型，一般可将其分为两类：第一类是简单模式化结构的应用文，这类应用文在文面格式上必须遵守严格的规定，结构组成成分和组成方式固化，写作时很少留有自由发挥的余地，如凭证类应用文、法定公文；第二类是相对模式化结构的应用文，这类应用文没有特定的文面格式要求，只需符合一般文章的书写格式，结构组成成分固定，但组成方式相对灵活，写作时有一定的自由发挥空间，如新闻类、事务文书类应用文。

对于处理简单事项的应用文，按照应用文主旨完整性的要求，文章结构只有单一层次，包含提出问题、分析问题、解决问题三个组成部分。对于处理复杂事项的应用文，文章往往会形成一个多层次的结构系统，第一层次是中心主旨（仍包含提出问题、分析问题、解决问题三个组成部分），第二层次是分观点，第三层次是小观点，最低层次是材料。处理复杂事项的应用文中，材料支撑小观点，小观点支撑分观点，分观点支撑中心主旨。多层次的结构系统组成的图形类似于金字塔，所以这类应用文又称金字塔结构。

（二）应用文结构的基本要求

（1）完整有序。结构完整是指有头有尾，脉络贯通，过渡顺畅，照应妥帖，成为一个有机的整体。写作时如果事先没有通盘考虑，想一段写一段，写到哪算到哪，不尊重客观事物固有的逻辑，就容易导致言之无序，思路缺乏条理性。

（2）衔接紧密。衔接紧密是指应用文各部分之间要有较为紧密的联系。写作时要尽量避免布局松懈，骨松架散，缺乏过渡，忽视照应，以及内容与内容之间衔接牵强、文义不通、逻辑性差等弊端，追求融会贯通的严谨美。

（3）疏密有致。结构布局应主次分明，详略得当，繁简有度，浓淡相宜。写作时详略搭配得当，详写时尽量铺开，略写时一笔带过，做到疏密相间。

（三）应用文的结构形式

应用文的结构形式包含两个层面：逻辑结构和章法结构。

1. 逻辑结构

逻辑结构指整篇文章在运用材料、阐述主旨时遵循的内在逻辑性。逻辑结构是作者行文时依据的隐性思维线索，仅从文字中无法得知，必须深入分析文章各组成部分，以及各组成部分之间的逻辑关系才能了解掌握。逻辑结构形式主要有三种：

（1）总分并列式。总分并列式是一种较为常见的结构层次安排法，往往先将用于支撑中心主旨的材料或观点按统一标准划分成不同类别，在开篇作总概括后，再逐一列举、分别叙述。列举的材料或观点和中心主旨之间是总分关系，而列举的各类别材料或观点之间则呈并列关系。通知、通报、计划、总结、调查报告等常采用这一结构布局。采用总分并列式要注意各个分述部分层次分明，尽可能不要交叉包容，顺序要合理，详略要得当。

（2）简单列举式。这种形式又称"断章通条式"，指先将文章中所有的材料或观点按不同划分标准分成不同类别，围绕主旨逐条逐项加以展开，并列排出材料。各层次所表达的意思之间是并列关系，没有主次之分，常分几个从属主旨或几个问题来说明基本主旨。规章制度中的具体规定，纪要中的研究事项和议定情况，请示中的几个方面理由，报告中的多方面情况，计划中的任务，总结中的经验、评价等，多采用简单列举方法写作。

（3）纵向递进式。即按照表述内容，一层一层，步步深入。纵向递进式往往分为两种：一是顺时直叙式，即以时间先后为序，按照事情的发生、发展变化过程的次序安排层次，组织全文结构。采用这种方式，一定要体现出事件的过程性特征，表达上要注意突出重点。这种形式头绪单一，便于将事情的来龙去脉表达清楚，叙事性较强的文章常采用这种方式。二是事理递进式，即按事理的展开顺序或对事物的认识深化过程为序来安排结构。在应用文中，这种形式可以程式化为"叙事—说理—结论"或"提出问题—分析问题—解决问题"。说理性较强的文章常采用这种形式。

在上述逻辑结构形式中，总分并列式和简单列举式可以合称为横式结构，体现着横向展开文章的内在思路；纵向递进式则体现着纵向展开文章的思路。在实际写作过程中，层次较多、结构复杂、时空变换较大、篇幅较长的应用文常常采用纵横结合的交叉结构。但采用这种纵横交叉的结构形式需要注意有主有次，或是以纵向为主、以横向为辅，或是以横向为主、纵向为辅，不能平均用力。

2. 章法结构

章法结构指文章局部的组织和表达方式，如标题形式、开头方式、结尾方式以及层次与段落、过渡与照应等细节部分的行文方式。章法结构是有形的结构形式，通过阅读文章的具体段落和语句就能直接掌握。

（1）标题形式。应用文标题的写作要求是概括准确，紧扣主旨；表述精当，醒人耳目；切合文种，合乎规范。应用文标题的基本形式有三种：

一是公文式标题，常见形式为"发文机关＋（关于）事由＋（的）文种"，如：

公安部关于在自由贸易试验区开展"证照分离"改革试点工作的通告

国家林业和草原局关于积极应对新冠肺炎疫情有序推进2020年国土绿化工作的通知

二是新闻式标题，有单标题、双标题（主副标题）两种常见形式。

单标题，如：

公安部推出依法打击食药环和知识产权领域犯罪保障疫情防控期间复工复产十项措施

双标题，如：

举国同悲 万众同心
——全国各地悼念新冠肺炎疫情牺牲烈士和逝世同胞

三是论文式标题，通过运用抽象思维，以词组形式概括主旨所涉范围或主旨本身，也常以单标题或双标题的形式出现。

单标题，如：

警务机器人发展现状与未来趋势

双标题，如：

应用文体美学特点刍议
——兼与文学文体比较

（2）开头方式。应用文的性质和特点决定了其开头必须直截了当、开门见山，越明快简洁越好。应用文体特别是公务应用文常用的开头方式可分为概述式、依据式、目的式、引文式、观点式、问候式、提问式七种。

一是概述式开头。这种方式要求开头简明扼要地介绍有关基本情况，对行文背景、意义、目的等进行说明，以达到直接引出正文的目的。如《国资委关于2019年法治建设工作情况的报告》的开头：

2019年，国资委以习近平新时代中国特色社会主义思想为指导，坚决贯彻党的十九大和十九届二中、三中、四中全会精神，深入学习贯彻习近平总书记全面依法治国新理念新思想新战略，全面落实中共中央、国务院印发的《法治政府建设实施纲要（2015—2020年）》（以下简称《纲要》）和中央全面依法治国委员会要求，扎实推进国资监管法治机构和法治央企建设，国资委系统法治建设取得积极进展和成效。

二是依据式开头。这种方式开头即引用上级指示精神或有关法律法规，对行文背景进行说明，常以"根据""依据""按照""遵照"等词语领起下文，鲜明标示出行文依据，体现权威性和严肃性。如《公安部关于在自由贸易试验区开展"证照分离"改革试点工作的通告》的开头：

根据《国务院关于在自由贸易试验区开展"证照分离"改革全覆盖试点的通知》，自2019年12月1日起，公安机关12项涉企经营许可事项在上海、广东、天津、福建、辽宁、浙江、河南、湖北、重庆、四川、陕西、海南、山东、江苏、广西、河北、云南、黑龙江等自由贸易试验区开展"证照分离"改革试点工作。现将有关事项通告如下：

三是目的式开头。这种方式在开头直陈目的，常用"为了""为"等介词领起下文。如《教育部办公厅关于推荐第二批新工科研究与实践项目的通知》的开头：

为主动应对新一轮科技革命和产业变革的挑战，服务国家战略和区域发展需求，推动新工科建设再深化、再拓展、再突破、再出发，探索形成中国特色、世界水平的工程教育体系，建设工程教育强国，经研究，我部拟组织开展第二批新工科研究与实践项目立项工作。现将有关事项通知如下：

四是引文式开头。这种方式是在应用文的开头引用对方的来文、来电，然后引出下文。复函、批复、用于答复上级机关询问的报告等普遍采用此方式。如《国务院关于组建中国国新控股有限责任公司有关问题的批复》的开头：

你委（国资委——编者注）《关于设立中国国新控股有限责任公司的请示》（国资发改革〔2009〕110号）收悉。现就组建中国国新控股有限责任公司有关问题批复如下：

五是观点式开头。这种方式在开头往往先提出观点、表明态度，或者点明主旨，以引起读者的重视，方便引入下文。如《最高人民法院　最高人民检察　公安部关于依法惩治袭警违法犯罪行为的指导意见》的开头：

人民警察代表国家行使执法权，肩负着打击违法犯罪、维护社会稳定、维持司法秩序、执行生效裁判等重要职责。在依法履职过程中，人民警察遭受违法犯罪分子暴力侵害、打击报复的事件时有发生，一些犯罪分子气焰嚣张、手段残忍，甚至出现预谋性、聚众性袭警案件，不仅危害民警人身安全，更严重损害国家法律权威、破坏国家正常管理秩序。为切实维护国家法律尊严，维护民警执法权威，保障民警人身安全，依法惩治袭警违法犯罪行为，根据有关法律法规，经最高人民法院、最高人民检察院、公安部共同研究决定，制定本意见。

六是问候式开头。问候式开头又称"寒暄式"，即在开头对受众表示问候，包括欢迎、祝贺、感谢、同情等。如《习近平在第二届"一带一路"国际合作高峰论坛记者会上的讲话》的开头：

欢迎大家（指参会各国记者——编者注）参加第二届"一带一路"国际合作高峰论坛记者会。共建"一带一路"倡议提出5年多来，一直受到媒体朋友们广泛关注。本届高峰论坛开幕以来，记者朋友们持续关注和报道高峰论坛，记录下各个精彩瞬间，传播了各种好声音，展现了共建"一带一路"合作的丰硕成果。我谨代表中国政府和各国与会代表，对记者朋友们的支持和辛勤工作表示感谢！

七是提问式开头。这种方式在开头提出问题，用以提示主旨或主要内容，以图引起读者的关注和思考，常见于调查报告和新闻文体中的深度报道。如《让农民工不再"忧薪"——农民工工资清欠调查报告》一文的开头：

一份薪水，背后是一个家庭的生活来源和希望。

对农民工来讲，工资是养家费、治病钱，也是实现全面小康的一份基本保障。

年终岁末，农民工是否按时足额拿到了应得的工资？欠薪的深层次原因在哪里？对欠薪"顽疾"国家将从哪些方面予以根治？新华社记者近日在全国进行了调研采访。

上述七种方式是应用文常见的开头方式。大多数情况下，应用文的开头，是各种方式的结合运用。如行文原因和行文目的的结合，发文根据和目的的结合，概述情况和阐明观点的结合等。实际写作中，应根据情况灵活使用。

（3）主体部分连接方式。应用文的主体部分是核心内容和写作重点。开头部分提出问题，阐明观点，主体部分则要依照一定的方法，运用材料对所提出的问题、观点进行阐述和分析。过渡和照应是应用文主体部分的连接方式，起到使文章全篇各层次、各段落之间前后连贯、承启顺畅的作用。

所谓"过渡"，指应用文层次与层次、段落与段落之间的衔接、转换。过渡的作用在于粘合、接榫、承上启下，能够使全篇文章血脉贯通、结构紧致。过渡方式视行文实际需

要而定,常见的方式有自然过渡、过渡词过渡、过渡句过渡、过渡段过渡。

一是自然过渡。即凭借应用文文章各层次、各段落的外部标志过渡,不再添加任何表达因素。自然过渡常用于应用文文章主体部分。

二是过渡词过渡。即使用特定的词语过渡,如"综上所述""由此可见""总之""可是""诚然""与此相反"等。

三是过渡句过渡。即在前段之末或后段之首,安排一个富有提示性的句子来承前启后,"搭桥"过渡。如"现将有关事项通知如下""下面,我讲几点意见,供大家参考""下面分五个部分予以说明"等。

四是过渡段过渡。即将自身相对独立的段落置于两段之间来实现上下文的转换,一般用于前后段落意思转折较大的情况下。篇幅较长、内容复杂的应用文较多使用。

所谓"照应",即指文章内容的前后关照呼应。应用文常见的照应方式有题文照应、首尾照应、前后照应。

一是题文照应。即文章标题中揭示的主旨,在全文各个部分应得到重申。采用此种照应方式的应用文开头部分应开门见山,直奔主旨;主体部分应围绕主旨叙述;结尾部分应收篇点题,归结主旨。

二是首尾照应。即文章的开头与结尾在语言上或含义上作部分或全体的重复,开头和结尾联系密切,主旨突出。

三是前后照应。文章后面的内容与前文照应,如果前面提到的问题后面"断线",文章无论从结构还是内容看就不够严密。

(4)结尾方式。从内容上讲,应用文的结尾是对全文的自然延伸和总结;从形式上说,是对全文的收尾。总体而言,应用文结尾既不能草草收兵、虎头蛇尾,也不能拖泥带水、画蛇添足,而应该做到简明概括、意尽言止、收束有力。结尾因行文关系、目的、要求及文种的不同,应采用不同的方法。常见的有以下几种:

一是归结式结尾。即在文章结尾对全文主旨作简要概括和总结,进行照应,使受文对象获得完整印象,从而加深认识。这种结尾常由"总之""综上所述""由此可见"等词领出。如《从落实责任制入手加强学校管理》一文的结尾:

实践证明,制定岗位考核标准,严格按标准考核和根据考核结果实行奖惩三位一体,是落实岗位责任制,提升学校管理水平的行之有效的办法。

二是要求式结尾。即在正文结尾时提出要求、希望或发出号召、倡议。如《习近平总书记在北京大学师生座谈会上的讲话》(2018年5月2日)的结尾:

同学们、老师们!

辛弃疾在一首词中写道:"乘风好去,长空万里,直下看山河。"我说过:"中国梦是历史的、现实的,也是未来的;是我们这一代的,更是青年一代的。中华民族伟大复兴的中国梦终将在一代代青年的接力奋斗中变为现实。"新时代青年要乘新时代春风,在祖国的万里长空放飞青春梦想，以社会主义建设者和接班人的使命担当，为全面建成小康社会、全面建设社会主义现代化强国而努力奋斗，让中华民族伟大复兴在我们的奋斗中梦想成真！

再如《公安部关于2018年度社会公共安全产品质量行业监督抽查结果的通报》的结尾：

> 各地接此通报后，要高度重视，认真落实有关要求。一是要及时将通报转发至本省各级公安机关、本地省级市场监督管理部门以及被抽查企业。二是要求各级公安机关不得采购、装备、使用本次行抽结果不合格的产品（不含经整改后复查合格的产品），慎重采购未抽到样品企业生产的产品。三是各地公安科信部门要严格按照《社会公共安全产品质量行业监督抽查项目管理暂行办法》（公科质〔2001〕45号）的有关规定，积极协调相关业务主管部门，认真督促产品质量不合格的企业于本通报印发之日起4个月内完成整改工作，并将整改情况上报部科技信息化局。

三是祈请式结尾。即在结尾时作出请求。这种结尾一般用于上行或平行公文，并常用固定格式结语。如请示的常用结尾"妥否，请指示"和商请函的常用结尾"专此函商，盼予支持"等。

四是补充式结尾。即在结尾时补充交代和说明前文未交代说明的有关事宜。通知、法规、规章等常用这样的结尾。

如《国家卫生健康委　最高人民法院　最高人民检察院　公安部关于做好新型冠状病毒肺炎疫情防控期间保障医务人员安全维护良好医疗秩序的通知》一文的结尾：

> 本通知印发后，各地对疫情防控期间侵犯医务人员安全、扰乱医疗秩序案事件，应当及时向国家卫生健康委和公安部报告；办理相关刑事案件遇到法律适用问题的，应当分别及时层报最高人民检察院、最高人民法院。

五是祝愿式结尾。即在应用文的结尾向受文对象表示祝福、祝贺或慰问，常见于信函、贺电、唁电、致辞等文书中。《习近平在中缅建交70周年系列庆祝活动暨中缅文化旅游年启动仪式上的致辞》的结尾：

> 女士们、先生们、朋友们！上个世纪60年代，中国的陈毅元帅曾赋诗道："胞波感情重，江水溯源长。"我相信，在双方共同努力下，中缅友好交往和合作发展的历史潮流，一定会像同宗同源的中国澜沧江和缅甸伊洛瓦底江一样，跨过崇山峻岭，越过激流险滩，始终奔腾向前。
>
> 最后，我衷心祝愿，中缅友好万古长青！

六是结语式结尾。即用模式化的方式把名词性文种作动词使用，以短语结尾。如"特此通知""特此通报""专此报告"等。

五、遣言用语

（一）应用文的基本语体特征

语言是表达思想、构成文章的物质基础。刘勰在《文心雕龙·章句》中说："夫人之立言，因字而生句，积句而成章，积章而成篇。"这里所说的字、词、句正是组成语言的基本单位。一切文章，从内容到形式，都要靠语言来支撑，没有语言，就没有文章。

语体，是指语言在不同体裁的文章中所形成的体式特征。尽管应用文种类众多，体式各异，内容不同，但在语言运用上，却体现着准确、简洁、平实、得体、程式化五个基本特点。

（1）准确。准确是指意思表达真实、明确、恰如其分，没有含混不清的地方，没有褒贬失当的地方，也没有言实不符的情况。叶圣陶曾经说过："公文不一定要好文章，可是必须写得一清二楚，十分明确，通体通顺，让人家不折不扣地了解你所说的是什么。"应用文语言的准确要求体现为两个方面：在内容上，主要体现为事实清楚、数据准确、依据可信、目的明晰；在词句的运用上，主要体现为对基本语法规则的运用，不仅包含正确使用语句、正确选择词汇，甚至精细到标点符号的使用。

（2）简洁。简洁就是用语简明洗练、言简意赅。简洁是任何种类文章的共同要求，正如刘勰在《文心雕龙·议对》里所言："文以辨洁为能，不以繁缛为巧"。文学作品和应用文都有简洁的要求，但内涵却不一样。文学作品需用最少的字、词，表达出最丰富的思想内容，做到"文约而事丰"；应用文则要用最少的字、词，明白无误地表达出思想内容，传递有效信息，最大程度地提高社会实践活动的效率，降低社会运行成本。

（3）平实。平实指平易朴实，主要有两层含义，一是指大多数应用文在语言表达上情感色彩隐淡；二是指大多数应用文在语言使用上浅显通俗。这两点都是由应用文"缘事而发"的写作目的所决定的。应用文的实用性很强，行文目的是让人理解、便于执行，而不是让人感动和欣赏。所以讲究平白直叙、深入浅出、质朴无华，要求写出的应用文一看就懂，该做什么、怎样做、做到什么程度，不必去推敲、揣摩。

（4）得体。得体是指应用文语言符合文种要求，符合行文目的，适应使用场所。应用文是为解决实际问题而作的，其语言要求受写作目的、受文对象、使用场合、文种适用范围等条件的制约。语言得体主要体现在五个方面：一是要准确体现作者和受文对象之间的特定关系；二是注意特定的氛围和场合；三是注意受文对象的情况，确保应用文能够被乐于接受、易于接受；四是语言色彩要符合特定的行文目的及文章内容的性质；五是注意符合不同应用文体的要求。

（5）程式化。程式化的语言是应用文写作实践的产物。由于应用文文种结构较为固定，其语言在长期实践中也趋于稳定化，就形成了具有特定含义的习惯用语，并得到广泛的认可。程式化的语言对文学作品来说是失败的语言，可是在应用文写作中恰当地使用习惯用语，有助于使语言表达得简练和严谨，赋予应用文庄重和严肃的色彩。应用文在称谓用语、开端用语、祈请用语、征询用语、表态用语、结束用语上都有程式化的短语或特定的句式，把握程式化的特点，可以使应用文写作准确而规范。

党政公文的一些常见程式化用语如下：

称谓用语：我（局）、本（校）、你（所）、贵（集团）、该（县）。

开端用语：根据、按照、依照；为、为了；鉴于、关于、由于；兹、兹派、兹请。

引叙用语：接、前接、近接、现接；悉、收悉、欣悉、惊悉、电悉。

转文用语：印发、颁布、批转、转发。

经办用语：经、曾经、已经、业经、后经、现经、未经、并经；试行、暂行、可行、遵照执行、参照执行。

祈请用语：希、望、希望、盼；拟请、请批复、请批示、请回复、请函复、请查收、请阅示。

征询用语：可否、当否、妥否、能否、是否可行。

表态用语：同意、原则同意、不同意、可、不可。

结束用语：特此通告、特此通知、特此请示、特此批复、此复、特此报告、特此函复、特此通报；为要、为盼、为荷。

在实际应用当中，与不同文体相联系，应用文的语言特征也会体现出其他特征。如对部分传志类、新闻类、工具性应用文而言，语言表达的生动性也是一项基本特征。当然，这种生动性与文学语言的生动性有着本质区别，主要是用来还原事件的现场感，以及化专业为通俗，方便接受和理解，不可将其与文学语言的生动性混为一谈。同时，很多时候应用文还会适当地使用模糊语言，将模糊语言与精确语言结合使用，以图使表情达意疏密有致、张弛有度。如"全国绝大多数地区解决了温饱问题，开始向小康过渡；少数地区已经实现了小康；温饱问题尚未解决的少数地区，人民生活也有不同程度地改善。"这里的"绝大多数地区""少数地区""不同程度"都属于模糊语言，但却能准确地反映实际情况，使表达更加简洁、清晰。

（二）应用文的语体规律

应用文的书面表达是由词、句和标点符号组成的语言体系，以应用为目的，具有独特的语体规律。

（1）以社会化的书面语体为主。应用文是处理公私事务、解决实际问题的工具，因此，不追求语言生动感人、形象传神，表达讲究直接明了、慎重保守，力避个性化色彩强烈的语言、方言俚语、过于通俗的口头语以及超常规的句式和生僻词汇。为了表达的庄重、简明，应用文还保留了相当数量的文言语汇，如兹、奉、悉、拟、此复、责成、业经、经查、当否、专此函达等。这些文言词语的使用使应用文语言更具书面语特征。

（2）常用规范化、模式化语言。应用文语体的模式化与应用文文本结构的模式化有相辅相成的意义。规范的模式化语言为应用写作提供了方便，更能适应应用写作的需要。如为此、综上所述、希、敬请、承蒙、切实执行、周知、……为要、……为盼等可以使文章

表述简练、严谨并富有节奏感,从而具有庄重、严肃的色彩。

(3)句法上有特定或惯用的要求。为了使表述简洁明了,便于受文对象了解事实和行文目的,应用文在句法上有特定和惯用的要求。从句类看,主要使用陈述句、祈使句,较少使用疑问句、感叹句;从句型看,较多使用无主句,这是应用文明显不同于其他文章的地方,其目的主要是使行文简洁;从句子成分看,大量使用介宾词组作状语、定语成分,且常连续使用,如为了、为、按照、对于、关于、根据、依照、遵照等从目的、范围、对象、依据等方面对表述的对象和内容进行限定,从而使其严密和明确。

(4)大量合理运用图表式书面辅助语言。由于应用文写作具有实用性、行业性等特点,因此在其语言体系中,经常使用图形、表格、符号、公式等书面辅助语言,以替代、补充文字语言,从而使应用文的表述更为专业和直观。

(三)应用文的常用表达方式

表达是将思维成果用语言反映出来的一种行为。表达方式则是运用语言来介绍情况、陈述事实、阐述观点、总结经验、探索规律、表达情感的具体方法和手段,是撰写文章时采用的表述方法和形式。

文章常用的表达方式有五种,即叙述、说明、议论、描写和抒情。应用文受其性质和写作目的的制约,常用叙述、说明和议论。不同应用文种各有侧重,一般会以一种表达方式为主,其他表达方式为辅。

1. 叙述

叙述是指有次序地叙说交代人物的经历或事物的发展变化过程。叙述的对象主要是人和事。叙述就是写人记事的过程,常包括六个要素,即人物、事件、时间、地点、原因、结果。这是一种最基本、使用频率最高的表达方式,无论是文学作品还是非文学作品,都离不开叙述。

叙述的方式多种多样。按照叙述视角、详略程度、描述次序等标准,应用文的叙述方式包含不同类别。

(1)以叙述视角划分,应用文可以采用第一人称、第二人称、第三人称三种不同的视角进行叙述。

第一人称叙述是指叙述者以"我"或"我们"的视角叙述;第二人称叙述是以"你"或"你们"为对象的叙述;第三人称叙述是以"他"或"他们"的口吻叙述。在应用文中,"我""我们""我国""我部""我局""我校"等都是第一人称叙述视角常用称谓;"你""你们""你局""你校""贵局""贵司"等都是第二人称叙述视角常用称谓;"××同志""该同志""××单位""该单位"等都是第三人称叙述视角常用称谓。

(2)以叙述内容的详略程度划分,可将叙述分为概叙和详叙两种类型。概叙就是大略地叙述、概括地表达,特点是语言简洁,占用篇幅较少。如《全国人民代表大会常务委员会关于全面加强生态环境保护 依法推动打好污染防治攻坚战的决议》一文中的一段文字,采用概叙方式,以概括性、快节奏的方式,对党的十八大以来,以习近平同志为核心的党中央加快推进生态文明顶层设计和制度体系建设进行了列举展示：

> 坚持党对生态文明建设的领导。党的领导是加强生态环境保护、打好污染防治攻坚战的根本政治保证。党的十八大以来，以习近平同志为核心的党中央加快推进生态文明顶层设计和制度体系建设，相继出台《关于加快推进生态文明建设的意见》《生态文明体制改革总体方案》，制定实施40多项涉及生态文明建设的改革方案，深入实施大气、水、土壤污染防治三大行动计划，推动我国生态环境质量持续改善。根据党中央修改宪法的建议，十三届全国人大一次会议通过宪法修正案，将新发展理念、生态文明、美丽中国等载入国家根本法。2018年5月，党中央召开全国生态环境保护大会，对加强生态环境保护、打好污染防治攻坚战作出再部署，提出新要求。6月，党中央、国务院发布《关于全面加强生态环境保护坚决打好污染防治攻坚战的意见》。

详叙就是详细地叙述，追求描述完整、细节到位，特点是详尽具体，但占用篇幅较多。以下一则表彰通报，通过描述细节的详叙方式，对见义勇为先进事迹进行了介绍：

> 2019年9月8日17时50分许，在句容市宝华镇志宏物流园路段发生一起3车连续相撞交通事故，一辆满载沙子的苏L号牌重型自卸货车，为避让前方道路转弯处小轿车和半挂车相撞的事故现场，导致自卸货车侧翻在某汽车商店的停车场旁边。目睹事故发生，正在路边自家旅馆忙碌的个体老板梁发江，连忙放下手里的活，快步跑到事发现场。只见大货车驾驶人（武某）头部受伤、满脸是血，腿部被卡在变形的驾驶室内，身体半"挂"着。为防止武某头部受到二次伤害，梁发江毫不犹豫地用自己身体"扛"住武某的身体。由于天气闷热、驾驶室狭小，武某头部流出的血和汗水全部滴落在梁发江身上，使得梁发江满身的衣服被鲜血浸透。期间，也有好心群众想换一下梁发江，但由于担心会给武某造成更大的二次伤害，他都婉言拒绝了。这一扛就是一个半小时，直到消防人员将车头割开救出武某后，他才默默地离开。

（3）按照对事件叙述的次序不同，可将叙述分为顺叙、倒叙、插叙、分叙四种类型。

顺叙是按照事件发生、发展的自然顺序进行叙述的一种叙述方式。它是最常见、最基本、使用频率最高的叙述方式。使用顺序叙述，能够使事件由头到尾井然有序，内容条理清楚，更加符合人的阅读和接受习惯。但如果把握不好，容易导致"记流水账"，过于平铺直叙。

倒叙是先把事件的结局或最突出、最重要的地方提到前面叙述，然后再按事件的发生、发展顺序叙述。倒叙有利于突出重点和主题，使结构富于变化。但若把握不好，则容易造成头绪不清、脉络混乱，因此在应用写作中比较少见。

插叙是在叙述中心事件过程中，为了帮助展开情节或刻画人物，暂时中断叙述的线索而插入另一段有关内容，然后再转回到原来叙述的内容。插叙部分不属于情节的主线，但却是有助于了解情节发展的重要因素。插叙运用得好，可以使应用文结构紧凑、张弛有致、富有变化；但若把握不好，则容易影响叙述的连贯性，成为累赘。在应用写作中使用也较少。

分叙即叙述发生在同一时间内不同地点或单位的事情，先叙一件再叙一件。这种方式在古典小说中往往用"花开两朵，各表一枝"的方法来表述。分叙用得好，可以把头绪纷繁、错综复杂的事情写得有条不紊；把握不好，则容易造成文脉不通、架构混乱。分叙在应用文特别是党政公文撰写中极少使用。

应用文在进行叙述表达时，应该注意三点：

一是客观真实。不允许像文学作品一样随意虚拟和假设，而是要把既成的事实按照本来的样子客观反映出来，不能允许超越客观事实的加工改造。

二是单一连贯。主要使用顺叙，极少使用倒叙、插叙、分叙，线索往往比较单一，讲究平铺直叙，注重事件的过程性特点，符合人们的一般思维习惯，尽可能避免叙述过程中出现跳跃和间断。

三是扼要完整。较多采用概叙，着重事件的整体勾画，追求概括准、线条粗，一般不追求具体的叙述，不必过于详尽细腻，更不能进行渲染，但要根据事实本身概括完整。

2. 说明

说明是指用简洁明了的语言对事物的性质、形态、用途、成因、结构、功能、特征等加以解说和介绍的表达方式。说明在应用文中使用比较广泛。法规、规章的制定，启事、合同、计划、产品说明书以及一些科技类文体都以说明为主要表达方式。一般的记叙类、议论类文体，也经常使用说明这种表述方式，作一些说明性的注释。

应用文说明的对象可以分成两大类，即"是什么"与"怎么做"。"是什么"清晰界定具体社会实践活动的对象；"怎么做"则明确提出在从事具体社会实践活动时应采取的程序、步骤、方式和手段。

应用文常用的说明方法有定义说明、分类说明、比较说明、举例说明、数字说明。

（1）定义说明。这是对事物的本质属性做简要说明的方法，其重点是讲明事理以及事物的质的规定性。用下定义的方法说明，可使受众对被说明的对象有本质的了解。如《易制爆危险化学品治安管理办法》（公安部令第154号）第一章总则的第三条、第四条分别对易制爆危险化学品、易制爆危险化学品从业单位作了定义说明：

第三条 本办法所称易制爆危险化学品，是指列入公安部确定、公布的易制爆危险化学品名录，可用于制造爆炸物品的化学品。

第四条 本办法所称易制爆危险化学品从业单位，是指生产、经营、储存、使用、运输及处置易制爆危险化学品的单位。

（2）分类说明。这是根据事物的性质、形状、成因、功用等属性的差别，按照一定的标准，把事物分成若干类别或若干成分，然后逐类进行说明的方法。使用分类说明，要注意每次分类坚持一个标准，不能同时采用多标准分类。如党政公文按照行文方向、紧急程度、密级进行的不同分类。

（3）比较说明。这是通过将相似或不同的事物进行比较来说明事物本质特征的方法。通过比较，可以更准确地区别事物，更清楚地认识事物。比较说明一定要注意比较的事物之间具有可比性，比较的标准一致。如国务院新闻办公室2019年9月发布的《为人民谋幸福：新中国人权事业发展70年》白皮书中提到：

> 人民生活水平大幅提升。1952年，中国国内生产总值仅为679亿元，人均国内生产总值仅为119元。2018年，中国国内生产总值达到900309亿元，按不变价计算，比1952年增长174倍；人均国内生产总值达到64644元；人均国民总收入达到9732美元，高于中等收入国家平均水平。1956年，全国居民人均可支配收入仅为98元，人均消费支出仅为88元。2018年，全国居民人均可支配收入达到28228元，比1956年实际增长36.8倍；人均消费支出为19853元，比1956年实际增长28.5倍；全国居民恩格尔系数为28.4%，比1978年降低35.5个百分点。2018年，城镇居民家庭平均每百户家用汽车拥有量达41辆，农村居民家庭平均每百户家用汽车拥有量达22.3辆；全国居民每百户移动电话拥有量为249.1部。中共十八大以来，农村居民可支配收入实际增速连续多年快于城镇居民，城乡居民收入差距不断缩小，城乡居民人均可支配收入之比2018年已下降至2.69。

（4）举例说明。是选取事例来说明事物特征的方法，其作用是把比较抽象的、复杂的事物和事理说得更加具体而清晰。在应用写作中，举例说明通常有典型举例和列举举例两种。举例说明要求所选的例子真实、具体，有代表性，否则便达不到变抽象为具体、变复杂为简明的目的。

（5）数字说明。是用确切的数字说明事物或阐述观点的方法。数字可以用确数，也可以用约数。通过数字说明，能具体地介绍事物的空间、时间、本体数量和事物特征，简便明晰。上文在介绍比较说明时使用的例子，既使用了比较说明的方式，也使用了数字说明的方式。

除上述几种说明方式外，应用写作还经常使用图表说明、引用说明等方式。应用写作在使用说明这种表达方式时，通常不会单独使用，而是与叙述、议论等表达方式结合使用；同行也不会使用一种说明方式，而是会将多种说明方式综合运用，以便更加鲜明、准确地说明客观事物和事理。

3.议论

议论是指用事实材料和逻辑推理的方式，对事物发表主张，阐明观点的一种表达方式。这种方式往往以概念、判断、推理等逻辑形式，直接对客观事物进行分析、评论、证明。议论在各类文体中都可以运用，只是具体方式有所不同。应用文经常需要对人或事作出评价、判断，需要阐明处理某些公务活动或社会事务的立场观点、政策原则、决策主张，这一切都离不开议论。使用议论，能够更加有效地突出应用文的主旨，增加理论深度，使受众对事物或事理的认识和理解从感性上升到理性。

（1）议论的组成。完整的议论通常由论点、论据和论证组成。

论点是作者对所论述问题提出的主张、看法和所持的态度，是选择材料和组织材料的依据，是论说的出发点和落脚点。论点应做到正确、鲜明、新鲜而有现实意义。

论据是支撑论点的材料，是作者用来证明论点的理由和根据，包括事实论据和理论论据。事实论据通常包括代表性的事例，确凿的数据，可靠的史实等。理论论据是指那些来源于实践,并且已被长期实践证明和检验过,断定为正确的观点。它包括思想、法则、规律、经典性的著作和权威性的言论(如名人名言等),以及自然科学的原理、定律、公式等。论据应做到充分、典型。论证就是用论据来证明论点的过程和方法。

(2)议论的方式。议论有两种方式,即立论和驳论。立论和驳论的差别主要是提出论点、展开议论的角度不同。立论是从正面提出自己的观点,然后从正面进行证明。驳论则是通过反驳对立的观点,从反面提出自己的观点,从反面进行论证。

(3)议论的方法。议论的方法非常多。应用文常用的议论方法有例证法、引证法、对比法、因果法等。

例证法是用事实作论据,举例直接证明论点的议论方法。用作论据的事实,无论是具体事例、概括的事实,还是统计数据,从质上看要典型,从量上看要适度。列举的事实过少会显得单薄,过多又会淹没冲谈论点。如:

宪政的困难,就是因为顽固分子作怪;但是顽固分子是不能永远地顽固下去的,所以我们还是大有希望。天下的顽固分子,他们虽然今天顽固,明天顽固,后天也顽固,但是不能永远地顽固下去,到了后来,他们就要变了。比方汪精卫,他顽固了许多时候,就不能再在抗日地盘上逞顽固,只好跑到日本怀里去了。比方张国焘,他也顽固了许多时候,我们就开了几次斗争会,七斗八斗,他也溜了。……但是从来的顽固派,所得的结果,总是和他们的愿望相反。他们总是以损人开始,以害己告终。我们曾说张伯伦"搬起石头打自己的脚",现在已经应验了。张伯伦过去一心一意想的是搬起希特勒这块石头,去打苏联人民的脚,但是,从去年九月德国和英法的战争爆发的一天起,张伯伦手上的石头却打到张伯伦自己的脚上了。一直到现在,这块石头,还是继续在打张伯伦哩。中国的故事也很多。袁世凯想打老百姓的脚,结果打了他自己,做了几个月的皇帝就死了。段祺瑞、徐世昌、曹锟、吴佩孚等等,他们都想镇压人民,但是结果都被人民推翻。凡有损人利己之心的人,其结果都不妙。(毛泽东,《新民主主义的宪政》,1940年2月20日)

引证法是通过引用理论论据来证明论点的论证方法。引证法有原引、意引两种。原引是对原始材料的直接引用。在使用原引方法时,要做到引用的语句、标点都完全正确,保证引证的说服力。意引是对原始材料的转述,是作者用自己的语言把原始材料的内容复述出来,意思不变,但文句不同。在使用意引方法时,要完整、准确地把握原意,切忌断章取义、随意删改。如:

我们这么大一个国家,就应该有雄心壮志。毛泽东同志说:"夺取全国胜利,这只是万里长征走完了第一步。如果这一步也值得骄傲,那是比较渺小的,更值得骄傲的还在后头。在过了几十年之后来看中国人民民主革命的胜利,就会使人们感觉那好像只是一出长剧的一个短小的序幕。剧是必须从序幕开始的,但序幕还不是高潮。""我们不但善于破坏一个旧世界,我们还将善于建设一个新世界。"(习近平在庆祝改革开放40周年大会上的讲话,2018年12月18日)

对比法是将性质相反或有差异的两种或几种事物进行比较,作出论断,从而证明论点的论证方法。如：

  外国用火药制造子弹御敌，中国却用它做爆竹敬神；外国用罗盘针航海，中国却用它看风水；外国用鸦片医病，中国却拿来当饭吃。同是一种东西，而中外用法之不同有如此，盖不但电气而已。（鲁迅，《电的利弊》，1933年2月16日发表于《申报·自由谈》，署名何家干）

  因果法是从事物本身的因果关系中进行推论的逻辑论证方法。因果法重在揭示论点和论据之间的因果关系，可由因及果，也可由果及因。在应用文中，常用这种方法阐明道理、说明原因、指明发展趋势。如：

  ——长征是一次检验真理的伟大远征。真理只有在实践中才能得到检验，真理只有在实践中才能得到确立。长征途中，红军面临着凶恶残暴的追兵阻敌，面临着严酷恶劣的自然环境，还面临着同党内错误思想的激烈斗争。经过长征，党和红军不是弱了，而是更强了，因为我们党找到了中国革命的正确道路，找到了指引这条道路的正确理论。

  ……

  长征的胜利，使我们党进一步认识到，只有把马克思列宁主义基本原理同中国革命具体实际结合起来，独立自主解决中国革命的重大问题，才能把革命事业引向胜利。这是在血的教训和斗争考验中得出的真理。（习近平在纪念红军长征胜利80周年大会上的讲话，2016年10月21日）

  应用文的议论常采用夹叙夹议、论说结合的形式，力图在有限的篇幅中，扩大信息容量，增强表达效果。在阐述某一观点、论证某一论点时，常常简化论证过程，不写明具体推理环节。常以正面论证为主、反面论证为辅。即使运用反证等方法，也是常和正面论证方法结合使用，从而让说理更好地为受众所接受。

第五节　学习应用写作的方法

  应用写作来源于社会又应用于社会，与每一个人的生活和工作都密切相关，在人类社会和现实生活中占有重要的地位。

  "以文理事"是古往今来的常态和惯例。应用写作的实质是把理解和处理实际事物的观念、方法、措施化为文本，其制作本身就是管理思维的现实化和物态化，形成的应用文也是处理事务的凭证，因此，应用写作与管理运行具有高度对应性。古人对此有深刻认识。曹丕认为文章乃"经国之大业"，刘勰认为应用文是"政事之先务""经国之枢机"。由此可见应用写作对国家管理、社会运转、组织运行的重要性。

  对现代社会而言，应用写作已经成为最为常用的传输、储存、处理信息的方式之一。21世纪是信息社会，其显著特征之一是业务流的数字化和网络化。但无论网络多么发达，技术多么完善，我们都离不开文本。这是信息的基本载体和传播介质。正如学者韦斯特所

言，在信息社会，"写作，包围着你"；适应信息社会，需要"实用读写能力"。学者约翰·奈斯比特在《大趋势——改变我们生活的十个新方向》一书中指出："在这文字密集社会里，我们比以往更需要具备基本的读写技巧。"这里所说的"读写技巧"，就包括了人们在自己的职业生涯过程中需要的足以应对日常事务和生活需要的写作能力，即应用写作能力。

重视提升应用写作能力，是中外教育界的共识。20世纪80年代，美国高等教育界就提出了"学习通过写作"的口号。美式教育的核心目标是培养具有批判思维的人，最有效的方式是完善的写作训练。哈佛大学和普林斯顿大学全体本科生必修的唯一一门课程就是写作课。在美国高校，从形式上讲，写作课通常以必修课方式开设，由基础写作和高级写作两大类构成。其中，高级写作由文学创作和应用写作组成，但文学创作所占比重极小，应用写作占了绝对优势；从内容上说，美国的写作教学普遍具有实用化倾向，非常重视公务写作、商务写作、法律文书写作、日常书信、读书感想、新闻报道、应用说明、实验报告、调查报告等；从方法上讲，美国的高校写作教学特别重视实践，强调边学边练、边写边用、学用结合。近年来，应用写作课程在美国高校课程体系中的地位越发凸显，哈佛大学、哥伦比亚大学等一众名校已将应用写作类课程由必修课程上升为"核心课程"，可见其对应用写作教学的重视程度。

应用写作教学在我国高校也逐渐得到了高度重视。清华大学于2018年开设了"写作与沟通"必修课，面向2018级全体新生开设，并于2020年覆盖全部所有本科生，同时力争面向研究生提供课程和指导。为了开设好这门课程，清华大学专门正式成立了"写作与沟通教学中心"，组建了数十名教学序列专职教师构成的教学队伍，并鼓励各院系不同专业背景的教师共同参与授课。《写作与沟通》课程定位为非文学写作，偏向于逻辑性写作或说理写作，以期通过高挑战度的小班训练，显著提升学生的写作表达能力、提高沟通交流能力、培养逻辑思维和批判性思维的能力。这一创新举措，已经被国内众多高校学习和借鉴。

应用写作能力是一个现代人从业必备的核心技能之一，是现代人素质结构的重要组成部分。就当代大学生而言，应用写作能力是走向职业生涯的"敲门砖"，也是奠定职业基础的"垫脚石"，还是推动自身职业发展的"推进器"。我国国家机关公务员、企事业单位工作人员招录考试，都把《申论》作为必考科目，其重点是考察包括实际写作能力在内的考生综合素质。据有关调查，在各级各部门、在企事业单位，"写作人才"是单位最为需要的紧俏人才之一。由于缺少"笔杆子"，缺乏过得硬的"写手""秀才"，一些机关单位在应对各种工作任务时，在对工作进行推动深化需要以文字助力之时，往往会抓狂作难。"写作人才"不足，已是当前各级党政机关、企事业单位普遍反映的共同问题、突出问题。

然而，和国家、社会、人才市场需求形成强烈反差的是，我国大学生应用写作能力不容乐观。教育部博士论文抽检评审专家、南京师范大学教授陈吉德曾直接在网上"开炮"：

论文里有这样一个标题,"综合近年来奥斯卡最佳摄影奖来分析这《拆弹部队》和《阿凡达》两部作品代表性的强的电影以及奥斯卡对数字时代电影摄影的审美倾向"。这是我迄今见到的前无古人,估计也后无来者的雷人标题。此标题不但奇长无比,而且语病多多。

这虽是具体个例,却在一定程度上反映出我国大学生应用写作能力的现状。这个现状并不让人满意。1918年,与陈独秀、胡适、钱玄同并称为新文化运动"四台柱"的刘半农,发表了《应用文之教授》一文。在该文中,刘半农列举了两个现象,猛烈抨击旧时代语文教育脱离社会、脱离现实的弊端:一是现在学校中的生徒,往往读书多年,却不能写通畅之家信,看普通之报纸杂志文章。二是现在社会上,有许多似通非通一知半解学校毕业生,学实业的,往往不能译书;学政法的,往往不能草公事,批案件;学商业的,往往不能订合同,写书信。100年过去了,上述现象仍然普遍存在。很多大学生的应用写作基础知识不扎实,应用写作实践操作能力欠缺,让人感叹"连个请假条都写不好"。

应用写作能力与其他技能一样,无法一蹴而就,需要一个长期的学习和训练过程。总的来说,要想学好应用写作,需要过"三关":认识关、基础关、训练关。"三关"中居首位的是认识关。充分认识到应用写作的重要性,认识到应用写作能力对一个人职业生涯发展的重要作用,从根本上冲破主观认识的偏差,由"要我学"转向"我要学",由"我不学"转向"努力学",端正学习态度,积极主动投入,是学好应用写作的首要条件和关键因素。除此之外,还要努力过基础关和训练关,具体而言,需要做到以下三个方面。

一、注重知识积累

应用写作与其他学问一样,不是孤立的,而是涉及社会生活的各个领域,并与其他各科知识密切相关。没有开阔的、丰厚的、彼此融通的知识积淀,不可能胜任应用写作的标准和要求。一个人所具备的知识宽度和深度,最终决定应用写作所能达到的高度。

应用写作所需要的知识是多方面的,涉及哲学、政治学、法学、管理学、经济学、社会学、语言文字学、史学、写作学等诸多领域。长期从事应用写作实践和研究的人员普遍认为,对于应用写作而言,多方面多领域知识的交叉融通,是应用写作者提升语言建构能力、书面表达能力、逻辑思维能力、综合分析能力、认识判断能力、政策认知能力等核心能力的基础和关键。古人说:"小才通技,中才通策,大才通略,超才通道。"要想学好应用写作,必须努力掌握一般的政治理论、社会科学、历史、社会文化知识,本行业本部门的业务知识,以及包括语言文字知识、写作规律和写作技能等在内的写作基础知识,形成一个金字塔结构的知识体系。

知识结构的完善是一个漫长的过程,绝不可能一蹴而就。在很多情况下,阅读一些关于应用写作技能和基本知识的书籍,可能会在一些显性层面上获得立竿见影式的指导和帮助,但要真正提升应用写作水平和质量,需要从与应用写作有关的知识领域进行长期学习。没有坚实的知识积累,即便有一本应用写作范文读本去依样画瓢,仍然不可能真正学

好应用写作。"问渠哪得清如许,为有源头活水来"。只有坚持学习、长期积累,做到"胸藏万卷书",才能厚积薄发、吐故纳新,实现"笔写千篇文"。

二、注重写作实践

积累是写作的基础,写作则是积累最好的表达方式。叶圣陶说过:要知道所谓能力,不是一会儿就能够从无到有的,看看小孩子养成走路跟说话的能力多麻烦。阅读跟写作不会比走路跟说话容易,一要得其道,二要经常历练,历练到成了习惯,才算有了这种能力。

文章从来不是想出来的,而是写出来的。写作活动本身就是一个操作性、实践性很强的行为,因此,应用写作能力的形成与提高是长期的写作训练、实践的结果。学习应用写作一定要与实践相结合。在写作理论的指导下,勤于动笔,勇于实践,这样才能把理论转化为写作能力。

写作的历练在乎多作,在乎循规蹈矩地练,积年累月地练。具体而言,应用写作的练习一般依循以下常见方法:

(一)仿写练习

语言学家吕叔湘曾指出:"语文的使用是一种技能,一种习惯,只有通过正确的模仿和反复的实践才能养成。"这句话不仅道出了语文学习的真谛,也告诉我们仿写是写作特别是应用写作入门的必经之路。应用写作在写作材料和语言组织方面的要求与其他文体相比有很大的区别,更强调务实,写作语言要求平实、得体、准确、精当,更重视内容的实用性。对于在校大学生而言,由于工作经验不足、生活阅历不足,平时接触应用文体也较少,借助"仿写"可以有效增强对应用文的认识,感悟和掌握应用写作的基本规律、章法、技巧。

(二)实践模拟

应用文源于生活,反映生活,服务于生活。正如美国学者毕特所言:"生活的世界就是教育的世界,生活的范围就是课程的范围。"对于应用写作来说,工作和生活实践是应用写作学习和研究的源头活水。因此,学习应用写作,最能激发兴趣和调动积极性的办法,就是紧贴生活实际需要去探索学习。

对于课程和教师而言,要尽最大可能构建"生活化"的应用写作教学模式,引导学生在生活实践中学习,在学习中体验生活,在生活中熟练"应用"。例如,可以采用生活化的项目教学法,贴近工作需要和生活实践,通过依托真实存在的项目任务,确定开展具体文体和文种教学,引导学生自主学习,写作完成各种写作任务,进行相互评价;或者通过模拟设置的特定案例,在课堂上让学生作为特定案例角色进入特定的需要解决的问题中,更能体现出"以能力应用为本位"的应用写作课程价值导向。对于学习者而言,则要想方设法创设或利用情境,为自己增加实践练习的机会。又如,可以通过写日记、写读书笔记、写书信、写见闻或者主动承担学习生活中的应用写作任务,不放过每一次锻炼应用写作的机会。经过实践模拟不断"浸润",反复历练,日积月累,应用写作能力一定会大有进步。

(三)反复修改

文稿修改是应用写作"教"与"学"的重要内容,是提高应用写作能力的有效手段。应用写作分三个层次,即写出—写对—写到位。对于初学者特别是大学生而言,应用文初稿一般只能达到第一层次;要想跃升到第二、第三层次,必须对文稿进行反复修改。"好文章是反复改出来的",完善一份应用文稿,重在反复修改、不断推敲。

应用文的修改,前提是要知道文章的有"病"之处:有什么"病"、"病"在哪里、"病因"是什么。这个"诊断"的过程称为核查,是修改完善应用文的前期工作。核查应重点围绕四个方面进行:一是核查材料,重点核查应用文所用材料的真实性、典型性;二是核查主旨,重点是查主旨的单一性、明确性;三是核查结构,重点查结构是否有序、明晰,避免结构松散混乱;四是核查语言和逻辑,确保语言符合准确、简明、平实、得体的基本特征和要求,确保文章的逻辑性。

审读和修改应用文,应着重考虑三个层面的问题。首先是框架层面,需要关注整体结构是否合理、文种格式是否规范。其次是内容层面,需要考虑是否存在与国家政策、法律法规或相关文件精神相违背的内容;是否缺少支撑性材料或解释性材料;是否在专业知识上或时间上有错误等。最后是表述层面,检查是否存在不准确用词、不规范用词和生僻词,表述是否有语病,是否存在别字、重字、漏字现象,标点符号是否不规范等。

应用文具体的修改方法,无非是四个字:增、删、改、调。增,就是增加、补充一些字、词、句、段。凡是应用文中有表达上的疏漏和不足之处,就需要增添,其目的是使应用文表达得更准确、更严密、更合乎实际。删,就是删去不必要的字、词、句、段。冗词赘句、重复的观点、多余的材料和可有可无的内容,都应该删除,其目的是使应用文表述更简练、主旨更清晰。改,就是用新的字、词、句、段代替原来的字、词、句、段。凡是表达上不准确、不严密的地方,都需要改动。调,就是调换字、词、句、段的位置,包括相邻位置的调换和远距离的调换,也包括结构上的调整。

三、注重分析总结

"应知学问难,在乎点滴勤"。提升应用写作能力,需要我们勤于学习、勤于积累、勤于观察、勤于实践、勤于总结。分析总结是我们学习应用写作不可忽视的一个重要方面、重要途径。只有勤于分析、善于总结,才能更好地消化所学的知识,才能更好地把理论和实际结合起来,才能对应用写作的规律、技巧有更加准确的认识和把握。毛泽东同志曾说过:"我们的实践证明,感觉到了的东西,我们不能立刻理解它,只有理解了的东西,才能更深刻地感觉它。"这个理解,离不开分析总结。

分析总结的过程,既是积累经验的过程,也是反思问题的过程。在学习应用写作的过程中善于分析总结,可以有效避免出现"一味低头拉车,忽视抬头看路"的偏向,

产生事半功倍的效果。具体而言，学习应用写作，要注重围绕两个方面进行经常性的分析总结。

（一）围绕理论应用进行分析总结

应用写作实践离不开应用写作理论的指导。对于应用写作学习者而言，缺乏理论指导，往往会陷入低效能、低水平状态。学习应用写作，要善于围绕理论应用进行分析总结，把理论与具体应用文相结合，用理论知识分析具体文章，用具体文章说明、印证所学理论，在分析总结中实现认识的"二次飞跃"。

（二）有效利用范文进行分析总结

古代和近现代都有许多优秀的应用文，值得我们学习借鉴，从中领悟具体的写作规律，掌握处理内容和形式、观点和材料的一般方法。刘勰在《文心雕龙·知音》中提出："操千曲而后晓声，观千剑而后识器。"大量的应用写作教学和学习实践证明，通过借鉴学习范文，反复推敲研究，进行仿写训练，能够使学习者有效把握学习要领，提升学习效果。

第二章 党政公文写作

党政公文是党政机关实施领导、履行职能、处理公务的具有特定效力和规范体式的文书，是传达贯彻党和国家各项方针政策，依法执政和行政的重要工具。自公文诞生以来，它在调节各种社会关系、维护社会有序和谐发展方面发挥了十分积极的作用。

公文写作中，格式要求规范统一、庄重得体；内容要求要合理合法、实事求是、层次分明；语言表述则要求简明通顺、平实严谨，从而保证党政机关公文特定效力的发挥，体现公文的权威性和严肃性。本章从党政公文的含义、作用入手，详细介绍公文写作的格式要求，着重阐述通知、通报、请示、批复、函、报告等几种主要公文种类的写作方法，为广大读者准确使用和撰写公文提供有益借鉴。

第一节　党政公文概述

一、党政公文的含义

《党政机关公文处理工作条例》（以下简称《条例》）中指出："党政机关公文是党政机关实施领导、履行职能、处理公务的具有特定效力和规范体式的文书，是传达贯彻党和国家的方针政策，公布法规和规章，指导、布置和商洽工作，请示和答复问题，报告、通报和交流情况等的重要工具。"从该含义中可以看出，党政公文是办理公务的工具，工具性是公文的本质属性。党政公文同报刊发表的以提供信息为主的一般文章不同，它更多需要被理解贯彻并执行；同时它还具有特定效力，在它的有效范围内，如果不按照要求贯彻执行，则有可能追究相关人员的责任。

根据《条例》规定，党政机关公文主要有决议、决定、命令（令）、公报等十五种，适用于不同职能（表 2-1）。

表 2-1　十五种公文文种

序号	文种	主要适用功能
1	决议	适用于会议讨论通过的重大决策事项
2	决定	适用于对重要事项作出决策和部署、奖惩有关单位和人员、变更或者撤销下级机关不适当的决定事项
3	命令（令）	适用于公布行政法规和规章、宣布施行重大强制性措施、批准授予和晋升衔级、嘉奖有关单位和人员
4	公报	适用于公布重要决定或者重大事项
5	公告	适用于向国内外宣布重要事项或者法定事项
6	通告	适用于在一定范围内公布应当遵守或者周知的事项
7	意见	适用于对重要问题提出见解和处理办法
8	通知	适用于发布、传达要求下级机关执行和有关单位周知或者执行的事项，批转、转发公文
9	通报	适用于表彰先进、批评错误、传达重要精神和告知重要情况
10	报告	适用于向上级机关汇报工作、反映情况，回复上级机关的询问
11	请示	适用于向上级机关请求指示、批准
12	批复	适用于答复下级机关请示事项
13	议案	适用于各级人民政府按照法律程序向同级人民代表大会或者人民代表大会常务委员会提请审议事项
14	函	适用于不相隶属机关之间商洽工作、询问和答复问题、请求批准和答复审批事项
15	纪要	适用于记载会议主要情况和议定事项

《条例》规定，各级党政机关应当高度重视公文处理工作，加强组织领导，强化队伍建设，设立文秘部门或者由专人负责公文处理工作。各级党政机关办公厅（室）主管本机关的公文处理工作，并对下级机关的公文处理工作进行业务指导和督促检查。

二、党政公文的种类

按照不同的视角，党政公文种类也可以有多种分法。

按公文的功能，划分为十五种，即上文《条例》中所规定的十五种文种。《条例》对每一文种的功能都作出了明确的规定，应根据行文需要选取适当的文种。

按公文的行文方向，划分为上行文、下行文、平行文、泛行文。上行文是下级机关向上级机关呈送的公文，如请示、报告、意见（上行）。下行文是上级机关向下属机关发送的公文，如命令、决定、决议、公告、通告、通知、通报、批复和意见（下行）。平行文是平行机关或不相隶属机关之间相互往来的公文，如函、议案。泛行文是指面向社会，没有特定的主送机关和行文方向的公文，如公告、公报等。

按照公文的秘密程度，划分四类。一是绝密公文，指内容涉及最重要的国家秘密，一旦泄露会使国家的安全和利益遭受特别严重损害的公文，最长期限三十年；二是机密公文，指内容涉及重要的国家秘密，一旦泄露会使国家的安全和利益遭受严重损害的公文，最长期限二十年；三是秘密公文，指内容涉及一般的国家秘密，一旦泄露会使国家的安全和利益遭受一定损害的公文，最长期限十年；四是普通公文，指内容不涉及任何国家秘密，可以在各级机关、各有关单位内部广泛传阅的公文。

按照公文的紧急程度，划分为两类。一是加急公文，按照紧急程度不同，又分为特急件和加急件，特急件指事关重大又十分紧急，要求以最快速度制发和办理的公文，必须一天内办理完毕急件公文。加急件指涉及重要工作，需要从快制发和办理的公文，即三天内办理完毕。二是常规公文，又称平急件，指按正常程序和速度制发和办理的公文，一般应在一周内办理完毕，最多不得超过十五天。

按照公文的载体形式，划分为纸质文件、磁介质文件和光介质文件。纸质公文是以纸张为物质载体的公文，是使用最为普遍的公文；磁介质公文是以磁带、磁盘、磁鼓等磁性材料为物质载体的公文，如录音文件、录像文件、计算机文件等；光介质公文是以感光材料如胶片等为物质载体的公文，如照片公文、缩微胶片公文、光盘公文等。

三、党政公文的特点

根据公文定义，相对于一般应用文，党政公文具有三个基本属性：一是公文主体为党和国家机关及其他社会组织、团体；二是公文目的在于行使职权和实施管理；三是公文具有一定的法定效力与规范格式。基于这样几个基本属性，党政公文的特点可以概括为以下五点：

（1）内容公务性与执行性。公务性指排除内在情感的社会组织在公共事务办理过程中使用限定。公文和私文是相对应而存在的，个人的感情认识，只能用诗歌散文、小说随笔等文学性私文或者一般文章来表达。党政公文发文主体一般都是社会组织及其相应职权的最高领导，并以社会组织名义发出公文。此外，内容必须要突出公务执行性，且一事一文，不能空话套话，在指导、管理、上报、请示、商洽等公务中，出现含混其词、模棱两可的情况。公文的内容必须是反映和传达社会组织的公务信息，且执行性合法而明确。

（2）格式规范性与发展性。党政公文的格式是《条例》确定的法定格式，是权威机关中共中央办公厅、国务院办公厅联合以法规和国家标准的形式规定的，必须严格按照格式写作。公文格式同时又是一种写作程式，呈现出公文写作和办理的程序性。公务具有的公众性和同一性在一定社会范围和公务体系中对社会组织成员产生一致的认可、制约和指挥，显著提高了公文写作和办理的效率，避免"十里不同音"带来的不便。随着信息社会发展和社会管理进步，公文的规范及格式会更加科学、严谨，公文写作和办理将会朝着数学化、自动化、简易化方向发展。

（3）行文双方限定性与广泛性。私文的作者是个人，一般文章的作者也同样是个人（或合作）。读者对象除私人信件一般是没有限制，文学作品读者量一般都力求最大化，由此社会价值也提升。而公文的作者只能是法定的社会组织及其法人代表或最高领导人，有权利进行公文写作的社会组织，必须依照法律在有关政府部门登记注册。这一社会组织及其最高领导人，就成为公文的法定作者。动笔起草公文初稿的人，如秘书，成为起草人，不是法律意义上的作者。党政公文的读者也是特定的，在格式上有专门规定，即"主送机关""抄送机关"和"传达（阅读）范围"。但也有面向全社会不设对象限制的党政公文，如重大会议公报。

（4）效力限制性与权威性。公文的发布者只能是法定作者，即社会组织的机关及其部门。根据管理体系和隶属关系，各自的职权范围也是明确的，公文的使用也正是是这种隶属关系和职权范围的反映。对于行文双方来说，公文具有法定职权的限制性，同时也有法定职权的权威性。依法发布公文，收文必须执行。不能超权利、越级别发文，甚至滥用公文，也不能收文不执行，藐视公文权威，限制性与权威性相辅相成，共同保证党政公文行文合法规范、政令畅通无阻，才能产生"文以辅政"的现实管理作用。

（5）语言规范性与创新性。首先，党政公文语言要精确规范。在长期公文实践中，用词确切恰当，表意明确周密，不悖事理，言实相符，描述的事实要准确，用语要精确，这是由公文性质决定的，是保证公文政策性和严肃性的重要手段。其次，要力求精炼，言简意赅，在推动工作、解决问题中，突出工具本质属性，保证高效、快速、便捷。最后，要语言规范，"代机关立言"讲求庄重严肃，使用现代汉语的规范化的书面语言，以得体而规范的语言来表明该机关在处理公务时所持有的立场和态度。随着社会文化不断发展，党政公文语言需要不断创新，接地气，让受众喜闻乐见，以增强公文可读性、亲民感。从小处看，巧妙借用老百姓口头语、网络流行语、新诞生的热词都是语言创新的体现，如"法律上不欠账，政策上不欠账，经济上不欠账，感情上不欠账""一是打造新引擎，推动大众创业万众创新；二是改造传统引擎，扩大公共产品和公共服务供给"等，都是在新时代话语体系中逐渐走入党政公文的新语言。

四、党政公文的作用

（一）指挥、指导和管理作用

党政公文是党政机关上级机关对下级机关进行领导和指导的重要工具。上级机关通过制发公文，传达党的路线方针政策，颁布国家的法律法规，组织开展各种公务活动，责成下级机关严格按照所发公文的要求，采取切实有效的措施予以贯彻落实。上级机关制发的公文不一定都具有指令的性质，有的只对本行业、本系统的业务工作指出原则性的指导意见，要求下级机关结合本地区、本部门的实际情况创造性地贯彻执行。

在党政机关公文中，有相当一部分具有法规的性质，如命令（令）、决定等。这类公文是一定范围内人们行动的准则或行为的规范，具有明显的规范和约束作用，一旦生效就必须遵照执行，不得违反。

（二）宣传和教育作用

党政机关制发的许多重要公文，在作出工作部署、提出贯彻要求的同时，往往要分析国际国内形势，阐明党的理论、路线、方针、政策和国家的法律法规，对广大干部群众进行宣传教育，以便统一思想认识，增强贯彻执行的自觉性。一些公文，如表彰性或批评性的通报，本来就是为了达到宣传教育的目的而制发的，其宣传教育作用更为突出。

（三）依据和凭证作用

公文作为处理公务的专门文书，反映了发文机关的意图，具有法定的效力，是收发机关作出决策、处理问题、开展工作的依据和凭证。例如，上级机关制发的公文（决议、决定、批复、通知），是下级机关组织开展工作的依据和凭证；下级机关制发的公文（请示、报告、意见），是上级机关制定决策、指导工作的依据和凭证；平级或不相隶属机关制发的公文（函），是彼此之间交流情况、商洽工作的依据和凭证。

（四）沟通和联系作用

党政机关、企事业单位、人民团体或其他法定的社会组织，都要通过制发公文联系和商洽工作，传递和反馈信息，介绍和交流经验。正是在各种纵向、横向的联系和沟通中，上情得以下达，下情得以上报，思想认识得以统一，各项工作能够正常有序地开展。

五、党政公文的行文

工具性是公文的根本属性，因此，公文被制发出来就是要运行的，可以上报、下发或平行往来，这就是"行文"。因此，行文简而言之就是一个机关单位给另一个机关单位的发文。行文规则是公文在运行中应遵循的规矩法则，《条例》对行文有着明确的要求和规定，总的来说，可以概括为五条原则。

（一）必要性原则

行文应当确有必要，讲求实效，注重针对性和可操作性。遵守行文规则、按章办文才能使公文在发文机关和受文机关之间正常运行。确有必要才行文，杜绝文山现象，防止公

文权威泛化；发文要从工作事务角度讲求实效性、针对性，使之得到及时、有效的处理；坚持公文工具性第一属性，要有较强的操作性，发文发挥公文应有的作用。

（二）关系明确原则

行文关系根据各级机关和单位之间的隶属关系和职权范围确定。一般不得越级行文，特殊情况需要越级行文的，应当同时抄送被越过的机关。机关、团体、单位之间的关系，通常包括上下级关系、平级关系、业务指导三种。依据这三种关系，行文规则包括以下三种类型：

（1）上行文规则。上行文是下级机关向上级领导机关（包括有业务指导关系的上级机关在内）的行文。需要注意五点：①选准上行文种。请示、报告和上报的意见都可以视为上行文种。②公文原则上主送一个上级机关，根据需要同时抄送相关上级机关和同级机关，不抄送下级机关。党委、政府的部门向上级主管部门请示、报告重大事项，应当经本级党委、政府同意或者授权。属于部门职权范围内的事项应当直接报送上级主管部门。受双重领导的机关向一个上级机关行文，必要时抄送另一个上级机关。③下级机关的请示事项，如需以本机关名义向上级机关请示，应当提出倾向性意见后上报，不得原文转报上级机关；不得在报告等非请示性公文中夹带请示事项。④除上级机关负责人直接交办事项外，不得以本机关名义向上级机关负责人报送公文，不得以本机关负责人名义向上级机关报送公文。⑤一般不能越级行文。

（2）下行文规则。下行文是上级领导机关对所属下级机关的行文，要注意四点：①选准下行文种。决定、决议、命令（令）、通知、通报、下行意见、纪要、批复等都可以视为下行文种。②公文主送受理机关，根据需要抄送相关机关。重要行文应当同时抄送发文机关的直接上级机关。党委、政府的办公厅（室）根据本级党委、政府授权，可以向下级党委、政府行文，其他部门和单位不得向下级党委、政府发布指令性公文或者在公文中向下级党委、政府提出指令性要求。需经政府审批的具体事项，经政府同意后可以由政府职能部门行文，文中须注明已经政府同意。党委、政府的部门在各自职权范围内可以向下级党委、政府的相关部门行文。不同级别的单位不可联合行文。③涉及多个部门职权范围内的事务，部门之间未协商一致的，不得向下行文；擅自行文的，上级机关应当责令其纠正或者撤销。④上级机关向受双重领导的下级机关行文，必要时抄送该下级机关的另一个上级机关。

（3）平行文规则。平行文是不相隶属机关之间的往来行文。需注意两点：①选准平行文种。函和周知性通知可以被看作平行文种。②平行文写法要态度谦和，多用商量语气，不能用指示性的口吻。

（三）联合行文规则

同级党政机关、党政机关与其他同级机关必要时可以联合行文。属于党委、政府各自职权范围内的工作，不得联合行文。同级不相隶属的机关之间可联合行文，联合行文的内容必须涉及两个或两个以上机关的职权范围。一个机关职权范围内可以解决的问题，不必要求其他机关联合行文。

相隶属的机关之间不能联合行文，政府办公室与同级政府各部门在一般情况下不宜联合行文，联合行文必须明确主办部门。

（四）抄送规则

上级机关向受双重领导的下级机关行文，必要时抄送该下级机关的另一个上级机关。向下级机关行文时，主送受理机关，根据需要抄送相关机关。重要行文应当同时抄送发文机关的直接上级机关。

向上级机关行文时，原则上主送一个上级机关，根据需要同时抄送其他相关上级机关和同级机关，不抄送下级机关。

（五）协商一致规则

涉及多个部门职权范围内的事务，部门之间未协商一致的，不得向下行文，擅自行文的，上级机关应当责令其纠正或者撤销。

第二节　党政公文格式

党政公文十分强调格式规范性。2012年发布的《党政机关公文格式》国家标准（GB/T 9704—2012）（以下简称《格式》）对公文格式要素的名称、标印位置及版头形式等作了十分明确的规定。公文格式不仅体现公文的庄重性与权威性，也是保证公文质量和提高公文运行效率的重要手段。

一般而言，公文格式包括三大部分。

一、公文版面格式

根据《条例》及《格式》的规定，公文每个版面排22行，每行排28个字，并撑满版心。公文第一行字顶格编排在版心左上角，公文最后一行字必须沉底到版心下边缘。公文的行数在特定情况可以作适当调整。如当公文排版后所剩空白处不能容下印章或签发人签名章、成文日期时，可以采取调整行距、字距的措施解决，从而使正文和印章处于同一页上。如无特殊说明，公文中一般除了发文机关标志、版头中的分隔线、发文机关印章和签发人签名章为红色外，公文中文字的颜色均为黑色。

二、文面常规格式

《格式》将版心内公文的文面格式各要素划分为版头、主体和版记三部分。红色分隔线以上的部分称为版头，分割线（不含）以下、公文末页首条分隔线（不含）以上的部分称为主体，公文末页首条分隔线以下、末条分隔线以上的部分称为版记。

（一）版头部分

版头部分包括份号、密级和保密期限、紧急程度、发文机关标志、发文字号、签发人以及分隔线等要素。

1. 份号

公文印制份数的顺序号。涉密公文应当标注份号，如发文机关认为有必要，也可对不带密级的公文编制份号。份号编制一般用6位三号阿拉伯数字，顶格编排自版心左上角第一行，编码一般用六位数，如000001，加虚位补齐。

2. 密级和保密期限

公文的秘密等级和保密的期限。涉密公文应当根据涉密程度分别标注"绝密""机密""秘密"（两字之间空一字，有保密期限时不空字）和保密期限。一般用三号黑体字，顶格编排在版心左上角第二行，两者之间用"★"隔开。标注方法如：绝密★30年，机密★20年，秘密★10年。如没有保密期限，应当按照国家保密期限的规定上限处理。

3. 紧急程度

公文送达和办理的时限要求。根据紧急程度，紧急公文应当分别标注"特急""加急"，电报应当分别标注"特提""特急""加急""平急"。一般用三号黑体字，顶格编排在版心左上角第三行，两字之间空一字。

如需同时标注份号，密级和保密期限、紧急程度，按照份号、密级和保密期限、紧急程度的顺序自上而下分行排列。

4. 发文机关标志

发文机关标志即人们通常所说的"红头"，由发文机关全称或者规范化简称加"文件"二字组成，也可以使用发文机关全称或者规范化简称。如"国务院办公厅文件""××省人民政府文件"。发文机关标志居中排布，上边缘至版心上边缘为35mm。使用小标宋体字，字号自行酌定，颜色为红色。

联合行文时，发文机关标志可以并用联合发文机关名称，也可以单独用主办机关名称。一般将主办机关名称排列在前、协办机关排列在后，上下均匀对齐；"文件"应置于发文机关右侧，上下居中排布。如果联合行文机关过多，首页必须显示正文。

5. 发文字号

发文字号是公文的"身份证号"，在文件登记、文件查询引用、归档管理等环节有重要作用。发文字号由发文机关代字、年份、发文顺序号组成，如"国办发〔2017〕1号"。联合行文时，使用主办机关的发文字号。发文字号编排在发文机关标志下空两行的位置，一般用三号仿宋体字，居中排布。公文标注签发人时，发文字号居左空一格，与居右空一格签发人对称排布，并与最后一个签发人同处一行。

发文字号的年份、序号用阿拉伯数字标识，年份应标全称，用六角括号"〔〕"括入，序号不编虚位（即1不编为01），不加"第"字。

6. 签发人

签发人是指批准发出公文的机关主要负责人。上行文应当标注签发人姓名"签发人"

三字用三号仿宋体字标识，后标全角冒号，冒号后签发人姓名用三号楷体字标识。

如有多个签发人，签发人姓名按照发文机关的排列顺序从左到右、自上而下依次均匀编排，一般每行排两个姓名，回行时与上一行第一个签发人姓名对齐。签发人姓名为两个字的，中间应空一格。

7. 分隔线

分隔线是指发文字号下4mm处印条与版心等宽的红色分隔线。此线条以下为公文主体部分。

（二）主体部分

公文主体是公文的实质性内容，由标题、主送机关、正文、附件说明、发文机关署名、成文日期、印章、附注和附件等要素组成。

1. 标题

公文标题位于红色分隔线下空两行，用二号小标宋体字标识，可分一行或多行居中排布。公文标题由"发文机关＋事由＋文种"组成，如"××省政府办公厅关于进一步加大基础设施领域补短板力度的实施意见"。

公文标题中如需使用标点符号，应遵循国家标点符号标准用法和规范。多行标题应当排列为梯形或菱形居中排版，不采用上下长度一样的长方形和上下长、中间短的沙漏型。多个发文机关名称间用空格分开，不加顿号。

联合行文时，如果不超过三个机关或单位，应当将联署行文的单位名称全部显示出来；如果是四个以上的机关或单位联合行文，就应当采取主办机关名称后加"等"字的表述形式，否则就可能出现将正文挤出首页的情况，违反公文行文的"首页见文"原则。

2. 主送机关

主送机关即负责受理、执行公文的机关，要使用全称、规范化简称或同类型机关的统称，编排于公文标题下空一行，居左顶格，回行时仍顶格，最后一个机关名称后标全角冒号，用三号仿宋字标识，如"各省、自治区、直辖市人民政府，国务院各部委、各直属机构："。

主送机关名称过多导致公文首页不能显示正文时，可将主送机关名称移至版记部分并置于抄送机关之上。

上行文（报告、请示）只有一个主送机关。普发性公文一般不写主送机关，如公告、公报、通告等。

3. 正文

正文是公文的主体，用来表述公文的内容。公文首页必须显示正文。正文用三号仿宋字标识。正文编排于主送机关下一行，每个自然段开头均要左空两字书写，回行顶格，数字、年份内不能回行。

正文包括开头、主体、结尾三部分。三部分编排要注意逻辑顺序和层次安排。文中结构层次的序数，第一层为"一、"，使用黑体字；第二层为"（一）"，使用楷体字；第三层为"1.",第四层"(1)",使用仿宋体字。

正文的叙述根据文体功能不一样,有各自规范,但是叙述条理、目的明确、指挥清楚、汇报全面、结构完整是党政公文正文部分必须遵守的要求。

4. 附件说明

附件说明是指公文附件的顺序号和名称。附件是附属于正文的文字材料,对正文起补充说明作用,与正文具有同等效力。附件主要包括有关文字材料、报表、名单、图形等。

公文如有附件,应在正文下空一行,左空二字,用三号仿宋体字标识"附件"二字,后标全角冒号和附件名称。附件序号用阿拉伯数字,每行位置对齐,附件名称后不加标点符号,如"附件:1.×××××"。附件名称较长需要回行时,应当与上一行附件名称的首字对齐。有两个及以上附件时,应注明顺序并分别将顺序码标注于各附件首页的左上方。附件应与正文一起装订,并在附件左上角第一行顶格用三号黑体字标识"附件",有序号时标明序号。

5. 发文机关署名、成文日期和印章

发文机关署名应当署发文机关全称或者规范化简称。

成文日期即公文生效的日期。需经会议讨论通过的重要公文以会议正式通过的日期为准;经领导人签发的公文,以发文机关领导人的签发日期为准;联合行文时,以最后签发机关领导人签发日期为准;法规公文以批准日期为准。

印章即公文最后生效标识。公文中有发文机关署名的,应当加盖发文机关印章,并与署名机关相符。有特定发文机关标志的普发性公文和电报可以不加盖印章。有些党政公文,如命令,加盖签发人红色签名章。

公文的发文机关署名、成文日期、印章按照党政机关公文格式要求执行。

6. 附注

主要用于说明公文的发送,阅读,传达范围及其他需说明的事项。公文如有附注,用三号仿宋体字标识,居左空二字,加圆括号标识在成文日期下一行。

7. 附件

附件是公文正文的说明、补充或参考资料。如有附件的公文,附件应当另起面编排,并置于版记之前,与公文正文一起装订。"附件"二字及附件顺序号用三号黑体字顶格编排在版心左上角第一行。附件标题居中与"附件1"空一行编排。附件顺序号和附件标题应当与附件说明的表述一致。附件格式要求同正文。如附件与正文不能一起装订,应当在附件左上角第一行顶格编排公文的发文字号并在其后标注"附件"二字及附件顺序号。

(三)版记部分

版记部分是指公文末页两条分隔线内的部分。包括抄送机关、印发机关和印发日期三个要素。

1. 抄送机关

抄送机关指除主送机关外需要执行或者知晓公文内容的其他机关。应使用机关全称、规范化简称或者同类型机关统称,可以是上级机关、下级机关或不相隶属机关。公文如有抄送，在印发机关和印发日期之上一行，左空一字用四号仿宋体字标识；"抄送"二字后标全角冒号，抄送机关间用逗号隔开；回行时与冒号后的抄送机关对齐，最后用句号。

如有公文需把主送机关移至版记，应当将主送机关置于抄送机关之上，之间不加分隔线，编排方法同抄送机关。

2.印发机关和印发日期

公文的印发机关和印发日期，位于"抄送"之下，占一行位置，用四号仿宋体字标识。印发机关左空一字，印发日期右空一字，用阿拉伯数字标识。年份应标全称，月、日，不编虚位，后加"印发"二字。

版记中如有其他要素，应当将其与印发机关和印发日期用条细分隔线隔开。

三、文面特定格式

公文的文面特定格式是相对于公文的文面常规格式而言的，是常规格式的补充，通常包括信函格式、命令（令）格式以及纪要格式等。其公文组成要素的标注规则有别于公文的通用格式的要求，但作用和效力与通用格式的公文相同。

（一）信函格式

信函格式是一种特定的公文格式，并不是一种文种，与《条例》中定义的"函"有本质区别。信函格式相对简单，易操作，多见于通知、批复、函等文种的公文中。信函格式中各要素的编排规则如下：

（1）发文机关标志。推荐使用红色小标宋体字，大小自定。发文机关名称后不加"文件"二字。联合行文时，只使用主办机关标志。发文机关标志上边缘距离上页边为30mm，居中排布。

（2）首页上下的红色双线。发文机关标志下4mm处要求印一条上粗下细的红色双线，距下页边20mm处印一条上细下粗的红色双线。线长均为170mm，均居中排布。

（3）首页版心的尺寸。版心尺寸为156mm×225mm。版心位置有小的变化，较之常规公文版心位置有所下移。

（4）份号、密级和保密期限、紧急程度、发文字号的位置。如需标注份号，居左顶格编排在第一条红色双线下，距其距离为三号字字高的7/8；如需同时标注密级和保密期限、紧急程度，分别在份号之下，分行顶格居左编排。发文字号居版心右边缘放在第一条红色双线下，距其距离为三号字字高的7/8，顶格居右编排。

（5）标题的位置。标注在份号、密级和保密期限、紧急程度、发文字号中最后一个要素的下边缘下空两行位置。

（6）页码。信函格式公文首页不显示页码，由第二面开始标注。

（7）版记中不加印发机关、印发日期，只有抄送机关，抄送机关上下不加分隔线。

（二）命令（令）格式

命令（令）适用于公布行政法规和规章、宣布实施重大强制性措施、批准授予和晋升衔级、嘉奖有关单位和人员。其各要素的编排规则如下：

（1）发文机关标志。发文机关标志由发文机关全称加"命令"或"令"组成，一般不使用发文机关规范化简称。发文机关标志上边缘距版心上边缘20mm，推荐用红色小标宋体字，大小自定。联合发布的命令（令），发文机关名称顺序分行编排，两端对齐，"命令"或"令"字置于所有联署发文机关名称右侧，上下居中编排。

（2）令号。令号是命令（令）的编号，作用等同于发文字号。发文机关标志下空两行编排令号，一般采用"第××号"的形式，不编虚位。

（3）标题和正文。命令（令）一般无标题。令号和正文间无红色分隔线，令号下空两行编排正文，正文的内容一般较为简短。

（4）签名章。正文下空两行、右空四字编排签发人签名章，签名章左空二字编排签发人职务，相对于签名章上下居中。联合发布的命令，签发人职务应写全称。成文日期置于签发人签名章下空一行位置，右空四字编排。

（三）纪要格式

纪要适用于记载会议主要情况和议定事项。在实际工作中，各级党政机关例行会议、专题会议等讨论议定的事项和会议主要情况，可通过会议纪要的形式印发，作为指导机关开展工作的依据。其各要素的编排规则如下：

（1）纪要标志。纪要标志使用"××××会议纪要"格式，不加"文件"二字。字体使用红色小标宋体字，字号大小自定，居中排布。

（2）纪要编号作用等同于发文字号，可居中编排在发文机关标志下空两行位置，可以采用"第××号"的形式，不编虚位。

（3）出席人员、请假人员和列席人员的编排规则。用三号黑体字在正文或附件说明下空一行、居左空二字编排"出席"二字，后标全角冒号，冒号后用三号仿宋体字标注出席人单位、姓名。同一单位不同人员之间、不同单位之间的分隔符号可根据实际情况确定。回行时与冒号后的首字对齐，段末加句号。如需标注请假和列席人员名单，除依次另起一行并将"出席"二字改为"请假"或"列席"外，编排方法同前。

（4）会议纪要不加盖印章。

（5）因为不同单位、不同性质的会议多种多样，一种会议纪要格式很难满足全部的需求，因此各级党政机关可根据实际需要制定满足自身实际需求的会议纪要格式。

第三节　通知

通知适用于发布、传达要求下级机关执行和有关单位周知或者执行的事项，批转、转发公文。在各级各类机关单位的公文中，通知是发文数量最多、使用频率最高的下行文，是上级机关知照和指挥下级机关开展工作的重要管理手段。

一、特点

（一）作者的广泛性

通知不受发文机关的性质与级别的限制，上自领导机关，下至基层单位，都可以使用。

（二）内容的晓谕性

通知多用于下行文，具有"告知"和"要求"的双重功用，具有执行性。其内容是告诉人们有关事项，或要求下属单位予以办理、执行。

（三）用途的多样性

大到全国性的重要安排，小到一个单位内部告知的一般事项，都可以用通知行文；既可以用来转发公文、发布规章，也可以用来传达事项、布置工作，还可以用来任免人员。

（四）写作的灵活性

不同类型的通知虽然文种相同，但在写法上都各不相同。在结构上，有的层次繁多，有的简单明了；在篇幅上，有的长达数千字，有的只有十几字；在要求上，有的要求"知且行"，有的要求知晓即可。。

二、分类

根据性质和作用，通知可分为批转、转发性通知，部署性通知，告知性通知，发布性通知和任免通知。

（一）批转、转发性通知

（1）批转性通知。上级机关对下级机关的具有普遍指导意义的公文，可连同原文用批转性通知下发，用于指导下属单位的工作。

（2）转发性通知。下级机关对上级机关和不相隶属机关的具有指导和参考作用的公文，可连同原文用转发性通知下发。

（二）部署性通知

（1）工作性通知。用于布置需要办理和执行的工作任务、活动安排，内容偏重于交代具体的工作任务以及具体的政策措施执行要求。

（2）指示性通知。用于下达某项指示，内容偏重于阐述指导原则和方针政策，通常由领导机关制发。

（三）告知性通知

（1）会议通知。召开比较重要的会议或大型会议可提前向有关单位发出会议通知，这类通知使用极为普遍。

（2）事项性通知。向有关单位传达某一事项或某一信息，起告知的作用。

（四）发布性通知

用通知发布规章（办法、规定、条例、细则等），要求有关单位共同执行。

（五）任免通知

上级机关的有关任免事项需要下级机关知晓，要用任免通知。

三、写作

（一）标题

通知的标题由发文机关、事由和文种三部分组成，如《国务院关于开展第七次全国人口普查的通知》，标题要求表述精确简明，通顺无歧义。

在转发性、批转性通知的事由中，要写明被转发、批转的公文的发文机关，如原标题省略了发文机关，应在本通知的标题事由中补写。另外，转发性通知的事由，引用被转发公文的原标题时，应去掉书名号（法规、规章除外）；如标题过长，可将其标题简化另拟；如原标题文种是通知，应将"通知"二字去掉，这样就可以在本标题中避免"通知的通知"的情况出现。如《××县公安局关于转发××市公安局关于转发××公安厅关于××的意见的通知的通知的通知》应被改为《××县公安局转发××省公安厅关于××意见的通知》。

（二）正文

不论哪种类型的通知，正文必须阐明"为什么发通知""通知什么"以及要求被通知单位执行的"相关具体要求"。从收文机关角度来理解，即落实某项工作的背景、合情合理性、具体操作、注意细节等要素信息。

根据通知不同的功能，在具体行文时，又有一些差异化表述，具体如下：

1. 批转、转发、印发性通知

这三类通知的正文一般包括批转、转发、印发决定和通知指示两部分内容。一种方法是对所批转的公文，表明"批准"或"同意"的态度或作出指示和简要评价，要求受文单位研究执行；另一种方法是在表明态度之后，要针对所批转公文的内容，并结合本地区、本单位、本部门的际情况，提出具体的指示性意见，作进一步阐述与论证，对下级机关提出要求。结语通常用"请遵照执行""请结合实际认真贯彻执行"等。

2. 部署性通知

正文包括缘由、事项及要求三部分内容。

（1）缘由。通常是先写发文的原因、背景及目的。开头必须交代清楚制发通知的依据、目的，说明为什么发此通知，阐发通知的必要性。语言要简单明了。

（2）事项。事项是通知的核心部分。要具体写明对开展或进行某项工作的指示与意见等。工作性通知侧重于交代具体的工作任务、措施和执行要求；指示性通知侧重于阐述方针政策和工作的指导原则。如果通知的内容单一，则可以用一个自然段来完成；如果内容较为复杂，篇幅较长，则可采用分条列项的结构方式，还要用好小标题或段旨句，以突出重点。在结构内容的安排上,要写清楚"做什么""为什么要做""怎么做""按什么要求做""什么时间完成"等。

(3) 要求。即对贯彻执行工作内容提出希望与要求等。

(4) 会议通知。会议通知一般包括召开会议的原因与目的、会议的名称,需写明会议的议题、召开会议的时间、地点、与会的人员、参会要求及其他注意事项等部分。会议通知的内容要求明确具体,无一错漏,并且必须在会前送达,以使与会者做好充分准备。

(5) 任免通知。此类通知的行文比较简单,正文包括两部分:一是任免依据,二是任免事项。要用简明扼要的文字说明任命某人担任或免去某项职务。有的还需加上决定任免的组织或任期等通知的事项及要求。

四、注意事项

(1) 围绕中心工作,主旨明确集中。围绕通知所涉及的主要事项,一事一文,布置清楚,交待明白,内容全面且具体,行文主旨为工作预想目标,无关事项不拖泥带水。

(2) 厘清工作关系,恰当规范行文。通知是下行文,必须厘清隶属关系,切记打乱管理体系随意行文、主送与发文机关、主送与抄送对象关系不顺等问题出现。如某县政府办公室向县委组织部发通知,县人大常委会向县政府各局、委、办发通知,都属于对象混乱。

(3) 措施得当具体,实践时效平衡。根据工作实际,设计实践性与时效性平衡,留足充分时间保证工作质量,提出的措施符合实际情况,实践性强,指导性强,最大限度保证工作成效。

例文 1

中共 ×× 大学委员会
关于印发 ×× 大学课程思政工作实施方案的通知

各二级单位党委(党总支部),校属各部门、各单位:

《××大学课程思政工作实施方案》已经学校党委研究批准,现予以印发、实施。

中共 ×× 大学委员会(公章)
20×× 年 ×× 月 ×× 日

×× 大学课程思政工作实施方案

为有效推进学校"三全育人"综合改革,促进专业教育与思政教育有效融合,充分发挥课程育人作用,大力提升学校思想政治工作质量,形成全员全过程全方位育人格局,根据教育部《关于深化本科教育教学改革全面提高人才培养质量的意见》和《××大学"三全育人"综合改革实施方案》,特制定本方案。

一、指导思想

以习近平新时代中国特色社会主义思想为指导,全面贯彻党的教育方针,坚持社会主义办学方向,全面落实立德树人根本任务,深化课程思政教学改革,深入挖掘各门课程所蕴含的思想政治教育元素和承载的思想政治教育功能,按照价值引领、知识传授、能力培养的总体要求,把思想政治教育工作贯穿教育教学全过程,培养德智体美劳全面发展的中国特色社会主义建设者和接班人。

二、工作目标

围绕充分发挥各类课程育人功能,全力打造"五个一":建设一批充满思政元素的示范通识课程和专业课;开发一批充分彰显学校特色、品牌、优势且育人成效明显的特色课程;探索一套科学有效的课程思政评价体系;培育一批学生认可的课程思政教学名师;总结一系列可推广的课程思政改革经验。

三、基本原则

1. 坚持育人为本。坚持把"育人"作为教育的生命,把"立德"作为教育的灵魂,深入挖掘提炼各类课程所蕴含的思政要素和德育功能,实现知识传授、能力培养与价值引领有机统一,推动"课程教学"向"课程育人"转化、"专业教育"向"专业育人"转化。

2. 坚持教师主体。充分发挥教师在课程育人中的主体作用,引导和激励教师切实承担起育人责任,遵循思想政治工作规律、教书育人规律和学生成长规律,积极实施教学改革,将思想政治教育融入课程教学,以实际行动落实教书和育人相统一、言传和身教相统一、潜心问道和关注社会相统一、学术自律和学术规范相统一的要求。

3. 坚持分类指导。根据不同课程的性质特点,对思政理论课、专业课、通识教育课、素质拓展课等各类课程进行统筹设计,明确课程育人目标、优化教学方案、挖掘育人元素、突出重点特色,实现各类课程同向同行、协同育人。

4. 坚持质量导向。围绕知识传授、能力培养与价值引领有机统一的课程育人目标,建立课程思政考核评价体系,创新评价方式,注重育人目标的达成度和学生的满意度,保证课程思政实施质量。

四、主要任务

1. 开展课程思政专题培训。通过组织全校专任教师开展专题学习和培训,全面提升课程育人意识和课程思政能力;组织骨干教师到国内高校学习课程思政改革经验;邀请校外专家来校进行课程思政专题指导;成立校院两级课程思政建设专家组,深入开展课程思政教学示范、指导与培训。

2. 营造课程思政建设氛围。开展"课程思政、党员先行"为主题的党支部创新教育活动;推行"集中研讨提问题、集中培训提素质、集中备课提质量"的"三集三提"教学方法;深入挖掘提炼各门课程所蕴含的德育元素和承载的德育功能,推进思想政治教育进教案、进课堂、进实践;充分利用网络、广播、微视频、新媒体对课程思政建设中的经验、典型进行宣传推介,营造浓厚的课程思政建设氛围。

3. 推动课程思政落细落实。各学院制定课程思政实施细则,明确各系、专业、教研室的职责任务，做到层层落实；定期开展课程思政专题教研活动，让课程思政成为广大专任教师的自觉行动；各学院结合实际，找准"课程思政"切入点，使"课程思政"建设有机融入学院整体的教育教学体系，形成本院的亮点和特色。

4. 建设一批课程思政示范课程。出台《××大学课程思政示范课程建设立项管理办法》，立项建设一批课程思政示范课程和示范课堂；举办校级课程思政公开示范课、课程思政教学设计（案例）竞赛，形成示范课程建设典型经验；以示范课程、示范课堂为引领，逐步推广好的做法和经验。

5. 开发一批课程思政特色课程。以示范课程为引领，结合各专业实际，修订人才培养方案和教学大纲，有效打通思政课与专业课之间隔膜，全面推进课程思政建设；开发一批充分彰显学校特色、品牌、优势且育人成效明显的特色课程。

6. 建立一套科学有效的课程思政评价体系。将课程教学评价、学习效果评价从单一的专业维度，向价值引领、人文素养、社会责任等多维度延伸，制定科学的课程思政质量评价标准，引导教师挖掘体现思政元素的知识点，细化对教师教学活动的考核指导和对学生学习效果的评价。

7. 总结一系列可推广的课程思政改革经验。举办课程思政总结交流会，对课程思政教学名师、优秀教学案例、教研教改项目、示范课程、示范课堂等改革成果进行验收总结；设立3个校级课程思政研究中心，对改革经验进行研究分析、提炼推广，形成示范效应。

五、实施保障

1. 加强组织领导。成立课程思政工作领导小组，校党委书记和校长任组长、分管教学工作和分管思政工作校领导任副组长、有关部门负责人为成员，统筹推进全校课程思政教学改革工作，办公室设在教务部。各学院成立相应的工作机构，落实课程思政建设工作。

2. 强化工作考核。建立考核评价制度，定期对课程思政工作实施情况进行评价，及时宣传表彰、督促整改；把教师参与课程思政教学改革情况和课程思政效果作为教师考核评价、岗位聘用、评优奖励、职称晋升的重要依据；将各教学单位推进课程思政改革成效纳入单位年度绩效考核和党建工作考评。

3. 加强经费保障。学校划拨专项经费保障工作开展，以项目申报形式对课程思政工作提供资助，并根据年度考核结果实施动态管理，确保建设项目顺利实施。鼓励各教学单位设立专项经费，保障课程思政工作推进有力。

例文2

××市公安局关于进一步加强全市公安机关宣传工作的通知

各县区公安（分）局，开发区分局，市局直属各部门：

为进一步做好全市公安宣传工作，树立我市公安良好形象，全市公安机关近期要围绕局党委中心工作，切实加强和改进宣传工作，着力构建全方位、多角度、立体式的宣传工

作格局,发好公安声音,讲好警察故事,不断增进公众对公安工作的理解和支持,为公安工作营造良好的舆论环境。

一、工作重点

各单位要充分利用各级媒体平台,加强宣传策划,突出实战导向,对以下几项重点工作进行深入、全面、立体的塑造和宣传,传播法治新声音:

(一)拓宽巡逻防控体系宣传思路

各单位要结合"四级巡防"、联勤联动和群防群治等机制,加强宣传报道,营造氛围,深入挖掘巡逻防控过程中救助群众、打击犯罪等新闻素材,以报纸、电视、广播、网络为依托,充分运用文字、图片、视频等多种手段,对巡逻防控相关工作进行全过程、全方位、多角度、多体裁的报道。

(二)加大"盗抢骗"等侵财犯罪宣传力度

各单位要结合严厉打击侵财犯罪专项行动工作进程,密切关注相关案件查办情况,认真做好视频、图片、文字材料等素材的收集准备工作,提前做好内容策划、选题设置。要主动联系各级媒体,对已办结案件及时进行报道,配合媒体做好主题采访、通讯综述、权威报道等。同时,要积极组织开展防范侵财犯罪宣传教育活动,为全面反映我市打击侵财犯罪专项行动情况打下扎实基础。

(三)营造扫黑除恶专项斗争强大声势

各单位要紧紧围绕"扫黑打伞铲基础"阶段性重点任务,扩大宣传力度,营造强大声势,为扫黑除恶专项斗争不断向纵深发展提供有力支撑。突出宣传人民群众参与"扫黑打伞铲基础"的方式方法和保护措施,强化路径引导,广泛宣传群众举报途径。综合运用"传统+现代""网上+网下"等媒介渠道,紧密结合专项斗争新形势、新特征,适时推出一系列有深度、有温度、有影响力的重磅报道,全方位彰显公安机关"有黑必扫、有恶必除、有伞必打、有乱必治"的坚定决心。

(四)突出严厉打击窗口"黄牛"宣传实效

严厉打击窗口"黄牛"专项行动是充分考虑群众利益,解决服务问题,净化服务环境的一项重要举措。各单位要紧密结合打击窗口"黄牛"专项行动,积极协调好各级媒体同向发力、协同作战,形成全方位、多层次、多声部传播舆论矩阵,在传统媒体、新型媒体集中刊发一批有分量、有影响的稿件,营造声势,切实达到宣传效果,提升人民群众满意度。

(五)开启"24小时警局"实时报道

"24小时警局"微信公众平台是我局推出的一项重要便民举措,平台依托"互联网+警务"的工作模式,将"警民沟通、信息发布、办事服务、举报投诉"融为一体,充分向公众展示公安形象、展现民警风采、解读公安政策。公安机关挑选了具有丰富工作经验的民警入驻相关版块,在线解答群众提出的问题、关注的热点,真正实现警民沟通零距离、解决问题全覆盖。为了进一步完善"24小时警局"微信公众平台的业务功能与用户体验,各相关单位要积极开展实时报道,拓宽群众反馈渠道,收集采纳群众提出的意见与建议,将"24小时警局"打造成服务群众的实用型平台。

二、工作要求

（一）提高思想意识、树立宣传工作理念

各单位要牢固树立宣传工作理念，精心组织实施各项宣传任务，充分发挥主观能动性，做好本单位的素材收集和专题策划，开展形式多样的宣传报道。要结合工作进度与实际情况，制定切实可行的宣传实施方案，积极协调各部门将宣传工作落实到位，进一步提升宣传工作能力和水平，带动全市公安机关宣传工作的整体推进。

（二）巩固传统媒体、拓宽新媒体传播渠道

各单位要继续做好主流媒体宣传工作，深化与电视台、电台、报社等媒体的合作，大力宣传公安工作和队伍建设的成效。同时要加强新媒体的宣传力度，优化新媒体信息，利用微信、微博、抖音等新兴传播途径，实时推广户政业务、出入境业务、车驾管业务等，让群众随时随地了解警务动态，促进警民融合，全力宣传公安工作动态信息，确保宣传工作取得实效。

（三）加强沟通协作、扩大宣传报道声势

各单位要坚持内网与外网并重、传统媒体与新兴媒体并进，广泛开展宣传活动，全方位地塑造展示公安新形象和队伍新风采。要定期编发新闻通稿，将公安机关案件查处情况、便民利民举措等，通过媒体、网站和微博等渠道及时进行动态反映，持续营造声势。针对各类专项行动，采取现场报道、专题报道、系列报道等形式，进一步加大宣传力度。

（四）落实宣传责任、完善绩效考核机制

各单位要高度重视公安宣传工作，强化组织领导，制定具体措施，抓好推进落实，并指派专人负责宣传报道工作。要以注重实绩为根本点，完善绩效考核机制，将各种专项整治行动新闻宣传工作纳入绩效考核范围，充分发挥考核评价引导作用，对各单位宣传工作的成果作出正确评价，推动宣传工作的各项部署和措施落实到位。

（五）把握宣传尺度，正面引导新闻舆论

各单位要适时适度地展开宣传工作，既要充分弘扬公安机关的职能作用，也要严格口径、把握尺度，严肃新闻宣传纪律。要密切关注各类敏感热点事件的实时动态，及时掌握发展趋势，提前制定应急预案，认真做好舆论引导工作，坚决杜绝负面舆情和泄密事件发生。

××市公安局（公章）
20××年××月××日

例文3

××大学党委学工部关于召开疫情防控学生工作组会议的通知

各学院（中心、研究院、所）：

根据工作要求，定于1月7日召开疫情防控学生工作组会议。现将有关事项通知如下：

一、会议时间

1月7日（周四）上午10:00

二、会议地点

会议中心第二报告厅

三、参加对象

有关校领导；各学院（中心、研究院、所）分管学生工作副书记；学工部（处）、研工部科级及以上人员。

四、会议要求

请与会人员准时参加会议，原则上不得请假，如有特殊情况，请提前向学工处主要领导请假。

与会人员严格遵循疫情防控要求，自备口罩。

党委学工部（公章）
20××年1月6日

例文4

中共××省教育厅党组关于×××等同志任职的通知

厅各处室、直属事业单位：

经公开选调，×××、×××两名同志调入厅机关工作。经研究决定：

×××同志任基础教育处四级调研员，试用期一年；

×××同志任研究生教育处（省学位委员会办公室）四级调研员，试用期一年。

中共××省教育厅党组（公章）
2021年××月××日

第四节　通报

通报适用于表彰先进、批评错误、传达重要精神或告知重要情况，常用于总结和推广先进典型的经验，褒扬先进模范事迹；批评具有一定典型性的错误思想、错误观念和错误行为；传达、告知重要事件或情况。通报属下行文，其作用在于以相关的事例或说明性的情况传达告知、引导工作、教育警示。

一、特点

（一）真实性

通报所反映的内容必须真实可信、实事求是，不可随意贬低或者拔高，更不可胡编乱造。只有真实的通报才有生命力和说服力。

（二）告知性

通过告知被表彰先进典型的情况，使人受到教育；通过告知被批评的反面典型，使人吸取教训；通过交流情况，供人参考借鉴。告知性决定了通告的表达方法常兼用叙述说明和议论。

（三）典型性

通报的人物、事件或情况必需具有典型意义，才能达到教育、宣传的目的，取得良好效果。

二、分类

根据内容和性质划分，通报可分为表彰通报、批评通报和情况通报。

（1）表彰通报。上级机关用来通报集体或个人的先进事迹、典型经验，用以宣传先进思想，树立学习榜样，借以推动工作的全面开展。

（2）批评通报。针对工作中出现的具有较大影响的事件或错误做法予以批评，揭露反面典型，总结教训，以示警戒。

（3）情况通报。用于传达重要情况，互通信息和沟通情况，增加工作的透明度，以便人们能相互了解，相互协助，促进工作的顺利进行。

通报与通知存在明显不同。通知是告诉受文者"做什么""怎么做""什么时间完成"，带有明显的指令性和较强的行政约束力，要求下级必须遵照执行；通报则重在让下级了解情况，以具体的事例来教育受文者，它主要用于告之情况，传达信息，借助事例来表达上级的意图，以期改进工作。通报一般不具有指令性，行政约束力也较通知小。

三、写作

（一）标题

通报的标题，由发文机关、事由和文种构成，如《××市人民政府办公厅关于表彰20××年度现代服务业先进单位的通报》。

（二）正文

1. 表彰通报

表彰通报着重介绍人物或单位的先进事迹，分析实质，明确表彰决定，提出希望要求。其写作一般包括四部分内容：

（1）叙述事迹。事迹要典型，叙述时尽可能简明扼要。把人物、时间、地点、事情的主要经过和结果交代清楚。要根据篇幅，抓住主要特征和梗概来写，不必详叙。

（2）分析实质。在介绍事迹的基础上再加上简要的评价和意义分析，挖掘先进典型所蕴含的精神实质和价值，注意要节省笔墨，点到即止，不宜过分夸大和拔高。

（3）表彰决定。凡表彰性通报都要明确表彰的具体决定。这部分一般是略写，写清楚给予什么奖励即可。

（4）希望要求。面向主送对象，提出希望和要求，发出号召。

2. 批评通报

通过摆情况、找根源、阐明处理决定来使人从中吸取教训，以免重蹈覆辙，惩戒性特点比较突出。一般分为以下四个部分：

（1）说明错误事实。实事求是地反映事实真相，不能夸大或缩小，因为这是批评的依据，必须真实。

（2）分析根源和教训。对错误进行分析，指出错误的原因，点明危害。这部分要写得准确、中肯、实事求是，不能含含糊糊，模棱两可，或者故意夸大，无限上纲上线。

（3）明确处理决定。在摆明事实，分析原因的基础上，恰如其分地提出处理决定，有理有据，令人信服。

（4）提出希望和要求。这部分是通过对错误的处理，要求当事者如何对待错误，希望大家吸取教训，引以为戒。

3. 情况通报

情况通报一般分为三个部分：

（1）概述情况。介绍情况的总体概貌，写明情况产生的背景、条件及发生发展的过程。

（2）分析情况。对具体情况进行概括分析，肯定成绩，找出不足。

（3）提出希望要求。要针对通报情况提出今后工作的指导意见、希望和要求、对策。情况通报的正文内容有直述式和转述式两种类型。直述式是由发文机关直接予以叙事、说明的通报；转述式是由发文机关对下级机关的来文加写批语后，再以通报的形式行文。转述式通报以论述为主，很少叙事，行文时要将下级机关来文作为附件同时下发。

四、注意事项

（1）把握及时性。写通报一定要把握好时机，特别是对某些重大的事项和重要情况，要不失时机地予以通报，以真正起到及时交流情况、沟通信息、宣传典型、抑恶扬善、指导工作等作用。

（2）把握典型性。通报的内容必须典型，要有一定的教育意义和指导意义。不可凡事都发通报，必须选择有典型意义的、体现时代特征的、对某项工作有普遍指导意义的事件进行通报。只有这样，才能真正起到通报的效果。

（3）把握真实性。真实是通报事件的基础。写作时，必须尊重客观事实，要深入基层认真调查研究，千万不要凭空想当然拼凑材料，乃至于虚构。评论也要实事求是，忠实于事件的原貌。

例文1

××市公安局关于给予疫情防控合成作战专班表扬的通报

各室、所、队、指挥中心及驻局纪检监察组：

在打赢疫情防控阻击战中，全局各单位充分发挥党支部战斗堡垒作用，把防控责任扛在肩上，主动冲锋在第一线、战斗在最前沿，有效发挥作用，涌现出一批抗击疫情的先进典型。

市局疫情防控合成作战专班自1月25日实体化运作以来，深入践行初心使命，主动靠前，担当作为，发扬不怕苦累、连续作战的斗争精神，经常加班加点，充分利用各类大数据系统资源，多层次、多渠道、全方位挖掘收集数据源，24小时全天候开展疫情防控数据分析研判，筛选确定精准数据，第一时间推送给市指挥部疫情重点人员查控组、卫健部门和乡镇街道，以及辖区派出所，为全市打赢疫情防控阻击战提供了强有力的数据支撑，充分发挥数据战"疫"精准预防预警作用。

为弘扬正气，激发斗志，市局决定对疫情防控合成作战专班予以通报表扬。希望受到表扬的单位戒骄戒躁，发挥战斗堡垒作用，继续履职尽责，主动作为，全力做好疫情防控工作。全局其他单位要主动向被表扬单位学习，增强工作的责任感和使命感，在疫情防控斗争中顽强奋战、争做贡献，紧紧依靠人民群众坚决打赢疫情防控阻击战，让党旗在疫情一线高高飘扬。

××市公安局（公章）

20××年××月××日

例文2

中共××省委教育工委办公室
关于3起高校领导干部违反中央八项规定精神问题的通报

各高等学校党委：

党的十八大以来，按照中央"八项规定"及《实施细则》精神和省委"36条办法"，省委教育工委出台了作风建设的"26条实施办法"，就全面落实"两个责任"、驰而不息反"四风"作出了详细规定。总体上看，全省各高校党委能抓好班子、带好队伍、管好自己，在建设"清廉教育"过程中展示了高等学校良好的形象。但是，作风建设是一项长期的艰巨的工程，"四风"问题在个别地方个别学校个别领导干部身上还会不时反弹回潮。2017年以来，全省高校领域仍然出现了部分违反中央八项规定精神的现象。

为严明纪律，强化警示教育，现将近两年查处的3起领导干部违反中央八项规定精神的案例通报如下。

一、××理工大学继续教育学院党总支副书记蒋××违规接受宴请问题。在2017年12月至2018年3月期间,蒋××多次接受合作单位有关人员宴请,出入高档娱乐场所,并接受有偿陪侍;在2017年《领导干部个人有关事项报告》中蒋××不按规定如实报告个人有关事项;在2018年4月份组织函询时蒋××不如实向组织说明问题。2018年6月,蒋××受到党内严重警告处分,被免去继续教育学院党总支副书记、委员职务。

二、××警官职业学院工会副主席刘××违规操办婚宴问题。2016年10月5日,刘××为儿子操办婚宴,邀请单位同事等人参加并收受礼金20500元(在组织核查前主动退还6000元);2016年10月17日,刘××又以儿子结婚为由,宴请单位同事并收受礼金6400元(在组织核查前主动退还);婚宴事先报备为20桌,实际办了25桌,后又宴请3桌,此情况未如实向组织补报并说明。2017年5月,刘××受到党内严重警告处分。

三、××国际海运职业技术学院海洋旅游学院院长乐××违规公款吃喝问题。2014年年底至2017年年初,乐××将35573元违规接待费用在某酒店的校企合作管理费中予以抵扣,并采取抵扣校企合作管理费的方式3次在某酒店购买自助餐券29600元进行分发,套取校企合作管理费5000元购买海鲜提货券进行分发。乐××还存在其他违纪违法问题。2017年7月,乐××受到开除党籍、开除公职处分。

蒋××、刘××、乐××身为党员领导干部,本应模范遵守党的纪律,带头落实中央八项规定精神和省委、省委教育工委有关要求,却依然我行我素、顶风违纪,最终受到党纪政务处分,教训极其深刻。

作风建设是一场没有硝烟的"持久战"。各高校党委要充分认识作风建设的长期性复杂性艰巨性,坚持抓常、抓细、抓长,持续用力、久久为功,以永远在路上的姿态抓好作风建设。要认真贯彻落实省委《关于推进清廉建设的决定》和省委教育工委、省教育厅《关于全面推进"清廉教育"建设的实施意见》,加快建设"清廉学校",继续推进"清廉教育"建设工程,不断增强抓作风、改作风、转作风的内在自觉和持久动力。高校党委领导班子要进一步提高政治站位,切实把作风建设当作分内之事、应尽之责,党委书记要履行好第一责任人责任,领导班子成员要履行"一岗双责"。要进一步释放"越往后执纪越严"的强烈信号,对违反中央八项规定精神和"四风"问题要敢于亮剑、敢于较真,对典型事、典型人要通报曝光,进一步传导压力、压实责任,坚决防止"四风"问题反弹回潮。对履行"两个责任"不力、疏于整治"四风"要严肃追责问责。

今年中秋、国庆节将至,各高校要紧盯重要时间节点,紧盯"关键少数",对苗头性、倾向性问题及时咬耳扯袖、动辄则咎,不断巩固拓展"清廉教育"建设成果,进一步落实省委有关决策部署,抓实抓细"清廉学校"建设各项措施,进一步营造风清气正的教育生态。

中共××省委教育工委办公室(公章)
20××年××月××日

××省教育厅关于××大学实验室发生火情事故的通报

各高等学校：

4月28日14时15分左右，××大学生化实验楼6楼的生物技术专业实验室发生火情事故，过火面积约8平方米，所幸及时发现并妥善处置，未酿成更严重后果。消防部门已认定起火原因，是一台运行中的立式冷藏陈列柜发生自燃，继而又引燃旁边的窗帘。事故的发生再次提醒我们：事故并不遥远，隐患就在身边，切勿心存侥幸、疏忽大意。这起事故虽然不是人为因素直接造成，但其中所暴露出的问题仍然与管理有关，必须引起各高校的重视。

一是实验室仪器设备质量和老化问题。仪器设备存在质量问题或出现老化情况，极可能构成安全隐患，进而引发安全事故。这次事故的涉事冷藏陈列柜只使用了1年左右，事后，学校立即停用了所有同品牌的冷藏陈列柜。鉴于此，各高校必须把好采购的源头关，坚决杜绝质量有问题的产品进入实验室；必须加强仪器设备设施的日常保养维护，避免仪器设施设备带病带伤运行，发现问题必须果断停用，并及时进行排险处置，彻底消除安全隐患。

二是实验室安全防护设施分布及安保值班存在漏洞。这次的涉事实验室是早期大学城建设时建造的，交付使用时即为现状，室内没有接入烟火感应报警系统，也没有安装监控，室外走廊有监控头，但起火时却没有及时反应。当日该实验室没有安排上课，正值无人状态，若火情不是被学校保安人员巡查时发现，后果不堪设想。《××省教育厅关于高等学校实验室安全建设与管理规定（修订）》对实验室安全环境及安防设施是有明确要求的。第三十五条规定，实验室建设（新建、改建、扩建）项目的规划、设计和论证，应当充分考虑其设施设备的安全和环保要求，并进行充分的安全评估，项目验收时同步进行安全验收，凡不符合安全技术和环保要求的实验室应当限期进行改造。第三十六条中规定，实验室楼宇和重点风险部位应当处于24小时安保监控状态。实验室建造时间早或老旧不应成为安防设施缺位的理由，事关安全的必要建设和投入，学校必须予以保障，以免因小失大。

学校实验室安全事关师生员工的人身安全和财产安全，关系到教育事业的发展与社会稳定，是国家安全生产工作的重要内容。各高校要牢固树立安全红线意识和高度的责任意识，提高政治站位，认真贯彻执行《××省教育厅关于高等学校实验室安全建设与管理规定（修订）》，不断提升学校实验室安全建设与管理水平。我厅按照教育部的相关要求，正全面开展高校实验室安全的自查自纠工作，各校要吸取事故教训，务必把自查自纠工作做细、做实、做好，坚决杜绝各类安全隐患，有效防范实验室安全事故的发生，全力维护校园安全稳定。

××省教育厅（公章）

20××年××月××日

第五节　通告

通告，适用于在一定范围内公布应当遵守或者周知的事项。通告的使用面比较广泛，有指导作用、约束作用和教育作用。一般机关、企事业单位甚至临时性机构都可使用；但强制性的通告必须依法发布，其限定范围不能超过发文机关的权限。

一、特点

（一）广泛性

使用单位广泛、内容广泛、受文者广泛。

（二）约束性

通告的事项是社会有关方面应当遵守或周知的，具有一定的约束力，一些法规性强的通告还具有明显的强制性。

（三）公开性

通告可以文件形式制发，但常以广播、刊登、张贴等形式发布，注重公开告知。

二、分类

通告按其内容性质可分为告知性通告和执行性通告两类。告知性通告主要是使受文者了解重要情况、重要消息。因此文中不提直接的执行要求。执行性通告主要向受文者交待需要遵守、执行的政策、措施以及其他行为规范，具有一定的强制力。

三、写作

（一）标题

由发文机关、事由、文种构成。根据具体情况，也可使用发文机关加文种、事由加文种或只以文种为标题。

（二）正文

通常由缘由、事项、结尾等部分组成。

1.通告的缘由

缘由为发布通告的原因和根据。通告的内容不同，依据也不同，如政策根据、法律根据、理论根据、事实根据等。开头交待根据的目的在于说明理由，引出通告的具体内容。一般以过渡语"特（现）通告如下""现将有关事项通告如下"引起通告的事项。也有篇段合一式，则无过渡语。如果事项细小、内容单一，通告也会省去缘由，开门见山点明事项。

2. 通告的事项

事项为须知和遵守的内容。告知性通告，内容较简单，只需将要告知的事项陈述清楚即可。执行性通告，是由各级权力机关、行政机关和司法机关公布的一些令行禁止类事项的通告。此类通告依据有关法律、法规制定，带有约束力和强制性，要根据有关规定，将需通告的事项写清楚，并指出若有违反者，应根据哪些规定加以处理。

3. 通告的结尾

结尾部分可提出要求、希望，并用"特此通告""本通告自发布之日起实施""本通告自××年××月××日起实施"等惯用结语收尾。有时也可不写结尾，形式比较灵活。

（三）落款

要写明发文机关名称、发文日期、加盖公章。以刊载、张贴形式发布的通告，成文日期常写在标题之下，并用圆括号括起。

四、注意事项

（1）正确使用通告文种。通告与公告、通知、通报是不同的公文，要认真区别文种特点、作用和受文对象范围，防止混用。

（2）事项要符合法律规定。通告的事项，应该符合法律法规和有关政策规定，不能违反法规政策。

（3）语言要通俗简洁。通告是一种周知性公文，多用张贴或登报的方式发布。因此，要用通俗简洁的语言表述通告缘由和事项，便于社会有关方面周知、遵照或办理。

××市公安局公安交通管理局关于
西城区真武庙南三巷采取交通管理措施的通告

为保证西城区真武庙南三巷的交通安全与畅通，根据道路交通安全法律法规有关规定，决定自2021年6月3日起，真武庙南三巷（真武庙南二巷至真武庙路四条段）工作日15时至18时，禁止机动车由北向南、由西向东方向行驶。

特此通告。

北京市公安局公安交通管理局（公章）

2021年5月23日

例文2

最高人民法院　最高人民检察院　公安部
关于敦促跨境赌博相关犯罪嫌疑人
投案自首的通告

为贯彻落实宽严相济的刑事政策，依法惩处跨境赌博违法犯罪行为，同时给相关犯罪嫌疑人改过自新、争取宽大处理的机会，根据《中华人民共和国刑法》《中华人民共和国刑事诉讼法》有关规定，特通告如下：

一、本通告所称跨境赌博相关犯罪嫌疑人是指《中华人民共和国刑法》第三百零三条规定的赌博罪、开设赌场罪的犯罪嫌疑人以及关联犯罪的犯罪嫌疑人。

二、自本通告发布之日起至2021年4月30日前，犯罪嫌疑人向公安机关、人民检察院、人民法院自动投案，如实供述自己的罪行的，属于自首。犯罪嫌疑人投案自首的，可以依法从轻或者减轻处罚；情节较轻的，可以依法免除处罚。

三、犯罪嫌疑人委托他人代为投案或者先以信函、电话、电报、电子邮件等方式投案，本人随后到案的，视为自动投案；经亲友规劝、陪同投案的，或者亲友主动报案后将犯罪嫌疑人送去投案的，视为自动投案。

四、犯罪嫌疑人到案后有检举、揭发他人犯罪行为，经查证属实的，以及提供重要线索，从而得以侦破其他案件，或者积极协助司法机关抓获其他犯罪嫌疑人等立功表现的，可以依法从轻或者减轻处罚；有重大立功表现的，可以依法减轻或者免除处罚。

五、犯罪嫌疑人要认清形势，珍惜机会，尽快投案自首，争取从宽处理。在规定期限内拒不投案自首的，司法机关将依法惩处。

六、司法机关鼓励个人和有关组织积极举报在逃犯罪嫌疑人，动员、规劝在逃犯罪嫌疑人投案自首，对举报人及其他有关证人，司法机关将依法予以保护。对威胁、报复举报人、控告人，构成犯罪的，依法追究刑事责任。

本通告自发布之日起施行。

最高人民法院　最高人民检察院　公安部（公章）
2021年1月26日

第六节　请示

请示是下级机关向上级机关请求指示、批准事项的公文。请示是上行文，只能是下级对上级写请示，上级机关对下级机关，以及平行机关和不相隶属的机关之间，都不能使用请示。请示行文的目的非常明确，即要求上级机关对请示的事项作出明确的批复。请示必须在工作开始前行文，得到上级机关批准后才能付诸实施，不可"先斩后奏"或"边斩边奏"。

　　下级单位在处理以下情况或事项时，应当向上级行文请示：上级机关明文规定须经请示方能办理的事项；超出本级职权处理范围，需请求上级批准认可的事项；因本单位情况特殊，难以执行上级统一规定，需变通办理的事项；在实际工作中出现新情况、新问题，处理和解决无章可循，有待上级明确批示才能办理的事项；因条件限制，本单位无法进行某项工作，需请求上级给予解决、资助的事项；工作中遇到特殊困难，需上级给予支持、帮助的事项；涉及现行方针、政策、法令、条令条例、规章制度等方面有待上级明确或具体解释的问题；因本单位领导意见无法统一，某项工作难以进行时，请求上级明确裁决才能办理的事项；工作中出现特殊疑难问题，本级掌握不准，请求上级给予明确的事项；在职权范围之内，但因事关全局，本机关无法独立解决的困难和问题，需上级机关帮助协调解决的事项。

一、特点

（一）目的性

　　请示的目的性极强，是针对工作中本机关单位职权内无法解决或无力解决的事项而行文，行文目的就是请求上级机关指示、批准。

（二）单一性

　　请示的行文讲究一文一事，即一份请示只能请求指示、批准一件事或解决一个问题；请示只能主送一个机关，即使受双重领导的机关，也要根据请示的内容确定一个主送机关，另一个机关则采用抄送的形式。

（三）时效性

　　请示的写作是为了解决问题，只有及时行文，才有可能使问题得到及时解决。请示的行文单位和受文单位，在处理问题时都要考虑时效性的问题。

（四）事前性

　　请示一定要在工作开始前行文，得到上级机关批准后才能付诸实施，不可"先斩后奏"或"边斩边奏"。

二、分类

　　从请示的目的、性质与功能来看，请示可分为三种类型。

（一）求示性请示

　　求示性请示是请求上级给予指示、裁决的请示。这类请示所涉及的是下级机关对方针政策、法律法规在认识上不明确、不理解，或遇到新情况、新问题而又无章可循，不知如何处理，或由于意见分歧而无法形成决议等，需要请示上级机关，给予答复。

（二）请准性请示

求准性请示是请求上级批准、允许的请示。凡需要经上级领导机关审定或批准的事项，必须发文请求上级机关批准。在实际工作中常有一些超出了本单位处理权限，自己无权作出决定的事项，例如，机构的设置、人员的定编、财政支出、资产购置等，需要请示上级机关给予批准后方可执行。

（三）求助性请示

求助性请示是请求上级机关予以支持、帮助的请示。这类请示所涉及的是下级机关遇到仅靠自己的力量很难克服或无法克服的困难，难以独立解决，例如缺少资金、设备等物质条件而影响工作的进度，必须请求上级部门给予支持和帮助。

三、写作

请示由标题、主送机关、正文、落款构成。

（一）标题

通常由发文机关、事由、文种三要素组成，如《民政部关于增加选举工作干部编制名额的请示》。拟写请示标题，必须着力写好"事由"，要明确、简括地表述出请示的中心意向，以便上级机关快速准确地了解和把握。

（二）主送机关

请示的主送机关是负责受理和答复请示的上级机关。请示在确定主送机关时，要注意以下三点：一是主送机关只能有一个。如有必要，应当用抄送的形式送其他上级机关；二是只能送上级机关，不能送领导个人；三是原则上不能越级，如经多次请示上级机关而长期未能解决的问题，可以越级请示，但必须同时抄报给被越过的直接上级机关。

（三）正文

请示的正文由请示缘由、请示事项和结语构成。

（1）请示缘由。要用简明扼要的语言将请示的原因和背景情况或者请示的问题的依据、出发点等交代清楚。请示的写作重点在于选准角度，既要突出请示的重要性和迫切性，又要阐述请示的必要性和可行性。在写法上，一般采用叙事说理相结合的表达方式，叙事要精练，说理要透彻。

（2）请示事项。即要求上级解决的具体问题。写作中要将请求上级机关给予指示、批准的具体问题和盘托出，请求上级机关给答复。提出的请示事项要明确、具体，也可向上级机关提出自己对解决问题的态度和意见。有时还可以提出几种意见供上级选择，但行文者必须表明自己希望上级批准哪种意见，并说明理由。

（3）结语。请示一般使用固定结语："妥否（可否/是否可行），请批示/指示"。

四、注意事项

（1）请示要坚持一文一事的原则。一篇请示中不能同时出现两件以上不同内容的请示事项。

（2）主送机关一般只能是一个，不能多头请示。即使是受双重领导的机关，也要根据请示的内容，确定一个主送机关，一个抄送机关。

（3）主送机关应是直接上级机关，一般不得越级请示。因特殊情况确需越级行文时，必须抄送被越级上级机关。

（4）要事前行文。请示是用来向上级机关请求批示批准的，因此必须事前行文，这是保持政令严肃性的要求。"先斩后奏"，事后请示，不仅是无视上级权威的越权行为，而且也是对自身不负责任的表现。

（5）除非是领导直接交办的，请示一般不能直接呈送领导者个人。因为正式行文请示问题是向上级机关请示，而不是向某个人请示。

（6）用语要得当。请示是就有关事项请求上级机关批准的请求性上行公文，写作时要注意行文的语气，应写得谦和、得体。

例文 1

关于增设××派出所的请示

市公安局：

我分局下属淮河派出所于19××年经市局批准成立，辖区位于城乡结合部，东西从××街至××街，南北从××路至××路，总面积达××平方公里，管辖战线长、地域广。近年来，随着我市经济的迅速发展，外来务工人员不断增加，辖区人口由建所之初的5万人，增加到现在的12万多人。由于流动人口比例增大，导致该地区的治安情况极为复杂，近三年来，刑事案件以每年5%的速度增长，治安案件增速更是高达8%，分别比我市平均发案率高出2%和4%。淮河派出所现有民警仅15人，警力严重不足，不能对各种案件进行及时处理，对辖区也缺乏有效的管理，致使辖区治安形势不稳定。

鉴于以上情况，我分局拟增设××派出所，为科级建制，人员编制为15人，管辖原属淮河派出所辖区的××街以东地区，面积××平方公里。派出所位置设于××街23号，原××招待所。

妥否，请批示。

××公安分局（章）

20××年7月5日

（联系人：×××　联系电话：××××）

关于召开××大学第十八次学生代表大会的请示

××省学生联合会：

××大学第十七次学生代表大会召开三年以来，在校党委和省学联的正确领导下，在校团委的悉心指导下，我校学生会始终坚持"自我服务、自我教育、自我管理"的原则，从广大同学的实际需要出发，切实服务广大同学，在促进广大同学成长成才和校园文化建设方面取得了显著的成绩。

现我校第十七届学生会任期届满，为使学生会工作取得更加优异的成绩，促进学生会组织取得更大的发展，开创学生会工作新局面新气象，根据《中华全国学生联合会关于加强和改进高校学生会研究生会建设的指导意见》和《××大学学生会章程》，经研究并请示校团委同意，拟于2017年5月4日召开××大学第十八次学生代表大会。现将有关问题请示如下：

一、大会指导思想和主要任务

指导思想：全面贯彻落实党的十九大、共青团十八次代表大会精神，高举中国特色社会主义伟大旗帜，以习近平新时代中国特色社会主义思想为指导，在校党委和省学联的领导下，勤勉尽责，服务同学，积极进取，矢志不渝，为建设高水平特色名校作出新贡献！

主要任务：仔细回顾和总结我校第十七次学生代表大会以来的各项工作，研究和规划今后一段时期学生会的工作任务和奋斗目标，选举产生第十八届学生会执行委员会和审计委员会，动员和组织全校学生围绕学校的中心工作，刻苦学习、奋发向上，号召广大同学为开创我校辉煌灿烂的明天而努力奋斗！

二、大会主要议程

1. 听取并审议第十七届学生会执行委员会工作报告和第十七届学生会审计委员会工作报告；

2. 听取并审议第十八次学生代表大会提案工作报告；

3. 审议并通过新修订的《××大学学生会章程》；

4. 选举产生第十八届学生会执行委员会与第十八届学生会审计委员会；

5. 宣读大会倡议书。

三、大会代表、执行委员会、审计委员会产生办法

根据《××省学生联合会基层组织选举办法》《××大学学生会章程》的有关规定，结合我校实际，拟定出席本次大会的正式代表××名；执行委员会委员、审计委员会委员候选人通过校学生会推荐、各书院学生会推荐、自荐等方式，经资格审查、面试、公示等民主程序拟产生××名执行委员会委员候选人和××名审计委员会委员候选人，经大会差额选举拟产生××名执行委员会委员和××名审计委员会委员。

四、当前主要筹备工作

1. 成立第十八次学生代表大会筹备委员会；
2. 确定大会代表及委员候选人产生办法；
3. 征集提案；
4. 组织推荐第十八届执行委员会候选人预备人选；
5. 起草工作报告，修订章程并广泛征求意见；
6. 其他相关准备工作。

以上请示妥否，请批示。

××大学学生会（公章）
20××年××月××日

第七节 批复

批复适用于答复下级机关请示事项，属下行公文，是请示的反馈文种。请示与批复是一来一往，一上一下，二者是对应关系。只有下级向上级呈报请示后，上级才会有批复。如果是答复同级机关或者不相隶属机关的询问和审批事项，不能用批复，应使用函。

一、特点

（一）被动性

批复存在行文的被动性。批复的制发是缘于下级机关的请示，请示在先，批复在后，批复的内容也是根据请示的内容被动作出答复的。

（二）针对性

批复主送给原来请示的单位和有关单位；批复的内容需针对请示事项予以明确答复，不能答非所问，不涉及与请示内容无关的其他问题。

（三）权威性

批复传达的是上级机关的结论性意见，具有权威性，代表着上级机关的权力和意志，对请示事项的单位有约束力，特别是那些关于重要事项或问题的批复，常常具有明显的法规作用，下级机关必须严格贯彻执行，不得违背。

（四）指示性

批复是为了指导下级机关开展工作，因此批复的内容具有指示性。在表明态度以后，还应概括地说明方针、政策以及执行中的注意事项。下级机关要根据上级机关的指示去处理有关事项。

二、分类

根据内容、性质的不同,批复可分为两类:

(1)审批性批复。主要用于审批应由上级批准的具体问题,针对下级机关请示批准的事项,进行认可和审批,具有表态性和手续性。审批性批复内容大多比较简单。

(2)指示性批复。主要用于针对下级机关提出的难以理解的政策、法规和没有明文规定的疑难问题,作出明确的解释和答复,表明意见和态度;或者在审批某一问题的同时,进一步提出一系列相关批示,要求下级照此执行。相对批准性批复而言,批示性批复篇幅一般较长。

三、写作

(一)标题

批复的标题由发文机关名称、事由和文种组成,多用"××关于×××××的批复"结构。如为肯定答复,可在标题中表明"同意"字样,例如"国务院关于同意设立中国(海南)自由贸易试验区的批复"。

(二)正文

正文是批复的主体,内容具体单一,内部层次力求清晰。批复结构一般由引语、主体和结语三部分组成。

(1)引语。引叙来文请示,以说明批复对象。应点明批复的下级机关并写明来文日期、来文标题、文号,用以说明是针对哪个请示所作的批复,要求写得严谨、明确。如"你校(或厅、局、所)《关于……的请示》(×××字〔2020〕17号)收悉"。然后,采用"经×××研究,现批复如下"类过渡语引出下文。

(2)主体。主要说明批复事项。应当根据国家法律法规、方针政策和实际情况,针对"请示"的内容给予明确的答复或具体的指示,一般不进行议论。有的批复具有一定的普遍性,则需上级机关较为详细地写明批复态度,充分阐明理由。请示的内容影响批复的写法。下级机关如只就某个具体事项作请示,批复的内容可简单明了,直接表态,同意的就写肯定意见,不同意的说明原因。还有些批复可在同意的前提下,原则性地提出希望。批复意见应做到三点:一要合情、合理、合法,要作出正确的批复,这是前提;二要明确态度要鲜明,用语要准确,不能模棱两可;三要具体,要把同意或不同意的内容表述清楚,以示严肃和准确。

(3)结语。一般用"此复""特此批复""专此批复"等惯用语作结语。

四、注意事项

(1)注意协调。向下级机关行文时,应当遵循"涉及多个部门职权范围内的事务,部门之间未协商一致的,不得向下行文;擅自行文的,上级机关应当责令其纠正或者撤销"的规则。如果批复的内容涉及多个部门职权范围内的事务,起草批复前应同有关部门协商，取得一致意见后方可性请行文。

（2）准确简明。批复中的表态、答复一定要慎重，掌握好政策。行文中要字斟句酌，简明准确，一般不加议论。对于请示事项，同意就是同意，不同意就是不同意，态度鲜明。不能含糊其辞，使下级无所适从。

（3）迅速及时。对于下级请示的事情，一经领导研究决定，就要尽快起草公文，早日答复，以免贻误工作。如果超出了下级机关要求的时限，应提前说明原因。

国务院关于同意设立"中国人民警察节"的批复

公安部：

　　你部关于申请设立"中国人民警察节"的请示收悉。同意自2021年起，将每年1月10日设立为"中国人民警察节"。具体工作由你部商有关部门组织实施。

国务院（章）

2020年7月11日

最高人民法院关于新民间借贷司法解释适用范围问题的批复

广东省高级人民法院：

　　你院《关于新民间借贷司法解释有关法律适用问题的请示》（粤高法〔2020〕108号）收悉。经研究，批复如下：

　　一、关于适用范围问题。经征求金融监管部门意见，由地方金融监管部门监管的小额贷款公司、融资担保公司、区域性股权市场、典当行、融资租赁公司、商业保理公司、地方资产管理公司等七类地方金融组织，属于经金融监管部门批准设立的金融机构，其因从事相关金融业务引发的纠纷，不适用新民间借贷司法解释。

　　二、其他两问题已在修订后的司法解释中予以明确，请遵照执行。

　　三、本批复自2021年1月1日起施行。

最高人民法院（章）

20××年××月××日

第八节 报告

报告适用于向上级机关汇报工作、反映情况,回复上级机关的询问,属上行文。报告有利于上级机关及时了解方针政策在下级机关贯彻实施的情况,有利于更好地决策和指导工作,有利于下级机关争取上级对工作的支持和及时解决问题。

一、特点

(一)语言的陈述性

报告在汇报工作、反映情况时,所表达的内容和使用的语言都是陈述性的。本单位遵照上级的指示,做了哪些工作、具体做法,取得了哪些成绩、还存在哪些不足,要一一向上级陈述。反映情况时,要把时间、地点、人物、事件、原因、结果叙述清楚,向上级机关提供准确的现实性信息。即便是提出建议的报告,也要在汇报情况的基础上,才能深入一步提出建议来。

(二)行文的单向性

报告是下级机关向上级机关汇报工作、反映情况、提出建议时使用的单方向上行文,不需要上级机关给予批复。在这方面,报告和请示有较大的不同,请示具有双向性特点,必须有批复与之相对应,报告则是单向性行文,不需要任何相对应的文件。

(三)写作的事后性

报告是对本机关或单位工作的回顾和总结,常在某项工作开展完成后(或阶段性完成),或发生某情况(含上级机关询问)后才制文,因此,报告在写作时机上具有事后性。

二、分类

(1)按照内容范畴可分为综合性报告、专题性报告。综合性报告是全面汇报本单位工作情况,可以理解为多方面工作情况的综合总结上报。专题性报告是指向上级反映本单位的某项工作、某个问题、某一方面的情况的报告。

(2)按照发文动机可分为例行报告、答复报告和呈送报告。例行报告是随着日常工作的进展,按要求主动反映新情况新问题的报告,如日报、周报、季报、年报等。答复报告是应上级机关针对某方面、某事项的询问,进行的针对性报告。呈送报告主要功能是把信息上报到上级机关,其功能与发布性通知类似,主要承担"运载"功能。

(3)按照内容可以分为工作报告、情况报告。工作报告是关于下级单位日常工作或专题工作的汇报;情况报告是针对特殊情况、突发事件、自然灾害等进行的报告。

三、写作

(一)标题

标题由发文机关名称、事由和文种组成。标题应准确包含文章主要内容信息,《××警察学院关于"十四五"规划编制情况的报告》。

(二)正文

报告的正文一般由缘由、事项、结尾构成。

(1)缘由。这部分一般概述制发报告的目的、原因和背景等。工作报告一般概述过去的工作业绩;情况报告一般概述事件的总体情况;答复报告概述答复的缘由,即接到或收到的关于某方面的询问,并做了什么调查等工作。缘由部分常以"现报告如下"之类的句式过渡到下文。

(2)事项。这部分是报告正文的主体和核心。要准确、简要、条理明晰地将有关工作或事件的情况表述清楚,并加以扼要分析,给人以全面、深刻的认识。

撰写时要紧紧围绕行文的目的和主旨进行陈述。工作报告要叙述工作的各个方面是如何开展的,包括进程、措施、成绩、经验、教训、存在问题及今后打算等;情况报告要详述事情的起因、过程和结果。答复报告需完整地叙述或说明所要回答的所有内容;呈送报告一般用套语式的句式,如"现将××报上,请审阅"。

(3)结尾。正文结尾根据事项而定。工作报告、情况报告在客观叙述后,还可陈述自己的看法、做法,或今后的努力方向。各类报告常用"特此报告""专此报告"等结语收尾。

四、注意事项

(1)内容翔实、准确无误。报告的内容必须经过认真调查,真实准确,不能弄虚作假。成绩不夸大其词,问题也不缩小隐瞒,尤其是典型事例和统计数字一定要十分精确,不能有虚假成分。这样才有利于上级掌握准确、真实的情况,作出正确的指导和决策。

(2)答复明确、建议合理。对于答复性的报告,切勿答非所问,或含糊其辞,回避事实,必须有问必答,有答则明。建议性报告中的建议或意见,切忌脱离实际,空发议论,要切合实际,合情合理,便于研究实施。

(3)突出重点、详略得当。有些报告的内容较多,写作时不能一应俱全,面面俱到。应视主旨表达的需要,选择主要的事实材料,进行合理安排和组织,做到突出重点,主次分明,详略得当,条理清晰。

(4)格式规范、语言精练。报告中不得夹带请示事项,需要上级答复批准的,应用请示行文。报告的语言要准确,简洁、朴实、规范。

××市公安交警大队关于开展"春雷行动"情况的报告

××市公安局：

按照上级公安机关的要求和××市公安局党委的统一部署，从今年3月20日到5月20日开展的历时两个月的"春雷"行动，市公安交警大队党总支高度重视，把它作为落实执法为民，践行"三个代表"重要思想，为东港市开展"软环境建设年活动"服务的具体措施，纳入日程。加强领导，精心组织，周密计划，认真安排，强化措施，落实到位，圆满地完成了各项工作任务。

一、加强领导，精心组织，提高民警对行动必要性的认识

按照市公安局实施方案的要求，市交警大队结合交通管理工作实际，制定《××市公安交警大队"春雷"行动实施方案》，成立了以市局分管局长为组长，大队班子成员为副组长，各科室、中队主要领导为成员的"春雷"行动领导小组，下设了办公室在事故科，办公室主任由大队长助理都杰兼任，负责日常的组织、指导、协调工作。

大队先后召开了中层以上领导、全体民警大会进行思想动员和发动，提高全体民警对"春雷"行动必要性的认识，克服无关、畏难、松劲和厌倦情绪。对"春雷"行动的目标进行了细化和分解，并纳入了全年目标考核内容。通过动员，全体民警认识统一，积极性高，自觉投身到"春雷"行动中。

二、突出重点，强化管理，严厉打击严重交通违法行为

在"春雷"行动中，结合道路交通实际，重点审查无牌无证嫌疑车辆，重点查处无证驾驶、醉酒驾驶、肇事逃逸嫌疑人等严重交通违法行为。工作中采取昼夜结合，城乡兼顾，定点检查与巡逻纠违相结合的方法，坚持做到违法行为不消除不放过，嫌疑问题不查清不放过。公路交警中队每天把80%的警力投放到路面上，对辖区内的重点路段进行重点防控，晚上巡逻到22时，做到白天见警车，晚上见警灯；城区××中队落实民警包路段责任制，夜间由原先一台巡逻车增加到2台巡逻车进行巡逻，并且延长巡逻时间一个小时；对交通事故现场做到快速出警，快速勘查，快速撤离，保证了道路畅通。对交通肇事逃逸案件，快速侦破。4月16日20时12分，在××镇信用社储蓄所门前路段发生了一起两轮摩托车撞伤两名行人后逃逸的案件，接报警后，交警中队中队长邵××带领民警刘××迅速赶到现场，经现场情况分析、走访目击群众，凭着微弱的线索和锲而不舍的精神，只用了两个小时时间，将肇事逃逸嫌疑人和嫌疑车辆查获，受到群众好评。"春雷"行动期间，共查处治安案件79起，行政拘留41人，批准逮捕5人，扣留审查嫌疑车50余辆。

三、周密安排，强化措施

为确保全市人民度过一个安全、祥和的"五一"劳动节，大队制定了"五一"黄金周

道路交通安全保卫工作方案，成立了专门的领导小组和办公室，大队领导分工包片，深入一线坐镇指挥。节前利用半个月时间，集中警力，以201国道、市区和旅游景点为重点，进行交通秩序专项整治，为"五一"黄金周清障。整治中，坚持以人为本，教育为先，昼夜兼顾，教罚并举的原则，严厉打击"黑车"上路，严格处罚几种严重交通违法行为。同时，对旅游车辆进行临时检验，对驾驶旅游车的驾驶员进行严格资质审查，对旅游景点进行交通安全检查，划定临时停车位。4月中旬，由分管副大队长带领相关科室和中队领导一行八人赴重点旅游景点××岛和××山古庙群进行检查，对岛上50名驾驶员进行了《中华人民共和国道路交通安全法》培训，对驾驶证进行了审验；对岛内24台客、货运车辆进行了安全技术检验，对少数客车驾驶员存在的准驾车型不符等问题提出整改意见，并与有车单位和车主签订了整改责任状。加大交通安全宣传力度，举办20期驾驶员培训班，培训驾驶员15000余人，在××市电台、报刊开辟专题和专栏宣传《道路交通安全法》。4月25日举办了宣传一条街；5月1日举行了"交通安全宣传教育进社会"启动仪式；组织了以"贯彻《道路交通安全法》，文明出行"为主题的万人签名活动；××市人民政府常务副市长发表了署名文章等，受教育群众2万余人次。

节日期间，全大队民警放弃休息，加大国省道路、旅游景点的警力密度和管理力度，做到了白天见警车，夜间见警灯，国省道路昼夜不失控。大队领导深入一线检查指导，坐镇指挥；各中队领导亲自带班；大队机关民警除事故值班外，全部到一线执勤，严格查纠各种交通违法行为，违法行为不消除决不放过。节日期间纠正各种交通违法行为3000余人次，卸客300余人，暂扣车辆50余台次，扣留驾驶证60本。确保节日期间全市未发生死亡一人以上的重大交通事故和严重交通堵塞，受到各级领导和人民群众好评。

特此报告。

××市公安交警大队（公章）

××年×月×日

××市公安局关于呈送2020年度工作总结的报告

××市政府：

现将我局《2020年度工作总结》予以呈报，请审示。

附件：××市公安局2020年度工作总结

××市公安局（公章）

2021年1月19日

××市数据资源管理局关于《社情民意信息》有关意见办理情况的报告

市疫情防控应急指挥部办公室：

市疫情防控应急指挥部办公室《社情民意信息》第26期刊有涉及我局关于"健康码推行速度较慢、部分地方未得到具体指导"的批评意见。根据贵办要求，现就有关办理情况答复报告如下：

为助力全市疫情精准防控和分类有序复工复产，市数据资源局协调省数据资源局和××公司在全省率先开发上线了"健康码"。在完成与国家一体化政务服务平台和卫健委、公安局等部门提供的数据共享，实现数据互联互通、信息自动校验后，经市疫情防控指挥部同意，于2月21日率先在拟复工复产的建筑企业、超市、部分公交车和市民中心等场所试行，根据试行中遇到的问题不断完善功能。在功能相对成熟后，于2月25日以市疫情防控指挥部名义印发《关于在全市推广使用"健康码"的通知》（×疫办〔2020〕48）号文件，在全市范围内推广使用。该文件明确规定了"健康码"的申领方式、动态调整、应用场景、核验模式，并要求各地各部门依托原有检查点严把查验关口，将申领和使用方式在公共场所显著位置张贴，切实方便基层了解和使用。

为抓好不同行业的应用和推广工作，市数据资源局先后与市城乡建设局、市经信局、市商务局、市金融局、市房产局、市教育局6家行业主管单位联合下发文件，在建筑企业、工业企业、商贸物流企业、金融网点、房产物业企业和教育系统内推广使用"健康码"，明确申领和使用的要求。3月4日，市政府新闻办举行发布会，市数据资源局联合市经信局详细介绍了"健康码"的码色规则、技术保障、功能特点和推广使用情况，并就关注的热点问题解疑答惑。市数据资源局还开通了热线电话，就群众关注的热点问题分类进行解答，相关解答内容均通过媒体广而告之，确保群众知情权，最大程度方便群众使用需要。截至目前，我市健康码申领人数已达200.46万人，并应用到21426个检查点，累计访问次数796万次，已解答相关电话咨询540余个；申领人数和应用检查点数量均居全省前列。

市疫情防控第17号通告要求推行"证码并用"管理方式，明确指出所有居民小区（自然村）继续保留疫情防控服务点，坚持24小时值守，居民佩戴口罩，实行双向测温，凭出入证、工作证明、健康码等自由进出。对于落实17号通报不到位的单位，建议转属地疫情防控指挥部、派驻各地督导组或行业主管部门按相关规定予以处理。

特此报告。

××市数据资源管理局（公章）

20××年3月12日

第九节 函

函适用于不相隶属机关之间商洽工作、询问和答复问题、请求批准和答复审批事项，属于平行公文，使用范围广泛，商洽功能突出。

把握理解函的文种特点和用法，关键要理解"不相隶属机关"这一含义。"隶属关系"是指同一垂直组织系统中存在直接职能往来的上下级机关之间的关系。各级政府的各职能部门，既隶属于同级政府，又半隶属于上级同职能部门。各级政府的各职能部门内的处、科、室隶属于该职能部门。在具有隶属关系的上下级机关之间的行文，常规情况下多是用决定、通知、请示、报告等文种。"不相隶属机关"是指不是同一垂直系列，不发生直接职能往来的机关及其部门、单位之间的关系的机关、单位。在这种关系下，不论是相同级别还是不同级别，都要通过平行文"函"进行协调，或联合行文共同办理。

正确使用函，还要弄清组织系统中的"上级机关"与"主管部门"这两个含义。这二者含义不同，只有在组织系统中有隶属关系的领导机关和业务归口的指导机关，才能称为本机关的"上级机关"；而"主管部门"是指职能部门，即它是某项工作的职能管理部门，不管其级别高低，只要某项工作归其管理，其他与其无领导与被领导关系、业务上没有指导与被指导关系的机关请求其批准其管理的事项行文，都应使用函。

一、特点

（一）行文关系平等

函用于不相隶属机关、单位之间行文，体现着双方平等关系，这是其他上行文和下行文不具备的特点。即使是向有关主管部门请求批准，如果没有隶属关系，行文时也不能"请示代函"，只能用函。函的措辞、口气也跟请示和批复大不相同，体现平等的特点。

（二）使用主体广泛

函对发文机关的资格要求宽松，高层机关、基层单位，党政机关位，均可发函。收发函件的机关、单位均以平等身份进行联系。

（三）用语谦恭有礼

不论何种类型的函，用语皆应注重谦恭有礼，尊重对方，力求得到对方更多的理解和支持。函是最注重使用文言词汇的公文，也是公文中最富有文学性的文种。

二、分类

（1）按行文方向划分，函可以分为去函和复函两种。去函即发文机关主动制发的函，复函则是回复对方来函的函。

（2）按内容和用途划分，可分为商洽函、询问函、答复函、告知函、请批函。

商洽函，即不相隶属机关之间用于请求协助、商洽解决和办理某一事项的函。

询问函，即不相隶属机关之间用于询问有关事项的函。

答复函，即不相隶属机关之间用于解释对方所询问事项的函。

告知函，即不相隶属机关之间用于告知有关事项的函。

请批函，即不相隶属机关之间用于审批对方有关请求事项的函。

三、写作

无论去函还是复函，均由标题、主送机关、正文、落款部分构成组成。但在写法上略有不同。

（一）去函

1. 标题

去函的标题使用公文三要素式写法，由发文机关、事由、文种组成。如《××警察学院关于请求支持协助学生实习工作的函》。

2. 正文

去函的正文由发函缘由、事项、结语三部分组成。这部分是函的核心和重点。行文要直接叙述，写得集中、简明、充分、准确。

发函缘由是去函的开头部分，用以说明发函的根据、目的、原因等。要针对所要商洽、询问、请求批准或告知的事项，实事求是地提出最有说服力的理由或依据，或说明所依据的上级的有关部署、指示精神，或简要陈述本机关、本单位的实际困难和需要，或扼要说明事情的经过和基本情况等，把缘由写清楚。

事项部分是函的主体，撰写时应简明扼要地把自己一方商洽的工作、询问的问题、请求批准或告知的事项陈述清楚。行文要直述其事，把自己的期望或要求直接告知对方。如果内容较多，可采用分条列项的写法，使之条理分明。

结语部分要根据内容表达的需要使用较为固定的结束语。如是商洽函、询问函、请求函，一般使用"请研究函复""以上意见，请函复""盼予函复""盼复""特此函达，请复"等。如是告知函一般使用"特此函告""专此函达"等。

（二）复函

1. 标题

复函的标题主要有两种写法。一是由发文机关、发文事由和"复函"组成，如《××市公安局关于支持协助××警察学院学生实习工作的复函》；二是由发文机关、事由、来文机关和"复函"组成，如《××市公安局关于学生实习工作事宜给××警察学院的复函》。有的复函在标题的事由部分中往往会用"同意"等表态用语，如《××市公安局关于同意支持协助××警察学院学生实习工作的复函》。

2. 正文

复函的正文由引语、答复意见、结语三部分组成。

（1）引语中，应先引用对方来函的标题及发文字号，然后再交代根据，说明缘由。常见的引叙语是："贵校《关于××××的函》（发文字号）收悉。经研究，现答复如下"，引出主体事项，即答复意见。

（2）复函的意见部分要有针对性，尽量概括、详尽。复函意见所涉及事项一般都较单一，可与引叙语合为一段。如果答复意见涉及的事项内容较多，可分条列项书写。表明意见要谦虚、积极、热情，避免简单、生硬傲慢的态度。

（3）复函的结语，一般使用"特此函复""此复"等固定用语。

四、注意事项

（1）注意文体特征，用语要讲究分寸。函属于平行文，因而必须用以平等的态度和语气。用语应谦和、恳切，既要把思想表达清楚，又要表现出坦诚商洽的行文态度，不使用生硬或命令式的语气行文。

（2）内容简洁单一，一事一函。函的写作内容应单一，要做到一事一函，便于收函单位及时处理。函的行文要直陈其事，无论是商洽工作、询问和答复问题，还是向有关主管部门请求批准事项，都要用简洁得体的语言把需要告诉对方的问题、意见叙写清楚。如果属于复函，还要注意答复事项的针对性和明确性。

例文 1

中共××区委组织部关于商请选派优秀人才到××区挂职的函

××大学：

为进一步巩固校地人才交流成果，形成人才交流合作常态化，近期，我区拟启动2020年在全省高校中选派优秀人才到区挂职工作。特请贵校一如既往关心、支持我区建设，根据我区发展急需的信息技术、智能制造、国际金融、国际贸易、国际物流、科技创新、文化旅游、健康服务、教育培训、城市规划及管理等相关专业的高层次人才，特别是针对打造科技创新名城急需的科技成果转化、大数据智能化领域人才，选派1~2名具有博士研究生学历或副高以上职称的青年教师到我区挂职。

我们将根据人才专业特长、任职履历、工作经历等情况，重点安排在产业部门、管委会和国有平台公司挂任相应领导职务。挂职时间原则上为1年（全脱产，如工作需要经批准可适当延长）。挂职期满愿意留任的人才，经双向选择、组织考察，再按有关程序办理。

专此函商，盼予支持。

中共××区委组织部（公章）
2020年3月28日

国家发展改革委关于
同意南京都市圈发展规划的复函

江苏省、安徽省发展改革委：

你们《关于报请批复〈南京都市圈发展规划〉的请示》（苏发改规划发〔2020〕1007号）收悉。按照经国务院同意的《国家发展改革委关于培育发展现代化都市圈的指导意见》有关要求，经商城镇化工作暨城乡融合发展工作部际联席会议有关成员单位，现函复如下：

一、原则同意《南京都市圈发展规划》（以下简称《规划》），请及时发布并认真组织实施。

二、《规划》实施要以习近平新时代中国特色社会主义思想为指导，全面贯彻党的十九大和十九届二中、三中、四中、五中全会精神，坚持稳中求进工作总基调，立足新发展阶段，贯彻新发展理念，构建新发展格局，以推动高质量发展为主题，以深化供给侧结构性改革为主线，以改革创新为根本动力，以提升都市圈整体实力和竞争力为目标，以促进中心城市与周边城市同城化发展为主攻方向，以健全同城化发展机制为突破口，着力推动基础设施一体高效、创新体系协同共建、产业专业化分工协作、公共服务共建共享、生态环境共保共治、城乡融合发展，把南京都市圈建设成为具有全国影响力的现代化都市圈，助力长三角世界级城市群发展，为服务全国现代化建设大局作出更大贡献。

三、请江苏、安徽两省共同推进规划实施，指导推动政策会商和项目对接，解决规划实施中的突出问题，适时开展规划实施情况评估，及时总结经验做法。南京市及都市圈其他城市是南京都市圈建设的责任主体，要切实加强对规划实施的组织领导，完善都市圈党政联席会议机制，共同编制专项规划，科学制定年度计划，谋划推进合作事项，推动各项任务落到实处。《规划》涉及的重大事项、重大政策和重大项目按规定程序报批。

四、我委将会同城镇化工作暨城乡融合发展工作部际联席会议有关成员单位加强对《规划》实施的指导，在有关规划编制、体制机制创新、重大项目建设等方面给予积极支持，为《规划》实施创造良好环境。

国家发展改革委（公章）
2021年2月2日
（例文来源：国家发展改革委员会网站）

第十节 纪要

纪要适用于记载会议主要情况和议定事项，具有指导工作、通报情况、执行依据等作用，是会议最后形成的文件。某些工作会议有了成果形成的纪要，可以作为传达贯彻执行的依据；几个单位在一起磋商某些重要问题形成的纪要，可以作为共同遵守的凭据；行政例会就日常工作达成共识形成的纪要，可以作为日常工作和生产有序进行的保障。

一、特点

（一）内容的纪实性

纪要应如实地反映会议内容，不能更改议定事项或决定。纪要的纪实性特点，使它具有凭证作用和资料文献价值。特别是一些重要的纪要，以后会作为确认那段历史的依据。

（二）表达的概括性

纪要需要对会议内容进行提炼，包括形成的共识和意见，以利于指导工作。纪要有别于会议记录，它需要综合概括，客观选用会议材料。

（三）称谓的特殊性

纪要一般以"会议"为表述主体，采用客观叙述的方式写作，如"会议认为""会议指出""会议决定""会议号召"等。

（四）作用的指导性

纪要所记载、传达的会议情况和议定事项，是与会者及其组织领导者的共同意志的体现，集中反映了会议的精神实质。因此，纪要具有约束力，要求与会单位和相关部门以此为依据展开工作，落实会议的议定事项。

（五）发布的内部性

纪要多为记载会议情况和议定事项的内部文件，可以印发参会单位和其他单位，一般不需要向社会公开。

二、分类

根据会议性质的不同，纪要可分为办公会议纪要和专题会议纪要。

（1）办公会议纪要。用于传达由机关、单位召开的办公会议所研究的工作、议定的事项和布置的任务，要求与会单位和有关方面、有关人员共同遵守、执行。机关日常工作定期召开的例会或办公会议通常召开一次就形成一次会议纪要。

（2）专题会议纪要。指专门的工作会议、专题讨论会、座谈会等会议形成的纪要。这类纪要，有的起通报会议情况的作用，使有关人员了解会议的基本情况和主要精神；有的具有指导作用，对有关方面的工作予以指导。

三、写作

（一）标题

纪要标题有两种情况，一是"会议+文种"，如《全国公安工作会议纪要》；二是"发文机关+会议名称+文种"，如《××市公安局局长办公会会议纪要》。

（二）正文

纪要正文一般由导言、主体、结尾三部分组成。

1. 导言部分

导言部分即会议概况部分，是正文的开头，概述会议的基本情况，交代清楚会议的形势背景、构成要素，包括会议的名称、时间、地点、参加人员（不需逐一介绍，采用整体描述介绍）、主持人、基本议程、主要议题、会议成果等。一般采用鱼贯式写法，即将会议的基本情况作为一段概述，使人对会议基本情况、轮廓有个了解。

2. 主体部分

主体部分即会议的精神和议定事项部分。要写清会议的重要议题、决定事项、重要意见。从实际出发，把握中心工作，形成要点。纪要是以整个会议的名义表述的，需概括会议的共同决定与重要情况，反映会议的全貌。特别重要的领导指示，则要明确到人。提出贯彻落实上级精神的具体措施往往有多项，要按照主次排列，重要的内容、重大事项要放在前面。此部分根据会议性质、议题、规模等不同，可采用集中概述、分项叙述、发言提要等写法。

3. 结尾部分

重大会议一般在结尾提出号召和希望，对如何贯彻落实议定的事项和布置的任务提出要求。一般性会议则事项写完即可，自然结束。

四、注意事项

（1）实事求是。在写作的方法和体式上，要注意从实际出发，使得纪要符合会议的实情。可对与会者的发言进行概括和提炼，但不得改变原意或虚构增添内容。

（2）提炼要点。要围绕会议研究的中心议题进行内容的取舍，做到去伪存真、去粗取精，把握议题的侧重点。会议成果是纪要写作的主体，也是会议要点所在。会议的目的和任务，会议就重要问题达成的共识，会议上提出的解决问题的办法、形成的指导性意见或政策性规定以及领导总结性发言，都是写作的要点。

（3）准确表述。在写纪要时，注意语言表达准确无误，使之观点鲜明、提法准确、不出纰漏。在决定事项的表达上，要注意把握议题的相关点。所写结论合法有据，要注意付诸实施的可行性，防止影响操作。

（4）简明扼要。一方面，对会议形成的材料要去粗取精，删繁就简，选取典型事例和准确的数据反映会议的概况、主要精神和议定事项。另一方面，语言尽可能简短、通俗，切忌长篇大论，应以叙述为主；在层次结构、段落安排上，要条理清楚。

××大学网络安全和信息化领导小组第一次会议会议纪要

20××年××月××日（星期一）上午，××主持召开学校网络安全和信息化领导小组（以下简称网信领导小组）第一次会议，研究加强网络安全和信息化建设有关议题。各网信领导小组成员出席会议，校网络中心、信息技术学院、学生处等部门相关负责同志列席会议。

会议听取了校网络中心（网信领导小组办公室）关于信息安全工作的总体汇报，信息技术学院就数据中心建设和重要信息系统安全保障工作、学生处就高校学生管理信息化有关情况补充汇报，并进行了讨论。

会议强调，学校网信工作要重点处理好四个方面的关系：一是处理好安全与发展的关系，要把安全放在前面、摆在第一位；二是处理好使用与责任的关系，要把管理主体的责任落下去，形成"建、管、用"责任的统一；三是处理好内容和设施的关系，要做到内容安全和设施安全的统一，设施管理者和内容管理者都负有安全责任；四是处理好信息采集和系统开发的关系，要实现系统间信息互联互通、分采共享。

会议对网信工作提出如下要求：

一要进一步提高对网信工作的认识。要把认识统一到习近平总书记的系列重要讲话精神和总体国家安全观上来，落实好中央在网信工作方面的决策部署，将学校网信工作自觉纳入网络安全的总格局、自觉服务国家信息化建设的总部署，适应信息化社会对教育事业提出的新需求，进一步增强工作的自觉性和主动性。

二要进一步健全网信工作责任体系。网信领导小组办公室要做好统筹协调，推动领导小组议定的各项工作落实；成员单位从各自职能出发承担网信工作职责，落实领导小组议定事项。

三要落实好三个方面的工作。一是形成各部门网信职责清单，建立端对端的责任保障体系；二是出台学校数据管理办法；三是制定以"治乱、堵漏、补短、规范"为主的综合治理活动方案，规范数据使用，提升学校网络和数据安全水平。

会议明确由××负责网信领导小组日常工作，网信领导小组办公室具体落实。

第三章 常用事务文书写作

　　事务文书是文书的重要类别之一，也是一个庞大的文书族群。绝大部分种类的事务文书是公、私事务兼用文种，在日常实践中的应用范围极广，使用频率很高，具有极为广泛的适用性。

　　事务文书具有极强的社会功用，带有明显的管理效能。随着我国社会主义市场经济的发展和完善，国家治理体系和治理能力现代化不断推进，无论是各类机关单位的内部管理还是对外交往的需要，越来越多的事务文书得到使用，其地位和作用日益突显，因此，加强对事务文书写作的学习和研究，提升事务文书写作能力和素养，掌握事务文书写作的规律和方法，是非常必要和有益的。

第一节 事务文书概述

一、事务文书的含义

事务文书是党政机关、企事业单位、社会团体及个人在日常事务活动中所使用的实用性文书，用以沟通信息、总结得失、研究问题、指导工作、规范行为，以实用、办事为目的，强调日常化，通常具有某种惯用体式。

用于公务的事务文书，与《党政机关公文处理工作条例》中法定的党政公文，同属广义的公文范畴，是党政机关、企事业单位、社会团体使用范围最广、使用量最大的一类公务文书。在此范畴内和日常使用中，党政公文通常被称为"法定公文""正式公文"，用于公务的事务文书则被称为"非法定公文""非正式公文"。

党政公文和事务文书之间的区别主要体现在以下三个方面。

（一）是否能够体现行文关系

党政公文除了纪要等个别文种，其他文种是能够体现行文关系的。人们一看到党政公文的标题，就会明确收发文机关之间是隶属关系的上下行文，还是非隶属关系的平行文，从而显示出具体公文的性质。事务文书一般无法体现上行、平行、下行的行文关系。

（二）是否能够独立行文

党政公文均可以独立行文，作为单独的文件下发。但事务文书无法单独作为文件下发，必须在党政公文的"率领"之下行文，即只能作为党政公文的附件行文。

（三）是否具有法定效力和规范统一的格式

《党政机关公文处理工作条例》对党政公文效力和格式作出了明确规定；《党政机关公文格式》（GB/T 9704—2012）制定了党政公文格式各要素的编排规则并给出了公文的式样，应当严格遵守。事务文书没有严格意义上的法定效力和规范体式，虽有一定的格式，但却是在实践中逐步形成的惯用格式，而非固定不变、必须严格遵循的格式。

二、事务文书的分类

事务文书种类繁多。分类时所持标准不一、考虑角度不同，分出的类别就大有不同。我们主要根据功能作用和教学需要，对常用事务文书作如下简略划分：

（1）计划安排类。即对一定时限内的工作或特定的事项进行筹划和部署的文书，包括计划、规划、方案、设想、活动策划书等。

（2）总结报告类。即向社会、上级或在单位内部反映工作情况和经验，对工作中存在的问题或具有普遍意义的重要情况进行分析研究的文书，包括总结、述职报告、工作汇报等。

（3）发言讲话类。即特定主体以单位或个人名义在一定场合或集会上发言的文书，包括领导讲话稿、公务致辞、竞职演说词、汇报发言稿等。

（4）调研分析类。即围绕某项事务或某种情况进行调研，反映情况，分析经验或问题，揭示其本质或客观规律的文书，包括调查报告、可行性研究报告等。

（5）礼仪信函类。即在公私社交活动或某些特定事项中，用以表达感情、传递友谊、加强关系的文书，包括邀请信、感谢信、贺信、慰问信、悼词等。

（6）会务材料类。即在组织会议、完成会议议程中所使用的文书，包括会议主持词、会议开幕词、会议闭幕词、会议备忘录、会议总结等。

（7）宣导推动类。即为了传播信息、推动交流，或为了表达观点和态度，发出号召和呼吁所使用的文书，包括简报、倡议书、启事、声明等。

（8）典型材料类。即为了表彰先进，宣传典型，推动工作，体现集体和个人先进事迹、典型做法和经验的文书，如先进事迹材料、典型经验材料等。

（9）记录记载类。即用于记载重要公务活动或会议、个人工作内容、过程或工作来电事项的文书，包括会议记录、大事记、工作日志、电话记录、接待记录等。

（10）规章制度类。即以方针政策为指导，以法律为依据而订立的需要成员共同遵守的规范性、制约性文书，包括章程、条例、规则、守则、办法、制度等。

三、事务文书的特点

（一）使用的广泛性

事务文书是为处理单位或个人的日常事务而撰制的，可用于公务、私务各个领域。就适用主体而言，事务文书可官可民，可公可私，不像党政公文那样具有严格的法定作者。因此，事务文书的使用频率远超党政公文，所处理的事务范围更广、事项更杂，通常不在党政公文各类文种的处理范围之内。

（二）体式的灵活性

事务文书在适用范围、写作模式、行文格式上均没有法定公文那样严格规范，文种的含义、特点、分类、写法、格式等均体现出较强的灵活性。各类文种完全是依据自身特点和长期以来"约定俗成"的体式制作，在谋篇布局上均可灵便处理，并无硬性规定。

（三）制作的简便性

与党政公文不同，事务文书在拟制程序、办理程序和行文规则上没有严格规范的要求，制作使用比较简单，不需要经过严格的审核和签发程序，行文上也相对宽泛自由，众多文种可以灵活选择行文对象，上报、平送、下发均可，甚至可越级行文。

四、事务文书的写作要求

事务文书的写作要求，既包括对写作主体的要求，也包括对写作文本的要求。

（一）对写作主体的基本要求

（1）较高的政策理论水平和能力。在现代社会，任何公私事务都离不开国家政策的指导与管理。事务文书的撰写过程，往往就是执行政策、理解政策、表达政策的过程。因此，事务文书的写作主体必须具有较高的政策理论水平。这是决定事务文书写作水平高低的主要因素之一。

（2）实事求是的写作态度。事务文书是用于处理事务的，其内容往往是针对现实情况或工作中的现象和问题，进行调查分析、总结研究、沟通交流，目的是为了解决实际问题，推动实际工作的开展。这就要求写作主体必须坚持实事求是，一切从实际出发，秉笔直书、据实而作，反映事物的本来面目，传递最真实的情况和声音。

（3）较强的文字表达能力。事务文书写作是一个相对独立的写作体系，具有许多特定的要求。对于写作主体而言，只有具备较强的文字表达能力，才能确保事务文书条理清楚、言简意赅、文从字顺、观点鲜明、逻辑性强，从而体现实用功能，产生好的效果。反之，如果写作主体的文字表达能力和水平不够，写出的事务文书往往会思路不清、冗长杂乱、内容空洞、华而不实、脱离实际，最终必然贻误工作。

（二）对写作文本的基本要求

（1）符合政策、观点鲜明。在内容上，要充分体现国家法律、法规的规定以及党和国家的方针、政策等，符合事务的客观规律；立场要鲜明、态度要明朗、观点要明确，不能含糊其辞、模棱两可。

（2）实事求是、切合实际。坚持事实第一的原则，以事实为根据。所使用的材料、报告及各种数据要真实；分析问题要客观全面，既不夸大成绩，也不掩饰问题；阐述对策要具体、实在，有针对性和可操作性；文风要朴实，有感而发，情真意切，不矫揉造作，故弄玄虚。

（3）主旨明确、层次清晰。主旨要明白显露，中心内容要突出，使受文对象明确了解行文的意图、要求与目的，切忌"云山雾罩""弦外之音"。在结构和层次上，要做到内在与外在的有机结合与统一，所叙之事、所言之理、所发之论，要有序展开，切忌随意堆砌，结构失衡。

（4）用语庄重、力求平实。用语上，应在追求准确、简明的前提下，力求庄重、平实，尽量不用或少用口语、俗语，尽量不使用含义模糊不清的社会流行语、网络用语和字母词，表达要言之有物，避"虚"就"实"，切忌滥用文学语言、华丽辞藻。

（5）格式规范、约定俗成。与法定公文相比，各类事务文书在格式要求上并不十分严格。但在长期的拟制实践中，大部分事务文书已形成了相对统一化、规范化的惯用格式。写作时应遵照这种约定俗成的格式，强调规范化，以切实发挥其应有的效用。

第二节　计划安排类文书

计划安排类文书包括实践中常用的计划、规划、纲要、安排、方案、预案、设想、要点、活动策划书等若干细分文种。此类文书均具有事先谋划的基本属性，其功能和目的都是设计、安排、解决未来一段时间"做什么""怎么做"的问题。

在日常使用中，往往会把"计划"作为计划安排类文书的总称谓，把凡是对未来工作所做的谋划、安排都列入"计划"范畴。实际上，不同类型的计划类文书在内容上是有差异的，往往可以从目标的远近、时限的长短、内容的详略等几个方面加以区分。具体而言，比较长远、宏大的为"规划"，比较切近、具体的为"安排"，比较繁杂、全面的为"方案"，比较简明、概括的为"要点"，比较深入细致的为"计划"，比较粗略、有待完善的为"设想"。本节我们主要学习计划、方案、要点三种常用的计划安排类文书。

一、计划

（一）概述

计划是机关、团体、企事业单位及个人为了完成某项任务或为了达到某一目标而对一定时期内项目任务事先作出考虑和安排的应用文书。

计划的重点是明确一定时间内工作或事项的目标、任务、方法、时间要求、措施步骤以及内外部影响条件、应对策略等，即围绕"做什么""做到什么程度""怎么做""什么时候做""什么时候完成"展开，力求做到"定事、定人、定时、定量、定质"。

计划是管理和调节的手段，是工作顺利开展的前提，是总结工作的重要依据。具体而言，计划的作用主要体现为四个方面：一是明确目标，减少盲目性，使工作有条不紊地开展，顺利达到既定目标。二是统一思想，协调行动，使各方之间密切配合与协作，提高工作效率和工作质量。三是预见困难，优选方案，以保障工作的顺利开展。四是为上级督导、检查工作和计划执行者自我总结评价提供依据。

（二）分类

计划可按照不同的划分方法予以分类。

按涉及时限划分，可分为长期计划、中期计划和短期计划。在我国，长期计划通常称为规划，其时限一般在五年及以上。中期计划时限多为三年、五年。短期计划的时限一般在一两年之内，如年度计划、季度计划、学期计划、月份计划等。

按内容性质划分，可分为工作计划、生产计划、科研计划、教学计划、学习计划等。

按适用范围划分，可分为国家计划、地方计划、部门计划、单位计划、个人计划等。

按涉及层面划分，可分为综合性计划（全面计划）、专题性计划（单项计划）。前者是涉及多方面事项、任务的总体计划，后者则是围绕某一事项任务而制订的计划，内容单一，集中紧凑。

按约束作用划分，可分为指令性计划和指导性计划。前者也称为命令型计划，是指由上级单位按隶属关系下达，要求执行计划的单位和个人必须完成的计划，带有强制性质。后者则不具有强烈的强制性和约束力，线条粗、弹性大，在执行时可根据情况变化和自身条件进行合理调整和修改。

按表现形式划分，可分为条文式计划、图表式计划、文表混合式计划等。条文式是以条款的方式把目的、任务、措施、办法、要求逐一列在条文里，一文一事，一目了然。图表式是用图表来表述计划内容的一种计划形式，栏目内容一般由任务、执行单位、完成时限、措施等组成。文表混合式则是既有文字叙述又有图表说明的一种计划形式。

（三）特点

（1）目的性。明确的目标是拟制计划的基本出发点，是计划内容的核心，也是未来行动的必然归宿。计划的全部内容都是围绕明确的目标而展开。

（2）预见性。计划是对未来活动所作的安排与打算。预见性是计划的本质特征，超前思维和前瞻意识是制订计划的前提。没有对事物的深刻认识和对事物运动规律的把握，没有科学的预判，就没有科学有效的计划。

（3）可行性。计划不是空想，是用来指导现实工作的。计划的目标、措施，实现计划目标的条件等，都必须符合实际，现实可行。

（4）时间性。计划具有很强的时间性，任务、目标、措施、步骤往往与时间紧密相连，时间要求贯穿计划的始终。不同的时间内有不同的任务和要求，阶段性和连续性非常明显。

（5）约束性。计划一经制订完成并经规定程序通过，便会成为未来行动的纲领和准则，具有了权威性和约束力，必须严格遵守和依照执行，确保预期目标的顺利实现。当然，一旦在执行中有与现实不相适应之处，应当进行调整。但调整也必须按规定程序进行。这也恰恰体现了计划的约束性。

（四）结构与写法

计划一般由标题、正文和落款三部分构成。我们以实践中使用频率最高的条文式计划为例进行说明。

1. 标题

计划标题一般由单位名称、时限、内容和文种四个部分组成，如《××警察学院2020年度教学工作计划》。这种标题形式通常称为全结构标题。具体使用中，可采用省略结构标题，但只能省略单位或时限，不能省略内容和文种，如《××公安厅普法工作计划》《2020年度政治学习计划》《特色教材建设计划》。

计划有时也会使用主副结构的新闻式标题，主标题用来概括计划内容，揭示主题；副标题标明单位名称、时限和文种。如《筑牢忠诚警魂 锻造公安铁军——××警察学院

2020年度"实战大练兵"计划》。

需要注意的是，凡未定稿的计划，均应依据计划文稿制定的程序或阶段，在标题后或标题之下正中以圆括号括注"草案""初稿""征求意见稿""讨论稿""送审稿"等字样。

2. 正文

计划的正文通常由开头、主体、结尾三部分构成。

（1）开头。也称为前言、导语、序言，主要用来概述制定计划的指导思想、目的、任务和意义等。开头部分是计划的总纲，其作用是统帅全文，应点到为止，用最简洁的文字，回答"为什么做""依据什么做""能不能做"的问题。

较为重要的计划，开头部分在内容上往往体现为"指导思想＋基本情况"两部分。指导思想部分说明计划的目的、依据、原则和方针；基本情况部分包括分析工作现状，指明取得的成绩和存在的问题；分析本单位的主客观条件，说明完成任务的必要性和可行性等。

开头部分通常为一段式或两段式，多段式相对少见。与主体的连接常使用"特制定本计划。""特制定计划如下："等过渡性表述。如《上海市遏制与防治艾滋病"十三五"行动计划》的前言部分：

为落实《"健康中国2030"规划纲要》和深化医药卫生体制改革部署，进一步推进本市遏制与防治艾滋病工作，根据《中国遏制与防治艾滋病"十三五"行动计划》要求，制定本行动计划。

再如《上海市遏制与防治艾滋病行动计划（2006—2010年）》的前言部分：

本市自1987年发现第一例艾滋病病毒感染者以来，艾滋病病毒感染者的报告数逐年上升，艾滋病已成为本市主要的公共卫生问题之一。各级政府和相关部门对艾滋病的防治工作极其重视，先后出台了一系列相关政策和文件，逐步形成了政府领导、部门协调、全社会共同参与的工作机制，在艾滋病防治工作网络建设、综合监测、健康教育和行为干预、落实国家"四免一关怀"政策等方面取得了一定成绩。

但是，艾滋病在本市传播的各种危险因素依然存在，有些因素在一段时间内还难以消除。为加强艾滋病防治工作，遏制艾滋病的蔓延，根据《艾滋病防治条例》《中国遏制与防治艾滋病行动计划（2006—2010年）》《上海市预防与控制艾滋病中长期规划（2001—2015年）》的要求，特制定本计划。

（2）主体。主体是计划的主干部分和核心内容，要重点说明"做什么""怎么做""何时完成"等，具体包括计划要实现的目标任务、实现的措施和要求、步骤和时限安排等。目标、措施、步骤是计划的三个要素。

①计划的目标。目标既包括量化目标，也包括质化目标。要阐明"做什么"和"做到什么程度"，完成什么任务、有哪些要求，包括必要的指标数字、完成的具体时间，都要尽可能清晰具体。设置目标要根据实际条件，勿盲目贪大，也不能过于保守，尽可能达到

"跳一跳，摘桃子"的效果。没有目标或目标不清晰、不科学，计划往往会沦为形式。

②计划的措施。措施是实现计划目标的具体做法，是完成任务达到指标的手段和保证。在一篇计划中，措施部分所占的比重往往比较大。措施具体包括采取什么办法和方式，有关任务和责任如何落实，人、财、物、时间等方面具体如何分配，遇到困难的应对策略是什么等。制定措施务必从实际出发，具有可操作性；资源分配务必要合理均衡。

③计划的步骤。实施步骤，主要是把整体任务分解为若干项，分阶段、有步骤地组织实施。步骤主要表明工作的程序和时间的要求，即先做哪些、后做哪些、什么时候完成，既体现出完成任务的阶段性，又要保持连续性，以保证各项任务保质保量，有序完成。由于有些事务没有明显时间阶段，所以也可以把措施和步骤放到一起来写。

计划的主体部分采用分条列项的方法写作。

（3）结尾。计划的结尾一般体现以下内容：或点明工作重点，强调主要环节；或说明注意事项，分析可能出现的问题，并提出处理原则或意见建议；或提出要求、希望和号召，激励大家为完成计划而努力奋斗；或是上述某几个方面的综合。如《国务院2019年立法工作计划》的结尾：

> 国务院各部门要高度重视立法工作计划的贯彻执行，加强组织领导、完善工作机制、精细流程管理、强化责任落实、加快工作进度，按规定做好向社会公布征求意见工作，并及时上报送审稿及立法法、行政法规制定程序条例等规定的有关材料，为法规审查、审批等工作留出合理时间。向国务院报送审稿前，起草部门应当与司法部做好沟通。司法部要及时跟踪了解立法工作计划执行情况，加强组织协调和督促指导。对争议较大的重要立法事项，各有关部门要提高政治站位，妥善处理分歧，争取达成共识，切实保障立法项目按时完成。司法部要加大协调力度，充分利用各种协调机制研究突出问题、协调主要争议。经过充分协调仍不能达成一致意见的，司法部、起草部门应当将争议的主要问题、有关部门的意见以及司法部的意见及时报国务院领导同志协调，或者报国务院决定。

总体而言，计划的结尾部分要做到言简意赅、自然收束，一般用一个段落结束全文。也有很多计划并无单独结尾段落，而是随事而止、略去不写。

3.落款

这部分包括署名和日期。国家机关制定的大型计划，制发日期多在标题下加括号标识。有些计划标题处已有单位名称，可在落款处省略署名。如果是上报或下达的计划，还需要加盖印章。

（五）注意事项

（1）要实事求是。必须立足实际，在"吃透"上级精神、听取群众意见、摸清实际情况的前提下定目标、定任务、定标准、定举措，切忌脱离实际、盲目冒进，缺乏现实性。

（2）要具体明确。计划的整体设想要明晰，计划的内容一般要分条分项来写，力求语言明确、职责清晰、措施到位、督促有力，切忌语焉不详、含混不清。

（3）要重点突出。计划的内容既要全面，又要有针对性，做到重点突出，从而保证计划执行者把握工作重点，聚焦主要任务，抓大事，抓根本，实现纲举目张的执行效果。

（4）要留有余地。计划是根据客观情况面向未来一段时间制定的，计划执行的过程中，客观情况会发生变化，所以计划要在强调刚性约束的同时，保持一定的弹性，以便及时因应情况变化作出调整、完善和补充。

例文

××省生态河湖行动计划
（2017—2020年）

水是生态环境的控制性要素，河湖是水资源的载体，生态河湖建设是生态文明建设的基础内容。党的十八大把生态文明建设纳入中国特色社会主义事业"五位一体"总体布局，提出努力建设美丽中国。××地处长江、淮河流域下游，河湖众多，水网密布，是著名的水乡。随着工业化、城镇化进程的快速推进，河湖水域侵占、环境杂乱、水质污染、生态退化、功能衰减等问题日益凸显。实施生态河湖行动，对于贯彻落实中央关于生态文明建设的战略部署，推动××经济转型、建设美丽××，全面推行河长制、解决××复杂水问题，具有迫切需求和重大意义。为加强全省生态河湖建设，制定该行动计划。

一、总体要求

（一）指导思想。全面贯彻党中央关于生态文明建设的决策部署，牢固树立生态优先、绿色发展理念，深入践行习近平总书记"节水优先、空间均衡、系统治理、两手发力"的新时期治水方针，紧紧围绕推进"两聚一高"新实践和"1+3"功能区发展战略，以全面推行河长制为契机，坚持问题导向，突出改革创新，通过实施水安全保障、水资源保护、水环境治理、水生态修复等行动，全面落实水资源承载能力刚性约束，努力打造"洁净流动之水、美丽生态之水、文化智慧之水"，为高水平全面建成小康社会提供有力支撑和基础保障。

（二）基本原则。

——坚持生态优先。牢固树立绿色发展理念，正确处理河湖管理保护与开发利用关系，注重河湖生态修复与休养生息，维护良好生态，提升河湖功能，发挥综合效益。

——坚持河长主导。充分依托河长制组织体系，将生态河湖行动纳入河长工作重要内容，明确部门职责，落实分级责任，细化目标考核，引导全民参与，形成工作合力。

——坚持因河施策。针对不同流域、区域河湖特点，统筹城镇与乡村、陆域与水域，统筹干支流、上下游、左右岸，推进山水林田湖系统治理。

——坚持改革创新。完善河湖分级管理、管养分离、精准管理制度，创新流域综合管理、资源权属管理、投融资多元化机制，提升河湖管理保护水平。

（三）主要目标。通过全面推进生态河湖行动，到2020年全面清理河湖乱占乱建、乱垦乱种、乱排乱倒，恢复水域面积100平方公里，城市水域面积率不下降；全省万元GDP用水量、万元工业增加值用水量分别比2015年下降25%、20%，灌溉水利用系数达到0.6以上；重点河湖水功能区水质达标率82%以上，国考断面水质达到或优于Ⅲ类比例达到70.2%以上，基本消除设区市及太湖流域县（市）城市建成区黑臭水体；流域防洪达到50~100年一遇标准，区域治理达到20年一遇标准，城市防洪及排水基本达到国家规定标准，农村治涝达到5~10年一遇标准；主要河湖生态评价优良率达到70%。

二、重点任务

（一）加强水安全保障。基本建成标准较高、协调配套的防洪减灾工程体系，优化配置、高效利用的水资源保障体系，有效防御新中国成立以来的最大洪水和最严重干旱，保障防洪与供水安全，维护全省经济社会发展大局稳定。

1. 完善防洪减灾工程体系。一是持续推动流域治理。启动实施淮河入海水道二期工程，加快滞洪区调整与建设，实施重点平原洼地治理，推进海堤险工段加固，巩固提高淮河流域防洪标准；继续实施长江堤防防洪能力提升工程，开展长江干流崩岸应急治理工程建设，进一步稳定长江河势。二是强力推进区域治理。加快构建格局合理、功能完备、标准较高的区域骨干河网，完成江河支流整治和黄河故道治理，提升区域综合保障能力。三是着力加强城市防洪。构建"外围防洪系统、河湖蓄泄系统、排水管渠系统、源头减排系统、超标应急系统"的城市防洪治涝工程体系，大力推进城市内部河网治理，实施国家级、省级海绵城市试点建设，实现自然积存、自然渗透、自然净化。（牵头单位：省水利厅；配合单位：省发展改革委、省国土资源厅、省住房城乡建设厅等）

2. 优化水资源调配工程体系。一是完善南水北调东线××段工程体系，实施输水线路完善工程、水质保护完善工程，提高水资源保障水平。二是延伸江水东引工程体系，实施河网整治工程，建设沿海港区、港城和滩涂输配水工程，研究实施沿海引江调水工程。三是扩大引江济太工程体系，增强区域水资源配置能力，提高水环境容量。（牵头单位：省水利厅；配合单位：省发展改革委、省国土资源厅、省交通运输厅等）

3. 强化饮用水安全保障体系。一是加强饮用水水源地保护。2018年底前，完成县级以上集中式饮用水水源地达标建设和隐患问题整治。优化水源地布局，建设应急备用水源地。二是保障城镇供水安全。实施现有水厂深度处理改造，实现自来水厂深度处理"全覆盖"，确保饮用水安全。三是提高农村居民饮水质量。按照城乡供水一体化要求，推进城乡区域供水和农村饮水安全工程同步实施，到2020年区域供水行政村覆盖率达到90%以上。（牵头单位：省水利厅、省环保厅、省住房城乡建设厅；配合单位：省发展改革委、省交通运输厅等）

（二）加强水资源保护。全面落实最严格的水资源管理制度，实施水资源消耗总量和强度双控行动，强化水资源管理"三条红线"刚性约束，以水资源的可持续利用保障经济社会可持续发展。

1. 合理开发利用水资源。一是健全取用水总量控制指标体系，严格实行计划用水管理和用水总量控制,到2020年用水总量控制在524亿立方米以内。二是严格规划和建设项目水资源论证、取水许可,强化行政边界、用水户计量监测,防止不合理取用水。三是保障重要河湖生态水位,通过工程优化调度及洪水资源化利用,以确保省干线航道最低通航水位,满足沿海冲淤保港水量需求。(牵头单位:省水利厅;配合单位:省发展改革委、省经济和信息化委等)

2. 严格水功能区管控。一是完善河湖水功能区划分,进一步明确河湖功能定位,实现河湖水功能区全覆盖。二是全面实施限排总量控制,形成以水功能区纳污能力为控制目标的倒逼机制,严格入河排污口审批。三是推进水功能区达标建设,2020年前完成重点河湖水功能区达标整治。四是完善尾水收集深度处理格局,扩大尾水通道规模,完善尾水排放方案。(牵头单位:省水利厅;配合单位:省发展改革委、省经济和信息化委、省环保厅、省住房城乡建设厅、省农委等)

3. 全面推进节水型社会建设。一是开展合同节水试点和水效领跑者引领行动,推动企业、单位开展水效对标达标活动。二是推进节水型载体建设,创建节水型机关(单位)、学校、社区、企业和灌区。三是强化非常规水源利用,推广中水回用、海水淡化、雨水利用。(牵头单位:省水利厅;配合单位:省发展改革委、省经济和信息化委、省环保厅、省住房城乡建设厅、省教育厅、省农委等)

(三)加强水污染防治。优化产业布局,调高调轻调优调强产业结构,大力开展工业、农业、生活、交通等各类污染源治理,从源头减少污染排放,降低入河湖污染负荷。

1. 优化产业结构。一是充分考虑水资源承载能力和环境容量,合理确定发展布局、结构和规模。二是执行禁止和限制发展的产业、产品目录,严格准入制度,限制、淘汰落后产能。三是积极推进循环经济和清洁生产试点,培育一批符合循环经济和清洁生产发展要求的示范工业企业、示范工业园区和示范城市。(牵头单位:省发展改革委;配合单位:省经济和信息化委、省环保厅、省水利厅、省农委、省海洋与渔业局等)

2. 加强工业污染治理。一是执行更严格的排放标准,在重点区域、重点行业执行国家水污染物特别排放限值。二是加强特征污染物管控,逐步建立特征污染物监控体系。三是推进工业企业串联用水和园区(开发区)废污水循环利用,促进废污水"零排放"。(牵头单位:省环保厅;配合单位:省发展改革委、省经济和信息化委、省水利厅等)

3. 加强城乡生活污水处理。一是加强城镇雨污分流和污水收集管网的配套建设,提高污水收集率。二是优化城乡污水处理设施布局,提升城乡污水处理能力。到2020年,县级以上城市(含县城)污水处理率达到95%。三是提高排放标准,有条件的污水处理厂利用湿地等方式进行生态处理,进一步削减氮、磷等污染物。(牵头单位:省住房城乡建设厅;配合单位:省发展改革委、省经济和信息化委、省环保厅、省水利厅、省农委等)

(四)加强水环境治理。全面治理河湖"三乱",消除黑臭水体,清除河湖污染底泥,遏制湖库富营养化,改善滨河湖空间环境质量,满足河湖水功能区要求。

1. 全面治理黑臭水体。按照"控源截污、内源治理、疏浚活水、生态修复、长效管理"的技术路线,全面系统治理城市黑臭水体。到2020年,各设区市黑臭水体基本消

除。(牵头单位:省住房城乡建设厅;配合单位:省水利厅、省环保厅、省农委等)

2. 全面治理河湖"三乱"。一是清理乱占乱建,恢复河湖行蓄水空间。二是打击乱垦乱种,全面清理堤防滩地种植、养殖等违规违法生产活动。三是严惩乱排乱倒,重点打击偷排污水、乱倒垃圾等非法行为。(牵头单位:省水利厅;配合单位:省公安厅、省环保厅、省住房城乡建设厅、省交通运输厅、省农委、省海洋与渔业局等)

3. 全面治理底泥内源污染。一是根据河湖底泥不同污染类型,采取生态清淤、干河清淤等适宜方式,清除污染底泥。到2020年,全省城乡黑臭河道疏浚一遍。二是健全农村河道轮浚机制,打造农村生态河网,每年完成农村河道疏浚土方2.5亿立方米。三是妥善处置河道淤泥,严防二次污染,提升淤泥资源化利用水平。(牵头单位:省水利厅;配合单位:省住房城乡建设厅、省农委等)

(五)加强水生态修复。坚持山水林田湖系统治理,通过沟通水系、涵养水源、退圩还湖、保护湿地等措施,修复河湖生态,维护河湖健康生命。

1. 实施水系连通。一是按照引得进、流得动、排得出的要求,完善多源互补、蓄泄兼筹的江河湖库连通体系。二是打通水系连通最后"一公里",消除断头河、死湖,逐步恢复坑塘、河湖、湿地等各类水体的自然连通。三是完善引流活水工程,充分发挥沿江涵闸趁潮引江能力,促进水体有序流动。(牵头单位:省水利厅;配合单位:省发展改革委、省住房城乡建设厅等)

2. 推进退圩还湖工程。重点推进湖泊湖荡退圩还湖工程。到2020年,恢复湖泊水域面积不少于100平方公里;实施退渔还湖工程,全省主要湖泊渔业养殖面积压缩到75万亩以内。(牵头单位:省水利厅;配合单位:省发展改革委、省环保厅、省海洋与渔业局等)

3. 创建生态清洁型小流域。一是加强山丘区小流域生态治理,涵养水源,提升水库水质,确保生态清洁小流域出口水质达到地表水Ⅲ类水质标准以上。二是加强平原地区生态综合整治。以农业生态系统、沟渠生态系统、林草生态系统建设为重点,提升平原清洁产流、自我净化等能力。到2020年,全省创建75条省级生态清洁型小流域。三是加强湿地、湖荡保护与修复。到2020年,修复湿地10万亩,自然湿地保护率达到50%以上,沿海滩涂围垦生态用地比例不少于20%。(牵头单位:省水利厅;配合单位:省发展改革委、省农委、省林业局、省海洋与渔业局等)

三、保障措施

(一)强化组织领导。全省各级政府要把生态河湖行动计划作为全面推行河长制的重要举措,依托河长制组织体系,建立全省统筹、河长主导、部门联动、分级负责的工作机制。各级河长、河长办不代替各职能部门工作,相关职能部门要各司其职、各负其责,形成工作合力,确保取得实效。各牵头单位要研究制定具体实施方案和年度工作计划,并报省河长办,作为河长制考核的重要内容。

(二)强化资金保障。各级政府要加大生态河湖行动的资金投入,统筹使用水利、环保、住建等专项资金,足额征收水利建设基金、计提农田水利建设资金,大力支持生态河湖治理、管理和保护。

（三）强化科技支撑。充分调用高校、科研机构、科技社团和企业等各方力量，成立高层次的生态河湖建设专家咨询组，加强水资源保护、水环境整治、水生态修复、水生态补偿等方面重大课题研究和关键技术攻关，加大先进技术引进和推广应用力度，增强技术保障。

　　（四）强化考核评价。建立日常监督、第三方评估、公众满意度测评、年度考核等考评体系，纳入河长制考核重要内容，明确年度工作目标，层层签订责任状，加大对各地各部门推进落实情况的督察考核，对行动推进不力、未完成年度重点任务、河湖生态明显恶化等情形，一查到底、严肃追责，确保各项任务落到实处。

　　（五）强化执法监督。推进联合执法，建立健全定期会商、联合执法机制，提高河湖执法能力。强化对重点区域、敏感水域执法监管，对违法行为早发现、早制止、早处理。建立案件通报制度，推进行政执法与刑事司法有效衔接，对重大水事违法案件实行挂牌督办，严厉打击涉河涉湖违法犯罪活动。

　　（六）强化宣传引导。把生态河湖行动纳入公益性宣传范围，把水情教育纳入国民素质教育体系和中小学教育课程体系，作为各级领导干部和公务员教育培训的重要内容。各级宣传、文化等部门要以河长制为宣传主线，大力宣传生态河湖行动典型经验和成效，主动回应社会关切的水生态、水资源、水环境问题，营造全社会关爱河湖、珍惜河湖、保护河湖的良好风尚。

二、方案

（一）概述

　　方案是对未来某一重要事项、重大活动从总体上所做的细致安排，是在目标任务已经确定的情况下对如何完成任务进行的周密安排和考虑。

　　方案在写作上较复杂，一般要求具体而周密，有很强的操作性，属于计划安排类文书中较为繁杂的文种。

　　方案与计划同属计划类文书的重要文种，二者具有一定的相似性，但也存在一定区别。

　　从内容对象上来看，计划既可以针对一定时期、一定范围内的全面工作，也可以针对单一专项工作，内容相对更加原则、全面一些，较为宏观；方案则针对一定时期内某一项、某一方面重要工作、重大活动，更加单纯具体一些，偏重微观。

　　从表达手法和表现形式来看，计划和方案在写法上都比较灵活，但因内容和功能的差异，计划以条款式居多，且条款的表述相对原则和模糊；而方案则多数是条文、纲目式的，表述更加明确、具体、详尽。

　　从效能特点来看，计划和方案都具备很强的可行性，但计划更重指导性，方案则更重操作性，可行性比计划更强一些。

　　从数量上来看，同一单位、同一领域的工作，在一定时期内只有一个计划；方案则可以根据需要，制定一个或多个，以增加选择余地。

　　由于方案一般更具体、更复杂，因此在写作时要特别注意层次的安排。

(二)特点

(1)择优性。方案的制订要进行多种对策、措施、办法乃至目标、方针的比较、分析、研究,以选择最佳目标,获得最佳效果。

(2)系统性。方案的制订要考虑到各种影响因素,从背景的分析到目标的提出再到策略的应对,都是互相联系、互相制约的一个整体,牵一发而动全身。

(3)科学性。目标和任务的建立是在可靠的分析和预测的基础上,力避主观臆断。

(4)操作性。方案从目的、要求、方式、方法、进度等各方面都部署具体、周密,因而具有很强的可操作性。

(三)结构与写法

方案一般由标题、正文和落款组成。

1. 标题

方案标题一般有两种写法。一种由制发机关名称、事项内容、文种组成,如《××警察学院新型冠状病毒肺炎防控期间师生返校工作方案》;另一种是省略制发机关的简明式标题,由事项内容和文种组成,如《智慧警务建设方案》。也有个别方案标题会采用党政公文式样的标题,如《教育系统关于学习宣传贯彻落实〈新时代爱国主义教育实施纲要〉的工作方案》。

2. 正文

方案的正文通常由开头、主体、结尾三部分组成。

(1)开头。开头部分要求简明扼要地说明制定方案的目的、意义、依据等,一般以"为了/为……""根据……""针对……"等句式领起全段,用"特制定本方案""制定如下方案"等惯常形式收尾并向基本内容部分过渡。如教育部《高校银龄教师支援西部计划实施方案》的前言部分:

> 为深入贯彻落实习近平新时代中国特色社会主义思想和党的十九大精神,根据中共中央、国务院关于全面深化新时代教师队伍建设改革和新时代推进西部大开发形成新格局的有关精神,按照《国务院办公厅关于加快中西部教育发展的指导意见》等文件要求,进一步加强西部高校教师队伍建设,推动东部地区高校对口支援西部地区高校工作,充分利用高校退休教师优势资源,调动高校优秀退休教师继续投身教育事业的积极性,推动西部高等教育振兴发展,现就实施高校银龄教师支援西部计划,制定如下方案。

(2)主体。大多数单项性常规工作方案的主体部分就是方案的基本内容部分。一般按照常规写法组织,即按指导思想、目标任务、实施步骤、政策措施、有关要求等几个部分依次写出。在具体写作时可以根据实际需要加减项。

具体到细节方面,目标任务既可以是量化指标,也可以是质化描述,或者是质化、量化相结合;目标任务也可以分层次(如总体目标、具体目标)、分阶段(如近期目标、中长期目标)。实施步骤可视情况需要,突出重点步骤。政策措施的内容一般包括具体工作措施，也可以包括经费、组织、政策等保障支撑措施。工作要求则尽可能明确，最好能根据需要，在人员、范围、职责、奖惩、考核、评估等方面提出具体要求。

（3）结尾。方案的结尾多数是文随事止，自然收尾。个别会采用提出希望、发出号召，或补充说明有关事项来结尾。一些上级机关下发的方案，则往往会使用"请认真贯彻执行""贯彻执行情况请及时上报"等惯用表述结尾。

3.落款

方案落款包括单位名称和日期，既可以在文末，也可以在标题之下、正文之上居中排布。会议审议通过的方案，往往还需要标明何时何会议审定通过或批准实施。

"春雷行动"严查严打严重交通安全违法犯罪工作方案

为有效预防和减少道路交通事故，切实维护广大人民群众生命财产安全和良好道路交通秩序，结合春季交通违法和事故特点，按照省厅要求，根据市局统一部署，支队决定，从3月1日起至5月底，在全市范围内集中开展"春雷行动"，严查严打严重交通安全违法犯罪，特制定方案如下：

一、指导思想

全面贯彻落实党的十九大精神，以习近平新时代中国特色社会主义思想为指引，认真贯彻全省公安工作会议精神，以严重交通安全违法犯罪行为作为突破口，应用系统思维，创新查处机制，以零容忍的态度持续严查严打，形成强大震慑效应，不断增强交通安全违法犯罪行为查处的法律效果和社会效果，不断提升公安机关维护道路交通安全稳定的能力水平，不断增强人民群众安全感、获得感和幸福感。

二、组织领导

支队成立"春雷行动"专项工作领导小组，由××支队长总负责，××副支队长具体负责，其他支队领导分工负责，各大队、公安检查站、有关部门、新区交警支队、车管所主要负责人共同组织实施。日常工作由秩序管理大队牵头组织落实。

三、工作目标

围绕高速公路、城市道路、普通国省道、农村县乡道四个主战场，策略制定管控措施，扎实开展攻坚行动，严厉打击危险驾驶犯罪，树立是非标准、明确行为底线、养成行车规矩、彰显法律权威，实现确保严重交通违法行为和危险驾驶犯罪得到有效遏制，确保不发生重特大道路交通事故。

四、工作重点

（一）严重交通安全违法犯罪

1.酒驾毒驾、闯红灯的；

2. 无证驾驶、失去驾驶资格仍驾驶车辆的；

3. 使用伪造、变造号牌，以及故意遮挡号牌的；

4. 醉驾、追逐竞驶（以下简称"飙车"）、严重超员、严重超速的；

5. 黑校车接送学生、黑加油车流动加油、工程车野蛮驾驶、农用车非法载人、货车严重超限超载的；

6. 危化品运输车、非接驳运输大客车载客凌晨×时至×时违规运行及"两客一危一重"车辆疲劳驾驶的；

7. 高速公路占用应急车道、倒车、逆行、随意变道的；

8. 逾期未报废、未注销车辆和逾期未检验车辆上路行驶的。

（二）各类重点交通违法行为

9. 各类不规范车辆、面包车交通违法；

10. 非机动车、行人各类交通违法；

11. 摩托车、电动车闯高架、隧道交通违法；

12. 其他各类导危致祸型交通违法及扰序致乱型交通违法。

五、工作措施

（一）认真梳理分析。各单位要坚持以路面为主战场，分析掌握严重交通安全违法犯罪行为规律特点，周密制定本单位具体工作实施方案，统筹兼顾，科学安排，细化分解，有组织、有计划开展打击交通安全违法犯罪工作。尤其在启动阶段，要坚持做到细致谋划，深入研究，务求各项部署科学合理，各项措施周密高效，各项责任落实到人。（责任单位：秩序大队、指挥室、各大队、公安检查站）

（二）发挥科技效能。一是加强视频巡查。要依托查缉布控系统、区间测速系统、治安卡口、监控视频等平台，注意发现重点交通违法犯罪行为，迅速调派一线警力开展针对性查处，加大现场拦截处罚力度，不断提高查控准确性、效能性。二是做好证据固定。对超速行驶和"飙车"等交通安全违法犯罪行为要注意实施全程视频记录，做好证据采集，及时追查违法犯罪嫌疑车辆和犯罪嫌疑人，形成严查严处高压态势。三是严密查缉布控。对使用伪造、变造机动车号牌，故意遮挡号牌、假牌、套牌，以及吸毒、失去驾驶资格人员名下机动车信息，全部纳入机动车查缉布控系统进行布控，及时提示民警进行拦截查纠，提高现场执法震慑力。（责任单位：指挥室、科研室、各大队、公安检查站）

（三）夯实源头监管。一是充分利用重点车辆"一车四方"监管平台和第三方安全监测平台，对"两客一危"车辆、渣土运输车辆进行动态监管，及时消除交通安全隐患。二是对安全管理混乱、存在重大安全隐患的企业，联合行业主管部门依法责令停业整顿，对整改不达标的按规定取消其相应资质。三是对渣土车有闯红灯、严重超速、故意遮挡号牌等行为的，一律取消通行证；渣土运输企业有××辆以上渣土车有上述行为的，取消该企业申领通行证资格，并列入全省"黑名单"。四是禁毒、交警部门要充分排查比对有吸毒行为记录的驾驶人，依法注销其机动车驾驶证，对营运车辆驾驶人有吸毒行为记录的，立即通报交通运管部门和所属单位落实后续管理措施。（责任单位：车管所、秩序大队、

各大队）

（四）严密路面查控。一是加强警力部署。各单位要结合辖区道路特点，灵活采取集中警力和异地用警等措施，最大限度将警力、执法装备等投入一线路面执法，形成严查严管严打高压态势。二是大力开展整治。运用"动态巡查＋定点守候"的模式，围绕交通违法犯罪行为多发路段、时段，开展攻坚整治行动，严格做到重点路段时段必巡必到，重点车辆必管必查，违法必纠必罚。三是突出管理重点。依托公安检查站、交警执法站、超限检测站、夜查整治点，严查"两客一危"车辆凌晨2时至5时违规运行和渣土车超速、闯红灯、不按规定使用GPS等违法行为。四是创新查缉手段。要研究针对性查缉布控办法，充分发挥交通信号控制和交通安全设施隔离、减速作用，查处"飙车"等交通安全违法犯罪活动，切实增强行动效果。（责任单位：秩序大队、指挥室、各大队、公安检查站）

（五）加强协作联动。一是争取政府支持。要积极争取政府重视支持，把影响本地道路交通安全的突出问题和难点问题列入安全生产工作重点，纳入社会治理，促发社会联动，协调推动各方破解难题、合力整治。二是强化部门联动。要加强与交通运输、住建、城管、质监、工商等相关部门的协作配合，开展联合检查、联合执法，形成工作合力，对汽车修理、改装企业、配件市场、二手车交易市场等重点部位开展明察暗访，共同整治非法改装车辆、出售假牌、可拆卸车牌架、号牌贴、挡牌罩等物品的生产和销售单位。三是密切警种协作。各大队紧密联系辖区禁毒部门在集中开展查处酒驾行动的同时，严查"毒驾"违法行为，落实"酒毒同检"措施，提升管理质效。（责任单位：秩序大队、车管所、各大队）

（六）严格规范执法。一是用好法律手段。各单位在工作中，要依法查处交通安全违法犯罪行为，严格落实行政处罚和记分管理措施，该暂扣的一律暂扣，该吊销的一律吊销，该降级的一律降级，该拘留的一律拘留，涉嫌犯罪的，一律追究刑事责任；二是规范处理流程。督促民警严格规范执勤执法行为，全程必须使用执法记录仪，严密执法程序，要规范办理"飙车"等交通违法犯罪案件的强制措施、技术鉴定、法律文书、办案时限、审核移送等工作程序；三是做好法制保障。法制大队要加强集中整治行动中执法监督管理，将集中行动大队执法规范情况纳入季度考评工作内容，并对基层大队在工作中遇到的各类疑难问题提供解答、帮助。四是落实违法抄告。各单位在办理按一般程序办理交通违法时，要按照规定采集当事人政治面貌等身份信息，并录入公安交通综合管理应用平台。对党员干部和公职人员涉及醉驾、毒驾、严重超员等严重交通安全违法犯罪行为的，一律抄告所在市、县（市）级纪委、通报所在单位党组织。（责任单位：法制大队、督察大队、监察室、各大队）

（七）深化宣传引领。一是大力开展宣传。宣传室要会同各大队积极协调各主流媒体，依托新闻、广播、报刊、网络等宣传平台，组织开展以"严查严打严重交通安全违法犯罪"为主题的交通安全宣传活动，以"随警作战、上门宣传、开设法律小讲堂"等形式，全面开展交通文明、交通法规宣传教育，引导驾驶人强化交通文明意识、公德意识、守法意识，扩大整治社会影响，营造浓厚的管理氛围。二是实行违法举报。完善群众举报查处

工作机制，向社会公布举报电话、微信账号等，受理群众举报线索，落地查证，实行有奖举报，发动群众举报严重交通安全违法犯罪。三是曝光典型案例。对查获的醉驾、毒驾、严重超员等严重交通安全违法犯罪行为，一律实名曝光，每周向社会发布一次，扩大整治社会影响。（责任单位：宣传室、各大队）

　　六、工作要求

　　（一）加强组织领导。各单位要充分认识集中开展"春雷行动"，严查严打严重交通安全违法犯罪的重要意义，要迅速深入发动，认真组织部署，落实工作责任，进一步增强民警紧迫感、责任感和使命感，真正将工作重心转移到重点区域、重点违法整治工作上来。要强化"全局一盘棋"的观念，做到心往一处想，劲往一处使，各司其职，各负其责，密切配合，顽强拼搏，全力投入到系列集中整治工作当中。

　　（二）严明工作纪律。行动期间，支队将成立督导组，对各单位工作情况进行专项检查，定期通报考核排名，对组织不力、绩效不明显的进行通报批评，各单位要迅速开展工作。严禁任何人为交通安全违法犯罪当事人说情、打招呼，凡违规干预执法的，可以向监察室举报，并追究相关人员责任。同时，要进一步严明执法管理规范，坚决杜绝拆单作假、虚报谎报等执法不规范行为。

　　（三）落实安全防护。各单位要严格落实《交通警察执勤执法安全防护规定（试行）》，加强执勤执法安全防护，配齐配全安全防护装备设施，根据道路条件和交通状况合理设置执勤卡点，提前设置警示标志，规范民警现场查处动作和规定，防止车辆冲闯执勤点以及发生民警意外伤害事件。法制大队要完善执法保障机制，及时查处妨碍执行公务、暴力抗法等违法行为；构成犯罪的，一律追究刑事责任。

　　（四）及时报送信息。各单位要明确专人负责信息报送工作，认真收集整理工作动态和重大信息并制作工作报表；每月倒数第二天，上报本月工作情况、《严查严打严重交通违法犯罪工作情况统计表》；全省集中统一行动日的次日上午9时前，上报集中统一行动工作情况及《全省集中统一行动工作情况统计表》；×月29日报送工作总结和统计表。

××交通警察支队
20××年3月1日

三、要点

（一）概述

　　要点是针对未来一个时期工作的简明扼要安排或某一项重要或较大工作计划的摘要，多用于领导机关对下属单位布置工作和交代任务。

　　要点与计划的区别主要体现在三个方面：

　　（1）从详略程度看，工作要点比工作计划概括、粗略一些。工作要点主要就干什么事情、达到什么目标、做怎样的时间安排加以部署。工作计划则相对具体细致。

　　（2）从衔接关系看，工作要点依赖于工作计划细化并落实。工作要点涉及的多是工作的总体思路与各项主要工作、重要活动的大致安排等中观问题。工作计划涉及的多是具体工作的内容、步骤、程序、要求等微观问题。

（3）从可操作性看，工作要点比较简明概括，既不会面面俱到，也不会明确具体做法，更不会加以论述说明，一般篇幅不长，可操作性低于工作计划。

由于工作要点既能对工作作出部署安排，又不必像工作计划那样具体而详尽地拟订内容与步骤，具有简洁明了、实用性强、便于传达部署的特点，因此，近年来，工作要点已经逐渐取代计划，成为部署工作特别是年度工作的首选文种。

（二）结构与写法

要点由标题、正文、落款三部分构成。

1. 标题

要点的标题写作一般由单位名称、时限、内容和文种四个部分组成，如《××大学2020年信息公开工作要点》。具体使用中，可以根据实际情况，省略单位或时限或内容，如《教育部2020年工作要点》《2019年教育信息化和网络安全工作要点》《整顿和规范市场经济秩序工作要点》等。

2. 正文

要点的正文写法通常采用并列式、纲目式，分条列项，大纲目之下分小纲目，层层分解展开，一贯到底。分项之间多用数字标出序号，一般没有过渡性段落与文字。

有一部分要点的正文结构会在分条列项之前增加"前言"（开头）部分，直接表明主旨、工作思路或工作总要求，有的也简明扼要地作一些形势分析。具体表述常常使用"以……为指导""以……为目标""以……为重点""以……为主线"等句式。如《××大学2019年工作要点》的前言部分：

　　2019年是新中国成立70周年，是深入贯彻全国教育大会精神开局之年，是学校决胜"双一流"建设的关键之年。2019年工作的总体要求是：以习近平新时代中国特色社会主义思想为指导，深入学习贯彻落实全国教育大会精神，以深化综合改革为动力，以优化布局和提升能力为重点，深入落实学校第十三次党代会决策部署，切实打好"双一流"建设攻坚战。

3. 落款

要点落款包括单位名称和日期，落款方式同计划、方案落款方式。

××市公安局2019年工作要点

2019年，全市公安机关将在市委、市政府坚强领导下，以习近平新时代中国特色社会主义思想为指导，全面贯彻党的十九大和十九届二中、三中全会精神，深入贯彻习近平

总书记在全国公安工作会议上的重要讲话精神,忠实践行"对党忠诚、服务人民、执法公正、纪律严明"总要求,增强"四个意识"、坚定"四个自信"、做到"两个维护",牢牢把握新中国成立70周年大庆安保这一主题主线,认真贯彻落实市委"精兵强将攻山头,典型引路稳阵地"工作要求,坚持政治建警、改革强警、科技兴警、从严治警,努力建设更高水平的平安城市,为建设开放、现代、活力、时尚的国际大都市贡献公安力量,以优异成绩庆祝新中国成立70周年。

一、以扫黑除恶专项斗争为牵引,深度净化社会治安环境

1. 深入推进扫黑除恶专项斗争。持续打好扫黑除恶战役,抓好中央扫黑除恶督导"回头看"整改落实,扎实推进扫黑除恶大攻坚行动,深度打击市霸行霸、海霸渔霸、涉黄涉赌、毒黑交织、网络恶势力和"套路贷"等新型黑恶犯罪,严厉打击农村黑恶势力犯罪。加强综合整治、源头治理,深入开展黑恶线索摸排,坚持破案抓捕与打财断血、打伞破网同步推进,坚决铲除黑恶势力犯罪滋生土壤。以扫黑除恶大攻坚为牵引,强力推进严打整治,保持严打高压态势,切实增强群众安全感。

2. 深入打击治理电信网络违法犯罪。开展为期一年的打击治理电信网络违法犯罪专项行动,做强做实反电诈中心,搭建智能化大数据打防平台,深入实施防范电信网络诈骗全民宣传教育行动,推动防诈骗宣传进社区、进单位、进学校、进家庭,提高信息化、智能化、专业化、社会化打防水平。

3. 全力打好禁毒保民围剿战。以"摧网络、减存量、控增量"为主线,推动落实禁毒党政工程,着力摧毁毒品输入渠道和贩卖网络,严厉打击新型毒品犯罪,建立毒情监测预警体系,依法落实戒毒康复措施,强化易制毒化学品源头监管和禁种铲毒,深化禁毒宣传教育"七进"活动。

4. 严厉打击经济金融犯罪。积极参与金融风险专项整治,深入开展打击整治非法集资、网络传销等犯罪专项行动,探索建立金融风险预警防控平台,严厉打击涉税、证券、假币、侵犯知识产权等经济犯罪,不断提升防控打击能力。

5. 持续深化"净网2019"专项行动。严厉打击黑客攻击、侵犯公民个人信息等违法犯罪活动,依法打击整治网上有害信息,深入开展网络安全执法检查,维护城市网络安全。

6. 深入开展打击食品药品环境犯罪专项行动。持续加大对制售假劣食品、假劣药品、非法排放倾倒处置危险废弃物等食品药品环境违法犯罪的打击力度,健全完善线索通报、案件移交、执法协作机制,切实保障食品药品和生态环境安全。

7. 强力推进铲除"黄赌"专项行动。持续开展打击整治行动,严肃打击查处"黄赌"犯罪的组织者、经营者、获利者,加强重点行业场所治安管理,有效挤压"黄赌"犯罪生存空间。

二、创新完善社会治安防控体系,着力提升社会治理能力

8. 完善城市立体防线。加快推进立体化、信息化社会治安防控体系建设,升级联合实战指挥平台,强化显性用警,动态调整社会面巡防等级勤务,常态化开展盘查核录,加强"警灯闪烁、守护平安"联合巡逻，实施公安武警联勤巡逻，强化城乡中小学、幼儿园和商圈、公交、医院等人员密集场所安全防范，健全地铁防控一体化勤务体系，完善全链条、全要素封城堵控机制，深化"雪亮"工程建设，推进技防示范村创建，严格落实重点目标单位和行业反恐防范管控措施，争创全国社会治安防控体系建设标准化城市。

9. 深化社区警务战略。进一步完善"1+2+N"和"一村一警务助理"运行机制，全面规范社区警务室管理运行，充分整合社区网格资源，完善矛盾纠纷多元化解机制，滚动开展基础要素大排查，打造智慧平安社区示范样板，持续深化"走千村万户、访社情民意"大走访活动，积极创建"枫桥式公安派出所"。

10. 加强公共安全监管。以保安全、保畅通为重点，持续深化交通秩序大整治，严查严管酒驾、醉驾、"三超一疲劳"等严重交通违法行为，加强道路交通安全隐患排查治理，确保道路交通安全形势平稳。创新道路交通智能化精细管理，深入实施交通微循环和交通设施提升工程，深化智能交通城乡全覆盖，打造城市交通管理"智慧大脑"，持续提升疏堵保畅能力。深入整治危爆物品安全隐患，强力推进打击整治枪爆违法犯罪专项行动，推动实施市区烟花爆竹禁放。

11. 全力做好重大活动安保工作。扎实做好新中国成立70周年大庆系列活动安保工作，确保各项活动安全顺利举行。

12. 强化基层综合保障。全面加强公安特警队和区（市）应急处突专职力量正规化、专业化建设，提升基层刑事科学技术建设水平，加强基层所队基础设施装备建设，为提高社会治安精细化治理能力打下坚实基础。

三、坚持改革强警、科技兴警，全面推进现代警务机制建设

13. 深化公安"放管服"改革。建立公安机关跟进服务全市重点项目办公室，集中开展损害营商环境突出问题专项整治行动。推进公安审批服务事项进驻市、区（市）两级政务服务大厅，探索建设综合服务中心，加强服务窗口规范化建设，全方位提升便民营商服务水平。推行驾驶考试、车辆登记检验等5类业务"异地通办"和车辆抵押登记、临牌发放等5项服务"便捷快办"。落实外国人144小时过境免签政策，完善往来境外商务签注政策，营造便利化国际化营商环境。深化户籍制度改革，进一步简化人才引进、派遣期内毕业生落户等手续，放宽全日制大专毕业生落户限制，居住证、居民临时身份证现场办理、立等可取。加快"互联网＋民生警务"平台建设，升级完善交警、户政、出入境等办事系统，推进自助服务一体机建设，推出更多"网上办""刷脸办""自助办""全城通办"事项，打造便捷高效、智能精准的民生警务新生态。

14. 推进智慧公安建设。加快实施智慧公安建设发展规划，建设公安大数据综合服务与应用平台，构建全维动态感知智能防控体系，全面推广智慧查控、智慧商圈管控模式，升级基础要素管控平台，深化移动警务创新应用，完善合成作战警务机制，提高社会治安治理智能化水平，推动公安工作质量变革、效率变革、动力变革。

15. 深化执法规范化建设。深化"规范警务"品牌创建，升级执法闭环管理系统，开

发移动端办案系统手机APP，全面落实执法全过程记录机制，实施执法办案场所智能化改造，推进案管中心及配套机制建设，深入开展规范执法"按时办"专项整治，加强全警执法教育培训，全面贯彻严格规范公正文明执法要求，不断提升执法公信力。

16.深化公安管理制度改革。积极推进公安机关机构改革，稳妥推进执法勤务和警务技术两个职务序列改革政策落地。修订我市警务辅助人员管理办法，健全完善层级晋升、薪酬管理、考核激励等配套制度。

四、坚持政治建警、从严治警，着力锻造高素质过硬公安铁军

17.加强政治建设。旗帜鲜明把政治建设摆在首位，紧紧围绕"四个铁一般"标准，深入贯彻党中央《关于加强新时代公安工作的意见》，严格执行中国共产党政法工作条例、重大事项请示报告条例等制度规定，落实政治巡察制度，坚定自觉把党的绝对领导、全方位领导贯彻落实到政治、思想、组织各方面，确保公安队伍绝对忠诚、绝对纯洁、绝对可靠。

18.强化党建引领。精心组织开展"不忘初心、牢记使命"主题教育，深入推进"践行新使命、忠诚保大庆"实践活动，扎实开展服务群众"找差距、查问题、补短板"活动，深化公安党建品牌创建，凝聚警心斗志、激发昂扬士气。

19.狠抓正风肃纪。以铁的决心加强公安队伍自身建设，深入开展纪律作风大整顿、文化育警大提升、辅警队伍教育整顿行动，严格落实管党治警责任，推进党风廉政建设巡查全覆盖，建立曝光台制度，严格监督执纪问责，推动纪律作风大转变、队伍形象大提升。

20.激发队伍活力。切实抓好关爱民警系列政策措施落实，完善入警宣誓、授衔授奖、光荣退休等职业荣誉仪式制度，举行首届新时代"十佳人民警察""十佳警嫂"颁奖和第二届"最美警察"评选，加强先进典型选树，创新警察公共关系建设，深入开展全警实战大轮训，不断增强队伍凝聚力向心力战斗力。

××市公安局
2019年×月×日

第三节　总结报告类文书

总结报告类文书包括实践中常用的各种总结、工作汇报稿、述职报告、个人小结等。此类文书具有事后回顾的基本属性，其功能和目的是回顾检查一个阶段工作或任务的完成情况，总结经验、吸取教训、指导未来。

总结报告类文书的使用范围广、频率高，是与机关、企事业单位、社会团体和个人关系最密切的应用文体之一，也是作用最重要的应用文体之一，已深深融入每个人的工作、学习和生活之中。

总结报告类文书和计划安排类文书联系密切。以总结和计划为例，做总结往往要以计划为依据，又要对计划完成情况作出判断；计划的制定通常也要以上一阶段的总结为依据，其目标、任务、措施都应参照上一阶段总结的情况提出来。没有计划的总结是空洞的，没有总结的计划是盲目的。二者相互制约、相互促进、相互参照。

本节我们主要学习总结、述职报告两种常用的总结报告类文书。

一、总结

（一）概述

总结是单位或个人对过去一个时期的实践活动作出回顾和分析研究，从中得出规律性认识，以指导今后工作的事务文书。

总结不是对已完成的事项或任务的简单回顾。它不仅要说明完成了什么、完成得怎么样，还要明确所取得的经验和应当吸取的教训、存在的问题，并使之条理化、规范化，其作用主要在于肯定成绩、积累经验、发现问题、找出教训、认识规律、明确方向，以指导今后的工作。因此，总结既是上一阶段工作的终点，也是下一阶段工作的起点和再计划的基础。

（二）分类

总结可以从不同角度分成许多种类。

按内容划分，有工作总结、生产总结、学习总结等。

按范围划分，有某单位或某部门的总结、某地区的总结、个人总结等。

按时间划分，有年度总结、季度总结、月份总结等。

按进程划分，有阶段性总结、全程性总结。

按表现形式和容量，可分为全面总结和专题总结。

（三）特点

（1）阶段性。总结总是在某项工作进展到一定阶段后开始的，体现的是进行态或完成态的东西。总结的思路随着工作的始终、时间的推移而展开，回顾的是上一个阶段工作的起步、发展、结束的过程，反映的是上一个阶段工作的成功经验、失败教训。

（2）客观性。总结是对前一段实践活动的回顾，所选用的材料必须是自身实践活动中真实、具体的材料，总结中的经验教训都来自实践经验，这决定了总结具有很强的客观性。任何脱离实践的、虚假的、浮夸的、歪曲事实的材料都会使总结失去应有的价值。

（3）理论性。总结的作用在于认识事物发展的客观规律性，指导未来实践，以增强实践的自觉性，避免盲目性。对实践总结的过程，就是运用分析、归纳、综合等抽象的逻辑思维方法，把感性认识上升为理性认识的过程。

（4）概括性。总结虽然需要全面系统地回顾，但在写作时却不可能也不必事无巨细一一罗列。优秀的总结，都是抓住关键所在，高度概括地叙述以往实践活动，通过典型事例来反映全貌，并从事实中提炼、概括出观点。

（四）结构与写法

总结的结构包括标题、正文、落款三个部分。

1. 标题

从拟制形式上看，总结的标题通常有两种写法。

（1）一般写法。由单位名称、时间、内容、文种四个要素组合而成，如《××警察学院2019年学生工作总结》。该组合形式又可根据实际情况进行简化，如省略单位名称、时间等，如《新中国成立70周年大庆安保维稳工作总结》《××派出所户籍管理工作总结》等。

（2）新闻式写法。这类标题重在突出主题，侧重于提炼概括总结的主要经验和基本做法，可以是单行式标题，如《"智慧公安"为城市高质量发展保驾护航》《疫情防控不松劲 创新实干谱新篇》等；也可以采取主副标题的形式，如《不辱使命 不虚此行——××警察学院2019年赴××市公安局实习工作总结》。

2. 正文

总结的正文由开头、主体、结尾三部分组成。

（1）开头。总结的开头部分通常陈述总结的目的和必要性，或者简要介绍时间、背景、进程、结果、主要成绩、问题教训等基本情况。实际写作时不必追求要素俱全，择其二三即可，要能给受众提供一个概括的整体印象，应提纲挈领、简明扼要，如《××派出所新中国成立70周年大庆安保维稳工作总结》的前言：

在新中国成立70周年大庆安保中，我所紧紧围绕"化积案、控风险、筑平安"主线，严格按照"属地管理、分级负责、分类处理"和"谁主管、谁负责"原则，聚焦"四个重点"，做好"四字文章"，圆满完成各项任务，实现了"三个不发生"的工作目标，有力地确保了大庆安保维稳工作万无一失、阵地坚如磐石。

（2）主体。主体部分是总结的主要部分，它是开头的展开、补充、说明或者具体化，即用事例和具体的数字统计资料来详细说明工作的过程、效果、成绩、问题、经验等。在写作过程中，其工作项目的划分，原则上应与开头所列的项目相对应，其观点的确定，也要与总观点一致。主体部分常见的内在结构形式有三种：

一是纵式结构，按照事物或实践活动的过程安排内容。这种写法的好处是事物发展或实践活动的全过程清楚明白。

二是横式结构，按事实性质和规律的不同分门别类地依次展开内容。这种写法的优点是各层次的内容鲜明集中。

三是纵横交叉结构，既考虑时间的先后顺序，体现事物的发展过程，又注意内容的逻辑联系，从几个方面呈现。这种写法多数是先采用纵式结构，写事物发展的各个阶段的情况或问题，然后用横式结构总结经验或教训。

主体部分的外部形式，有贯通式、小标题式、序数式三种情况：

贯通式像一篇短文，全文之中不用外部标志来显示层次，适用于篇幅短小、内容单纯的总结。

小标题式将主体部分分为若干层次，每层加一个概括核心内容的小标题，重心突出，条理清楚。

序数式也将主体分为若干层次，各层用"一、二、三……"的序号排列，层次一目了然。

总结的主体部分，一般包含三个方面内容：

①基本情况。这部分紧扣开头部分，重在运用数据和事实材料，分条列项地说明完成了哪些任务，开展了哪些活动，取得了哪些成果，存在哪些不足，通过纵向、横向对比来说明成绩或问题的大小。总体要求是成绩要真实，问题要具体，数字要准确，材料要典型，对比要鲜明。在部分总结中，基本情况部分会与开头部分合二为一。

②主要做法。这是总结的主体与核心，应该有针对性地对前一阶段工作进行综合辩证地分析、研究、概括和集中，把感性认识上升为理性认识。这一部分一般包含两项内容：一是总结经验谈体会，即实践中针对什么问题、困难和阻力，采取了什么措施、方法和手段，取得了什么成效。不仅要写明取得了哪些成绩，而且要写明是怎样取得的成绩。这是对实践活动的理论总结，必须选取有代表性的典型材料，提炼出能够回答和解决面上普遍问题的经验。二是总结失误讲教训。总结写作必须坚持两点论，运用二分法，即"成绩要讲够，问题要讲透"。我们不仅要敢于承认工作中的失误和不足，而且要勇于自我剖析，查找原因和危害，认真总结教训，并引以为鉴。这一部分不仅要找出存在的问题，而且要讲明产生的危害和应该汲取的教训。

③今后打算。这部分的重点是设定新的奋斗目标，指明新的努力方向，提出新的执行措施。

（3）结尾。这部分作为正文的收束部分，宜简不宜详，宜短不宜长。其内容倾向于表明决心、展望前景，与开头相照应。有些总结在主体部分已经通过"今后打算"将这些内容表达过了，就不必再写结尾。多数情况下，总结的结尾是文随事止，自然收尾。

3.落款

标明总结的作者和成文日期。单位总结、个人总结的署名、日期既可在标题下，也可在正文后。单位总结以标题下落款居多；个人总结以正文后落款居多，有时候还需要添加个人职务。

（五）注意事项

（1）实事求是，切忌虚假。这是写好总结的基础。要如实反映工作中的成绩和问题、经验和教训，不能只报喜不报忧，也不能脱离实际、随心所欲地拔高，坚决杜绝"三分工作七分吹"。反映情况不能片面，更不能前后矛盾。

（2）突出重点，切忌平淡。要根据工作实际、写作目的和总结的不同性质，内容有所侧重，把那些既能显示特点，又有一定普遍性的材料作为重点选用，写得详细、具

体,而一般性的材料则要略写或舍弃,不能求全贪多、不分主次、不分详略地平均用笔,也不能堆砌材料、平铺直叙,记流水账。要避免总结臃肿不堪,像"懒婆娘的裹脚布,又臭又长"。

(3) 写出特色,切忌平庸。要把握共性,突出个性,抓住事物的主要特点,反映出本单位工作的特点,体现特色,用新颖的角度和材料,独到的发现和体会,写出既有广度又有深度的总结,避免千篇一律、千人一腔。

(4) 注重分析,切忌肤浅。工作总结的价值在于对今后工作的指导作用,因此,总结必须注重对工作情况的分析,通过对材料进行深入挖掘,使观点和材料相结合,反映客观规律的经验和教训。

××市公安局2020年法治政府建设工作总结

2020年,我局坚决以中央《关于深化公安执法规范化建设的意见》为指引,着眼法治中国和法治公安建设,紧紧抓住全面深化公安改革有利契机,认真贯彻落实"对党忠诚、服务人民、执法公正、纪律严明"的总要求,以建设法治公安目标为引领,深入研究谋划,坚持项目推动,积极创新探索,有力推动全局法治公安建设向更高层面、更深层次的跃升发展,有效提升了全市公安机关的执法公信力,为维护我市安全稳定,圆满完成各项重点任务提供了坚实的法治保障。现将有关工作情况总结如下:

一、强化法治公安建设顶层设计

我局始终将法治公安建设作为各单位"一把手工程"大力推进并以深化法治公安建设和执法规范化建设为抓手,做好统筹谋划,强化顶层设计。在组织谋划上,按照深化公安改革、深入推进执法规范化建设、加强法治公安建设的统一部署,我局结合公安执法实际,认真研究、广泛调研,起草了关于深化公安执法规范化建设的相关实施意见及任务分工方案,细化分解各职能部门各业务警种职责任务,明确完成时限和成效标准,定任务、定措施、定责任,推动各项工作有序开展。理清了推进法治公安建设、深化执法规范化建设的路线图。在推进落实中,坚持项目带动、时限管理和督办协调,定期召开依法行政工作例会、会商会等形式强力督促,确保工作进度。先后组织召开全局深化执法规范化建设推进会、深化执法规范化建设重点工作推进会,以最高规格部署执法规范化建设重点工作。各单位坚持条块结合,多部门、多警种协同推进,扎实开展各项工作。在强化督导检查中,各单位坚持项目带动、时限管理和督办协调,积极采取联合督导、专项检查、定期通报等措施,并主动协调各级党委、政府,强力推动执法规范化建设,确保各项措施落实到位。

二、全面深入推进法治公安建设

(一) 深入开展法律法规清理

紧密围绕市局中心工作,遵循敏锐、及时、谨慎的原则,不断提升运用法治思维和法治方式处理问题的能力，积极开展系列执法政策的合法性审查和研究工作。

根据《市政府2020年立法工作计划》和《2020年政府立法工作要点》，起草制发了市局立法工作计划，围绕中心任务，对全局年度立法工作提出总体要求。对年度立法任务明确了主责单位、工作时限和具体要求，进一步要求各级法制部门、业务部门职责要形成立法工作合力。为全年立法确定了时间表、计划书。

组织开展"放管服"改革涉及的规范性文件清理工作，确保"放管服"改革落到实处。根据市政府部署，我局制发了《××市公安局关于做好"放管服"改革涉及的本市规范性文件清理有关工作的通知》，并组织局属职能部门，按照有关清理范围、清理标准、工作步骤和工作要求，对本市现行有效的政府规章进行全面清理，广泛征求意见，逐项深入研究并提出清理意见。

对涉及企业群众办事创业各类证明开展清理。为贯彻落实中央和市委、市政府关于"放管服"改革任务部署，着眼于从根本上解决困扰企业群众"办证多、办事难"问题，根据市政府审改办关于全面清理涉及企业群众办事创业各类证明的通知精神，对各类证明开展清单式管理。

通过开展全面的清理工作，我局及时掌握执法依据底数，及时废止和修订不适应形势需要、不符合法律规定的规章和文件，进一步完善了公安执法规范体系，不断推进公安机关执法制度建设。

（二）进一步深化执法公开

认真贯彻落实公安部《公安机关执法公开规定》，充分运用"互联网+"等信息化手段，全面推行行政执法公开，最大限度地公开执法依据、执法程序、执法进度、执法结果，使执法公开成为公安执法工作的新常态。

全面梳理公共服务事项。根据市政府审改办《关于全面推进公共服务事项梳理的通知》要求，全面梳理直接面向基层群众和社会公众，与办事创业和生产生活相关的市、区两级政务服务（公共服务）事项，逐一细化事项名称、办理依据、办理条件、申请材料、办理时限、办理结果、收费依据及标准等办理要素，推进管理服务规范化、标准化，为进一步制定公开公共服务办事指南奠定了基础。

全面公开权力清单。在全面梳理我局行政处罚、行政强制、行政征收、行政给付、行政许可、行政检查、行政确认、行政奖励及其他其权力事项的基础之上，对上述职权的类型、名称、依据、实施主体等进行了全面公开，规范行政权力，主动接受社会监督。

完善权力清单动态调整机制。依据法律、法规的变化，根据行政职权事项增加、取消、下放、变更等实际情况，对权力清单进行动态调整完善，完成2020年权力清单公开工作，不断提高服务水平，优化服务效能。

公开行政处罚裁量基准。对行政处罚职权的裁量种类、幅度、情节、危害程度等向社会公开，解决随意执法、滥用自由裁量权问题，进一步规范执法行为。

推行两个文书公开。按照公安部和市政府的部署，我局积极推行公安行政处罚决定及行政复议决定法律文书的网上公开。除法律明确规定涉及国家秘密、商业秘密和个人隐私

等情形外，全局各办案单位作出的行政处罚决定及复议决定文书全部上网公开。进一步提升了公安执法的透明度和公信力，最大限度地保障了群众的知情权和监督权。

（三）推进法律顾问制度和公职律师制度

按照中央《关于推行法律顾问制度和公职律师公司律师制度的意见》，我局从法治公安建设实际出发，积极推行法律顾问制度和公职律师制度。

根据中央和公安部关于在公安机关"普遍建立法律顾问制度"的要求，为充分发挥法律专家外脑、智库作用，加快推进法治公安和执法规范化建设，我局将"加强法律顾问队伍建设"列为深化执法规范化建设的重点工作任务，率先在全国公安机关成立了法律专家咨询委员会，就重大立法、依法行政决策以及重大疑难案件认定等为我局提供专业咨询和论证，在警方和法学界之间建立起一个知行互动的良好渠道。同时，加强公职律师队伍建设。根据市政府部署，对全局具备公职律师资格人员进行了统计备案。积极研究建立符合公安实际的公职律师制度，充分借助公职律师的智囊作用，帮助公安机关破解难题，提升公安决策的科学化、民主化和法制化水平。

（四）全面构建执法办案信息化体系

我局以"支撑办案、服务办案、监督办案"为目标，组织专门力量全面推进执法办案平台的升级改造，确保案件依法依规办理，为全局执法规范化建设和基层执法实战提供有力支撑。为最大限度地保障群众的知情权和监督权，提升我局案件办理的执法透明度和规范化水平，我局升级执法办案平台案件网上公开系统，实现了案件进展情况经受理审核为公开后即时同步推送外网，公开范围自动覆盖警情接报、案件办理、人员处理全环节，确保了公开更为全面便捷。报案群众除了通过传统的上门、电话等方式查询案件进展外，还可以根据《受案回执》的密码查询案件进展情况，可对每个办案环节进行满意度评价和留言并及时反馈。办案单位通过定期监测群众评价，实时开展评价满意度的分析和应对处理工作。

三、取得的工作成效

（一）推动事项进驻，集中审批权限

我局继续推进行政审批事项进驻市政务服务中心，推动市局行政审批事项进驻市政务服务中心。选派干部作为首席代表派驻市政务服务中心，负责市局进驻事项的受理、办理、办结、协调催办等工作。

（二）转变服务观念，强化服务意识

为顺应公安部关于出入境工作新政实施的要求，我局充分根据××、××两个服务业示范区的实际特点需求，将20项新政拓展至这两个区，并积极会同市、区有关部门，以最好标准、最严措施，推动落实××、××分局外国人出入境服务大厅软硬件建设。

（三）强化科技应用，提高服务效能

运用科技引领互联网技术，实现便捷高效服务。我局设计研发港澳台签注（卡式）自助一体机，集受理审批、签注打印、缴费发证于一身，将护照、往来港澳通行证、往来台湾通行证三种证件申请表合一，群众凭身份证和照相条码，即可方便快捷地自助打印申请表，无须提供纸质照片，大大缩短了填表时间、节约了办证费用。

（四）推出便民利民措施，增强服务民生能力

我局集中推出多项便民措施，涉及户政、出入境、治安、交通管理等方面。为更好地服务于辖区群众，针对群众反映强烈的户口办理问题，我局结合实际，与时俱进，推出本市户籍人员就近在全市范围内任意公安分局户政大厅办理《边境地区通行证》，减少群众办事时间及交通成本。进一步优化异地居民身份证制作流程，我市全面启动外省市户籍群众在京异地办理居民身份证换领、补领工作。为进一步方便群众，我局进一步优化证件制作流程，合理安排本市户籍证件和异地受理证件制证生产，有效缩短了异地受理证件的制作周期。

（五）简化办事流程，精简办理手续

为进一步简化办事环节、优化服务流程、减少办事材料。我局以群众需求为导向，为群众提供便捷、高效的居民身份证办理服务。便民措施的出台，顺应了形势变化和人民群众需求，体现了我局切实转变执法观念、增强服务意识，落实"人民公安为人民"要求的自觉性和主动性。

当前，全市公安机关法治建设站在了新的发展起点上，我局将以党的十九大精神为指引，认真贯彻落实习近平新时代中国特色社会主义思想，牢牢把握全面推进依法治国和建设法治中国、法治公安的要求，紧紧围绕全面深化公安改革的任务目标，进一步扎实深入推进执法规范化建设，在全面发展、普遍提高、巩固深化上下功夫，在新的起点上实现新提升，不断提高全市公安机关规范执法水平和依法履职能力。坚持法治引领、改革驱动、创新发展，以严格规范公正文明执法为总要求，以全面推进执法权力运行机制改革为推动力，全面提升全市公安机关规范执法水平和执法公信力，推动公安法治建设更好更快发展。

××市公安局

2020年×月×日

二、述职报告

（一）概述

述职报告是指述职主体向上级、主管部门和职工群众陈述任职情况，对一定时期内履行职责过程中的思想政治、业务能力、工作实绩、问题和设想进行自我评述时使用的一种应用文书。述职报告的主体既可以是个人，也可以是领导集体，其主要作用是使上级、主管部门和职工群众细致地了解和评定个人或集体的工作业绩。

述职报告是总结的一种形式，但又不同于总结，总结的侧重点在于总结的工作成绩和经验教训，述职报告的侧重点是报告个人或集体的工作能力和业绩。

（二）分类

1. 按内容划分

（1）综合性述职报告。对一个时期所做工作的全面、综合述职。

（2）专题性述职报告。对某一方面工作的专题述职。

（3）单项工作述职报告。对某项具体工作的述职。这往往是临时性、专门性的工作。

2. 按时间划分

（1）任期述职报告。针对任现职以来的总体工作进行报告。一般来说，时间较长，涉及面较广，要写出一届任期的情况。

（2）年度述职报告。即一年一度的述职报告。写清本年度履行职责的情况。

（3）阶段述职报告。针对某一时间段履职情况进行述职。

3. 按主体划分

（1）集体述职报告。反映领导班子集体履职情况的述职报告。

（2）个人述职报告。反映个人履职情况的述职报告。

（三）特点

（1）客观性。述职报告应该具体、如实地反映述职主体的工作情况，恰如其分地评价成绩和过失，报告中涉及的数字、事例必须完全真实，不能弄虚作假、胡编乱造。

（2）自我性。述职报告是述说个人或集体在一定时期内履行职责的情况，是对岗位职责和工作实绩进行适当的自我评价和自我鉴定。写作时以第一人称叙述为主要表达方式，对履职情况的说明和评价带有强烈的自我性。

（3）限定性。述职报告的内容明确限定在职责分工的范围内，不涉及与本职工作无关的事项。岗位职责和目标，规定了述职主体的职权范围和工作职责。述职主体应该严格按照标准进行自我评价，不得随意增减项目，打乱标准。

（四）结构与写法

述职报告一般由标题、称谓、正文、落款四部分组成。

1. 标题

标题通常有三种形式。

（1）文种式标题。标题即文种名称，如《述职报告》。

（2）一般式标题。标题由岗位或单位、时间、事由、文种等要素组合而成，如《××公安局2019年党建工作述职报告》《学生工作处处长2019年度述职报告》。该组合形式又可根据实际情况进行简化，如《党建工作述职报告》《××警察学院领导班子述职报告》等。

（3）新闻式写法。这类标题往往采取主副标题的形式，如《对标一流　加快发展——××警察学院领导班子2019年度述职报告》。

2. 称谓

称谓是述职主体或述职代表对述职对象的称呼。以书面形式提交的述职报告，称谓通常应写主送单位（机构）全称或规范化简称，如"学校党委""学校年度述职考评组"等；以口头形式述职时，称谓应根据听众而定，如"各位领导、各位代表""同志们"等。

3. 正文

述职报告的正文，通常由开头、主体、结尾三个部分组成。

（1）开头。述职主体若是个人，开头部分通常写任职概况和述职评估，包括何时任何职，变动情况及背景、履职总体评价等；述职主体若是领导集体，则通常写履职情况和总体评价。开头部分的重点是确定述职范围和基调，引出下文，应简明扼要，概括勾画，给听者一个整体印象，如某公安分局主要负责人2019年度述职报告的前言部分：

我自2018年12月19日调任区公安分局党委书记、局长以来，在区委区政府和市局的正确领导下，紧密团结分局班子成员和全体民警，紧紧围绕全市发展大局，认真落实市局工作部署，抓班子、谋大事、强队伍、促发展，积极应对风险挑战，不断强化责任担当，较好地完成了2019年度本职工作。现将全年履职情况简要报告如下：

再如某大学人文学院学生会2019年度述职报告（由学生会主席述职）的前言部分：

下面，由我代表人文学院学生会向各位领导、老师们、同学们做2019年度述职汇报，请予审议。

2019年，人文学院学生会在学院党委的正确领导下，在团委的悉心指导下，经过学生会全体成员的共同努力，圆满地完成了本年度的各项工作，切实做到了"从同学中来，到同学中去"。一年来，学生会紧扣时代脉搏，结合社会热点，充分发挥组织优势和桥梁作用，开展了一系列有意义的活动，在促进广大同学全面成长成才方面作出了积极贡献。

（2）主体。这部分既是考核评议的主要依据，也是述职成败的关键所在，行文不拘一格，并无固定写法，基本构成通常包括主要业绩、存在不足、今后打算三项。

主体部分是述职报告的中心内容，主要写实绩、做法、问题、打算等。实践中常常围绕以下方面展开：党和国家的路线方针政策、法纪规定的贯彻执行情况，上级交办事项和分管工作任务的完成情况等；个人的思想作风、职业道德，廉洁从政和关心群众等情况；存在的主要问题及原因；今后改进的打算和措施等。

这部分内容要写得具体、充实、有理有据、条理清楚。由于这部分内容涉及面广、量多，所以宜分条列项写出。"条""项"要注意把内在逻辑关系安排好。

（3）结尾。实践中，大部分述职报告采用模式化的结语结束全文。这些结语重在表明述职者对上级考核、群众评议等的态度。如"请领导和同志们严格审议""如果组织委任、同志们信任，我愿意继续在现职岗位上作出新的贡献""以上报告，请予审评""特此报告，请审查"等。

必要时，也可以给述职报告安排一个专门的结尾部分，如对自己做一个专门的评价，或表明决心等。

4.落款

述职报告的落款，应署述职主体职务、姓名或领导集体名称，以及述职日期或成文日期。署名和时间既可放在标题之下，居中排印，也可以放在文尾右下方。

（五）注意事项

（1）充分反映工作实绩和问题。工作实绩如何，是检验履职的主要标志。述职主体要充分认识这一点，实事求是地把工作实绩和问题反映出来。只有客观陈述履职情况，才能有助于上级机关和群众对述职主体的工作作出全面、准确、客观的评价。

（2）实事求是地评价自身。无论是个人述职还是集体述职，自我评价一定要实事求是、准确恰当。要处理好成绩和问题的关系，理直气壮摆成绩，诚恳大胆讲失误；要处理好集体与个人的关系，不能把集体之功归于个人，也不要抹杀了个人的作用，分清个人实绩和集体实绩；要在表述上处理好叙和议的关系，就是以叙述为主，把工作实绩写出来，不要大发议论，过度拔高。

（3）要抓住重点突出个性。表述的内容应抓住重点，抓住带有影响性、全局性的主要工作，对有创造性、开拓性的特色工作重点着笔，力求详尽具体，对日常性、一般性、事务性工作表述要尽量简洁，略作介绍即可。除此之外，由于述职报告与岗位、个体紧密相关，因此，述职报告还要注重突出个性特点，显示独特气质，展示述职者个人风格和魄力，切忌千人一面。

（4）行文语言要庄重得体。撰写述职报告的态度应严肃认真，语言应庄重得体，评价要中肯，措辞要严谨，语气要谦恭，尽量以陈述为主，也可写一些工作的感想和启示，但不得描写、抒情，更不能使用夸张的语言。当以口头形式进行述职时，述职报告的写作还需要考虑讲话时的情况，可适当使用生活化、口语化、大众化的表述；句型往往以短句为主。但无论如何，行文语言都要做到庄重得体、规范简明。

例文

2019年度工作述职报告

今年以来，在市局、分局党委的正确领导下，在全所干警的监督支持下，我深入学习贯彻习近平新时代中国特色社会主义思想和党的十九大精神，认真落实上级决策部署，团结带领全所干警和警务辅助人员，以新中国成立70周年大庆安保工作为主线，以反恐制暴为抓手，紧扣辖区治安特点和派出所实际，切实把提升群众安全感和满意率作为重点工程来抓，着力夯实基层基础工作，加强社会面巡防管控，深化社会管理创新，不断提升服务保障效能，努力打造党委政府认可、社会各界肯定、人民群众满意的平安商贸区，全力维护了辖区政治稳定、社会安宁。现将本人一年来的履职情况报告如下：

（一）坚持党的绝对领导，夯实忠诚思想根基。时刻对标对表，切实加强理论武装。一年以来，坚持把深入学习贯彻习近平新时代中国特色社会主义思想作为首要政治任务，联系实际学、持续跟进学、融会贯通学，不断筑牢信仰之基、补足精神之钙、把稳思想之舵。牢固树立"四个意识"，坚定"四个自信"，落实"两个维护"，始终在政治立场、政治方向、政治原则、政治道路上同以习近平同志为核心的党中央保持高度一致。全面落实意识形态工作责任制，定期召开意识形态工作会议，及时分析研判重大舆情、重大问题，有针对性提出应对措施，作出工作安排。

（二）突出维稳防控工作，有效提升应变能力。今年以来，我所及时收集了市民广场百余名业主聚集要求降低租金、××烧烤店群体打架斗殴等有可能引发不稳定因素等涉稳类信息，预警率达100%，为有效及时处置赢得了战机，实现了精准防控。稳妥处置了农行××支行持刀劫持人质、××小区业主扬言跳楼、××物流平台用户聚集等突发性事件26起，圆满完成了敏感节点和敏感事件的应急处置，有效提高了在复杂情况下的紧急应变和处置能力，牢牢把握了辖区维稳工作主动权。

（三）创新侦查破案手段机制，形成打击犯罪高压态势。今年以来，我所始终坚持严打不动摇，积极探索侦查破案新机制，针对××地区多发性侵财案件，从保障和改善民生的高度出发，精心组织开展严打整治斗争，联系组织攻势凌厉的破案会战，保持了对刑事犯罪的高压态势，成功侦破了××等重特大刑事案件×起，打击处理逮捕×人，公诉×人，及时消除了社会影响，有效地维护了群众利益和辖区政治稳定。

（四）加强治安防控，增强打击震慑效应。一是组织开展了以"警民联防、路店联管、部门联勤、店店联动"为特色的"百店联动，警民共建平安商圈"活动，先后获取各类线索×条，抓获违法犯罪嫌疑人×名，有力地打击了犯罪分子嚣张气焰。二是以警务调度室为基础，积极推行和贯彻落实动态化、区域化、立体化、属地化、扁平化防控模式，建立了情报导控平台，构筑了一张巡防天网，最大限度把警力推向街面，有效提升了驾驭治安能力，形成了辖区严防严控的氛围，2019年，我所接报侵财类警情较三年平均数同比下降了×%。

（五）强化社区警务，提升基层基础能力。今年以来，我所充分结合我所核心商贸商务区的治安特点和社区警务工作实际，因地制宜，突出重点，创新思想，坚持以典型引路，扎实推进落实社区警务工作。第一是严格考核，严格奖惩，优化运行机制。一是实行"三个一"制度，为社区民警助力。二是严格考核考评，为社区民警加压。三是坚持社区警务优先，为社区民警减负，促进社区警务工作深入、稳步推进。第二是创新思路，创造亮点，打造特色品牌。我所结合辖区治安实际和区域特点，拓展思路，创新做法，打造亮点，形成特点，积极探索形式各异的工作模式，全力打造服务型、管理型和长效型品牌使社区警务工作走上多元化发展的轨道。

（六）狠抓队伍建设，提升治警管理能力。一是从教育、管理和监督入手，坚持严管思想，严抓队伍的思路，严格教育管理，努力提升警纪铁规执行力，确保了队伍绝对稳定。二是抓好窗口建设。按照精细化管理理念，从细节着眼，从小事做起，强化养成教育，提升素质修养，创新服务举措，改进工作作风。三是坚持严优并举，在严格队伍管理的同时，切实落实民警从优待警措施，进一步激发了民警的工作热情，保持了整个队伍健康向上的精神状态。

（七）严格廉洁自律，筑牢廉政思想防线。始终把勤政廉政作为作风建设的第一要求。自身认真遵守中央八项规定及其实施细则精神，坚决反对"四风"，牢记党的宗旨，切实做到政治上忠诚、组织上服从、行动上规矩，始终坚持清正廉洁、克己奉公的职业操守。

始终坚持慎独、慎微、慎友，始终自觉做廉洁自律、廉洁用权、廉洁齐家的模范，作干干净净做人，堂堂正正做事的表率，用自己的实际行动践行忠诚干净担当的要求。

在尽职尽责、认真工作的同时，我也清醒地认识到自身存在的一些问题。一是大局意识还有待增强，对公安工作新要求、新形势、新任务关注不够、思考不深，还存在调查研究不够深入全面的问题。二是党的建设、队伍建设还存在薄弱环节，有重业务、轻党建的现象，在队伍管理上失之于宽、失之于软，履职尽责不够、管党治党和从严治警的压力传导不到位。三是创新精神仍需进一步加强。在创新工作方法，创造性地抓好工作落实方面还有待提升。

下一阶段，我将认真解决自身存在的问题，全面提升自身素养和能力，团结带领全所干警和警务辅助人员，按照分局党委的要求，进一步抢抓机遇，乘势而上，为促进公安工作创新发展、跨越发展和可持续发展作出新的努力和更大的贡献。

特此报告，谢谢大家！

述职人：××

2019 年 12 月 20 日

第四节　发言讲话类文书

发言讲话类文书，通常是在较为正式或公开的场合，在发言或讲话前提前拟订的书面文字稿件。

发言讲话类文书既可以体现公务角色身份，也可以体现个人角色身份。以公务角色身份进行的发言讲话，往往代表的是一个国家、一个党派、一个机关、一个单位的集体意志。以个人角色身份进行的发言虽然也会受身份、地位的约束，但更多的则是表达个人的思想观点、意见主张。

发言讲话类文书是人们在工作和社会生活中最常使用的一种应用类文体，是一个庞大的应用文书族群。从广义上讲，发言讲话类文书包括各类在公开场合用有声语言发表的具有一定目的性、条理性、完整性的文稿。本节我们主要学习领导讲话稿、公务致辞、工作汇报发言、竞职演说词等文书。

一、领导讲话稿

（一）概述

领导讲话稿，是指各级领导在各种会议或活动上所做的带有指示、指导、宣传、总结等性质，用以安排工作、说明事理、发表见解和主张的讲话文稿。

领导讲话稿是各级领导进行领导活动、行使领导职能的一种重要方式，是领导集体或领导个人思想和意志的体现,具有鲜明的倾向性和针对性,是为实现一定的目标任务、为解决一定的矛盾和问题服务的,具有一定的行政效力,包括号召力、推动力、约束力。

领导讲话稿是事务文书中使用频率最高的、最重要的文种之一。从写作上看,领导讲话稿也是最难把握的、需要付出最多心血的应用文种之一。

(二)分类

领导讲话稿样式多样,种类繁多。按讲话内容侧重点和用途划分,一般可以把领导讲话稿划分为宣传鼓动性讲话稿、分析指导性讲话稿、总结评论性讲话稿三类。

(1)宣传鼓动性讲话稿。这类讲话稿主要用于宣传鼓动,一般不作指示、不部署工作,常用在誓师会、动员会、庆祝大会、成立大会等场合。

(2)分析指导性讲话稿。这类讲话稿主要用于布置重要工作,或研究专项问题,或统一思想。其特点是针对某项工作、某一问题,进行深刻的理性分析,深入浅出,循循善诱,逻辑性强,说服力强。

(3)总结评论性讲话稿。这类讲话稿主要用于对工作或者会议进行总结评论,肯定成绩、指出问题和今后努力的方向,常用于总结会、表彰会、办公会、经验交流会等场合。

(三)特点

(1)内容的针对性。讲话稿针对特定的场合和特定的听众对象,内容往往由会议或集会的主体、讲话者和听众的身份等因素决定。因此,无论在内容上还是在语言使用上,讲话稿的写作都必须考虑现场需要、会议或活动的主题和性质、讲话者的特点、听众的接受能力以及关心关注的问题。

(2)语言的通俗性。讲话具有现场型,是面对面的交流。讲话稿的内容最终诉诸听众的听觉而不是读者的视觉。为了便于讲话者表达,易于听众理解和接受,讲话稿的写作既要符合书面语法规范,又要使用通俗易懂、生动形象的语言,做到准确、简洁、通俗、生动。

(3)起草的集智性。为了提高行政效率,领导讲话稿经常由秘书代笔,然后经领导审核是否采用。重要的领导讲话,还会专设起草机构,形成专门的起草队伍,开展集体撰稿。起草的过程,往往是领导和起草人员紧密沟通、分工协作、反复讨论修改的过程。

(4)适度的情感性。领导讲话稿的写作,往往需要运用各种表达方式来调动听众的情绪,以引起主客体双方的共鸣,从而增强其鼓动性、号召力和感染力。

(四)结构与写法

讲话稿一般由标题、日期及署名、称谓、正文四部分组成。

1.标题

领导讲话稿的标题一般有两种形式。

(1)单标题形式。包括公文式标题和观点式标题。公文式标题通常由讲话人姓名、职务、会议名称或集会名称、文种等要素组成,如《习近平在庆祝澳门回归祖国二十周年大会暨澳门特别行政区第五届政府就职典礼上的讲话》《×××同志在公安院校政治工作座谈会上的讲话》等。公文式标题可以通过省略讲话人姓名、职务等要素予以简化，如《在全市公安工作会议上的讲话》。观点式标题通常用概括的语言揭示领导讲话稿的主旨，如《学习党史、国史是坚持和发展中国特色社会主义的必修课》。

（2）双标题形式。通常由主、副标题组合而成，主标题反映讲话的主要内容或中心思想；副标题由讲话人姓名、职务、会议名称或活动名称、文种等要素组成，有时也会省略讲话人姓名、职务等要素。如《为实现民族伟大复兴　推进祖国和平统一而共同奋斗——在〈告台湾同胞书〉发表40周年纪念会上的讲话》《深入学习贯彻习近平总书记重要讲话精神　忠实履行党和人民赋予的新时代职责使命——×××局长在市局机关领导干部学习贯彻全国公安工作会议精神政治轮训班开班式上的讲话》。

2. 日期及署名

日期，即发表讲话当天的日期。一般加圆括号置于标题下方中央。重大的国际性会议或集会活动，往往还会体现地点。如果讲话人的名字不出现在标题中，则可以将名字加上职务置于日期下一行，居中排布。如：

齐心开创共建"一带一路"美好未来

——在第二届"一带一路"国际合作高峰论坛开幕式上的主旨演讲

（2019年4月26日，北京）

中华人民共和国主席　习近平

3. 称谓

称谓另起一行顶格书写，应根据人员的情况和会议、集会的性质来确定。如"同志们""各位代表""各位领导、同志们""各位专家学者""女士们、先生们""各位来宾、各位朋友"等，顺序排列根据具体情况来定。为表示尊重，有时还需在称谓前加上"尊敬的""尊贵的"等称呼。称谓的种类可以有很多，只要符合一般社会礼节和习惯，符合讲话稿发表场合即可。

4. 正文

领导讲话稿的正文一般由开头、主体、结尾三部分构成。

（1）开头。领导讲话稿的开头部分又称"引言"，俗称"开场白"。有的讲话稿的开头部分较长，分为几段；有的则只是寥寥数语。但无论长短，开头部分都极为重要。这部分的总体写作要求是要能充分调动听众的注意力，并顺畅引出主体内容。

讲话稿开头的写作方法多种多样，类型众多。有的开门见山，直接揭示讲话中心或重点，意图使听众的注意力马上集中到主题上来；有的先交代背景、缘由，以使听众快速了解讲话目的；有的强调时间、空间，概略描述场面，引入正题；有的表示欢迎、祝贺或慰问，营造讲话的合适气氛与环境；有的提出问题，引起听众思考。不论哪种开场白，目的都是使听众立即了解讲话主题、引入正文、引起思考等。如习近平总书记在2020年3月10日专门赴湖北省武汉市考察新冠肺炎疫情防控工作并听取中央指导组、湖北省委和省政府关于疫情防控工作汇报时发表的重要讲话的开头部分：

我这次专程来武汉，到第一线考察疫情防控形势和工作进展，了解你们有什么困难和需求，以便加大中央对湖北和武汉的支持政策措施，把湖北和武汉疫情防控工作做得更好更扎实。同时，我是来看望慰问湖北人民和武汉人民的！是来看望慰问抗疫一线的广大医务工作者、人民解放军指战员、公安干警、志愿者等各方面人员的！是来看望慰问广大党员、干部特别是基层干部的！

再如某市领导在2020年2月15日该市援助湖北省武汉市医疗队出征仪式上的讲话的开头部分：

室外风雪交加、寒气袭人；内心暖意融融、热血沸腾。今天我们五大家的主要领导及相关的领导同志为三十位勇士壮行，勇士们马上要到武汉，抗疫的主战场。这个战场是一个没有硝烟的战场；是血与火、生与死的战场；是牵涉到国运和中华民族伟大复兴的战场；是一次只能打赢不能打输的战场。

（2）主体。在开头已经点出讲话稿主题的情况下，正文的主体要承接这一中心观点，展开论述；在开头并未点明讲话稿主题的情况下，首先要在主体中提出主题，再根据这一主题列出几点，分别进行论述。

主体部分要针对主题加以展开，做到有重点、有层次、有条理、有中心语句。层次结构通常采用并列和递进两种方式。为了便于听众理解，各段落应上下连贯，段与段之间有适当的过渡和照应；展开议论时注意论据要充分、论证要严密、层次要清楚、文字要准确。

（3）结尾。领导讲话稿的结尾是对讲话主要内容的概括，总结全篇，照应开头，发出号召，或者征询对讲话内容的意见或建议，加深听众对讲话主要精神的印象。

除了自然收束结尾之外，领导讲话稿常用的结尾模式一般有三种：总结式、希望式和展望式。

（五）注意事项

撰写讲话稿，要符合党的政策和国家的法律、法规；要符合本地区、本系统、本单位的实际；要符合讲话者的身份和意图；要符合参会者的职业特点和接受能力；要符合不同会议、集会的特点。除此之外，一篇高质量的领导讲话稿，还应体现以下几个方面：

（1）有的放矢。讲话对象是谁、有什么问题和要求、要达到什么目的，对这些都要事先搞清楚，要针对不同主题、不同对象、不同要求、不同场合确定讲话的具体内容。

（2）观点鲜明。讲话中，坚持什么、反对什么，赞扬什么、批评什么等，都必须旗帜鲜明。

（3）通俗生动。讲话稿是供口头表达使用的，所以写作讲话稿时，要尽可能做到通俗易懂、打动人心、触动灵魂。

（4）个性突出。个人的思路、想法、经历、性格千差万别。领导自己的风格、自己的经历、自己对工作和事务的认识，应当适当在文稿中予以体现。

（5）细节丰富。领导讲话稿不能都是一些原则性、规律性的东西，而要着眼本地区、本系统、本单位、本次会议或活动的实际，把宏观的东西加以细化，把普遍性的要求个性化，注重细节描写，做到有血有肉。

××同志在公安厅机关年轻干部座谈会上的讲话

同志们：

今天是"五四"青年节，在这个特殊的日子里，我们在这里召开一个年轻干部座谈会，集中了解80后、90后的同志工作、学习和生活情况，集中听取大家的意见建议，以此纪念青年人的节日，向所有年轻同志表达亲切的问候。

我到厅里工作后了解到，机关的年轻干部比较多，特别是近几年，通过公务员招考、公开遴选和军转安置的途径为机关输送了一批新鲜血液，形成一道靓丽的年轻干部风景线。目前，厅机关38周岁以下的干部共有57名，占在编干部总数的29%，其中80后干部45名，占在编干部总数的23%；90后干部12名，占在编干部总数的6%。可以这样说，在座各位年轻同志，业已成为机关干部队伍的重要组成部分和机关工作中不可忽缺的重要力量。

刚才，五位年轻干部结合个人经历，立足本职岗位，从不同角度谈了很好的工作体会、人生感悟，同时对机关工作提出了很好的意见建议，我听后很受触动、很受启发。从一个侧面反映出我们的年轻干部是一支有追求、有思想、有担当、有素质、有形象的队伍。

习近平总书记在党的十九大报告中指出，青年兴则国家兴，青年强则国家强。青年一代有理想、有本领、有担当，国家就有前途，民族就有希望。中国梦是历史的、现实的，也是未来的；是我们这一代的，更是青年一代的。广大青年干部肩负着推动公安事业继往开来的工作任务，既拥有广阔的发展空间，也承载着伟大时代使命。组织对你们的成长成才一直非常关心并且寄予厚望。面对新的形势和任务，大家要和机关其他同志一道，倍加珍惜难得的时代际遇，最大限度发挥聪明才智，不断学习、认真工作、多创佳绩，努力成为党、国家和人民群众需要的人才。这里，我代表厅党委，与大家作一交流，提三点希望。

一、政治过硬、品德高尚，始终保持昂扬向上的朝气

旗帜鲜明讲政治是第一位的要求。我们年轻同志要进一步认清并把好自己身份和岗位平台的政治要求、品德要求，把牢政治方向、坚定政治立场、走好人生之路。

一是要有坚定的理想志向。习近平总书记强调，青年人要励志，立鸿鹄志。他还引用明代著名思想家王守仁的话说："志不立，天下无可成之事"，指出立志对一个人的一生具有多么重要的意义。人是靠理想、志向站立的。我们共产党人更是如此。习近平总书记还曾对青年学子指出："立志是一切开始的前提，青年要立志做大事，不要立志做大官。"总书记这些重要论述，蕴含着十分深刻的思想内涵。人生在世，特别是年轻同志，"士不可

以不弘毅",就是要永葆蓬勃向上的朝气、士气,想事干事成事。作为机关干部、公安干警,胸襟要更加宽阔,格局要更加宏大,把目光放远,把抱负放大,而不能近视短视,浑浑噩噩、虚度年华、浪费青春。要像习近平总书记要求那样,把自己的理想同祖国的前途、把自己的人生同民族的命运紧密联系在一起,扎根人民、奉献国家。

二是要不断砥砺奋斗的初心。从刚才的发言中看出,大家当年正是怀揣理想走进大学校园的,又正是怀抱志向成为人民警察队伍的一员,现在不约而同地站到了厅机关这方舞台上,可谓芳华岁月正当年。大家走到今天,背后都有一个初心,这就是对真理的信仰、对信念的坚守。不少同志深情地谈到,在大学里就加入了党组织,个别的读高中时就入了党,毕业后矢志不渝,努力不止。我们要经常回望来路、触摸"初心",像习近平总书记要求的那样,用一生来践行跟党走的理想追求。要突出用习近平新时代中国特色社会主义思想武装头脑、净化灵魂,不断从中汲取前进的动力。习近平新时代中国特色社会主义思想是马克思主义中国化的最新成果,是新时代中国的马克思主义,是指导我们党和国家的行动指南,也是引导我们走好人生路的根本指针。要下功夫学懂弄通习近平新时代中国特色社会主义思想,通过学习,切实提高思想理论水平,不断筑牢信仰之基、补足精神之钙,牢固树立"四个意识"、坚定"四个自信",衷心拥戴、坚决维护、紧紧跟随习近平总书记这位党的核心、军队统帅、人民领袖,切实用与党中央和习近平总书记保持高度一致的实际行动彰显忠诚不二的初心。

三是要真正扣好人生扣子。习近平总书记指出,作为青年人,"人生的扣子从一开始就要扣好"。这个"扣扣子"的比喻形象生动、内涵丰富,既表达了总书记对青年人未来的殷切期盼,也指出了一个人在年轻时期走好路子的重要性。大家年轻,人生的路还很长,还要经受很多考验,要一如既往地把握好。要严守政治纪律和政治规矩,适应全面从严治党治警要求,始终知敬畏、存戒惧、守底线,习惯在受监督和约束的环境中工作生活。不能认为自己厅机关干部就可以降低标准、搞特殊。要严以律己为政清廉,坚持高标准、严要求。"千里之堤,毁于蚁穴",要把住把好小节关。现在监督的眼睛很多,要耐得住寂寞、抗得住清苦、抵得住诱惑、管得住自己,切莫让欲望牵着鼻子走,授人以柄。特别是要谨慎交友,交友之中有政治、有形象,大意不得。作为党的干部,还要保持健康文明的生活方式,远离庸俗和低级趣味,不要羡慕社会上的吃吃喝喝、觥筹交错,甚至违法违规违纪做生意、当中介,捞取好处。要保持健康向上心态。年轻干部或多或少地都会遇到"成长的烦恼"。比如,家庭困难带来的生活压力、工作受挫带来的思想压力,包括个人成长进步等方面的问题,都需要认真处理好、排解掉。其实,出现这个或那个问题都很正常,这是年轻人的必修课、必答题。要登高望远,以理性、平和、乐观的心态对待和处理这些问题。我们都是过来人,对此感同身受。希望大家积极克服困难、努力化解矛盾,组织也会积极地关心帮助。

二、勤奋务实、担当尽责,不断创造优良的工作业绩

党的创始人李大钊曾说:"凡事要脚踏实地去作,不驰于空想,不骛于虚声……以此态度求学,则真理可明;以此态度做事,则功业可就。"无数事实表明,事业有成者,既

是志存高远者，又是脚踏实地人。这个问题对于我们年轻干部来说，很有针对性、指导性，值得认真记取。

一是要做知行合一实干家。习近平总书记强调："青年干部不能只热衷于做'质变'的突破工作，而要注重做'量变'的积累工作。我赞赏'滴水穿石'的精神，赞赏默默奉献的精神，提倡干部埋头苦干，着眼于长期的、为人铺垫的工作。"总书记的这个重要论述，揭示了年轻干部的成长规律，这就是，老老实实做事、老老实实做人。任何人的成长进步都是一点一滴干出来的，即使成功人士，也离不开实干，没有人是靠玩虚招走远的。作为年轻干部，要"低调务实不张扬，撸起袖子加油干"，养成少说多做、以做为主的习惯，不行架空之事、不谈过高之理，更不能好大喜功，做表面文章，搞花拳绣腿。要甘于做配角、勇于挑大梁，切实在实干中履好职尽好责。

二是要以专心致志干事成事。年轻人思想活跃、求新求变，梦想多，这是非常可贵的素质，但如把握不好，就可能心浮气躁、分心走神。出色的工作都是聚精会神的结果。要保持内心的宁静。宁静才能做事成事，宁静才能致远。要树立正确的事业观、得失观，胸有主心骨，不东张西望、不横攀竖比、不这山望着那山高，始终守住人生的阵脚。要保持纯朴的本色。我们很多年轻同志，即使有过一段时间基层工作经历，但青年人的特质还在，书卷气的味道还比较浓郁。这种年轻人常有的特质、气质，以及阳光，也是非常可贵的。要永葆这种纯朴之气，朴朴实实、本本分分。要像当年读书上学一样，梦想践行在脚下，追求用行动来书写，始终爱岗敬业，心无旁骛地工作学习，以应有的思想定力、工作定力，展示新一代年轻干部的风采。

三是靠担当尽责多创佳绩。"敢于担当"是习近平总书记提出的新时代好干部的标准之一。我们虽然年轻，职务也不是很高，但作为厅机关的一员，一样要有想事干事成事的担当。面对工作要有主人翁的姿态，带着归属感，心往一处想，劲往一处使，为厅机关各项工作的有序推进尽到自己的力量。要胸怀全局。有没有全局观、大局观是一个干部是否成熟的标志之一。虽然我们工作在不同岗位，但大家的工作是相互联系、相辅相成的，甚至可以说是相互影响的。如果胸无全局，眼里只是自己那"一亩三分地"，工作中就难免因为考虑不周而不顺畅，严重的还可能碰壁受挫。要有责任感。虽然我们不是决策者、拍板人，但责任是一样的。虽然办文办会等工作上面还有人把关，但不能心存依赖，要有把第一关、负第一责任的基本担当，时时事事处处充分发挥主观能动性，切实把每一件事谋好干妥，努力让领导放心。要勇于开拓创新。厅机关的很多工作虽然程序性强，但并不意味着没有创新空间。年轻干部头脑中条条框框少，接受新观念、新事物快，更应在制度理论和实践上多动脑子、多创新，大胆突破惯性思维，积极探索，充分发挥主观能动性，从规律层面推动本职工作，在工作形式和内容上求新求变求为，为工作增添生机与活力。

三、坚持学习、勇于磨练，持续提升干事创业本领

重视学习、重视实践是我们党永葆青春的法宝。习近平总书记曾同青年座谈时谈到自己的学习经历时说："我到农村插队后，给自己定了一个座右铭，先从修身开始。一物不知，深以为耻，便求知若渴。上山放羊，我揣着书，把羊圈在山坡上，就开始看书。锄地到田头，开始休息一会儿，我就拿出新华字典记一个字的多种含义，一点一滴积累。我并不觉得农村7年时光被荒废了，很多知识的基础是那时候打下来的。现在条件这么好，大家更要把学习、把自身的本领搞好。"我们都要以习近平总书记当年的学习精神激励自己，把学习作为一项政治责任、一种生活方式，学而不止、磨练不断，身体力行，永不自满。

一是要有"本领恐慌"意识。习近平总书记强调，我们党既要政治过硬，又要本领高强。大家虽然都出自高校，还有不少名校，但知识容易折旧，面对日新月异的新时代，面对越来越高的工作目标和要求，必须迎头赶上，不断更新和扩容知识内存。很多同志还反映，现在干好机关工作不容易，涉及面越来越宽，需要了解和把握的各种政策、法规和知识很多，不下一番苦功夫是当不好机关干部的。大家到厅机关后站在同一条起跑线上，经过几年时间后有的出现了落差，一个重要原因就是学习上掉队了，不是同龄人甩下了你，而是自己落下了自己。今天的文盲，不是目不识丁的人，是不注意学习、不会学习的人。非学无以广才、非学无以担责。要时刻保持"本领恐慌"意识，既信心满满投入工作，又永不懈怠紧跟时代、立足本职加强学习。要以只争朝夕、时不我待的精神，在提高理论素养、法律修养、知识学养上下功夫，着力补齐短板，增长才干，努力成为本职工作的"行家里手"。

二是要切实提高办文办会办事的能力。机关工作主要表现为办文、办会、办事。大家在这"三办"上都很努力，有的还比较出色。但形势和任务要求我们，必须以更高的标准来从事机关日常业务。比如办文，这是机关工作中一项十分重要的工作，我们都要高度重视，把文字工作当成必备的素质来加强。文字工作虽然辛苦，但很有意义，见了文字工作，不要怕、不要推、不要躲，要敢于试笔，积极参与文稿的研究和起草。文字工作不仅是文字的组织问题，背后是一个人的思想理论水平、对相关业务和知识特别是实践的把握提炼能力，要加强学习结累，注重研究思考。平时，要多向书本学，向身边的笔杆子学，向实践学。处一级干部，还要尽到把关的职责，重要的文稿要自己动手，或者是带着处里的同志一块搞，少当"原则领导"，更不能当甩手掌柜。希望在座的年轻同志中能出更多的笔杆子，更多的高手、能手。

三是要勇于到实践中磨练。习近平总书记要求"注重在基层一线和困难艰苦的地方培养锻炼年轻干部""要形成一种风气，年轻干部争先恐后到艰苦岗位、到基层去，并以此为荣"。刚才发言的×××同志讲得很好，他是经过遴选进入厅机关的，在此之前，他长期在基层一线工作，还参与过汶川救援，这种磨炼和锻炼经历，十分可贵，展现出了年轻人的好思想好作风好素养。习近平总书记多次强调，"做人做事，最怕的就是只说不做，眼高手低。不论学习还是工作，都要面向实际、深入实际，实践出真知"。有的同志也许要说，我也想到基层去，但孩子小、家庭困难多。其实，谁没有困难，不同年龄段有不同的困难。年轻就是不断面临困难、不断克服困难。幸福都是奋斗出来的。新时代就是奋斗的时代。大家要保持年轻人的激情，磨练攻坚克难的勇气，少一些"爱惜羽毛"的心理，少一些儿女情长，既要在机关多实践、多磨练，更要勇于到基层、到一线多吃苦、多淬火，以此不断增强党性、改进作风、提升境界、增长才干。

同志们，新时代要有新气象，新时代要有新作为。大家正值风华正茂之时，相信你们一定珍爱美好年华，坚定理想信念，志存高远，脚踏实地，勇做时代的弄潮儿，不负重托，不辱使命，为新时代公安工作创造新作为，书写更加出彩的人生华章。

二、公务致辞

（一）概述

公务致辞，也作公务致词，指具有一定公务身份的人员在重大节日、重要活动、特定场所发表的一种讲话发言类礼仪文书。

公务致辞不是一种文书，而是一组文书的统称。公务致辞使用非常广泛，通常用于口头表达，在举行某种仪式或活动时向致辞对象表示勉励、感谢、祝贺、欢迎、欢送、期望、哀悼等；有时也会以书面形式发表，如在新生手册上的迎新致辞、在报刊上发表的贺辞等。无论口头致辞还是书面致辞，其主要目的都是传递信息、交流感情、增进友谊、营造氛围。

由于公务致辞人员通常为各级领导，公务致辞有时也被称为领导致辞，被归入广义的领导讲话稿类别。但与会议、集会活动中使用的讲话稿不同，公务致辞具有篇幅短小、内容互动、语言简洁、强调文采的鲜明特点，兼具公共性、互动性、自主性，文短而精，既讲求"文以载道"，表现思想，体现政策和措施办法；又讲求"成文之法"，遵循规律，合乎规范和格式"体例"，直接体现领导的政策水平和个人魅力。

（二）分类

常见公务致辞一般分为三类。

（1）节日致辞。如新年贺（献）词、春节致辞等。

（2）活动致辞。如重大典礼、重点工程开工奠基、喜庆宴会、迎送等活动的致辞。

（3）会议致辞。如会议贺词、会议欢迎致辞等。

（三）特点

除了具有发言讲话类文体的一般特点之外，公务致辞还具有三个鲜明特点。

（1）文短而礼足。各种致辞场合通常都是发言者众，个人发言时间较为短暂，因此，致辞极少长篇大论，而以短小精悍为上。但致辞十分强调以礼示人，体现社交礼仪的特点，在写作上多用敬语，内容上也多有礼节性、祝愿性表述。

（2）情真而语简。表达真情真意是致辞写作的第一要义。好的致辞，要带着感情、知晓实情、表达真情，并采用情感化、通俗化、形象化的语言，或严肃，或喜悦，或亲切，声情并茂，以情感人。绝大部分致辞力求简短，文字洗练，删繁就简，做到要言不烦、意尽言止。

（3）辞工而意切。致辞多用于典礼、仪式和集会等重大场合，措词严谨是基本要求。致辞追求立意清、表意准，内容表述要求切合实情、切合场景、切合身份。

（四）结构与写法

致辞一般由标题、日期及署名、称谓和正文四部分组成。

1. 标题

标题通常为单标题形式，一般由致辞人、活动名称和文种构成，如《李克强在第十三届夏季达沃斯论坛开幕式上的致辞》。标题可省去致辞人姓名，简化处理，如《在亚洲基础设施投资银行开业仪式上的致辞》。部分公务致辞采用双标题形式，如《勠力同心，结伴前行，共创中非关系更加美好的明天——王毅国务委员兼外长在庆祝"非洲日"招待会上的致辞》。

2. 日期及署名

致辞的日期在标题正下方居中排布，并用圆括号括入。重大的国际性会议或集会活动，往往还会体现地点。致辞人的名字如果没有出现在标题中，则可以将名字加上职务置于日期下一行，居中排布。如：

在亚洲基础设施投资银行开业仪式上的致辞

（2016年1月16日上午，钓鱼台国宾馆）
中华人民共和国主席　习近平

3. 称谓

称谓应根据活动组织方案来确定。出于礼仪需要，称谓应使用全名。姓名前可加"尊敬的""尊贵的"等，姓名后可加公务职衔。不能具体到某位领导来宾的情况下，则以"各位领导、各位来宾"等统一表述。遇到参加活动领导、嘉宾较多的情况，则要根据职位分类，以逗号或分号隔开，并分行罗列。

4. 正文

致辞正文一般由开头、主体、结尾三部分构成。

（1）开头。致辞开头部分一般以遵循礼仪、表达情意为主。根据实际需要，或表示欢迎欢送之情，或表示慰问祝贺之意。写作上多强调传情达意，语言追求精确、友好、礼貌，以便致辞人说起来朗朗上口，客人听起来宾至如归。

（2）主体。主体部分即致辞的主要内容，要紧扣主题，根据实际而定。或介绍活动背景，点明活动目的意义；或回顾过往，畅叙友谊；或交换认识、展示立场；或强调政策要求，提出殷切期望等。主体部分既要清晰表明立场态度，又要热情真挚，措词力求自然、生动、得体，以营造良好氛围。

（3）结尾。致辞结尾一般用简洁的句子表示真挚情感，传递美好祝愿等，并以致谢结语结束全文。

（五）注意事项

（1）主题要鲜明，具有针对性。无论是活动还是会议，都有一定主题。高水平的公务致辞必须紧扣主题、态度明确，具有针对性。很多致辞兼具宣讲政策、分析形势、提出意

见或建议等功能，支持什么反对什么要清晰表达，以达到教育、影响干部群众的目的。在一些特殊的场合，为了表示欢迎、答谢、祝福、慰问、哀悼等意图，公务致辞需要具有一定的情感基调，以引起听众的共鸣。此时，更需要有感而发，切忌装腔作势，无病呻吟。

（2）内容要新颖，具有创新性。高水平的致辞，绝不是简单的"传声筒"，而是包含着一定主体精神的再创造。致辞中是否有创新，体现了致辞人的认知水平，决定着听众的认可与接受。致辞内容上的创新有两种主要方式，一是讲一些听众并不熟知的道理和材料；二是对大家熟知的道理和材料，换一个角度来看，阐发出新意。

（3）考虑要周全，具有互动性。所谓"考虑周全"，不仅指致辞的内容要全面、准确、深刻，能够完整表达致辞人的思想意图，还需要充分考虑到听众的组成、群体性质和现场感受，并在致辞中适当予以体现，以便营造良好的现场互动效果。在起草致辞文稿时，要尽可能充分考虑以下几个因素：一是针对致辞对象表达特定情感；二是针对致辞目的组织相关内容；三是针对致辞场合选择语言风格；四是针对文化背景选择特定语料。

××市长在援鄂医疗队返回仪式上的致辞

同志们：

　　欢迎回家！

　　此时此刻，这句最朴实的话，最能表达全市560万人民的由衷敬意。市委、市政府把你们送到国家最需要、最艰难的防疫阵地，就必须把你们安全接回来。前天晚上，我们在这里迎接了第二批援鄂医疗队15名勇士回家。今天，我们终于把最早逆行的24名勇士也盼回来了，一个不少、平平安安。我谨代表市委、市政府，对你们以及你们的家属，表达最崇高的敬意和最诚挚的问候！

　　勇士逆行时，朔风凛冽寒未尽；英雄归来日，春华正浓花满枝。全城怒放的木棉花，恰似你们的非凡勇气，也是我们的喜悦心情。你们是人民的勇士、国家的英雄。这座城市，正为你们的归来而沸腾。

　　你们是为国为民的英雄。在祖国和人民最需要的时候，你们主动请缨，义无反顾奔赴湖北抗疫第一线。特别是我们的党员同志身先士卒、冲锋在前，用自己的实际行动为党旗增光添彩。这种心怀家国的情怀，让我们心生敬仰。

　　你们是无私无畏的英雄。作为我市首批援鄂医疗队，你们面对的是充满未知的前方，面对的是最危重的患者，面对的是最大被感染的风险。在没有硝烟但有生与死的战场上，你们没有退缩，舍身忘我，用血肉之躯筑起了护佑生命的"钢铁长城"。这种舍我其谁的气概，让我们由衷钦佩。

　　你们是救死扶伤的英雄。面对危重症患者，你们同舟共济、科学防治，以精湛的医术、科学的护理，与时间赛跑，与病魔决战，成功挽救了120多名患者，取得了"高出院率、低死亡率"的好成绩。这种大爱无疆的精神,让我们争相传颂。

沧海横流,方显英雄本色!但是,没有从天而降的英雄,只有挺身而出的凡人!在这个英雄荣誉的背后,你们付出了太多,也承担了太多。你们剪短的秀发、脸上的勒痕、湿透的衣衫、疲惫的身影,就是最真实的写照。你们在前线,把对家人、亲人的思念藏在了心底,化作了对湖北人民的大爱,让"大家"安全。你们的家属在后方,也饱受思念之苦,默默照顾老少,让"小家"安宁,他们同样是我们的英雄。

惜取春光,莫负今朝。人的一生,经历的大事难事多了,人生也会更加丰满。大家亲历了这次举世瞩目的抗疫战,在斗争中经受了磨炼、增长了本领,相信在今后的岁月里,你们成长的道路也会越走越宽广。现在回家了,请大家充分利用好十来天的集中休整时间,好好休息、养精蓄锐,再以饱满的精神状态回到工作岗位上,为夺取疫情防控和经济社会发展"双胜利"作出新的更大贡献。

再次向大家的平安凯旋表示祝贺!你们的英雄壮举,湖北人民不会忘记,全市人民更不会忘记。

真诚祝福大家身体健康、家庭幸福、工作顺利、事业有成!

谢谢大家!

三、工作汇报发言稿

(一)概述

工作汇报发言稿,具体地说是下级部门就某个时期的工作情况,或对某个工作问题的处理情况,进行系统、科学地归纳和客观地分析后,形成的反映工作情况或事件真实面貌的一种书面材料。工作汇报发言稿通常用在一些较正规的场合,是口头汇报的规范化、文字化形式。

汇报是下级向上级或个人向组织报告工作、反映问题、提出意见建议的一项经常性工作。在实际工作中,下级公务人员经常要通过一些场合,以发言形式向上级领导或上级部门汇报工作。特别是比较重要的汇报,如在上级召开的会议上做汇报发言,具有一定的自我展示和相互比试的味道,就更要精心准备汇报发言材料。因此,工作汇报发言稿是日常工作中使用频率较高的一种应用文体。写好工作汇报发言稿是工作人员必须具备的一项基本功。

(二)分类

工作汇报发言稿的种类比较多,可以从四个方面来进行分类。从主体上分,有单位汇报、个人汇报;从时间上分,有某个时期的工作汇报、某个阶段的工作汇报;从性质上分,有成绩汇报、有问题汇报;从形式上分,有综合性汇报、专题性汇报。

日常使用比较多的工作汇报发言稿主要有以下三种:

(1)综合性汇报发言稿。多用于全面系统地反映一个单位在落实中央、国家和地方政策法规,贯彻落实上级指示,重大会议精神以及班子建设、单位全面建设的情况。汇报的内容既有做法、成绩、收获,又有缺点、问题;既有经验体会,又有下步打算;既有改进

措施，又有意见建议。

（2）专题性汇报发言稿。指就某一项或某一方面的具体问题或工作开展情况所进行的专门汇报。专题性汇报主要偏重于基本做法、存在问题、意见建议。

（3）个人汇报发言稿。多用于个人进行总结、向组织汇报工作生活，以及受单位、组织委派参加学习、重大会议，或独立执行重大任务等情况之后的交流发言。

（三）特点

（1）表达的直接性。汇报发言稿是用于进行口头汇报的书面文字形式。在文字的表达上，要注重语言特点，讲究沟通艺术，充分体现与人交流的语气，文字朴实，注重以情感人、以事实感人。

（2）行文的单向性。汇报发言稿是下级向上级单向报告工作、提供情况。汇报中涉及的内容，上级一般不会当面答复。汇报中确有需要上级解决的问题，有关内容也只能作为提供给上级商讨、研究时的一种参考。

（3）内容的融合性。汇报发言稿是"纸上谈事"，提供给上级的只是一个理性的认识。汇报往往包含单位全面或某一方面的整体工作情况，是检查、考核、验收、观摩的前奏曲。"先听汇报，再下去看看""先交流经验，再现场观摩"等几乎成为比较通用的工作方法。

（四）结构与写法

汇报发言稿的结构一般包括标题、称谓、正文三部分。

1. 标题

（1）简洁式标题。由汇报单位、时间、具体内容加文种构成，如《××市2019年处级以上干部队伍建设情况汇报材料》。有时也可以省略汇报单位、时间等要素，如《"实战大练兵"活动成果汇报》。也可以用其他表述替换文种，如《××公安局开展"不忘初心、牢记使命"主题教育活动的主要做法》。

简洁式标题特点是比较规范、庄重、准确，一目了然。缺点是比较呆板，无法给人耳目一新的感觉。

（2）新闻式标题。新闻式标题有两种形式，即单标题形式和双标题形式。

单标题形式通常是与工作汇报内容密切相关的概括提炼话语，如××警察学院在全国公安院校政治建设工作座谈会上的汇报发言材料标题——《做实做细"四个始终坚持" 培育锻造忠诚可靠队伍》。这类标题一般都是结合汇报内容，把工作的亮点、观点表露出来，有鲜明的倾向性，比较醒目、有特色、针对性强。

双标题形式往往是通过主标题概括提炼汇报发言内容，通过副标题补充标明汇报单位、时间、具体内容和文种等，如《坚持守正创新 完善工作机制 积极构建具有公安院校特色的思政课教学体系——××警察学院政治建设工作汇报材料》。双标题形式集中了简洁式标题和新闻式单标题的优点，但有时也可能导致标题冗长、繁复。

2. 称谓

汇报发言稿的称谓既可以用泛指性称谓，如"各位领导、各位同事"等，也可以根据听取汇报发言的具体人员使用特定的身份称谓。

3. 正文

汇报发言稿的正文与工作总结有相同之处，用于反映工作情况，其正文包括开头、主体和结尾。

（1）开头。开头部分主要用于概述事实、揭示主题、奠定基调，从而引出下文。通常有两种写法：一种是概述法，即开门见山概括性交代工作背景、主要做法、总体评价等基本情况；另一种是表态法，开头陈述上级领导或机关的任务，表明本单位的态度，肯定上级领导或机关对工作的重视，营造良好的汇报发言氛围。很多汇报发言稿的开头部分会综合运用上述两种方法。如××警察学院一篇题为《突出忠诚教育　铸造忠诚警魂》的汇报发言稿的开头部分：

> 我院始终坚持政治建校、政治建警方针，把思想政治建设摆在第一位，将德法双修、文武兼备作为人才培养目标，以忠诚教育为主线，努力提升思想政治工作的针对性、实效性，取得了良好成效。近年来，学院党委以习近平新时代中国特色社会主义思想和党的十九大精神为指导，严格落实"对党忠诚、服务人民、执法公正、纪律严明"总要求，认真学习贯彻全国公安工作会议、全国教育大会精神，教育引导师生增强"四个意识"，坚定"四个自信"，坚决做到"两个维护"，确保党对学院的绝对领导，确保党的教育方针贯彻落实到学院各项教育教学工作中去。我们的主要做法是：

（2）主体。主体是工作汇报发言稿的核心部分，是材料撰写的"重头戏"。通常包括以下四个部分：

一是"基本情况"部分。主要是扼要介绍工作的总体形势和当前的情况，对工作开展情况做一个综合的评价。这部分是对汇报内容的一个高度概括，意在给上级一个总体印象。若开头部分已经概述过工作基本情况，主体内容可省略该部分。

二是"成绩和经验"部分。这部分是文稿的核心，也是上级最希望了解的内容。应重点陈述怎么做的、取得了什么样的成绩。偏重于经验交流的工作汇报发言稿还要注重从理性上归纳、概括出带指导性的经验体会。

三是"问题和不足"部分。主要是指明工作中的缺点和不足。对问题和不足要实事求是，适当说明情况、分析原因。如果是偏重于剖析问题的工作汇报发言稿，就要详加分析，说明原因，找出教训。

四是"打算和建议"部分。对已经完成的工作，可以原则性地提出今后努力的方向。对还在进行的工作，应重点提出下步的具体打算和措施。需要上级支持解决问题时，还可以提出一些具体的意见建议。

（3）结尾。通常为自然结尾，文随事止。有些文稿会在主体部分省略"打算和建议"部分，使用简洁表态、简要打算、简单请求等内容灵活组合而成一个简练的结尾。如××警察学院在一篇题为《毫不动摇坚持党对公安院校的全面领导绝对领导　全力构建新时代公安院校治理体系》的汇报发言稿的结尾部分：

公安院校肩负着为党的公安事业培养合格建设者和可靠接班人的重要任务,必须在政治建校问题上把准方向、站稳立场、坚定信仰。持续加强和改进公安院校党的建设,始终确保党对公安院校的全面领导、绝对领导,是党中央、公安部党委对公安院校的首要要求。我院将进一步深入落实新时代党的建设总要求,切实履行管党治党、办学治校的重大职责使命,全力构建新时代公安院校治理体系,用政治担当践行公安院校师生对党绝对忠诚,为"平安中国""法治中国"建设提供更坚实的人才保障和智力支撑,不负党和人民的信任与重托。恳请各位领导一如既往地关心支持我院,指导我们更新理念、创新方法,尽快取得更多成效,为公安教育事业的发展作出更大贡献!

(五)注意事项

(1)定位要"准"。上级领导听取下级的工作汇报,总有一定的目的性,对于汇报内容、汇报时间、汇报形式、汇报范围等都有明确要求。因此,汇报发言实际上是一种面对特殊对象所进行的特殊活动,材料写作时要站在上级领导的角度和高度去思考问题,既要吃透政策上情,又要深刻领悟上级意图,把握上级的关注点。

(2)内容要"实"。必须坚持用事实说话,以事实服人。要正确领会上级精神和领导的意图,在了解和掌握大量翔实的材料基础上,进行合理的汇总归类,认真分析,得出科学的结论,绝对不能"闭门造车",搞假材料、假经验。

(3)分析要"深"。工作汇报发言的目的在于透过事物的现象,揭示事物的本质及发展规律,以反映工作、寻求肯定和支持。写作时,不能简单堆积素材、罗列现象,要善于通过提炼展示"精品",把最有新意、最能体现特色的东西抓住,写实写精,做到理论与实践、观点与材料的统一,实现从感性认识向理性认识的飞跃。

(4)文字要"精"。工作汇报发言是通过汇报者的声音,作用于听取汇报人的听觉来实现的应用文书,不是文学作品。要简明扼要,语言精炼,避免冗长、烦琐等弊病;尽量多用短句,少用长句,多用群众语言,精心锤炼小标题或小标题下的段首句,使材料有力、上口、节奏感强、容易记忆,通俗易懂,做到既便于听,又便于说。

点燃激情与自信热土上的追梦人
——在全省挂职干部座谈会上的汇报发言
(20××年××月××日)
×××

尊敬的××部长、各位领导、各位同事:

大家好!

我是××。去年年底,我们滇桂黔石漠化片区扶贫工作组×名同志带着××部、国家××局党组的重托，踏上了贵州这片神秘而又向往的土地。一年来，我们有许多的所思、所想、所感、所悟。在此，我很高兴能有机会代表挂职的各位同事，向各位领导汇报一年来的体会，不当之处，敬请批评指正。

一、激发内生动力，让我们在贵州后发赶超中点燃激情

来到贵州后，我们很快被贵州人民后发赶超的强烈愿望所感动，为各级干部心系百姓、一心为民的情怀所感染，为"背篼干部"的坚持所感召，为"五加二""白加黑"超强度的敬业奉献精神所震撼，并很快地融入了贵州这片点燃激情和自信的热土。我们在实践中学习，在锻炼中提高，扎实调研，熟悉情况，深入群众，接近地气。我们相约"不做匆匆的过路者、不当插花的镀金者，踏踏实实做一个好学的志愿者、执着的追梦者！"决心在有限的时间里，最大限度地为贵州的经济社会发展履职尽责，积极行动。

到岗以后，各级党委、政府在政治上充分信任、工作上充分放手、生活上充分关心，让我们拥有了学习锻炼的平台和施展才华的舞台。州委、州政府安排我分管的工作面宽量大，我深感地方工作要求高、责任重、困难多。这对我一个长期在高校工作、没有地方工作经验的书生来说，无疑是巨大的挑战。但我们珍惜这个机会，感激这份信任，视挑战为学习知识、增长才干、服务地方、实现价值的机会。虚心向周围的领导和干部学习、向群众学习，从工作不断学习提高，快速融入，认真履职，在分管工作上尽所能。我分管的招商工作，在××州四家班子和各级干部的共同努力下，充分发挥省级活动平台的带动作用，不断创新方式，积极开展"走出去、请进来"活动。今年组织在北京、重庆、长三角、珠三角等地举办投资环境推介招商活动×次，累计签约项目×个，签约资金×亿元。目前，全州招商引资在建项目×个，项目总投资×亿元，到位资金×亿元，占州下达任务×亿元的100.2%，超时序进度16.8个百分点，同比增长69.9%。其中列入省级考核项目的到位资金×亿元，达省下达任务的150%。

二、"娘家"全力支持，让我们在贵州的跨越发展中争做贡献

我们×名同志分别来自××部和国家××局机关、科研院所等不同单位，我们的"娘家"××部和国家××局高度重视、大力支持贵州的建设和发展。我们工作组在×××组长的统筹协调下，认真贯彻国发2号文件和中央部委关于支持贵州加快发展的文件精神，落实"三位一体"的石漠化综合治理扶贫攻坚规划。大家齐心协力，深入调研，找准切入点、寻求结合点，积极争取政策项目资金的支持，在行业扶贫上尽所能。前三季度，全省共完成水利投资×亿元（其中中央投资×亿元）；2013年预计落实林业资金×亿元以上，完成营造林×万亩。××同志是我们组唯一的女同志，她主动加强沟通汇报，组织申报四个国家级湿地公园，并将××州退耕还林工作列入全国总体规划。我也高度关注石漠化地区森林生态系统的脆弱性和不可逆性，努力为守绿服务，在国家××局的支持下，××州森林重点火险区综合治理两个项目获得立项，总投资××万元。

我们每位挂职战友的原单位都站在全局的高度，充分发挥自身优势，大力支持我们在贵州的工作，尽心竭力为地方发展提供强有力的智力支持和人才保障。我积极牵线架桥，促成州校签署了合作协议。目前已全部完成2013年的十项合作事宜，免费安排××州

××名公安业务骨干、××名公安英模代表、××名"背篼干部"、××名森林防火指挥员赴华东培训调研；组织××名教师和××名特警教官分批到××州送教上门，培训学员××人；并全力助推公安信息化建设。

我们扶贫组很多同志发挥个人技术专长为地方的发展精心策划、出思路、想办法、抓落实、求实效。有的同志还积极开展爱心捐赠活动。我也主动向原单位汇报，在原单位支持下，向××、××两所中小学捐赠教学计算机××台，邀来亲朋好友捐助××县11名贫困高中生（每名每年3000元，直到大学毕业）。其实，我们很多战友比我做得更多、更好，因时间关系和对大家感人事迹的了解不够，很抱歉没能把更多的精彩传递给大家。

三、珍惜锻炼机会，让我们在贵州的同步小康中放飞梦想

这一年中，我们曾有过艰辛、有过困惑，也有对远方妻儿的牵挂、家中老人的深深愧疚。是各级领导和干部群众的关心，让我们在当地有家的温暖；是扶贫工作组集体的友谊，让我们灿烂地度过每一天。我们工作组在×××组长的领导下，通过网络交流、定期集中交流和丰富多彩的活动，互相学习、互相鼓励、互相安慰，用集体的力量战胜困难。一年来，我们的工作取得了一定的成绩，但组织和干部群众给了我们更多的鼓励，充分肯定我们的工作成绩。当地群众也赞誉我们是对贵州充满深情、对同志充满热情、对工作充满激情的挂职干部。

各位领导，进了贵州门、就是贵州人，贵州是我们施展才华、放飞梦想的热土。时代赋予了我们使命，组织给了我们机遇。在新的征程中，我和各位挂职战友将倍加珍惜终生难忘的人生经历、倍加珍惜各级组织的关心信任、倍加珍惜贵州人民的深情厚谊。我们将牢记宗旨，更加严格要求自己，进一步改进作风，身在贵州、心在贵州，以事业为重、以基层为家，展现贵州挂职干部的良好形象。我们将在有限的时间里，最大限度地发挥自身潜能，恪尽职守，埋头苦干，开拓进取，扎实工作，用实际行动诠释"不怕困难、艰苦奋斗、攻坚克难、永不退缩"的贵州精神，用我们的工作实绩为贵州的后发赶超、跨越发展、同步小康添砖加瓦。当我们离开的时候，我们一定能自豪地对自己说，我们无愧于组织的重托、无愧于贵州人民的厚爱。

愿贵州的明天更加美好！

谢谢大家！

××公安分局新型冠状肺炎防控工作汇报发言材料

各位领导：

按照习近平总书记"要把人民群众生命安全和身体健康放在第一位"的要求，在××市局党委和区委区政府的领导下，特别是在区疫情处置工作领导小组的指导下，××公安分局多次召开专题会议和党委会议研究部署，制定了《应急处置预案》，成立了领导小组，明确了目标任务和工作责任，全警全力，扎实开展随访、警情处置、社会面管控等工作。截至目前，全区没有发现新型冠状病毒感染疑似病例，各项工作有效开展。下面，我就前一阶段我局新型冠状肺炎防控工作向各位领导作简要汇报，恳请各位领导给予指导。

一、控源头，随访跟踪重点人和车，做到底数清，管控实

各派出所依托情报信息，积极发动社会力量，强化随访跟踪，管住源头，防止疫情扩散。

一是落地核查上级推送信息。接受省厅、市局督办××条，核查线索××条，已全部督办派发派出所，配合镇街落实管控措施。分析研判铁路、航班信息××条，共排查××人，全部落地核查到人。

二是配合镇街拉网自排自查。各派出所充分发动网格员、警务助理等治安力量，逐村逐户，逐小区逐户登记，全面摸清常住人口和流动人口、自住和租赁人员底数，目前，全区疫情防控总人数为××人，含在宾馆住宿××人，全部通报街道管控到位。

三是研判管控重点车辆。通过情报系统进行研判，分局指挥中心第一时间调度各交警中队和交通卡口查控，目前，共排查出××辆辖区内车辆，全部及时汇报区疾控中心和镇街道落地核查。

二、防传入，交通防控重点区域，做到重落实，看实效

全面启动高等级防控勤务，落实"外防传入、内防扩散"原则，做好车辆人员管控。

一是强化车辆查控。在国道、省道和主要路口设立检查站，坚决管好高速公路出入口、关卡要道等通道。目前，全区××个交通入口全部落实机关单位24小时联合防控，共检查车辆××辆。

二是加强通道检查。加强对汽车站、火车站"两站"地区值勤巡逻，严密安检查控，强化各项安全检查，切实维护正常运营秩序。与铁路、公交等部门密切配合，强化防疫措施，保持严查严控态势，防范新型冠状病毒被携入携出。

三是加强人员管控工作。加强暂住、流动人口管理，充分发挥旅业信息系统作用，建立严格的登记、跟踪、上报制度，配合疾控、卫计等部门加强人员体温监测，一旦发现可疑情况，及时报告。目前，宾馆登记涉疫情人员××人，全部无异常。

三、建机制，启动战时应急机制，做到队伍稳、社会安

压实"疫情就是命令，防控就是责任"的使命担当，把疫情防控工作作为当前最重要的工作来抓，启动战时公安工作机制。

一是启动战时督导检查机制，确保责任到人、工作到位。分局机关有关单位成立××组疫情检查指导组，到基层所队、交通检查站点开展督查，由纪委牵头，成立专项督察组，对疫情相关工作开展督查问责，确保工作落实。采取集中人员、集中办公模式，在治安大队设立区指挥部随访组办公室，区直有关单位、各警种集中办公，及时汇总梳理信息，统一口径上报信息，及时研究落实工作。

二是启动战时应急机制，确保防护到位、处置妥善。树立疫情就是警情的理念，抽调特警大队××人成立应急队伍，抽调巡警、刑警、治安、禁毒等××人队伍成立专业处警队，配备专门防护装备和车辆，开展警情现场处置，协助卫生等部门落实强制隔离措

施,切实在隔离患者、封闭病源、防止疫情扩散等方面发挥职能作用,目前,分局在眼科医院隔离点,出动警力××人,配合卫计部门完成隔离任务。

三是启动战时社会面管控机制,确保社会稳定、治安良好。完善公安巡特警和机关民警巡逻机制和"135"快速响应机制,把警力摆到街面上,提高见警率、管事率,让群众心安;坚决整治哄抬物价、囤积居奇等扰乱市场秩序行为;严格限制举办大型活动,春节期间举办的各类活动,按照"不必须、不举办"原则,能取消的一律取消,能延期的全部延期;启动网络舆情工作机制,加大涉我区疫情巡查处置力度,共处置网上虚假信息××余条。目前,涉我区肺炎疫情网络舆情总体平稳,暂无突出负面炒作情况。

虽然我们工作取得了一定的效果,但还存在一些问题,如个别检查站对来往车辆检查效率低,堵车严重;防护服、口罩等防护设备不足,干警面临的疫情风险大等。这些问题和不足都在一定程度上影响了工作质效。下一步,我们将以对人民群众高度负责的态度,进一步强化风险意识、主动担当作为,不折不扣、全力以赴抓好各项防控工作落实,坚决打赢疫情防控阻击战,坚决维护社会大局平安稳定。

四、竞职演说词

(一)概述

竞职演说词也称竞职报告、竞聘演讲稿、竞聘汇报材料,是竞职人员为了实现其竞职目的,在特定的场合,面对特定的听众发表演说时使用的文稿,主要用以在竞职时阐述自身条件、任职设想等有关内容,其目的是使听众对竞职人员有较为充分的了解和认识,从而判断鉴别其能否胜任有关职位。

竞职演说是党政机关选拔干部的必要环节,该环节重点考核竞职人员对所竞聘职位的了解、对自我的认识以及逻辑思维和语言表达能力。因此,竞职演说词的撰写是竞聘上岗演讲一个非常重要的环节,值得每一名竞职人员重视。

(二)特点

(1)岗位的特定性。必须紧紧围绕所聘岗位的要求铺陈展开,突出人岗匹配度。

(2)表达的准确性。要把握好"度",恰如其分地表情达意、评价自己,避免夸大其词、夸夸其谈。所谈事实和所用材料、数字都要求真求实,准确无误。

(3)内容的比较性。内容上要根据岗位要求和竞争对手的情况进行调整,扬长避短,突出自己的长处和强项,力争获得最多评委和听众的呼应和认可。

(4)结构的稳定性。具有约定俗成的惯用思路和结构,通常包括自我介绍、竞聘意愿、对职位的认识、具备的条件、工作设想和打算、决心和请求等。

(5)篇幅的有限性。竞聘演说一般都有严格的时间限制,所以竞职演说词一般追求篇幅适中或短小精悍。

(三)结构与写法

竞职演说词的结构由标题、称谓、正文和落款构成。

1. 标题

就构成形式而言，竞职演说词有单标题法和双标题法。单标题法有两种形式：一是文种标题法，如《竞职演说词》《竞聘演讲稿》等；二是职位、文种结合法，如《竞聘校学生会主席职位演说词》或《校学生会主席职位竞职演说词》。

双标题法即设正副标题，正题通常说明竞聘口号、目的或理念等，副标题则采用职位、文种结合法，如《承载梦想 放飞希望——竞选校学生会主席职位演讲稿》。

2. 称谓

竞职演说词大多用泛指性称谓，如"各位领导、各位同事"等。

3. 正文

这部分由开头、主体和结尾三部分组成，是整个文稿的核心，要充分展示自己的竞聘实力，写作时要做到有思想、有主张、有见解，引用的相关材料要翔实，逻辑结构上条理要清晰。

（1）开头。开头是文稿的前言部分或"开场白"，并无固定写法。通常应客气而有礼貌地进行问候，开门见山地讲明要竞聘的岗位或职位，表达参加竞聘的诚意。语言要简洁、明快、新颖，既要单刀直入、开宗明旨，又要富有吸引力，能使大家集中注意力，产生较为积极正面的第一印象。

（2）主体。主体部分要重点写出三个方面的内容。

一是竞聘者的基本情况。即自然情况、以往工作经历、资历、政治素质、业务能力和工作态度等。该部分一定要有针对性，根据所竞聘岗位的需要来介绍说明，不要面面俱到。若开头部分进行了介绍，则主体部分应省略此部分。

二是陈述自己对所竞聘岗位的认识。阐明具备的条件和优势，包括竞聘者的政治思想品德、主要特长和工作业绩等，以彰显自己参与竞聘的理由、资格和比较优势。写法上应突出重点，列举典型的材料增加实证力和说服力，做到针对性强、层次分明，条理清晰。

三是表明竞聘成功后的工作目标和设想。对于绝大多数评委和听众来说，他们更为关心的是竞聘者竞聘成功后会做些什么。因此，这部分是获得竞聘成功的关键。要紧紧围绕评委、听众关心的热点、难点问题，用简明扼要的语言介绍自己的工作目标及构想方案。目标及构想方案一定要紧密联系实际，做到顶天立地、虚实结合，既展示自己的理想蓝图，又拿出切实可行的措施办法。

（3）结尾。好的结束语能加深评委和听众对竞聘者的良好印象。结尾内容通常或表明对竞聘成败的态度，或表达竞聘上岗的信心和决心，或恳请得到重视和支持，或传递感激、表示谢意。无论哪些内容、哪种写法，都应该简洁精炼、自然贴切、意尽言止、富有感染力。

4. 落款

落款即竞职演说的姓名和发表演说的具体日期，一般标识于演说标题之下，正文之上，也可标在文末。应当注意的是竞职演说是竞职者在台上演讲时所用，演讲时不必口头表述，只在文稿中标明。

（四）注意事项

（1）打好"精练"牌。受时间所限，竞职演说是在"螺蛳壳里做道场"，容不得口若悬河、长篇大论，因此，演说词必须控制字数，把握关键，做到短小精悍、惜墨如金，用最简洁的文字突出核心内容。

（2）打好"情感"牌。竞职演说旨在打动听众，使听众对竞选者的观点和态度产生认同和共鸣。感人心者，莫先乎情。情感是竞职演说词的生命所在。只有充满情感，才能广聚人气、赢得人心。

（3）打好"亮点"牌。要通过短暂的竞职演说使自己脱颖而出，自身的优点、亮点、特点理应成为竞职演说词的重中之重。但同时，也要给人谦虚真诚之感，切忌夸大其词，给人留下狂妄自大的印象。

（4）打好"创新"牌。竞职演说词虽有一定的写作模式，但若一味地按部就班、循规蹈矩，很容易给人千篇一律、千人一面的印象，达不到令人"眼前一亮"的效果。因此，要在写作上突出创意，积极发挥创造力，力争做到形式别致、观念新颖、语言鲜活，让人耳目一新，留下良好的观感印象。

例文1

竞聘学校学生处副处长职位演说词
（20××年××月××日）
×××

各位领导、各位评委：

上午好！

我是××，自2012年研究生毕业算起，我进入学校工作已经将近8个年头了，除在校团委工作过一年之外，其他时间一直在学生处从事学生管理工作。

坦白地说，今天能站在这里，需要勇气。这些天里，围绕着要不要参与竞聘这个问题，我始终纠结不已，忐忑不安。最终促使我勇敢参聘的原因，除了个人的兴趣、对学生工作的热情、同事家人的支持鼓励之外，还有一个主要原因，就是学生处副处长这个岗位，与我的专业背景、综合能力十分契合。我希望在这个岗位上实现更高的"人岗匹配度"，在"人适其岗、岗得其人"的过程中尽力为学校发展和学生成长作出自己的贡献，寻找和展现自己的人生芳华。

我觉得我参与竞聘的有利条件，主要体现在以下三个方面：

一是有较为匹配的专业背景。我的研究生所学专业是思想政治教育，进校以后还承担了一些思政课程。这有利于我从更为专业的视角来认识和承担学生工作。

二是有较为相关的经验阅历。读研期间，我担任过研究生会副主席，负责研究生会的活动组织、宣传工作、文化建设、校际交流；进校以后，在学生管理工作岗位上，我积累了丰富的学生管理工作经验，也接触了大量的学生，与学生有非常好的沟通交流，对学生的成长需求、价值认可、思想状况、困惑困难有一定的了解。这些阅历，与学生工作的要求比较吻合。

三是有较强的组织协调能力。无论是在团委还是在学生处，我都能立足岗位职责，与上级部门、业务合作单位、校内各部门建立良好的工作关系，通过整合校内外各种资源，为工作开展营造良好的外部环境。近几年，多次承担或参与学校重大活动，个人组织协调能力得到了有效锻炼和提升。

管理学上有一个说法叫"管理期望值"。参与竞聘，我知道最重要的是要准备好承担与未来角色相称的责任，而且要呈现给大家一个预期的未来。如果有幸竞聘成功，我会牢固树立"既是青年学生成长的亲历者，又是青年学生成长的施行者"的角色意识，做好领导的参谋和助手，围绕学校大局和"立德树人"根本目标，通过关注学生的关注，思考学生的思考，改善学生体验，使学生处的思想引领更加有为、管理服务更加到位，以点滴努力与学生一起成长，与学校一起成长。

各位领导，各位评委，这次参与竞聘，对我而言是一场自我挑战。无论挑战成功还是失败，我都会保持勤勉进取的积极态度，全方位充实自己，立足岗位做好本职工作。

最后，再次感谢各位领导、各位评委！谢谢！

××大学校长办公室副主任竞聘演讲稿

尊敬的各位领导、各位同事：

首先衷心感谢领导和同志们给我接受挑战、参与竞争的机会。作为党和学校培养多年的干部，在学校实现又好又快发展的大好形势下，理应以积极的态度、高度的责任感迎接新挑战，接受新考验，为学校的发展尽一份力。下面，我想从以下两个方面来做竞聘汇报：

第一方面，是对办公室副主任这个岗位的再认识。

我大学毕业工作近15年，其中有10多年从事办公室工作，先后担任行政秘书、文字秘书、主任助理，从2002年5月起担任了两届副主任，可以说是一名年轻的老兵。办公室是学校的重要窗口，更是联系左右、沟通上下、协调内外的桥梁和纽带，肩负着服务、协调、参谋的重任，这个岗位的重要性我时刻牢记在心。通过6年的实践，我深知，做一名合格的办公室副主任很不容易，要做到"敢于登高望远、善于协调服务、勤于督查落实、乐于无私奉献、贵于身先士卒"。与这些要求相比，本人还存在很大的差距。新的形势赋予办公室工作新的挑战。因此，办公室副主任这个岗位，不只是一个有吸引力的职位，更是一份沉甸甸的责任。我将从以下六个方面努力：

一是定准位。作为副职人员，要上为领导服务，下听群众意见。把握好工作分寸，参谋不决断，协助不揽权，不越权、不越位、不缺位。

二是善协调。"和羹之美，在于合异"，办公室协调的工作纷繁复杂，要善于统筹兼顾，把握大局，对学校发展定位、发展战略，对年度重点工作，对热点问题都要做到心中有数。既要当好党委决策的吹鼓手，又要当好服务部门的勤务员。

三是敢负责。做一个有心人，做一个负责任的人，负责任地建言献策。敢于说真话，办实事。不以事小而不为，不以事杂而乱为，不以事难而怕为。

四是求时效。要善于"详思约守，经分纶合"，有求真务实、雷厉风行的工作作风，做到马上就办不压事、分工合作不误事、多思多想不漏事、注意方法不坏事、创新工作干成事。

五是树形象。自己的一举一动都代表着部门和学校的形象。要加强自身修养，注重自我形象塑造。学会理解、尊重上级，善于"给予"下级。全心全意地、热情细致地待人接物，为人处事。

六是创环境。一个人就是浑身是铁也打不出几根钉，只有调动起办公室工作集体中每一个人的积极性，让大家在一个宽松和谐、心情舒畅的氛围下工作，才能有效率、出成果。

如果要用一个词描述办公室副主任这个岗位，我认为最贴切的是两个字：服务。要全心全意地为办公室的同志们服务，为师生服务，为领导服务。树立服务意识，尽职尽责尽心尽力，把个人融入集体，是我始终追求的为人为事之道，同时也是我对办公室副主任这个岗位的一点认识。

第二方面，我想谈谈本人对办公室今后三年工作的思考。

办公室的工作千头万绪，既要发扬优良传统，又要在学校又好又快发展的时期取得新成绩，必须开动脑筋，用创新意识指导工作，用创新举措推动工作。我认为，新时期的办公室工作应围绕学校中心工作，强化三项职能，搞好三个服务，突出三个重点，实现三个转变。

一是强化三项职能，就是要发挥好办公室的参谋助手作用、督促检查作用、综合协调作用。

二是搞好三个服务，就是要努力坚持以领导满意、基层满意、群众满意的"三满意"为目标，更好地为校领导服务、为部门和基层服务、为师生员工服务。

三是突出三个重点，就是强队伍、求规范、零失误。要在党委领导下不断加强办公室队伍建设，加强学习和培训，提高工作水平，做到事得其人，人尽其才。要对已有的各项制度进行认真的梳理，进一步完善工作规范，强化内部管理。使各项工作职责分明，有章可循，严禁公文"倒流"，事务"倒管"，做到"鞍前不越位、马后不掉队"。要牢固树立办公室工作无小事、细节决定成败的意识，处处留心，时时细心，事事精心。

四是实现三个转变，就是由注重办好具体事向为党委想大事、谋大局、当高参转变；由只注重于做好当前工作向着眼全局、搞好超前服务、主动服务、积极服务、创造性服务转变；由注意对内服务的相对封闭性向增强开放意识、重视联络公关、营造良好外部环境转变。

各位领导、各位同事，我们学校目前正面临全面实现"十三五"发展规划和建设国内一流大学的最关键时期，每个人都肩负着更大的责任。尽管办公室今后的工作会更忙、更苦、更累，但我会竭尽所能，在工作锻炼中总结经验，在不断学习中提高能力，在岗位上争创一流！恳请各位领导、各位同事一如既往地支持我、关心我、鼓励我、监督我，帮助我更好地成长，为学校的发展贡献自己的全部力量！

谢谢大家！

竞聘人：××
20××年××月××日

第五节　调研分析类文书

不做调查就没有发言权，不做正确的调查同样没有发言权。调查研究是人们获取信息、掌握情况、解决问题的有效方式，也是各类组织经常开展的一项工作，其目的是系统客观地收集信息、了解情况、研究问题，为下一步准确决策提供参考。

调研分析类文书是人们用来反映调查研究成果的一类文书，主要以调查报告、可行性研究报告、统计分析报告等为代表。在党政机关、事业单位日常实践中，调查报告最为常用。

一、调查报告概述

调查报告是根据一定的目的，对某一情况、问题、事件、经验进行系统周密的调查，在认真细致分析研究的基础上写成的反映客观实际、揭示事物本质和规律的书面报告，有时也称调研报告、考察报告。

调查报告是在调研基础上写作的。所谓"调研"，就是对现实生活中的典型事物或工作中急需解决的问题，进行实地了解并对调查所得的客观材料进行认真分析研究、系统解剖，揭示本质和规律，以便指导和推动工作。而所谓"报告"，则是以叙述为主要表达手法，将调查结果介绍给读者，并通过对典型事例的分析和评价，鲜明地表达作者的态度和观点，从而提出解决问题的办法、对策、意见或建议。

调查报告具有调查和研究的双重性，是调查和报告的有机结合。调查是报告的前提和依据，报告是调查的结果和目的。在调查报告写作过程中，科学细致地调查，客观深入地研究，准确完善地表达，是写好调查报告的三个重要因素。

二、调查报告的分类

根据调查报告内容和作用的不同，可大致分为以下三类。

（1）反映情况的调查报告。这类调查报告也称基础性调查报告，它通过比较全面的调查，及时反映现实社会中出现的新情况、新问题，目的是供上级机关或有关部门参考，作为制定政策、修订措施的依据。

（2）总结经验的调查报告。这是对工作中出现的具有代表性和先进性的典型事例进

行调查研究后写出的报告。它以反映先进事物和成功经验为目的,根据典型事例的产生背景、成长条件,分析其性质和意义,探索其发展规律,以推广经验,指导工作,因而具有普遍的指导意义。

(3)研究或揭露问题的调查报告。这种调查报告侧重于对现实生活中出现的某一方面的问题进行调查研究,从中探讨、揭示问题的原因和性质,指出造成的危害,并提出解决问题的对策,为问题的最后处理提供依据,也为其他有关方面提供参考和借鉴。

三、调查报告的特点

(1)针对性。从实际出发,有针对性地调查研究,总结经验,回答人们最关心的问题,提出现实生活中迫切需要解决的问题是调查报告的关键所在。调查报告的针对性越强,作用和价值就越大。

(2)真实性。调查报告的主旨是调查研究后所揭示的客观事物本质规律。因此,调查报告必须真实、客观,展现事实,并用事实说话。

(3)典型性。调查报告涉及的多是一些焦点、热点和重点问题,其作用大小,取决于反映内容的典型程度。调查报告的调查对象本身应具有一定的典型性,在观点和主题的体现上要有典型性,在所介绍的做法上也要有典型性。

(4)指导性。调查报告是制定方针政策、措施的重要依据。调查报告通过典型事例的分析、总结,得出具有方向性和普遍意义的经验,对未来的工作发挥指导性作用。

四、调查报告的结构与写法

一篇完整的调查报告,一般由标题、正文和落款三个部分构成。

(一)标题

调查报告的标题形式比较灵活,通常有两种形式:单标题形式和双标题形式。

单标题形式分为两种形式:要素组合式标题和主题式标题。

要素组合式标题一般由调查对象、内容和文种等要素组成,如《公安院校学生媒介素养调查报告》。此种形式有时会增加调查主体,如《××警察学院公安教育研究所关于公安院校学生媒介素养的调查报告》;有时则会省略替换文种,如《公安院校学生媒介素养调查》《关于公安院校学生媒介素养的调研和思考》等。

主题式标题即通过标题直接点名文章的主要内容或主要观点,如《公安院校学生媒介素养的现状和问题》《××警察学院加强学生媒介素养教育的实践和启示》。

双标题形式即主副标题组合式。主标题点名主旨、内容或观点,副标题补充交代调查对象、内容、文种等要素。如《践行"两山"理论,再造秀美山川——××市退耕还林情况调查报告》《信息时代来临 媒介素养堪忧——公安院校学生媒介素养调查报告》。

(二)正文

调查报告的正文一般由开头、主体和结尾构成。

1. 开头

调查报告的开头部分也称引言、导语、序言、前言等，写法比较多样，常见的类型有以下三种：

（1）写明调研的起因或目的、时间和地点、对象或范围、经过与方法，以及人员组成等调查本身的情况，从中引出中心问题或基本结论。

（2）写明调研对象的历史背景、大致发展经过、现实状况、主要成绩、突出问题等基本情况，进而提出中心问题或主要观点。

（3）开门见山，直接概括出调研的结果，如肯定做法、指出问题、提示影响、说明中心内容等。

在实际运用过程中，以上三种类型经常结合运用。但无论采用何种方式，都要简明、概括，富于吸引力，才能够起到明确主要内容、突出主旨的作用。如《××市公安局基层民警思想状况调查报告》的开头部分：

> 公安民警的思想状况如何，关系着公安队伍的战斗力，决定着公安工作的最终成效。为了切实加强公安思想政治工作，有针对性地研究分析公安民警思想状况，2018年9月起，"××市公安局基层民警思想状况调研组"历时2个月，深入全市公安机关、各科所队，采取发放问卷（共计1300份）、电话采访、重点走访、网络调研、组织小型座谈会等形式对基层民警思想状况作了有针对性的深入了解。在此基础上，对回收的1146份有效问卷进一步作了深入分析，大致掌握了当前我市公安机关基层民警思想状况的现状，对其中存在的问题以及应采取的应对措施，提出了意见和建议。

2. 主体

从内容上说，主体部分一般按照提出问题、分析问题、解决问题的思路，分三个方面叙写：一是基本情况，即调查的事实情况，包括事情产生的前因后果、发展经过、具体做法等；二是思考启示，即研究分析事实材料所揭示的事物本质及其特点、规律；三是对策建议，即提出具体建议或应采取的一些具体措施。

从结构上说，主体部分一般是根据逻辑关系安排结构，如纵式结构、横式结构、纵横式结构；或者按照内容安排结构，例如，反映基本情况的调研报告多用"情况—成果—问题—建议"式结构。

主体部分是调查报告的核心。行文要把握主题，突出主线，抓住重点，给人以启迪。文风上要准确、鲜明、生动、朴实，要让人看得懂、愿意看，引人入胜。内容上要言之有物，资料翔实，论证有力；形式上要结构严谨，条理分明，布局合理。政策建议要具有可操作性，不能笼统含糊和空发议论，务必做到符合实际、思路正确、措施具体。

需要注意的是，调查报告的主体部分，常常根据需要借助图表等方式来辅助说明，以文生图（表），以图（表）释文，文图（表）相配。

3. 结尾

结尾是调查报告的结束语，其作用有两点：一是概括要点，深化主题；二是补充正

文、收束全文。结尾的方式多种多样、比较灵活,有总结式、结论式、建议式、展望式等。如无必要,也可以不写结尾。

(三)落款

调查报告的落款一般写明调查者——单位名称或个人姓名,以及完稿时间即可。可置于标题下,也可置于文后。

五、注意事项

(1)认真调查研究,充分掌握材料。写好调查报告的基础和前提是进行调查研究。没有深入的调查研究,不掌握必要的第一手材料,即使写作能力再强,也无法写出高质量的调查报告。写调查报告,首先要做的不是考虑如何"写",而是要考虑如何"调查"。

(2)坚持辩证思维,全面中肯分析。正确的观点是调查报告的"灵魂"所在,必须用正确的思想和科学的方法,对获取的材料作出全面、中肯的分析、判断,将丰富的感性材料去粗取精、去伪存真,揭示事物发展变化的特点,找出规律,形成观点,得出结论。

(3)选用典型材料,与观点相统一。应善于抓住那些最能说明问题的典型材料,按照观点与材料相统一的原则,把材料组织安放在合适位置。做到以观点统帅材料,以材料证明观点,既不罗列现象,也不空发议论。这样,才能真正使材料与观点有机结合。

(4)追求语言简洁,文笔生动。调查报告的语言要具体明确,有叙有议,叙事力求真实具体,简明扼要;议论务必严谨精当、恰到好处。风格上以朴实为基调,也要有一定的文采,使其产生锦上添花的效果。因此,要尽可能多地用基层群众语言,如生活中富有表现力的成语、典故、歌谣、顺口溜、俚语等,以保持鲜活的工作、生活气息,增强感染力。

公安院校学生媒介素养调查报告

全媒体时代,警务工作越来越多地需要面对媒体,需要善于利用新闻媒体、微信等社交媒介及时发布信息,开展与人民群众的沟通反馈,营造和维护自身的良好形象,这必然对人民警察的媒介素养提出更高的要求。警校学生是人民警察的重要后备力量,其选择、利用、评价媒介的能力将直接影响警察队伍媒介素养的整体水平。因此,对警校学生的媒介素养进行调查,了解其媒介素养的真实情况,发现信息化时代警校学生在媒介素养方面的缺失,并制定相应的对策,对完善警校媒介素养教育、提升警察队伍的媒介水平具有重要意义。

调研组在××警察学院、××警官学院随机抽取了不同专业、不同年级的公安类专业学生进行问卷调查,分析其媒介素养现状和存在问题。

1.调查对象和内容

媒介素养指人们接触、评估和利用媒介及媒介信息的能力。美国媒介素养研究中心将媒介素养定义为：指人们对于媒介信息的选择、理解、质疑、评估的能力，以及制作和生产媒介信息的能力。张男星等在综合国内外学者观点的基础上，将媒介素养的核心要素概括为：媒介接触及消费行为、媒介知识、媒介意识、媒介道德和媒介能力五个方面。本研究借鉴这一核心要素分类体系，从媒介使用情况、媒介质疑评估能力、媒介选择和创造能力、媒介道德意识四个方面调查警校学生的媒介素养水平。

问卷面向××警察学院、××警官学院各年级、各专业的公安类学生随机发放，共发放问卷400份，回收242份，回收率为60.5%。参与调查对象的年龄、年级和专业分布见表1、表2。

表1　参与调查对象的性别、年级分布表

	性别		年级			
	男	女	一	二	三	四
人数（人）	192	79.3	1	113	107	21
百分比（%）	79.3	20.7	0.4	46.7	44.2	8.7

表2　参与调查对象的专业分布

专业 人数	侦查学	治安学	刑事科学技术	消防工程	公安管理学	网络安全与执法	侦查学（公安情报方向）
人数（人）	3	7	73	21	63	33	42
百分比（%）	1.2	2.9	30.2	8.7	26	13.6	17.4

2. 调查结果分析

2.1　媒体接触和使用情况

媒介接触和使用情况反映了警校学生使用媒介的频率和主要途径。信息时代，网络化存在已成为新一代大学生的重要特征，媒介载体呈现出期刊、报纸等纸质媒介与博客、门户网站等数字媒介并存的发展趋势，学生选择和接触媒介信息的方式日趋丰富，运用网络媒介接触和了解社会已成为最便捷的途径。本次调查就警校学生使用媒介的方式、类型和目的进行了分析。结果表明：

互联网是警校学生获取媒介信息的主要方式，移动设备已成为警校学生利用网络的主要途径。调查结果显示，当被问及"度过课余时间的主要方式"时，89.71%的学生选择"上网"，53.91%的学生选择"看手机"，35.79%的学生表示会选择"看书刊杂志"，表明网络和手机已成为学生度过课余时间的主要方式。在媒介载体的选择上，89.3%的学生表示最喜欢使用的媒介是"互联网"，远高于选择"报纸"（2.47%）和"期刊"的比例，显示网络已取代纸质期刊和报纸，成为警校学生获取信息、了解社会的主要方式，学生们已普遍适应数字化阅读，互联网的发展对纸质媒介造成很大的冲击。数字化阅读具有时效性强、方便快捷等优势，但也具有碎片化、浅阅读等缺陷，而报刊等纸质媒介能够提供系统深入的信息。

在备选的网络接入方式中，70.37%的学生表示主要通过手机接入互联网，高于选择通过计算机接入网络的人数比例。手机等智能设备的发展，无线网络技术的进步，营造出方便快捷的网络接入环境，移动设备已成为学生利用网络的主要途径。

学生使用媒介目标模糊，主要是为了娱乐和获取信息。受众对媒介的使用具有一定的目的性，媒介普遍具有监视环境、协调社会、传承文化和娱乐的作用。以互联网为代表的媒介平台内容丰富、类型多样、动态性和交互性强，因此学生使用媒介的目的也具有多样性，既可以是为了学习需要，收集与学业相关的专题信息，也可以是为了获取新闻信息和休闲娱乐。调查表明，46.5%的被调查者表示接触各类媒介时没有明确的目标，仅有28.4%的被调查者表示接触媒介时目标明确，主要看自己感兴趣的信息。在接触各种媒介的目的性方面，调查发现"休闲娱乐"是学生接触各类媒介时最主要的目标，有82.72%的学生选择了该项，获取新闻、学习需要、消磨时间也是学生接触媒介的重要目的，三者的选择比例分别为40.33%、30.04%和28.4%，反映出学生利用媒介时目标的多元化。学生对媒介信息的使用总体上体现出"信息偶遇"的特征，许多学生一开始接触媒介时并没有明确的目标，当遇到自己感兴趣的信息和主题时，便通过网络的超链接功能拓展阅读关联信息。

2.2 媒介质疑评估能力

媒介质疑评估能力主要考量学生对媒介信息的正确性、客观性进行评估的能力。媒介信息因受传播者考虑问题的角度和广度有限、个人立场、职业操守规范和部门利益等因素制约，往往无法全面客观地反映事件的原貌。此外，自媒体时代，公众自我表达意识的觉醒、媒介传播渠道的增多、政府部门不再主导媒介话语，导致传统媒介的话语垄断地位受到挑战，媒介信息的质量门槛有所降低，对公众辨别媒介信息的能力提出了更高要求。

本次调查分别从"评价新闻报道是否公正客观""大众传媒传播的文化是高雅还是显得低俗""西方国家报道中国新闻的客观性""是否会主动思考媒体报道的真实性""对娱乐新闻的态度""对名人与媒体冲突时的评判"等多个方面调查学生的媒介质疑评估能力。结果发现：

学生对媒介信息的真实性、客观性有比较理性的认识。传统媒介垄断地位的弱化，大众媒介与受众间的线性单一的传播方式被打破，代之以受众与媒介之间以及受众之间双向沟通反馈的网状传播结构。在此情势下，传统媒介信息传播链条上的把关审核机制遭弱化，媒介信息的真实性受到质疑。本次调查发现，警校学生对媒介信息的质量现状有较为清晰的认识。61.32%的学生表示能够主动思考媒体报道的真实性，25.93%的学生表示会偶尔思考，表示从不思考媒体报道真实性的学生仅占12.35%。当被问及媒介报道能否真实反映现实时，63.79%的学生表示说不清楚，19.75%的学生表示否定。

学生对报纸信息的信任度较高。相对于缺乏实名认证和质量监控的论坛、博客等网络媒介，报纸等传统媒介有固定的承办机构和主管单位，稳定的编辑团队，相对完善的质量控制措施和职业道德标准，因此其可信度也更高。调查发现，警校学生对"报纸上新闻报道和观点评论的公正性、客观性"的认可度要显著高于对网络信息的认可度，仅有10.7%的学生表示经常质疑报纸新闻的公正性，89.3%的人表示偶尔质疑或者从不质疑。

学生对西方媒体报道中国新闻的客观性有着清晰的认识。由于价值观和政治制度的差异，西方媒体在报告中国新闻时经常出现歪曲事实、误导受众的现象，对此警校学生有着清晰的认识和觉悟。在"面对南海争端,西方媒体经常把中国报道成一个恃强凌弱的国家"这一观点上,48.56%的学生表示西方媒体是在歪曲事实,选择认为西方媒体"别有用心"和"虚构夸张"的学生分别占61.73%和44.44%,充分体现了警校学生具有良好的政治意识和主权意识。

对媒介文化传播功能的认知。大众媒介具有交流、传播文化的职能,但目前媒介中传播的文化呈现出良莠不齐的局面,既有宣传社会主旋律、传播正能量、弘扬民族精神的高雅文化,也有推崇享乐主义、个人主义的文化糟粕。本次调查显示,警校学生对媒介中文化传播鱼龙混杂的现状有着清晰的认知,85.6%的被调查者回应意识到我国大众传媒既传播了严肃的高雅文化,也在一些传播内容上存在低俗化倾向。

2.3 媒介信息的选择和创造能力

媒介信息的选择和创造能力反映了受众在充分了解各类媒介信息时效性、可信度等特征的基础上,选择媒介信息及利用媒介平台发布信息的能力。信息时代,高效地获取利用和发布媒介信息对学生的个人发展至关重要。

对媒介信息的选择利用情况。不同载体的媒介信息在出版周期、发布方式、审核方式等方面存在差异,导致信息的时效性、可信度和信息量也有所不同。调查显示,"时效性强""可信度高""使用方便"是警校学生选择媒介时最主要的评价标准,分别有73.66%、65.02%、47.74%选择了这三个选项,反映出学生们普遍倾向及时、高质量的信息,而且在获取信息的过程中体现出"最小努力原则",希望能够快速便捷、低成本地获取信息,这也从侧面佐证为何通过手机等移动设备访问互联网是学生接入网络的最主要方式。

媒介信息除了载体差异之外,在信息的内容特征上也有所区别。新闻类信息讲究时效性和准确性,力求在第一时间通过简短的文字向受众传播事件动态和核心要素。综合述评类信息对时效性要求较新闻类信息有所降低,但要求对事件进行全面分析和深入阐述,从多角度向受众反映事件原貌。调查发现,警校学生喜欢的媒介内容依次为综合评述类信息、新闻类信息和简短的动态信息,学生们倾向于系统全面、经过深加工的评述类信息。

对娱乐新闻、社会新闻和政治新闻的选择与关注。媒介信息涉及的领域广阔,涵盖政治信息、社会信息和娱乐信息等多种类型。娱乐信息经常以追逐明星、时尚、猎奇新闻吸引眼球,提高关注度。调查表明:警校学生并不热衷于娱乐信息,71.19%的学生表示偶尔会看娱乐新闻,只有15.64%的学生表示十分感兴趣。学生们普遍反对娱乐信息的恶意炒作和虚假宣传,认为娱乐信息应该更加真实化和平民化,仅有12.76%和9.47%的学生认为娱乐新闻应该猎奇和追逐明星。

在社会新闻方面,学生们最关注的信息是反映平民生活的民生报道(67.49%)和与自己地域接近的报道(15.64%),这也与警察的职业特征和警校的课程设置相吻合。大部分警校学生将来面对的服务对象是基层民众,课程体系中也设置了许多与社区警务相关的内容,因此学生们普遍关注与平民相关的民生报道。

学生们对政治新闻的态度呈现出性别差异。通过将性别变量与对政治新闻态度的独立性检验表明，两者之间存在关联（χ^2=8.479，P 值为 0.037）。从表 3 中可以看出，与男生相比，女生普遍不喜欢政治新闻。

表 3　性别变量与对政治新闻态度的交叉表

			对政治新闻的态度				合计
			喜欢	反感	无所谓	看具体情况	
性别	男生	计数	54	26	50	54	184
		男生中的占比	29.4%	14.1%	27.2%	29.3%	100.0%
	女生	计数	7	10	9	22	48
		女生中的占比	14.6%	20.8%	18.8%	45.8%	100.0%
合计		计数	61	36	59	76	232
		总人数中的占比	26.3%	15.5%	25.4%	32.8%	100.0%

（本表由 PASW Statistics 18 软件生成）

媒介信息发布行为。现代警务工作不仅要求警察能够及时获取利用媒介信息，而且要求警察具备使用微博等媒介发布信息的能力。本次调查从"是否参与媒介互动""在哪些媒介平台上发布过信息"两个方面考量学生的媒介信息发布行为，结果显示：学生们参与媒介互动的热情不高，46.91% 的学生表示偶尔参与媒介互动，49.38% 的学生从不参加媒介互动。在"是否参与网络互动"的问题上，对各专业学生的细化分析发现：所学专业与学生是否参与网络互动之间存在关联，两个变量的独立性卡方检验结果为：χ^2=93.93，P 值为 0.00。从表 4 可以看出，网络安全执法和公安情报专业的学生对是否参与网络互动最为谨慎，很少参加网络互动，反映出良好的职业敏感性和职业素养。

表 4　专业变量与是否参与网络互动的交叉表

			是否参与网络互动			合计
			经常参与	偶尔参与	从不参与	
专业	刑事科学技术	计数	5	53	15	73
		专业中的占比	6.9%	72.6%	20.5%	100.0%
	消防工程	计数	0	12	9	21
		专业中的占比	0	57.1%	42.9%	100.0%
	公安管理学	计数	3	38	22	63
		专业中的占比	4.8%	60.3%	34.9%	100.0%
	网络安全与执法	计数	0	4	29	33
		专业中的占比	0	12.1%	87.9%	100.0%
	公安情报	计数	0	0	42	42
		专业中的占比	0	0	100.0%	100.0%
合计		计数	8	107	117	232
		专业中的占比	3.4%	46.1%	50.4%	100.0%

（本表由 PASW Statistics 18 软件生成）

在媒介平台的使用上,贴吧、博客、论坛是学生们使用最多的媒介发布平台,分别有70.8%、21.8%和28.8%的学生表示在上述三类媒介上发布过信息。

2.4 媒介道德意识

信息时代,微博、微信、论坛、贴吧等网络媒介平台广泛使用和普及,这些平台缺少类似传统报刊媒介的质量控制机制,且一些平台出于保护个人隐私的考虑,没有实行实名认证,导致追责困难,网络谣言四起,造成较严重的社会影响,给网络生态带来危害。为了净化网络空间,营造良好的网络生态环境,必须对大众利用和传播媒介信息的行为进行规范约束,使其树立良好的媒介道德意识和责任感。

在"对网络色情、暴力等信息持什么态度"的调查中,70.78%的学生表示"反感但不会举报",14.8%的学生明确表示"会及时举报",说明学生们具有良好的媒介道德意识和是非观念。当被问及"是否可以在网络上随便发布信息"时,90.1%的学生认为"违背道德和法律的内容"不能发布,仅有5.3%的学生表示"可以无约束地发表观点"。

性别变量和对"是否可以在网络上随便发布信息"态度的独立性检验显示($\chi^2=8.5$,P值为0.037),女生的媒介道德意识要强于男生。见表5所列,男生中有6.5%的人表示可以在网络上随意发布信息,这一比例在女性样本中为0。

表5 性别变量与对在网络上随意发布信息态度的交叉表

			是否可以在网络上随意发布信息				合计
			可以	不能违反法律	不能违背道德	有技术限制	
性别	男	计数	12	135	28	9	184
		性别男中的占比	6.5%	73.4%	15.2%	4.9%	100.0%
	女	计数	0	35	13	0	48
		性别女中的占比	0	72.9%	27.1%	0	100.0%
合计		计数	12	170	41	9	232
		性别中的占比	5.2%	73.3%	17.7%	3.9%	100.0%

(本表由 PASW Statistics 18 软件生成)

在"对网络匿名发表评论的态度"上,43.6%的学生表示"虽然是匿名的,但通过IP可以定位个人信息,所以发表的评论应该严谨认真",47.74%的学生表示"为了维护自身的网络形象,留言评论应该有所顾忌",表明学生们普遍意识到网络中存在监管措施,具有较强的自律意识。

3. 结论和建议

本次调查表明,移动互联网已成为警校学生接触和利用媒介的主要方式,学生们对媒介报道的客观性和真实性现状有着清晰的认知,并且更加信任报刊上的新闻报道。学生们倾向于时效性强、质量高、使用便捷的媒介信息,普遍关注反映平民生活的民生报道,喜欢深入全面的综合评述类信息,对娱乐新闻的关注较少。学生们普遍具有良好的媒介道德意识和自我约束能力,对网络不良信息和虚假信息有良好的抵制能力。

通过本次调查也反映出警校学生偏重于网络阅读,对报刊等传统媒介有所忽视,使用媒介的主要目的是为了满足娱乐需求,一些学生的媒介道德意识比较薄弱。在以后的媒介素养教育中,需要从以下两个方面进行强化。

3.1 加大对报刊等传统纸质媒介的宣传介绍,鼓励学生进行深阅读

本次调查表明,上网娱乐占据了警校学生的大部分课余时间,利用课余时间阅读报刊的学生比例偏低,大部分学生喜欢使用方便快捷的网络媒介。博客、微信等网络媒介虽然具有时效性强、传播便捷、获取成本低等优势,但也存在阅读内容碎片化、在阅读过程中容易产生跳跃式阅读、难以进行深入阅读等缺陷,而传统报刊往往能够对事件进行多角度的深入报道,更有助于提高学生的阅读能力和媒介素养水平。因此,警校在后续的媒介素养教育中应加大对报刊等纸质媒介的宣传和推介,改变学生以网络阅读为主的阅读习惯,提倡深阅读。

3.2 加强关于互联网道德意识的教育,增强学生的媒介道德意识

网络等虚拟空间中的规范主要依靠法律和道德来维持,由于立法滞后,我国现有法律对网络匿名攻击、发布虚假信息等行为的约束性不强。因此,现阶段需主要依靠互联网道德意识来规范大众的网络媒介行为。本次调查发现警校学生中有部分学生的网络道德意识还比较薄弱,存在因网络空间的虚拟特征而产生的侥幸心理。在后续教育中,应着重强化互联网道德意识教育,向学生阐述网络谣言的危害和责任,增强学生的媒介道德意识。

公安院校媒介素养调查组
20××年××月××日

第六节 礼仪信函类文书

致送礼仪信函是社会组织或个人通过书面语言向对方传递信息、表达祝贺、感谢或敬意的行为方式,其目的是加强与对方的友好关系,为组织或个人创造良好关系环境。

常用的礼仪信函有贺信、感谢信、表扬信、慰问信、邀请函等。本节重点介绍贺信、感谢信、慰问信的使用和写法。

一、贺信

(一)概述

贺信也称祝贺信,是以组织或个人名义,向取得重大成就、有突出成绩或喜庆之事的有关单位、集体或人员表示祝贺或庆贺的一种专用礼仪文书。以电文形式发出的祝贺文书称为贺电。随着信息技术的发展和新的传播形式、载体不断涌现,贺信与贺电不仅在形式

上已逐步融合，内容上也并无区别。

贺信是日常应用写作的重要文体之一，应用十分广泛，可以用来表彰、赞扬、庆贺对方在某个方面所作出的巨大贡献，祝贺对方召开重要会议、工程竣工、科研项目成功、重要任务保质保量完成等，也可以用来祝贺某个重要人物寿辰、某个组织成立等。一些重要贺信往往兼有慰问和赞扬的功能，具有很大的激励和鼓舞作用。因此，使用贺信致贺已成为表彰、赞扬、庆贺对方所作贡献、取得成绩或向喜庆活动表示祝贺的一种常用文书形式。

（二）分类

根据写作内容可以将贺信划分为三种类型：对取得突出成绩的单位、集体或个人的祝贺；对单位或个人的庆典、纪念性活动的祝贺；对重要会议或活动开幕的祝贺。

（三）结构与写法

贺信的在结构上一般由标题、称谓、正文和落款四部分构成。

1. 标题

贺信的标题有两种形式。一种是直接写"贺信"二字；另一种是在"贺信"之前写明祝贺的主体、对象或事由，如《习近平致中国文联中国作协成立70周年的贺信》《各民主党派中央、全国工商联和无党派人士致中国共产党中央委员会的贺信》。

2. 称谓

称谓写明被祝贺单位或个人的名称或姓名。写给个人的，要在姓名后加上相应的职务头衔、尊称或使用"同志"等称呼。

3. 正文

正文是贺信的关键部分，也是着墨最多、分量最重的地方。通常来说，贺信正文是"三段论"结构：

首先是开宗明义、表示祝贺。贺信往往不赘虚言，开门见山，开篇就点明祝贺之意，体现贺信"贺"的特点。贺信的开头要简要交代当时的背景或其他有关情况，然后表示祝贺，为后文颂扬和肯定成绩铺垫。在语言表述上，通常用"值此（欣闻、适值）……之际，谨代表……向……表示热烈的祝贺！"等格式，指明祝贺事由、祝贺对象，表达祝贺之意。

其次是充分肯定，作出评价。这是贺信的中心内容，一般是充分肯定和热情赞扬对方所取得的主要成就，以及取得成就的根本原因和重大意义，并作出肯定性评价。这种肯定，特别是上级单位对下级单位，高层领导对基层单位和人员的肯定，常常会被引以为傲，并能激发相关人员的工作积极性。

最后是展望未来，真挚祝愿。这部分一般是再次表示祝贺，也可以号召别人向祝贺对象学习，还可以提出希望和要求，以利其发扬成绩，戒骄戒躁，更上一层楼。要写出祝贺者的心情，由衷地表达自己真诚的慰问和祝福。

不同类型的贺信在内容上各有侧重，在结构安排上也略有不同。

（1）对取得突出成绩的单位、集体或个人的祝贺。这种贺信要着重分析单位、集体或个人取得成绩的主客观原因，并将所取得的成绩对单位发展、国家建设、社会或人类进步的作用、影响阐述清楚。这种贺信的逻辑层次和结构模式往往是：祝贺语（祝贺什么，为什么要祝贺、向谁祝贺），取得成绩的原因分析，提出希望。

（2）对单位或个人的庆典、纪念性活动的祝贺。这种贺信一般是在单位成立周年等或个人婚庆、寿辰等庆典、纪念性活动上为表示庆祝而使用。写作要着重说明开展该活动的重要意义，并给予对方客观公正的评价。其逻辑层次和结构模式往往是：祝贺语（祝贺什么，为什么要祝贺、向谁祝贺），对对方的评价，对双方关系的展望或表示祝愿。

（3）对一些重要会议或活动开幕的祝贺。这种贺信的写作要着重写出召开此次会议、开展此次活动的重要性，并表达对会议的期望或要求。其逻辑层次和结构模式往往是：祝贺语（祝贺什么，为什么要祝贺、向谁祝贺），会议召开的背景及其必要性和意义等，表达对会议的期望或发出祝愿。

4.落款

署致贺发信单位名称或个人姓名，个人姓名前也可根据情况加上职务。署名下方写上成文日期。

（四）注意事项

（1）感情应充沛真挚。贺信的语言要喜庆热烈、大方典雅，感情充沛饱满，给人以热情和鼓舞。

（2）内容应实事求是。贺信的内容要真实具体，有针对性。对成绩和贡献的评价要恰如其分，避免吹嘘夸大；表达祝愿要切实可行，不空发议论、空喊口号。

（3）篇幅应短小精悍。贺信的写作目的主要是向对方表示祝贺，讲究言简意明、短小精悍，不宜长篇大论。

贺　信

全市广大公安民警、警务辅助人员、公安离退休老同志：

经党中央批准，自2021年起，将每年的1月10日设立为"中国人民警察节"。"中国人民警察节"的设立，充分体现了以习近平同志为核心的党中央对公安工作和公安队伍建设的高度重视和关心关爱，是党和国家对人民警察队伍忠诚履职、英勇奋斗、牺牲奉献的充分肯定，是对人民警察队伍的极大鼓舞和激励鞭策，对于推动人民警察队伍革命化、正规化、专业化、职业化建设，增强广大民警职业荣誉感、自豪感、归属感，激励全警以强烈的担当精神更好履行党和人民赋予的新时代使命任务具有重大意义。

值此首个中国人民警察节到来之际，市委、市政府向全市公安战线的同志们致以节日问候和良好祝愿!

　　长期以来,在党的坚强领导下,人民警察队伍秉承"对党忠诚、服务人民、纪律严明、执法公正"的精神,在打击犯罪、保护人民的关键时刻挺身而出、冲锋在前;在重大安保任务面前不怕疲劳、连续奋战;在平凡工作岗位上辛勤工作、无私奉献。2020年8月26日,习近平总书记亲自向中国人民警察队伍授旗,并发表了重要训词,是警察发展史上具有划时代意义的大事、喜事,是新时代全面加强人民警察队伍建设的动员令、冲锋号。旗帜指引方向,热血成就华章。近年来,全市公安民警、辅警紧紧围绕市委市政府中心工作,牢记使命、忠诚履职,用辛勤的汗水乃至宝贵的鲜血和生命,为捍卫全市政治安全、维护社会安定、保障人民安宁筑起了一道坚不可摧的铜墙铁壁。面对汹汹疫情,公安民警无所畏惧,展现了"疫情不灭,警察不退"的责任担当;在深化"扫黑除恶"维护社会大局稳定面前,公安民警敢打善拼,有力带动了治安好转、维护了社会稳定;警务信息化建设亮点纷呈,"雪亮工程"初见成效,执法规范化水平显著提升,群众的安全感明显增强。这些成绩的取得,凝聚了全市民警辅警舍生忘死、英勇善战、无私无畏的昂扬斗志,展现了蹈厉奋发、来之能战、战之能胜的气魄决心。

　　雄心不与年华去,壮志宜随春意来。2021年,是"十四五"规划开局之年,也是中国共产党成立100周年,公安工作面临的压力更大,任务更重,考验更多。风起扬帆时,能者立潮头。希望全市公安机关以习近平新时代中国特色社会主义思想为指引,继续发扬顽强拼搏的工作作风和敢打必胜的坚强斗志,不忘初心、牢记使命,以"坚持政治建警全面从严治警"教育整顿为抓手,守护一方平安、争创一流业绩、打造"四铁"队伍,在更高起点上奋力开创公安工作新篇章!

中共××市委、市政府
2021年1月10日

二、感谢信

(一)概述

　　感谢信是向给予自身帮助、关心和支持的对方表示感谢的专用信函类文书,在现实生活中的使用频率非常高,广泛应用于个人之间、个人与组织之间、组织之间,其使用主体、客体既可以是单位,也可以是个人。

　　写作感谢信之目的,既是为了表达出真切的谢意,同时也是为了表扬先进、弘扬正气。感谢信的使用范围很广,感谢相助、感谢捐赠、感谢祝贺、感谢鼓励、感谢探访,都可以使用。在使用方式上,感谢信可以寄送、可以张贴,也可以通过媒体发布刊登。

(二)特点

　　(1)事项的典型性。单位之间、个人之间互相提供支持帮助的事例很多,值得专门写信发电致谢的,一定是具体、真实、典型且较为感人的事项。

　　(2)对象的确指性。感谢信是因为得到对方的关怀、爱护、帮助、支持而致信示谢,

所以必须明确向谁致谢、向谁学习,对象应该是明确、特定的。

(3)感情的鲜明性。致信方在接受关怀帮助中为收信方良好的道德风范和高尚的思想情操所感染,情之所钟,自然应向收信方明确表示学习什么、怎样学习,其中体现的就是感情的鲜明性,可谓情礼兼到之举。

(三)结构与写法

感谢信主要由标题、称谓、正文、结语、落款五部分构成。

1. 标题

较为常见的感谢信标题形式为文种式,即标题直接体现文种名称,如《感谢信》。

有时也可使用组合式标题,由感谢者、感谢对象和文种等要素进行组合,如2019年10月3日,在中华人民共和国成立70周年庆祝活动取得圆满成功之际,中共北京市委、北京市人民政府向全市人民发出的感谢信,标题为《北京市委市政府致全市人民的感谢信》。该标题也可略写为《致全市人民的感谢信》。

有的感谢信也会使用正副标题形式,正标题体现感谢信中心或主旨,副标题补充说明感谢者、感谢对象。如2020年1月28日,在武汉抗击新冠肺炎形势最为严峻的时候,武汉市新型冠状病毒感染的肺炎防控指挥部向社会各界发出感谢信,标题为《我们因你更有力量——武汉市致社会各界的感谢信》。

2. 称谓

如同普通信件一样,感谢信的"称谓"部分位于标题之下,顶格写明被感谢的单位名称或个人姓名,后加冒号,提领正文部分。写给个人、群体的感谢信,称谓往往会加上修饰敬语、职务或礼称等,如"尊敬的×××警官""亲爱的校友们"等。

在感谢对象众多或范围较大,且通过媒体或张贴发布等特定情况下,感谢信也可以略去"称谓"部分。

3. 正文

感谢信的正文部分通常由感谢事由、意义点评和表达谢意三个内在逻辑层次构成。

感谢事由部分是陈述事实,应按照叙述要素,叙述所感谢事件的前因后果。

意义点评部分是作出评价,在叙事的基础上特别指出感谢对象的关心、支持、帮助的重要性以及他们的行为所体现出来的可贵精神、所产生的深远影响。

表达谢意部分既要传递谢意,又要表达出向对方学习的意思。

需要强调的是,由于感谢对象已经提供了帮助、关心和照顾,知悉事情的经过,因此,在写作感谢事由这个部分时,重点应放在自己得到了哪些帮助以及得到帮助后所产生的效果上,事情的经过根据情况可适当略写。

4. 结语

向对方致谢、致敬、致意,方式灵活多样,常使用"顺颂时绥""此致敬礼""再次致以诚挚谢意"等惯用语。也可自然结束正文,不写结语。

5. 落款

落款应该署上单位名称或个人姓名,并在单位名称或姓名下方署上成文日期。

（四）注意事项

（1）应感情真挚。表达真诚、朴素的感谢情感，才能真正打动人，令人信服，从而起到感染人、教育人的作用。

（2）应实事求是。感谢之事应确切真实，做到人物、事件、时间、地点准确无误；意义评价要恰当精练，不能造作伪饰；表达谢意的行为，要符合实际情况，切实可行。

（3）应短小精悍。感谢信的篇幅不宜过长，字数一般控制在300~500字。

例文

感谢信

××警察学院：

庆祝中华人民共和国成立70周年是党和国家政治生活中的一件大事，庆祝活动取得圆满成功，获得国内外广泛赞誉。习近平总书记对庆祝活动给予了高度评价，对我市的工作给予了充分肯定。

志愿者工作是庆祝活动的重要组成部分，在中央领导小组和市领导小组的坚强领导下，在各成员单位的支持帮助下，志愿者指挥部与各相关单位团结带领广大志愿者，充分发扬服务保障重大活动的优良传统，守正创新，奋发图强，微笑服务，圆满完成了既定的各项工作任务。

贵单位在本次国庆志愿者工作筹备和服务保障过程中，工作部署周密，指挥组织有序，为庆祝活动的圆满成功作出了巨大贡献。志愿者们热情主动政治强，踏实肯干听指挥，圆满完成了各项保障任务，践行了习近平总书记对志愿者们"立足新时代、展现新作为，弘扬奉献、友爱、互助、进步的志愿精神，继续以实际行动书写新时代的雷锋故事"的殷切希望，为祖国争光，为华诞添彩。

在此，对贵单位的大力支持和志愿者的热情奉献表示衷心感谢！

国庆70周年志愿者指挥部
2019年10月25日

三、慰问信

（一）含义

慰问信是以组织或个人的名义，向有关单位或个人表示慰藉、问候、致意的专用书信，如以电报发出，则称慰问电。

慰问信的应用范围很广，通常用于节日的慰问，对在工作中作出突出贡献、作出牺牲的同志或家人进行慰勉和鼓励，对于处在困境中的有关人员表示关心、支持、鼓励和同情，其作用在于充分体现组织或集体的温暖和关怀、社会的关心以及组织或集体与个人之

间、同志之间的真挚感情,给人以奋发向上的信心、克服困难的勇气、勤奋学习和努力工作的力量。

(二) 特点

(1) 发文的公开性。慰问信可以直接寄给本人,但大多是以张贴、登报,在电台、电视上播放的形式出现的。公开性是慰问信的一个特点。

(2) 情感的沟通性。无论是对有突出贡献者的慰问还是对遭遇困难者的慰问,情感的沟通是支撑慰问信的一个深层基础。慰问正是通过这种或赞扬表达崇敬之情,或同情表达关切之意的方式来达成双方的情感交流和相互理解。

(三) 分类

(1) 表彰性慰问信。专门用于慰问作出突出贡献的集体和个人。

(2) 安抚性慰问信。专门用于慰问遭受意外灾祸、重大损失或面临巨大困难、身处险境的集体或个人。

(3) 礼仪性慰问信。专门用于慰问节日或纪念日到来之际的集体和个人。

(四) 结构与写法

慰问信通常由标题、称谓、正文、落款等部分构成。

1. 标题

标题常见的有两种形式:一种是直接以"慰问信"三个字作标题;另一种是由发文单位名称、受文对象名称和文种作标题,如《教育部致农村全体特岗教师的慰问信》。此种形式也可省略发文单位名称,如《致公安英模家属的慰问信》。

2. 称谓

遵循书信体文书要求,在标题之下顶格写明被慰问的单位名称、个人姓名或群体称谓,后加冒号。可在名称前加适当敬语或尊称。

3. 正文

称谓之下另起一行,空两格开始写慰问的正文。此部分主要写明慰问的内容,通常采用分段式来表述,因慰问对象不同而各有区别,写作中应着力从各自的特点出发,突出行文主旨。总体上来说,慰问信的内容以鼓舞为主,是一种精神安慰。正文一般由慰问背景、慰问事项、结尾等部分构成。

(1) 慰问背景。该部分要开宗明义,写清楚发此信的目的是因何原因,代表何人向何人、何集体表示慰问。通常概括地叙述交代慰问对象的先进思想、模范事迹,或是遇到困难时所表现出来的不怕牺牲的可贵品德和高尚风格;然后表示慰问以及祝愿的话语。如2020年2月5日,河北省委省政府致本省支援湖北抗疫医疗队全体队员的慰问信的背景部分:

在全国各地全力以赴抗击疫情的关键时期,我省307名医护工作者积极响应党的号召,大力弘扬"敬佑生命、救死扶伤、甘于奉献、大爱无疆"的崇高精神,勇于担当,主动请缨,带着职责使命和深厚情谊,义无反顾地奔赴湖北疫情防控一线开展支援。你们是新时代最可爱的人,是燕赵儿女的楷模。在此,向大家表示诚挚的感谢和亲切的慰问,致以崇高的敬意!

(2)慰问事项。本部分可转达上级的慰问、重视或工作部署,对对方在工作和生产过程中所作出的成绩以及体现出来的可贵精神予以较为具体的叙述并表示赞扬,对不幸、损失和困难等表示安慰和同情,而且通常要在最后提出有关的希望或要求。如2021年1月13日中共石家庄市新华区委、石家庄市新华区政府《致奋战在抗疫一线工作者的慰问信》的慰问事项部分:

> 平凡铸就伟大,英雄来自人民。面对异常严峻的疫情防控形势,大家始终牢记"疫情就是命令,防控就是责任",充分发扬"越是艰险越向前"的斗争精神,毅然决然坚守在疫情防控各条战线,默默无闻守护全区群众的生命安全和身体健康。你们当中有奋战在医疗机构、隔离病房,抗击病魔、挽救生命的白衣天使、医务工作者;有三过家门而不入,坚守阵地、恪守职责的党政机关、事业单位公职人员;有在一线封堵查缉、严惩违法犯罪的公安民警;有昼夜执勤在隔离场所和检测点,严格管理、细致防控、暖心服务的党员群众干部;有驻守在基层一线,验码测温、规范防护、排查风险的民兵、社区(村)管理员、物业服务人员和志愿者;还有为保障群众生活而奔波在各个角落的供暖、供水、食品保障和垃圾清运的工作人员……虽然不同领域、不同战线,但大家心往一处想、劲往一处使,用实际行动筑起了党政军警民合力防控的"钢铁长城",用勇毅担当的铁肩硬脊擎起了守护群众平安的政治责任,用大爱真情彰显了生命至上、举国同心、舍生忘死、尊重科学、命运与共的伟大抗疫精神。你们的贡献,全区人民不会忘记!

(3)结尾。此部分通常表示共同的愿望、决心或祝愿话语。有时并不单列成段,而是与慰问事项自然融合。如一封《致全国公安教育训练战线同志们的慰问信》的结尾部分:

> 百年大计,教育为本。公安教育训练战线担负着培养新时代公安事业优秀建设者和可靠接班人的重要职责,使命光荣、责任重大。各级公安机关要坚持以习近平新时代中国特色社会主义思想为指导,从全局和战略的高度深刻认识加强公安教育训练的重大意义,切实把教育训练工作作为队伍建设的源头工程、置于优先发展的突出位置来抓,加强组织领导,加强统筹规划,加大支持保障力度,推动公安教育事业科学发展。要突出公安机关政治属性,毫不动摇地坚持党对公安院校的绝对领导,深入开展"坚持政治建警全面从严治警"教育整顿,严格落实院校党委管党治警、办学治校主体责任,始终坚持以党的旗帜为旗帜、以党的方向为方向、以党的意志为意志,确保公安院校坚定正确的政治方向,确保绝对忠诚、绝对纯洁、绝对可靠。要加强教师教官队伍建设,做到政治上关心、工作上支持、待遇上保障,努力让教师教官成为最受人尊敬、最值得羡慕的职业,在全警形成尊师重教、尊重知识、尊重人才的良好风尚。希望广大教师教官时刻牢记"中共党员、人民警察、人民教师"的特殊身份,不忘立德树人初心,勇担育警铸魂使命,尽好"传道"责任,提高"授业"本领,增强"解惑"能力,争做有理想信念、有道德情操、有扎实学识、有仁爱之心的好老师,努力为人民公安事业培养更多高

素质专门人才。

祝同志们节日快乐、身体健康、工作顺利、阖家幸福!

4. 落款

慰问信的落款要署上发文单位名称或发文个人的职务、名称,并在署名右下方署上成文日期。

(五)注意事项

(1)篇幅要简短,语言要简明,内容要集中。或对某方面人员表示节日祝贺,或对作出突出贡献的有关单位和有关人员表示慰勉,或对遭受不幸的有关人员表示慰问,都要针对不同情况热情表态、恰当评价、殷切勉励。特别是说明形势、背景,或阐明努力方向、提出希望时,不可铺洒开去大书特书,而必须针对被慰问者的实际情况来写。

(2)要情真意切,把握好感情基调。字里行间要体现出同被慰问者的感情共鸣和对其现状的理解。无论是对其成绩的欣慰、褒奖,还是对其不幸的同情、安慰,都要恰当得体、诚恳亲切、文字朴实,不得虚情假意,不写浮文虚词。

(3)选择恰当的发布方式,注意扩大影响。或批量印发张贴,或登报、广播、电视揭发,既对受信对象是一种慰问,也对广大群众是一种教育。为尽快使被慰问者得到慰问,有时还采用慰问电的形式。

致全省共产党员的慰问信

全省共产党员同志:

在迎来中国共产党成立99周年之际,谨向奋战在我省各条战线、各个行业的共产党员,向在各个历史时期为党和人民辛勤工作、无私奉献的老党员、老同志,致以亲切的问候和崇高的敬意!

新冠肺炎疫情发生以来,在习近平总书记、党中央坚强领导下,全省各级党组织和广大党员坚决贯彻落实习近平总书记重要讲话和重要指示批示精神,坚决服从党中央统一指挥、统一协调、统一调度,增强"四个意识"、坚定"四个自信"、做到"两个维护",在大战大考中践行初心使命、展现责任担当。全省28万多个基层党组织、540多万名党员闻令而动、勇挑重担,2495名援鄂医疗队员白衣执甲、逆行出征,广大医务工作者敬佑生命、救死扶伤,20多万名城乡社区党员干部昼夜值守、不辞劳苦,200多万名党政机关、企事业单位党员干部下沉一线、支援社区,其中党员是骨干、是主体。全省党员还自愿为抗击疫情捐款6亿多元,20753人在火线接受洗礼、申请入党。从重症病房争分夺秒的医疗救治到实验室里夜以继日的科研攻关,从城乡社区挨家挨户排查到紧缺物资加班加点生产,从企业复工复产到攻克脱贫攻坚最后堡垒,到处都有党组织高扬的旗帜,到处都有共产党员率先垂范、冲锋陷阵的身影，展现了新时代各级党组织和广大基层党员的集体形象。借此机会，向所有奋战在疫情防控、复工复产、脱贫攻坚第一线的广大党员道一声：你们辛苦了！

2020年是决胜全面建成小康社会、决战脱贫攻坚之年，是"十三五"规划收官之年，也是经济特区建立40周年，战疫情、稳经济、保民生各项任务艰巨而繁重。全省各级党组织和广大党员要坚持以习近平新时代中国特色社会主义思想为指导，全面贯彻落实习近平总书记重要讲话和重要指示批示精神，牢记人民至上、生命至上，把握大局大势、坚定信心决心，慎终如始抓好常态化疫情防控工作，统筹做好疫情防控和经济社会发展工作，全力做好"六稳""六保"工作，坚决打赢脱贫攻坚战，深入推进粤港澳大湾区、深圳先行示范区"双区"建设和广州、深圳"双城"联动，加快构建"一核一带一区"区域发展新格局，坚决完成好各项目标任务，让党旗在疫情防控和经济社会发展第一线高高飘扬。

站在"两个一百年"奋斗目标的历史交汇点上，全省广大党员要更加紧密地团结在以习近平同志为核心的党中央周围，高举习近平新时代中国特色社会主义思想伟大旗帜，不忘初心、牢记使命、攻坚克难、接续奋斗，以闻鸡起舞、日夜兼程、风雨无阻的奋斗姿态，认真贯彻落实省委决策部署，以扎实有力的"双统筹"坚决夺取疫情防控和经济社会发展"双胜利"，努力实现"四个走在全国前列"、当好"两个重要窗口"，不辜负习近平总书记、党中央的厚望重托，不辜负全省父老乡亲的殷切期望。

衷心祝愿同志们身体健康、工作顺利、阖家幸福！

中共××省委组织部
2020年7月1日

第七节　会务材料类文书

会议是有组织、有领导地商议事情的集会，是各类机关、团体、企事业单位经常性的活动之一。会务材料类文书，是在会议召开的前、中、后三个时段内为保障会议的如期举行、圆满成功及其内容的传达贯彻、存档备查而形成的书面文字。

会务材料类文书按照内容可以划分为若干种。一是指导性材料，如党和国家的有关方针政策，上级机关的指示精神、总体部署及领导讲话材料，对本次会议主题具有依据作用的法律、法规等。二是主题性材料，如主持词、开幕词、闭幕词、大会报告、领导讲话、专题报告、小组发言、有关说明等。三是规定性材料，如会议程序、日程安排、选举程序、表决程序等。四是成果性材料，如会议记录、会议简报、会议决定（决议）、选举结果、会议总结、会议纪要、会议公报等。五是参考性材料，如典型经验、参考文件、调查报告、协调意见、查办反馈信息、审核说明等。六是管理性材料，如会议通知、会议须

知、议事规则、保密要求等。七是建议性、提案性材料。本节重点介绍会议主持词、开幕词、闭幕词、会议流程材料等文书的写作技法。

一、会议主持词

（一）概述

会议主持词是会议主持人在主持会议时使用的带有指挥性、引导性的发言讲话文书，其主要功能是通过语言表述把会议的所有内容自然、紧凑、有序地连接起来，形成一个有机整体，保证会议顺利进行、圆满完成。

会议主持词是较大型会议、正规会议必备的会务文书。一篇好的会议主持词，不仅能够较好地串联会议各项议程，还能深化会议内容，提高会议的整体效果。

（二）特点

（1）形式的程序性。会议主持词是一种按一定程序进行操作的文书，程序性十分突出，其结构由会议议程所决定，必须严格按照会议议程谋篇布局，不能随意发挥。

（2）内容的附属性。会议主持词是为了领导讲话和其他重要文件服务的，从内容上来看，会议的内容决定了主持词的内容，不能脱离会议内容自由发挥。

（3）风格的多变性。在语言运用上，会议主持词风格多变。不同主题、不同内容的会议，需要使用不同风格的语言。严肃庄重的工作会议，主持词宜平实简明、庄严郑重；研讨交流性会议，宜谦恭平和、亲切自然；庆功、誓师、表彰类会议，宜热烈激昂。但不管哪种类型会议，都应避免晦涩难懂、冗长累赘、喧宾夺主。

（4）结构的独立性。大型、正规会议主持词的内在结构，一般包括会议背景、规模和人员、日程和议程安排、会议总结评价、部署和要求等。这几个部分在逻辑结构上具有相对独立性。

（三）分类

与会议类型相对应，会议主持词的分类多种多样。就党政机关而言，常见的会议通常可分为法定性会议、工作性会议、纪念激励表彰性会议等类别，因此，党政机关的会议主持词也可分为以下三种类型：

（1）法定性会议主持词。如党代会、党员大会的主持词。

（2）工作性会议主持词。如常规办公会议、专项工作会议、现场交流会议的主持词。

（3）纪念激励性会议主持词。如庆祝大会、纪念大会、表彰大会、誓师大会等大型活动集会的主持词。

（四）结构与写法

会议主持词一般由标题、日期、署名、称谓、正文五个部分组成。

1. 标题

标题一般由会议名称和文种构成，如《××市公安局2020年党建工作会议主持词》

《××大学学生工作会议主持词》等。有的标题会在会议名称之前增加主持人姓名，如《××同志在全市公安机关教育整顿工作部署会议上的主持词》。如果是阶段性的会议，还需要在标题中注明会议的阶段，避免造成混淆，如《××警察学院第15届校园艺术节开幕式主持词》。

主持词的标题不使用正副标题形式。写作要直截了当，简洁明了，不使用任何描写性、抒情性语言。

2. 日期

主持词的时间应是会议召开的日期。标识在标题之下，一般为阿拉伯数字，采用公历日期，用圆括号括起，居中排列。

3. 署名

主持人姓名标识在日期要素之下，居中排列。有的会议主持词会在姓名之前明确主持人单位及职务或职称。标题中已署有主持人姓名的，不再重复署名。

4. 称谓

称谓即主持人对与会人员的称呼，居左顶格书写。主持词应视不同的与会人员、不同的场合，选用不同的称谓，一般用泛称，如"各位领导""各位代表""各位来宾""同学们"等。面对地位尊贵、职务较高的特定与会人员，可使用特称。特定人员较多时，可分列多行。

5. 正文

会议主持词的正文与会议的议程安排和主题讲话密切相关。一般情况下应围绕会议召开的背景、主题、任务、目的、规模、议程、总结、要求等方面撰写内容。从结构上看，正文往往划分为开场白、议程、结束语三个部分。

（1）开场白。开场白部分一般可围绕以下内容撰写：宣布会议开始，介绍会议召开的由来、背景、主题、目的、任务，介绍与会人员并表示欢迎，简述会议的重要性、意义并就如何开好会提出希望和要求等内容。

开场白部分通常形式多样，讲究精炼直白、言简意赅，不能长篇大论。在介绍会议背景、主题、任务、目的、意义等内容时，要高度概括，突出"高站位"，体现出会议的重要性、针对性、紧迫性。在介绍与会人员时，应注意先后顺序，先上级后下级，先来宾后主人。在一些情况下，对参加会议人员中职务虽然不高，但位置关键的人员，也应予以介绍。

（2）议程。议程部分应向与会者全面介绍会议的总体安排和具体开法。常见写法是"先总说，后分说"，如"今天的会议主要有三项议程，一是……；二是……；三是……"，然后分项进行，"下面进行第一项议程……"。

会期较长的会议在首次大会时的主持词，应把会议的各项议程的具体时间安排向与会者进行简要说明，然后在不同阶段的主持词中，单独介绍不同阶段的议程。

需要强调的是，在两项议程之间，主持人可以做一个简短的、恰如其分的评价，使议程与议程自然串联在一起，流畅过渡。在顺次介绍会议的每一项议程时，切忌千篇一律，

始终使用"下面……下面……",要讲究灵活性和多变性,换用"接下来""下一个议程是"等话语过渡。

(3)结束语。结束语部分主要是简要回顾会议情况,对会议进行评价总结,对会后工作提出希望和要求,宣布会议结束或休会。

回顾和评价应简明扼要、画龙点睛,对会议内容、质量、效果等进行实事求是、恰如其分地概括、总结。概括总结会议,不应是对会议内容的简单重复、泛泛而谈,而应突出重点、提升主旨。

如果会议主讲人对会议精神的贯彻落实没有进行明确具体的部署,主持人还应在结束语部分重点围绕贯彻落实工作提出明确要求。

(五)注意事项

(1)流程要清。会议议程是会议主持词的骨架。议程对了,主持词就成功了一半;议程出差错,整个会议节奏就会被打乱,影响会议正常进行。因此,撰写会议主持词,必须清楚掌握会议背景和每一项议程,认真分析议程之间的逻辑关系,通过认真考虑如何开场、如何顺利进行、如何结尾,将各项议程用主持词"串联"起来,从而确保会议顺利进行,最大程度提升会议整体效果。

(2)思路要明。条理性是判断一篇会议主持词是否合格的重要指标。不管什么样的会议主持词,都要体现出条理性,做到条理清晰、层次分明。如果没有条理,主持词就无法将会议"串"起来,也就失去了存在的价值。主持词的条理性,一方面要围绕结构和内容安排来考虑,避免结构混乱,内容缠夹;另一方面要重视遣词造句,特别是选择连接词、转折词时,要恰到好处、避免重复。

(3)风格要准。会议主持词往往具有鲜明的风格,既是会议主持人身份地位、个人修养、表达习惯的集中体现,也与不同的会议类型密切相关。有的主持人喜欢一字不漏地念稿,有的主持人则喜欢临场发挥、侃侃而谈;法定性会议和表彰性会议在语言风格上也不一样。因此,撰写会议主持词,风格要把控准,不同的主持人、不同的会议类型和内容,宜有针对性地采用不同的语言和风格,突出个性、特色,不能千篇一律、千人一面。

××大学宪法宣誓仪式主持词
(20××年1月9日)
校长 ×××

同志们:

今天,我们首次举行××大学宪法宣誓仪式。这次宣誓仪式,是学校落实全面从严治党、全面依法治国方针的重要举措，是落实全国人大和国务院法律法规的法定行为，对于促进学校落实宪法宣誓制度、推动领导干部带头尊法学法守法用法，依法履职尽责，推进依法治校、从严治校，具有十分重要的意义。

现在，请全体肃立，奏唱中华人民共和国国歌。

……

请坐下。

下面，请××书记讲话，大家欢迎！

……

现在，请××副校长领誓，请全体宣誓人整齐站立、面向国徽，右手举拳，跟诵誓词。

……

宣誓完毕，本次宪法宣誓仪式到此结束。

例文2

在贵州省黔南州·温州投资答谢会暨项目签约仪式上的主持词

（××××年××月××日）

中共黔南州委常委、州政府副州长　×××

尊敬的各位领导、各位嘉宾、女士们、先生们、朋友们：

大家下午好！

今天，我们满怀激动和喜悦的心情，再次欢聚在富有现代港城气息和江南水乡特色的区域中心城镇——鳌江。在这里举办贵州省黔南州·温州投资答谢会暨项目签约仪式。在此，让我们以热烈的掌声对莅临本次活动的各位领导、嘉宾和朋友们表示诚挚的欢迎和衷心的感谢！

首先，我很荣幸向大家介绍出席今天会议的各级领导：

……

这次推介会得到了浙江温州商界朋友的高度关注和大力支持，由于时间关系，在这里就不一一介绍了，敬请各位谅解。让我们再次以热烈的掌声欢迎各位领导、各位嘉宾的光临，并预祝本次会议取得圆满成功！

今天大会议程有六项：一是请中共黔南州委书记××同志致辞；二是请中共黔南州委副书记、黔南州政府州长××同志作黔南州发展环境推介；三是播放"昌明经济开发区浙商产业园"专题片；四是请企业代表昌明经济开发区浙商产业园负责同志发言；五是请贵州省政协副主席××同志讲话；六是举行项目签约仪式。

现在进行会议第一项：请中共黔南州委书记××同志致辞，请大家欢迎。

……

感谢××书记精练而又精彩的演讲。××书记的致辞充分表达了对浙江企业界各位老朋友长期关心黔南、投资黔南的诚挚谢意和对新朋友的盛情邀请,也充分表达了黔南扩大对外开放,共谋发展的强烈愿望,同时也表达了我们全州各级各部门抢抓机遇,进一步优化投资环境,谋求与企业建立更加紧密的合作关系,助推黔南经济社会又好又快发展的信心和决心。我们期待各方有识之士与我们共同携手、合作开发这块充满希望的热土。

现在进行会议第二项:请中共黔南州委副书记、州人民政府州长××同志作投资环境推介,请大家欢迎。

……

感谢××州长热情洋溢而又实事求是的推介。黔南州风光秀丽、气候宜人,生态环境优越、民族风情浓郁,区位优势明显、自然资源丰富,后发优势凸显、发展机遇难得,被誉为旅游的胜地、生活的乐土、投资的热土、创业的沃土,我们竭诚欢迎浙江各界朋友尽早赴黔南考察观光、投资创业。

现在进行会议第三项:请工作人员播放"昌明经济开发区浙商产业园"专题片。

……

刚才通过专题片,让我们看到了昌明经济开发区浙商产业园在黔南成长的过程,昌明经济开发区浙商产业园的成长既凝聚了我们浙江朋友在黔南创业的光辉历程,也展现了黔南优化投资环境,实施投资拉动战略的一个生动例子。我们期待,更多的浙商企业像昌明经济开发区浙商产业园这样在黔南大地落地生根,发展壮大。

现在进行会议第四项:请企业代表——昌明经济开发区浙商产业园××先生发言,大家欢迎。

……

非常感谢××先生真挚的发言。听后使我们倍感亲切和兴奋。他的赞誉和勉励,对我们来说既是一种鼓励,更是一种鞭策,增强了我们抓好投资、拉动战略的信心和决心。我们将以此为契机,进一步优化投资环境,始终秉承一诺千金的服务宗旨,强化一切有利于推进发展的措施,构筑一切有利于创业的平台,拓展一切有利于双赢的空间,让各位客商朋友真正进得来,留得住,快发展,能发财。我们坚信,本着优势互补、互惠互利、共图发展的理念,双方一定会有良好而广阔的合作空间和发展前景。

现在进行会议第五项:请贵州省政协副主席××同志讲话,大家欢迎。

……

××副主席的讲话,表达了对黔南的亲切关怀,并给予殷切的期盼,同时对黔南经济社会发展提出了新的要求。我们将在省委、省政府的正确领导下,在省政协的大力支持下,按照"加速发展、加快转型、推动跨越"的主基调,大力实施"四化一业"主战略,突出抓好投资拉动战略,奋力赶超,努力实现黔南经济社会发展新跨越。

现在进行会议第六项:举行招商引资项目签约仪式。

……

各位领导、各位嘉宾，今天，我们在这里举行贵州省黔南州·温州投资答谢会暨项目签约仪式，目的是答谢老朋友，广交新朋友，加强交流，增进合作、实现双赢。相信通过刚才××副主席的讲话、××书记的致辞、××州长的推介和企业代表的发言，大家对黔南已有了初步的印象，我们热忱地期待各位企业家朋友对贵州黔南作更深层次的了解，欢迎你们来贵州黔南观光考察、投资兴业！

贵州省黔南州·温州投资答谢会暨项目签约仪式到此结束。

祝各位领导、各位嘉宾、女士们、先生们身体健康，全家幸福，万事如意！

二、开幕词

（一）概述

开幕词也称开幕辞，是会议主持人或会议主办方主要领导在较为庄严、隆重、高等级的大会上所作的带有提示性、宣告性、引导性的讲话，旨在阐明会议的指导思想、宗旨、重要意义，向与会者提出开好会议的中心任务和要求。

作为会议的序曲，开幕词是会议正式召开的标志，集中体现了大会或活动的指导思想，对引导会议或活动朝着既定的正确方向顺利进行，保证会议或活动的圆满成功，有着重要的意义和作用。

（二）特点

（1）篇幅简短。开幕词的主要任务是为会议的主题和工作报告搭桥铺路，所以必须短小精悍，简洁明了，不能长篇大论，叠床架屋。

（2）语言通俗。开幕词是致辞者在台上直接说给台下人听的，是一种面对面的交流，需要最大程度地调动听众的情绪、集中听众的注意力，所以必须做到通俗流畅，确保听众能听得懂、悟得快、记得住。

（3）风格多样。开幕词的风格通常需要与会议性质和主基调保持一致。但开幕词并非工作报告，它承担着调动各方面积极性，为开好会议铺平道路的功能，因此，除了严肃严谨的风格之外，开幕词也可以调动多种手法，注重修辞，做到语言优美、生动活泼。

（三）结构与写法

开幕词的结构由标题、时间及署名、称谓、正文四部分构成。

1. 标题

有四种常见写法：一是由会议名称加文种组成，如《××大学第五届教职工代表大会开幕词》；二是由讲话人姓名、职务、会议名称以及文种组成，如《××同志在××会议上的开幕词》；三是主副标题形式，主标题揭示会议的宗旨、中心内容，副标题与前两种标题的构成形式相同，如《我们的文学应该站在世界的前列——中国作家协会第四次会员代表大会开幕词》；四是只写文种，如《开幕词》。

2. 时间及署名

时间、署名通常置于标题之下，各占一行，时间在上，署名在下，居中排列。时间用

括号注明会议开幕的年、月、日。署名有时还需在姓名之前标明职务等。如在标题中已标出致开幕词人员的姓名,可不再署名,以免重复。如:

××大学第七届学生代表大会开幕词

(2020年9月5日)
团委书记　×××

3. 称谓

对与会人员做概括性的、有礼貌的称呼,如"同志们""各位代表""女士们、先生们""诸位来宾"等,后面用冒号。

4. 正文

正文包括开头、主体和结尾三部分。

(1)开头。一般开门见山地宣布会议开幕,并以简洁的语言交代会议的名称、届次,说明其目的和重要性等。也可以对会议的筹备经过、规模及与会者的身份等做简要介绍,对会议的召开表示祝贺,对工作人员、与会人员表示感谢和欢迎。开头要写得简短、明确,富有鼓动力和号召力。

(2)主体。这是开幕词的核心部分和重心所在。通常包括三项内容:阐明会议的意义,通过对以往工作情况的概括总结、对当前形势的分析,说明会议是在什么形势下、为了解决什么问题和达到什么目的召开的;阐明会议的指导思想,提出大会任务,说明会议主要议程和安排;为保证会议顺利举行,向与会者提出会议的要求。对上述内容,可分层表述,根据会议的不同性质和目的,应有所侧重。

(3)结尾。提出会议任务、要求和希望,表示祝愿等。结尾部分要简短有力,并要有号召性和鼓动性。

(四)注意事项

(1)要紧扣主题。开幕词直接关乎会议方向的把握、程序的执行和目标的完成。从这一基点出发,开幕词中无论是背景意义的阐述,还是议程要求的提出,都要紧扣主题、紧紧围绕会议议题,以充分发挥"序曲"和"定调"功用。切不可不加选择地将会议内容全部写入,更不可偏离会议主题去唱"信天游",一意两出,偏离正轨。

(2)要主次分明。要主旨集中,突出会议的中心内容,把握会议的主要特点只对会议的主题和有关重要问题做必要的说明,不可"面面俱到,眉毛胡子一把抓",尤其要防止成为大会报告的缩写。

(3)要铿锵洗练。开幕词是读(讲)给人听的,既要庄重有力,又要富有感情色彩;既要具有严肃性,又要具有生动性。因此,就表达而言,开幕词追求短小精悍、文字简练、条理清晰,同时尽量避免"官话""套话",确保致辞热情激昂、内容明确简洁,突出号召力、鼓动性,努力感染听众。

例文

××大学第六次学生代表大会开幕词
（20××年××月××日）
×××

各位领导，各位来宾，代表们：

初夏的校园，朝气蓬勃、充满活力。经过认真筹备，××大学第六次学生代表大会今天隆重开幕了！这是全校学生政治生活中的一件大事。在此，请允许我代表大会主席团和出席这次大会的全体代表，向亲临大会指导工作的各位领导和来宾表示热烈欢迎！向长期以来关心和支持我校学生会工作的各位领导、老师和同学们表示衷心的感谢！

这次大会是在学校喜迎建党100周年，全力创建一流大学的新形势下召开的一次重要的会议。大会的主要任务有三项：一、听取、审议并通过××大学第五届学生会的工作报告，明确我校学生会今后两年的主要任务和奋斗目标；二、审议并通过××大学学生会章程，为学生会各项工作献计献策；三、选举产生××大学第六届学生委员会。

我们相信，在省学联和校党委的领导和关怀下，在各有关部门的大力支持下，经过与会代表的共同努力，我们一定不辜负全校同学的重托，激情满怀，豪情万丈，群策群力，圆满完成大会的各项任务，把这次大会开成民主团结、凝心聚力、创新奋进的大会。

伟大的时代激扬青春，宏伟的蓝图点燃理想，各位代表，让我们高举习近平新时代中国特色社会主义思想伟大旗帜，在校党委的正确领导下，紧紧围绕学校创建一流大学的战略发展目标，团结带领全校广大学生勤奋学习，勇担使命，奋发成才，奋发进取，拼搏奉献，推动我校学生工作再上新台阶，谱写更加灿烂的青春篇章！

最后，预祝大会圆满成功！谢谢大家！

（例文来源：新华网）

三、闭幕词

（一）概述

闭幕词也称闭幕辞，是会议结束时由主持人或主要负责人在会上所作的最后讲话。就时序而言，闭幕词既是会议议程的尾声，又是会议部署执行的前奏。凡重要会议，与开幕词相对应，一般都有闭幕词，这是一道必不可少的程序，标志着整个会议或活动的结束。

如果说开幕词是对会议的预想和计划的话，那么闭幕词就是对会议的总结和评价。闭幕词通常要对会议作出正确的评估和总结，充分肯定会议所取得的成果，强调会议

的主要精神和深远影响，激励有关人员宣传会议的精神实质，贯彻落实有关的决议或倡议。

（二）特点

闭幕词除具有简短、通俗的特点外，还有以下三个特点。

（1）归纳性。闭幕词通常要站在全局的高度对会议情况进行客观的总结、科学的归纳，并对会议成果作出正确的评估。

（2）呼应性。闭幕词是大会的收尾工作，必须与大会的开山之作各有侧重，既自成特色又首尾呼应、前后连贯。

（3）号召性。闭幕词通过简述会议概况、重申会议主旨、分析当前形势、展望美好未来而产生动员、激励、鞭策的作用。

（三）结构与写法

闭幕词的结构与开幕词大体相同，标题的写法、时间及署名、称谓的要求、正文的结构也完全相同。

闭幕词的正文包括开头、主体和结尾三个部分。

（1）开头。先说明会议或活动已经完成预定的任务，现在即将闭幕，接着简述会议或活动的基本情况，恰如其分地对其收获、意义和影响作出总体评价。

（2）主体。主体是正文的重点所在，主要总结会议或活动的主要成果或收获，提出具体的要求。总结和评价要从理论的高度上进行概括归纳，要有观点、有材料、有条理地加以概述，力戒笼统、空泛。做到层次清楚、重点突出，具有逻辑性和深刻性；所提出要求，要具体明确。

（3）结尾。结尾往往展望未来，发出号召，提出希望，表示祝愿；还可以用诚恳热情的词语，向为大会或活动圆满成功而辛勤服务的工作人员表示谢意。

（四）注意事项

（1）任务完成情况不可笼统含糊。完成预定任务，是会议的根本目的，也标志着会议的圆满成功。因此，闭幕词要对会议任务的完成情况作出明确回答，切不可笼统含糊。

（2）议论不可简单地就事论事。作为会议的总结性讲话，闭幕词必须对会议作出总体评价，肯定会议成果，揭示会议意义。因此，闭幕词离不开议论。但议论不能就事论事，而是需要站在一定的高度，把具体会议和特定的现实背景联系起来，把会议和所产生的广泛影响联系起来，这样才能议出高度和深度，给人以启迪。

（3）全篇应以激励、鼓动为主旋律。凡重要会议、大型会议，都是立足现实、面向未来的，即通过总结经验、明确目标，展现未来前景，以激发热情、鼓舞斗志，开创工作新局面。因此，闭幕词应以激励、鼓动为主旋律，要热情洋溢，充满鼓动性和号召力。

例文

中国共产党××大学第六次代表大会闭幕词
（20××年××月××日）
×××

各位代表，同志们：

中国共产党××大学第六次代表大会，在上级党组织的指导和支持下，在全体代表的共同努力下，已圆满完成各项议程，即将胜利闭幕。三天来，各位代表以高度的政治责任感和使命感，认真履行党代表的职责，保证了这次会议的成功召开。在此，我代表校党委向各位代表致以诚挚的敬意，向为筹备会议而付出辛勤劳动的各位同志表示衷心的感谢！

这次大会是在深入学习贯彻习近平新时代中国特色社会主义思想，科学谋划学校改革发展的关键时期召开的一次重要会议。会议全面总结了第五次党代会以来学校事业发展和党的建设的主要成就和基本经验，客观分析了学校今后发展面临的形势、机遇和挑战，明确了未来五年学校改革发展的指导思想、基本目标和主要任务，并对学校党的建设工作进行了全面部署。会议期间，各位代表认真审议并通过了党委工作报告和纪委工作报告，对第五届党委和纪委的工作给予了充分肯定；代表们集思广益，群策群力，对学校教育事业发展提出了许多富有建设性的意见和建议，充分反映了广大师生员工的意愿；大会选举产生了新一届中共××大学委员会和××大学纪律检查委员会，为学校事业再上新台阶提供了坚强的政治保证和组织保证。

各位代表、同志们，学校未来五年发展的基本目标和主要任务已经确定，在全面建设高水平研究型大学的关键时期，新一届党委、纪委一定切实肩负起全校共产党员和师生员工的重托，按照深化改革、创新驱动、依法治校的发展思路，加强自身建设，解放思想、真抓实干，充分发挥总揽全局、协调各方的领导核心作用，着力解决制约学校发展的瓶颈问题，调动和激发师生员工的积极性和创造性，深入推进精英教育战略、协同创新战略、人才强校战略、国际化战略和依法治校战略，着力加强党的建设，着力加强基础能力建设，把立德树人、提高质量这一核心任务全力抓实抓好。

同志们，这次大会的胜利召开，吹响了新征程的号角。认真学习、贯彻落实学校第六次党代会精神，科学编制"十四五"教育事业发展规划，是当前工作中的首要任务。大会闭幕后，全校各级党组织要迅速组织广大党员干部和师生员工学习贯彻大会精神，把思想和认识统一到大会的决策部署上来；各位代表来自学校的各个层面，希望大家发挥表率作用，在学习贯彻大会精神中先行一步；各单位、各部门要结合工作实际，采取有力措施确保将会议精神落到实处。

各位代表、同志们，党中央"四个全面"战略布局正在深入推进，高等教育开始全面深化综合改革，学校未来的发展充满机遇与挑战。让我们高举习近平新时代中国特色社会

主义思想伟大旗帜,在上级领导下,振奋精神,同心同德,开拓进取,为将我校早日全面建设成为高水平研究型大学而努力奋斗!为实现中华民族伟大复兴的中国梦而努力奋斗!

四、会议流程文件

(一)概述

会议流程文件是指会前拟订的用来指导和管理会议正常运行的文件。会议流程文件一旦确定或通过,无论是会议主持人还是参加人员,都必须遵守会议流程的规定。

(二)特点

(1)程序性。会议流程文件严格按照一定的程序制定,是会议能够有条不紊地进行的重要保障。流程所包括的内容相对固定,凡是经过审定通过的会议流程,均应严格执行。

(2)超前性。会议流程文件是会议方案的重要组成部分,必须在会前拟订,避免朝令夕改。

(3)时效性。会议流程文件只适用于会议期间,其作用具有明显的时效性。此外,文件内容都包含具体时间要素,时间安排要科学、合理。

(三)分类

会议流程文件通常分为会议议程、会议日程、会议程序三种。三者之间既有联系,又有区别。

会议议程是对会议所要通过的文件、所要解决的问题按照一定顺序的概略说明,相当于会议任务的总体安排。

会议日程是指会议内容按照一定时间顺序的具体安排,一般将会议内容分别固定在会议期间每天上午、下午、晚上三个单元里,使人一目了然。

会议程序则是将日程分解后,在一个单位时间内(如大会开幕式程序)对会议具体环节的进程安排。

由此可见,会议议程必须体现在妥善安排的日程中,也就是说,议程较概略,日程较议程具体,程序则是较议程更加具体的会议环节的安排。

有些会议如代表大会的议程需经大会通过。大型的、会期较长的会议,必须将会议议程、日程、程序划分清楚;小型的、会期很短的会议则将三者合而为一,统称之为议程。

小型会议议程可由主持人掌握或宣布,大中型会议议程则应当印发给主席团成员或参加会议的全体人员。

(四)结构与写法

会议流程文件的结构通常由标题、注记和正文构成。

1.标题

会议流程文件的标题一般由会议名称+文种两部分组成,如《中国共产党××大学第七次代表大会议程》。

2. 注记

注记也称为会议流程文件题记,即在标题之下的圆括号内注明通过议程等的会议日期、会议名称,以及举办会议的日期、地点等内容。有时可酌情省略。

3. 正文

正文一般分条列项撰写会议内容的安排,有时可用表格列出。

(五)注意事项

(1)程序要依规通过。每一种会议流程文件拟定之后,都必须得到主办单位领导的审批,有的还要经过预备会议等批准通过,以确保会议流程文件的合法有效。

(2)内容要精心安排。由于会议性质的不同,会议流程文件的内容安排差别较大。为此,要缜密思考,精心安排,以确保完成会议的各项任务。

(3)表达要简洁明了。会议流程文件的结构一般采用分条列项,表达方式一般采用说明。所以,在撰写会议流程文件时要条理清晰,表达简明,把要求说清楚,便于工作人员做好事情。

××省第××届人民代表大会第五次会议议程

(2021年1月25日××省第××届人民代表大会第五次会议预备会议通过)

一、审议××省人民政府工作报告

二、审查、批准××省国民经济和社会发展第十四个五年规划和二〇三五年远景目标纲要

三、审查省发展和改革委员会关于2020年××省国民经济和社会发展计划执行情况及2021年国民经济和社会发展计划草案的报告;审查、批准2020年××省国民经济和社会发展计划执行情况的报告及2021年国民经济和社会发展计划

四、审查省财政厅关于××省2020年全省和省级预算执行情况及2021年全省和省级预算草案的报告;审查、批准××省2020年省级预算执行情况的报告及2021年省级预算

五、听取和审查省人大常委会副主任×××关于××省人民代表大会常务委员会工作报告

六、听取和审查省高级人民法院院长×××关于××省高级人民法院工作报告

七、听取和审查省人民检察院检察长×××关于××省人民检察院工作报告

八、审议《××省人民代表大会议事规则(修订草案)》

九、选举××省第十三届人民代表大会常务委员会1名副主任、秘书长和3名委员

十、通过××省第十三届人民代表大会专门委员会有关组成人员人选名单

十一、其他事项

××省十三届人大常委会第十三次会议日程（草案）
（20××年1月7日至9日）

1月7日（星期二）

上午9：00，第一次全体会议

一、听取关于本次常委会会议议程（草案）和日程（草案）的说明

二、听取关于人事任免案的说明

三、听取关于《××省燃气管理条例（草案修改稿）》修改意见的报告

四、听取关于《××省电力条例（草案）》审议结果的报告

五、听取关于《××省粮食流通条例（草案）》审议结果的报告

六、听取关于《××省生态环境监测条例（草案）》审议结果的报告

七、听取关于《××省中医药条例（草案）》的说明

八、听取省政府关于2018年度省级预算执行和其他财政收支审计查出问题整改情况的报告

九、听取省政府关于脱贫攻坚工作进展情况的报告

十、听取××省第十三届人民代表大会常务委员会代表资格审查委员会关于个别代表的代表资格的报告

全体会议结束后，分组会议

一、审议人事任免案

二、审议《××省燃气管理条例（草案三次审议稿）》

三、审议《××市社会信用条例》

四、审议《××市养老服务条例》

五、审议《××市残疾人保障条例》

下午2：00，分组会议

一、审议《××省电力条例（草案修改稿）》

二、审议《××省粮食流通条例（草案修改稿）》

三、审议《××省生态环境监测条例（草案修改稿）》

四、审议《××省中医药条例（草案）》

1月8日（星期三）

上午9：00，分组会议

一、审议省政府关于2018年度省级预算执行和其他财政收支审计查出问题整改情况的报告

二、审议省政府关于《中华人民共和国人民调解法》《××省人民调解条例》执法检

查报告审议意见落实情况的反馈报告

三、审议省政府关于2018年度国有资产管理情况综合报告和2018年度企业国有资产管理情况专项报告审议意见落实情况的反馈报告

四、审议省政府关于推进社会信用体系建设情况报告审议意见落实情况的反馈报告

五、审议省政府关于深化教育改革与发展情况报告审议意见落实情况的反馈报告

下午2：00，召开分组会议

一、开展满意度测评

二、审议省政府关于脱贫攻坚工作进展情况的报告

三、审议《××省人民代表大会常务委员会工作报告（稿）》

四、审议省人大常委会主任会议关于提请审议《××省第十三届人民代表大会第三次会议主席团和秘书长名单（草案）》的议案

五、审议××省第十三届人民代表大会常务委员会代表资格审查委员会关于个别代表的代表资格的报告

晚上7：00，主任会议

一、听取各项议程审议情况的汇报

二、讨论通过省十三届人大常委会第十四次会议建议议程

1月9日（星期四）

上午9：00，分组会议

向各小组反馈对审议意见的采纳情况

上午9：30，第二次全体会议

一、表决各项议案

二、颁发任命书

三、进行宪法宣誓

××大学授予××教授"终身教学成就奖"大会程序
（××年××月××日）

时间：2020年9月10日15：30~16：30

地点：逸夫楼报告厅

参加人员：共300人。其中嘉宾、校友、××教授亲属等共30人，校内师生代表270人

主持人：校党委副书记×××

一、请主席台就座的领导和颁奖对象入席

二、介绍出席会议的领导及主要来宾

三、主持人宣布：××大学授予××教授"终身教学成就奖"大会开始

四、校党委书记×××讲话

五、校长×××宣读《××大学关于授予××教授"终身教学成就奖"的决定》

六、校党委书记和校长向××教授颁发"终身教学成就奖"证书和奖金

七、学生代表向××教授献花

八、××教授发言

九、省教育厅领导致辞

十、主持人宣布：××大学授予××教授"终身教学成就奖"大会结束

第八节　宣导推动类文书

事务文书本身就是为了满足传递信息、交流情况与经验、处理实际事务的需要而产生的。从功能上讲，大部分事务文书都或多或少具有相应的宣导、传达、推动作用。

本节所指的宣导推动类文书，是指主要用于传播信息、推动交流、表达观点和态度、发出号召和呼吁的一类事务文书，包括简报、倡议书、启事、声明等。本节着重介绍简报、倡议书两个常用文种。

一、简报

（一）概述

简报是党政机关、群众团体、企事业单位编发的通报情况、交流经验、指导工作、报道动态的一种内部常用事务文书。简报的应用十分广泛，既可以直接刊载有关工作意见和工作动态，也可以通过"按语"形式传达工作意图，还可以发表一些典型经验和做法，用以推动和指导工作，供有关方面参考和借鉴。

简报是统称，各单位内部编发的"动态""简讯""信息""内部参考""情况交流""情况反映""工作通讯"等，都属于简报的范畴。

简报不是一种文章的体裁。因为一份简报，可能只登一篇文稿，也可能登几篇文稿。这些文稿，可能是不同的文体。因此，简报并非一种独立的文体。简报也不是一种刊物。虽然有些简报可装订成册，像一般的内部刊物，但更多的是只有一两张纸、几个版面，且具有一般报纸的新闻特点，更像一份非正式报纸。

（二）特点

（1）新闻性。简报追求真实、新颖、快速、简约，具有新闻的基本特性。简报所反映的内容、涉及的情况，必须严格遵循真实性原则；简报内容要有新意，能够反映新情况、

新经验、新问题、新动态，给人以启发、借鉴；简报能否发生作用以及发生作用多大，时限快慢是重要因素，要求快写快发，及时报道和反映有关的工作或情况，具有强烈的时限性；简报的内容要简明扼要，篇幅要短小精悍，切忌冗长杂乱。

（2）集束性。虽然一期简报中可以只有一篇报道，但更多情况下，一期简报要将若干篇内容集结在一起发表，形成集束式形态。这样做的好处是有点有面、相辅相成，加大信息量，避免单薄感。简报可以刊登新闻、沟通信息、反映工作进展情况；可以交流经验、报告工作中存在的问题；可以传达上级机关的意见，表扬先进、批评后进。总之，凡是值得参考借鉴的事实动态都可以在简报上反映。

（3）规范性。简报具有相对规范、约定俗成的格式，通常由报头、目录、编者按、报道正文、报尾等部分组成。其中报头、报道正文、报尾是必不可少的，而且报头和报尾都应有固定的格式。

（4）连续性。简报有定期和不定期两种，都有一定的连续性。即使是会议期间临时出刊的会议简报也往往要出多期。

（三）分类

简报的种类繁多，按照不同的分类标准，可以划分为很多不同类型。例如，按照反映问题的性质不同，可以分为专题简报和综合简报；按照出刊的日期不同，可以分为定期简报和不定期简报；按阅读范围不同，可以分为供领导参阅的内部机密性简报和阅读范围较广的普发性简报；按内容和作用不同，可分为工作简报、会议简报等。

日常使用较多的是工作简报和会议简报。

工作简报是一种为推动日常工作、传递工作动态而编写的简报。它的任务是反映工作开展情况、介绍工作经验、报告工作中出现的问题等。工作简报又可分为综合工作简报和专题工作简报两种。综合工作简报经常以动态简报的形式出现，着重反映与本单位工作有关的正反两方面的新情况、新动向、新问题。

会议简报是一种为反映会议主要精神、进展情况、会议发言中的意见和建议、会议议决事项等内容而编写的简报，目的是使与会人员的意见和会议的决定及时得到传达。一些规模较大的重要会议，会议代表并不能了解会议的整体情况，譬如分组讨论时的重要发言、有价值的提案等，需要依靠简报来了解会议的基本面貌。重要会议的简报往往具有连续性的特点，即通过多期简报将会议进程中的情况接连不断地反映出来。小型会议一般只编发单篇的概况型简报。会议简报一般由会议秘书处或主持单位编写。

（四）简报格式

简报拥有约定俗成的惯用体式，其结构一般包括报头、报核、报尾三部分（图3-1）。

1. 报头

报头部分在简报第一页上方，约占全页三分之一，下边用横线与报核部分隔开。该部分主要包括简报名称、期数、编印单位、印发日期等。

（1）名称。用醒目、庄重、美观的大号字体标写在报头中间部位，大多采用套红

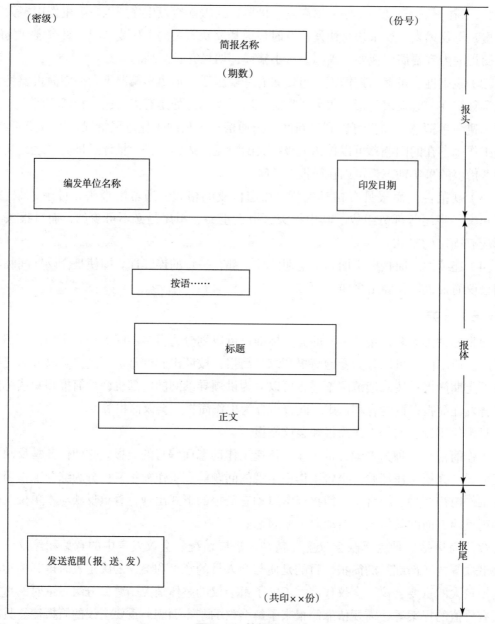

图 3-1　简报格式

印刷体字。名称灵活多样,如"××警察学院学生工作简报""××大学教学工作动态""××大学科技工作交流"等。

(2)期数。在简报名称下面居中用中文或阿拉伯数字写明期号,可以年度为周期编写,也可以简报刊出总顺序编写。一般写成"第×期",可用括号括起。如果是针对某一事件做连续报道并且单独编号的简报,还需在单独编号的期号下一行居中加括号注明"总第××期"。

(3)编印单位。在期数之下、间隔横线之上的左侧,顶格书写。如"××警察学院学生工作处""××大学党委政策研究室编"等。编印单位应使用全称或规范化简称。

（4）印发日期。在期数之下、间隔横线之上的右侧，顶格书写，用阿拉伯数字注明。

除以上四个要素外，因简报是内部交流资料，所以常在报头的左上角或右上角加上"内部资料、注意保存"的字样。有些简报，还需标明密级、份号等，标注方法可参照党政公文要求。

2. 报核

报核又称报体，在报头间隔线以下，报尾间隔线以上，主要包括目录、按语、文稿、供稿者等内容。

（1）目录。简报文稿可以是一期一篇，也可以是一期多篇。后一种情况下，常常需要设计"目录"一栏，罗列各篇文章标题。目录并不是简报的必备格式要素，有些一期多篇的简报，也不使用"目录"。

（2）按语。按语是简报编者对简报某些内容所写的说明性、提示性或评论性文字，目的是为了更好地引导读者理解所编发文章、了解编者意图，由简报的编发部门加写。按语一般写在文稿标题之前，加以"编者按""编者的话""按语"或"按"等字样，篇幅不长，通常一段结束。按语不是简报必备的结构要素，是否使用按语往往由编写者根据情况确定。

（3）文稿。即简报刊载的稿件。一期多篇的简报，往往在文稿格式和写法上存在较大差异。有些简报，还会使用图片，追求图文并茂。

（4）供稿者。在文稿右下方加括号写上供稿单位或人员姓名。

3. 报尾

简报报尾类似于法定公文的版记部分，位于简报最后一页，用间隔线与报核部分隔开，一般包括发送范围和印发份数两部分内容。

（1）发送范围。简报的发送范围按受文单位级别的不同，分别写为"报：××、××、××"（上级），"送：××、××、××"（平级），"发：××、××、××"（下级）。

（2）印发份数。简报的印发份数与发送范围之间用间隔线隔开，印发份数写在间隔横线右下方的括号内。如"（共印200份）"。

（五）按语

简报按语具有很强的针对性，往往观点鲜明、见解精辟、表达有力。但按语不是指示、命令，没有强制性作用，多采用探讨期望的和缓语气，如"供参考""供参阅"等词语。根据性质和作用，大体上可以把按语分为说明性按语、提示性按语、批示性按语、评论性按语四种类型。

（1）说明性按语。是对文稿材料来源、制发目的、发送范围、作者情况等所做简要介绍。这类按语一般文字很短，多用于转发式简报。

（2）提示性按语。是对文稿内容进行概括、分析、提示基本精神，阐明意义的按语，一般用于篇幅较长、内容较为复杂的文稿之前。其作用在于对文稿内容的理解提示，对当前工作应注意的事项进行提醒。

（3）批示性按语。主要用于具有典型性和现实指导作用的文稿前，强调其普遍意义，表明领导意见，提出要求和希望。此类按语多以领导意见为基础，由编辑起草后经领导审定。

（4）评论性按语。主要是对文稿所反映的问题加上必要的评议，或是直陈编者的意见，或是揭示事件所组合的意义。

以上四种类型，只是大体的分法。实际写作中，按语的类别界限并不严格，各类按语之间存在交叉情况。

（六）文稿的写作

简报文稿由标题和正文组成。

1. 标题

简报文稿标题与报纸的新闻标题类似，要求用简明、准确、醒目、生动的语言概括出简报所要反映的内容，形式比较灵活，常见的有单行、双行标题两种类型，如《情系老人送温暖，尊师敬老献爱心》《我校学生处召开少数民族学生政策解读会》《阅读文化经典建设"书香校园"——××大学"三大举措"积极开展文化经典阅读推广工作》。

2. 正文

正文写法随文稿种类变化，存在较大差异。较常见的文稿类型有以下几种：

（1）报道式文稿。即用新闻报道形式反映动态、经验或问题。其写法与消息相似，在内容上要求真实客观、简明扼要叙述事实，在形式上也有标题、导语和主体等。运用这种方法，要精心拟制标题，并且着重写好导语。

（2）述评式文稿。即对现实工作和生活中的事件、现象作简要反映，并适当加以评论。类似评论的写法。这种方法既有事实的客观叙述，又有恰当的议论，有叙有议，叙议结合。

（3）总结式文稿。即用总结的写法介绍经验或回顾工作。一般先介绍成绩，再介绍取得成绩的原因，其中成绩部分要写得概括一些，着重介绍做法和经验。这种文稿类似总结，但在内容篇幅上比一般总结概括精练。

（4）汇编式文稿。即将不同单位或地区的情况集中加以报道，让人们了解某一问题在各方面的反映和表现。它围绕一个中心选择和组织材料，往往是将材料分成若干方面，前面再加一个前言。运用这种写法需认真提炼主题，并围绕主题精选材料；表达上通常以概述为主；篇幅稍长的，可以用小标题的方法安排结构。

（5）转引式文稿。即完整转发或根据需要摘引有价值的内容。此类文稿通常会加按语。运用这种编写方法应精选转发材料，一般以转发一个材料为宜；如确有必要转发几个材料，也应围绕一个中心。对转印原文可适当做删减处理，但要保持原貌，不能断章取义。

（七）注意事项

（1）制作要快写快发。简报类似于新闻报道，时效要求高。因此要写很快、印得快、发很快，以便及时向领导和有关人员提供情况，使之不失时机地处理问题，制定政策，指导工作。

（2）篇幅要短小精悍。简报篇幅短小，内容必须洗练。如某个主题内容实在太多，可分几期编发，形成系列。

（3）内容要新鲜典型。简报要反映新情况，传递新信息，反映新内容，揭示新问题，介绍新经验。如选材陈旧，简报就失去了存在意义。

例文

精细管理　科学防控　坚决守住校园一方净土
——"教育系统坚决打赢疫情防控阻击战"系列之一

编者按： 新冠肺炎疫情暴发以来，党中央将疫情防控作为头等大事来抓，习近平总书记亲自指挥、亲自部署，坚持把人民生命安全和身体健康放在第一位，全力打赢疫情防控的人民战争、总体战、阻击战。教育部认真学习贯彻习近平总书记关于疫情防控系列重要讲话、重要指示批示精神，深入落实中央应对疫情工作领导小组决策部署，严格按照"坚定信心、同舟共济、科学防治、精准施策"总要求，统筹疫情防控和教育改革发展各项工作，层层压实责任，加强指导督导，严防扩散、严防暴发，确保了一方净土，教育教学秩序平稳有序恢复。各地各校抓细抓实疫情防控举措，从保障校园安全、加大科研攻关、推进在线教育等方面入手，做到守土有责、守土负责、守土尽责，凝聚起共克时艰的磅礴力量。现将有关做法成效予以编发，供参阅。

教育系统坚决贯彻习近平总书记关于"生命重于泰山、疫情就是命令、防控就是责任"重要指示精神，深刻认识做好疫情防控的重要性和紧迫性，切实把广大师生生命安全和身体健康放在第一位，把疫情防控工作作为当前最重要的工作来抓，把校园作为最重要的阵地，坚决打好打赢疫情防控阻击战。

加强组织领导，健全工作机制。教育部印发多个文件，部署教育系统提高政治站位，落实主体责任，守好"责任田"，护好"一校人"。各地各校加强组织领导，落实联防联控措施，努力将"遭遇战"变成"主动战"。武汉大学、华中科技大学、华中师范大学、华中农业大学、中南财经政法大学等第一时间成立由党委书记、校长担任组长的防控工作领导小组，下设多个专项工作组，负责综合协调、医疗救助、宣传教育、物资捐赠、后勤保障、校园安全、社区联防等工作。浙江省成立由教育厅班子成员组成的防控领导小组，下设办公室和五个工作组，建立日报告、日研判机制，抓实抓好防控措施落实。山西省成立由省教育厅总督学任组长的督导组和七个督导小组，对各地各校防控举措开展全面督查指导，确保"不漏一人、不落一角、不差一环"。东北林业大学指导各二级单位坚持"三个一策""三个到位"，即推进"一院一策""一处一策""一年级一策"，确保情况掌握到位、师生员工关心到位、工作措施落实到位。

实行精细管理，构筑智能防线。教育部制定发布各级学校防疫指南，部署各地各校从

严加强疫情防控期间校园管理。各地各校结合实际，制定疫情防控应急预案，实行精细管理，加强智能防控、从严管控校门，维护校园稳定。陕西省督导各地各校分类逐级、分组包片开展人员摸排工作，及时掌握与疫情严重地区人员有密切接触的、曾到过疫情严重地区的师生状况，确保全面准确、不漏一人。浙江大学建立网格化管理机制，全面摸排重点地区相关师生、留校师生、全体师生三个层面群体的去向和健康状况，建立工作台帐，分层分类制定防控措施。复旦大学建立健全"人盯人"防控体系，对全体师生进行动向和健康摸排，做到全覆盖、无遗漏、无死角。中国地质大学（武汉）实施二级单位、校医院、居委会、网格员与保卫处"五包一"居民隔离观察管理办法，即由五家各出一人负责每个在家隔离观察的人员，实行校园封闭管理，加强校园巡查和校门管控。天津大学开发掌上"综合服务APP"，设立疫情防控专栏，实行线上打卡报平安，对进出校园进行审批。电子科技大学采用GPS定位，学生基于"平安成电"智慧通行管理系统，通过微信扫码登记入校。

协调物资供应，做好后勤保障。教育部指导各地各校结合实际，加大物资储备力度、设立临时隔离观察场所，做好食堂、公寓、教室等场所消杀工作。北京市建立疫情防控物资保障联盟机制，陆续采购口罩、测温仪等配备学校。黑龙江省协调多方力量为哈尔滨高校筹措酒精、口罩等防护应急物资，发挥中俄大学联盟作用，鼓励高校通过多种途径采购防疫物资。湖南省安排教育经费3500万元，用于全省各级各类学校防疫工作。西安交通大学设置五处集中隔离观察场所、一处后备隔离观察场所，统筹做好设备配置、饮食服务、消毒杀菌、日常管理和物资准备等工作。中央戏剧学院加强疫情防控物资储备，严格物资使用管理，设置三个隔离点、六十一个观察室，保障防控一线需求。武汉理工大学构建"后勤集团—社区—党员志愿者—职工"的社区物资保障通道，保证校内食堂和超市正常供给，协同做好校内居民基本生活物资服务保障。

注重宣传引导，把牢舆论导向。各地各校大力宣传疫情防控有关政策和科学知识，引导师生客观认识、积极应对疫情。江苏省向中小学生家长、大学生分别发送公开信，制作疫情防控短视频，编写疫情防控指导手册，指导广大师生科学做好防护。海南省通过教育厅"两微一网"和各类媒体平台，积极宣传全省教育系统加强疫情联防联控的工作措施及成效，讲好抗击疫情故事。同济大学制作"同舟共济 抗击疫情"手机短视频，推出"防疫安全公益课程包"等宣传资料，普及疫情防护知识，引导师生理性认识、提升自我防护能力。郑州大学密切关注舆情动态，及时发布权威信息，加强正面引导。对外经济贸易大学组织专家学者在中外媒体上积极发声，宣传中国政府和人民有效应对疫情的工作和成效，支持并帮助其他国家和地区科学抗疫。

（例文来源：教育部简报〔2020〕第1期）

二、倡议书

（一）含义

倡议书是以集体、组织或个人名义，为开展或推动某项活动或事业，向社会或有关方面公开提出的带有号召性建议的一种文书。

发布倡议书的目的，是最大程度调动积极性，使大家能齐心协力完成某项任务或开展某项活动。一份好的倡议书，可以引起受众的强烈共鸣，写作者所提出的倡议、建议也会得到热烈的响应。

（二）特点

（1）发送范围广泛。倡议书往往是对一个部门、一个地区、一个系统，甚至是向全国发出倡议，具有广泛的群众性。

（2）发送方式多样。倡议书可通过发放传单、广为张贴、媒体刊登或播发等形式发送。

（3）内容非强制性。倡议书的内容，往往同上级的部署要求、社会某种先进风气等日常工作生活息息相关。但对于群众是否响应所提建议或号召，倡议书本身并不具有强制性和约束性。

（三）分类

倡议书按发起者分，可分为个人倡议书、集体倡议书；按倡议内容分，可分为针对某一具体生活事件的倡议书，针对某种思想意识、精神状况的倡议书。按照传播方式不同，倡议书可以分为传单式倡议书、张贴式倡议书、广播式倡议书和登载式倡议书。它可由广播电台、电视台、网络播发，也可在报纸刊物上刊登。

（四）结构与写法

倡议书的内容结构一般由标题、称谓、正文、落款四个部分组成。

1. 标题

通常有"倡议书""倡议者＋倡议内容＋倡议书""倡议内容＋倡议书""倡议对象＋倡议书"等形式或其变体组成。如《倡议书》《××省公安厅关于开展向公安英模学习活动的倡议书》《××省教育厅致全省大学生的倡议书》。

2. 称谓

在标题之下顶格位置写明倡议书的接受对象，应当明确界限和范围，语气应既庄重又亲切，如"全市广大教职工""亲爱的同学们"等。若倡议对象过于广泛，也可省略不写。

3. 正文

倡议书的正文部分通常由引言、主体和结尾三部分构成。引言部分通常应当写明发出倡议的原因、意义和所要达到的目的，并用"为此，我们倡议如下""我们提出以下倡议"等过渡。

主体部分即倡议的具体内容和要求。这是整个倡议书的核心部分，要求清晰、明确、具体地体现出倡议内容。倡议事项较多时，常以分条列项的形式体现。

结尾部分通常是表明倡议者的决心、希望和建议。该部分既可自然成段，也可与主体部分融合体现。

4. 落款

在倡议书正文右下方注明倡议者署名、日期。若倡议者较多，可依次排列。

（五）注意事项

（1）要有受众意识，注重情感共鸣。倡议书能否真正发挥其文体功能，关键在于能否取得倡议对象的接受、认可和响应。因此，写作者要站在受众的角度思考问题，尽可能贴近受众需要和感受；情感表达要恰到好处，既要诉诸受众理性，也要诉诸受众感情，做到"为事造文"和"因情生文"相结合；在用词的时候要注意得体合适，宜情宜理，多用"建议、希望、恳请"之类的词语，少用、不用"要求、必须、务必"之类的词语。

（2）要言之有物，注重实事求是。倡议书发出去是给人看、给人读的，要经得起受众琢磨、回味进而唤起受众响应。因此，倡议书不仅要满怀情感，以深情感染鼓动受众，还要在篇幅有限的情况下，做到内容实事求是，不说大话空话；语言简洁凝练，避免呆板枯燥的说教言辞，确保言之有物、言之有序、言之有文，使受众领受倡议书旨趣及旨归。

致全国公安民警的倡议书

全国公安系统的战友们：

2020年11月24日，党中央在北京人民大会堂隆重召开全国劳动模范和先进工作者表彰大会，习近平总书记亲自为受表彰代表颁奖并发表重要讲话，这充分体现了以习近平同志为核心的党中央对工人阶级和广大劳动群众的高度重视，对全国劳动模范和先进工作者的亲切关怀。

我们93名同志作为全国公安民警的代表参加表彰大会，亲身接受党和人民褒奖，倍感荣幸、深受鼓舞。我们将以这次表彰大会为新的起点，珍惜崇高荣誉，牢记神圣使命，始终保持旺盛斗志和饱满工作热情，与全国公安民警一道，忠诚履职、无私奉献，为奋力谱写"两大奇迹"新篇章作出新贡献。在此，我们向全国公安系统的战友们倡议：

一、坚定政治立场，筑牢忠诚警魂。政治坚定、对党忠诚是公安机关的建警之魂，也是对公安民警的最高政治要求。我们要坚持不懈地用习近平新时代中国特色社会主义思想武装头脑，深入学习贯彻党的十九届五中全会和中央全面依法治国工作会议精神，深入学习贯彻习近平总书记在全国公安工作会议上的重要讲话和在中国人民警察警旗授旗仪式上的重要训词精神，增强"四个意识"、坚定"四个自信"、做到"两个维护"，切实打牢高举旗帜、听党指挥、忠诚使命的思想根基，在思想上政治上行动上同以习近平同志为核心的党中央保持高度一致，永葆绝对忠诚、绝对纯洁、绝对可靠的政治本色，永远做党和人民的忠诚卫士。

二、牢记职责使命，主动担当作为。维护国家安全，维护社会治安秩序，保护公民人身安全、人身自由、合法财产，保护公共财产，预防、制止、惩治违法犯罪，是公安机关的神圣职责。我们要坚持以习近平总书记关于加强新时代公安工作的重要论述为引领，切实把党中央的关心关怀、激励鞭策转化为强大精神动力和履行使命任务的实际行动，以更加强烈的政治担当、使命担当、责任担当，弘扬劳模精神、劳动精神、工匠精神，扎实做好维护国家安全和社会稳定各项工作，努力用忠诚巩固党的执政地位，用奋斗筑牢坚强的共和国之盾，用奉献换来千家万户的幸福安宁，决不辜负党和人民的期望与重托。

三、勇于改革创新，苦练实战本领。坚持创新理论武装、熟练掌握业务知识、练就克敌制胜本领，是履行岗位职责的基本要求，更是适应形势任务发展变化的迫切需要。我们要把能力建设摆在突出位置，牢固树立终身学习理念，突出政治标准，强化政治训练和履职能力实战大练兵，切实加强政治能力、调查研究能力、科学决策能力、改革攻坚能力、应急处突能力、群众工作能力和抓落实能力建设，锻造能打胜仗队伍，确保关键时刻敢于亮剑、能拼善赢，努力以一流的素质、过硬的本领，让党中央放心、让人民群众满意。

四、严守纪律规矩，保持清正廉洁。纪律严明、作风过硬既是公安队伍的优良传统，也是人民警察的立身之本。我们要严格落实全面从严管党治警部署要求，锚定"四个铁一般"标准，以深入开展"坚持政治建警全面从严治警"教育整顿为抓手，切实强化理想信念教育、革命传统教育和忠诚教育，自觉加强思想淬炼和政治历练，着力锤炼忠诚干净担当的政治品格，不断增强政治定力、纪律定力、道德定力、抵腐定力，清清白白做人、干干净净做事，永葆共产党人的浩然正气和人民警察的高尚情操，充分展现党领导的社会主义国家人民警察克己奉公、无私奉献的良好形象。

人民公安事业伟大而光荣，党和人民对我们寄予厚望。让我们更加紧密地团结在以习近平同志为核心的党中央周围，高举中国特色社会主义伟大旗帜，认真学习贯彻党的十九届五中全会和中央全面依法治国工作会议精神，深入贯彻全国公安工作会议和习近平总书记重要训词精神，进一步坚定信心、振奋精神、不忘初心、继续前进，以更加昂扬的斗志和更加饱满的热情，切实履行好党和人民赋予的新时代职责使命，努力为决胜全面建成小康社会、乘势而上开启全面建设社会主义现代化国家新征程、实现中华民族伟大复兴的中国梦作出新的更大贡献。

全国公安系统获全国先进工作者表彰全体代表
2020 年 11 月 24 日

（例文来源：央广网；发布时间：2020 年 11 月 26 日）

第九节　典型材料类文书

通过褒奖、纪念、宣传先进典范引导教化民众、推动指导工作，在我国有着悠久的历史沿革，现行的选树先进典型工作正是对这一传统的批判继承。

典型材料类文书是党政军群机构、企事业单位、社会团体等为了体现集体和个人先进

事迹、工作典型做法和经验而整理出的文字宣传材料，具有评先创优、报功请奖、号召学习、教育群众、传播经验、推动工作的功能，是选树先进典型工作的关键组成部分和重要手段，日常使用频率较高。

在我国，典型材料类文书不仅具有明确的现实写作目的，而且往往体现着浓厚的政治意味和鲜明的时代色彩。这既与典型材料文书写作主体的特殊身份地位有关，也与典型反映的时代精神、行业精神、价值取向、思想走向等社会主流意识形态相关。

典型材料类文书是工作总结的特殊类型。与一般性工作总结的区别，主要体现在三个方面：一是反映的对象有所不同。一般性工作总结的对象是普遍的、广泛的，典型材料所反映的对象是特定的、典型的。二是写作方法有一定差异。一般性总结侧重于归纳做法，使用概括材料较多，议论性较强；典型材料则侧重于介绍先进事迹、成功做法和经验，使用具体材料较多，叙述性较强。三是写作角度和人称不同。一般性工作总结采用第一人称角度，典型材料则往往采用第三人称角度。

最为常见的典型材料类文书有两种：先进事迹材料和典型经验材料。

一、先进事迹材料

（一）概述

先进事迹材料是为了表彰和宣传先进集体或先进个人事迹而撰写的文字材料。

先进事迹材料是从真实的、生动的、感人的素材中总结、提炼、加工出来的具有鲜明时代风貌和独自特色的典型经验，是先进集体或个人先进性的集中反映，写作的核心部分是塑造先进形象，反映先进品质。

（二）分类

按事迹主体划分，先进事迹材料一般分为两类：先进个人事迹材料，先进集体或先进单位事迹材料。

按材料用途划分，可分为评选表彰先进事迹材料和媒体宣传先进事迹材料。

（三）特点

（1）事迹的真实典型性。真实、典型的事例是事迹材料写作的创作源泉，是事迹材料的写作基石。为了有效地塑造事迹集体、人物的先进形象，就必须选取最具典型性的先进事例来反映事迹集体、人物先进品质，更加合理地剪裁典型事例来使材料更加鲜活、生动。

（2）章法的自由灵活性。先进事迹材料的写作"有常规，无常法"，约束相对较少。基于特定的写作对象，如先进党员、党组织，或劳动模范、劳动集体；为了不同目的，如准备申报或授予的不同荣誉；写作者的写作特点，如有的作者喜欢以情动人，有的作者则更愿意在理性的事迹列举中表达认识，等等，所呈现出来的先进事迹材料的面貌、风格会有所不同，结构方式和表现手法也灵活多样。

（四）结构与写法

先进事迹材料一般由标题、正文、落款三部分构成。

1. 标题

常见标题形式有两种：单行标题、双行标题。

（1）单行标题。具有鲜明地程式性，可以形式化地表现为"事迹主体（材料客体）+文种""事迹主体（材料客体）+事项+文种"或"关于+材料用途+文种"。事迹主体（材料客体）既包括先进集体，也包括先进个人，如"××同志先进事迹材料""××同志抗疫先进事迹材料""关于推荐××同志为公安部教学名师的事迹材料""关于评选××同志为优秀党员的先进事迹材料"。有些情况下也可以省略文种中的"材料"二字，如"××同志抗疫先进事迹"。

（2）双行标题。即主副标题形式，也称新闻式标题。双行标题重在通过标题展示事迹主体的精神风貌和主要事迹，以达到直接强调和引导学习的目的。因此，主标题通常是对先进事迹主体精神、行为、成就等的高度概括，副标题则用来对主标题进一步阐释或补充说明，如"在抗疫战斗经受考验　发挥先锋模范作用——××警察学院党员师生践行誓言投身抗疫纪实""使命重于泰山——记投身在抗洪救灾一线的××同志""微笑谱写和谐——××公安分局户籍民警×××先进事迹"。

2. 正文

正文是全文的重点，一般包括基本情况、主要事迹、结尾三部分。

（1）基本情况。简要介绍先进集体或先进个人基本情况，概括其取得的成绩、获得的荣誉或评价。

具体而言，先进集体基本情况一般包括单位名称、成立时间、管辖范围或职责、人员构成及数量状况、主要成绩、一定年限内获得的各种奖励和荣誉称号等。如××省××市公安局巡警支队第五大队事迹材料的基本情况部分：

> ××省××市公安局巡警支队第五大队（以下简称五大队）成立于2006年，现有警力31人，下设4个中队。建队以来，五大队始终坚定不移地贯彻政治建警、从严治警、依法治警的方针，一手抓业务工作，一手抓队伍建设，强化教育训练，严格管理监督，大力加强基层基础工作，狠抓规范化建设，不断提高队伍的整体素质和战斗力，在打击犯罪、维护治安、抢险救灾和服务群众等方面取得了优异的成绩。近年来先后2次荣立集体二等功，3次荣立集体三等功，获得"××市公安局优秀科所队""××市青年文明号""××市精神文明先进单位"等荣誉称号；先后被评为"优秀基层党支部"，被授予"执法为民巡警大队"称号，被××省委政法委评为"××省人民满意的政法单位"，并获颁"五一劳动奖章"。

先进个人基本情况与先进集体基本情况大体相同，一般包括姓名、性别、年龄、工作单位、职务级别、是否党团员、工作时间、从事何种业务工作、在各岗位中的具体工作时间及职务、业绩表现情况、获得的各种奖项和荣誉称号等。如某"全国特级优秀人民警

察"推荐人选的先进事迹材料的基本情况部分：

×××，男，现年42岁，大学本科学历，中共党员，现任××市公安局××分局副局长。×××同志从2000年7月开始长期在××市公安局××派出所工作，先后担任民警、副所长、指导员、所长，2010年2月被提拔为××市公安局××分局副局长。他从警20年来，无论是当一名普通民警，还是担任领导，十几年如一日，爱岗敬业，忠于职守，公而忘私，兢兢业业，任劳任怨，不怕艰难困苦，不怕流血牺牲，在平凡的工作岗位上，为公安事业作出了突出的贡献。特别是担任所领导以来，他大力加强派出所党支部建设，严格队伍管理，带出一支对党忠诚、服务人民、执法公正、纪律严明的队伍。从2004年以来，××派出所先后荣立集体二等功1次和集体三等功2次，荣获全省"人民满意派出所"、全省"人民满意公安基层单位"、全省"青年文明号"和2008年度"全国人民满意公安基层单位"等称号。×××同志也先后荣立个人二等功1次、三等功4次，受到各种表彰15次，先后获得××市公安局"十佳政治工作者""十佳优秀民警""××市首届十大杰出青年"和"全省公安派出所规范化建设先进个人""全国人民满意政法干警""全省优秀人民警察""全国优秀人民警察"等荣誉称号。

（2）主要事迹。这部分是先进事迹材料的核心内容，是全篇材料的主体，要写得既具体又不烦琐、既概括又不抽象、既生动形象又朴素实在，体现说服力。

主要事迹的写作涉及材料的遴选、内容的表达、层次的安排、细节的描写和语言的使用，在写作上应努力做到以下几个方面：

所用材料求真求实。人物、事件应是真实可靠的，所描写的细节应深入核实，引用的数字要确凿无误。写作者不能道听途说，也不能随意加工改造材料，更不能有意编造假材料。

分析提炼突出典型。要全面分析研究材料，进行去粗取精的加工提炼，选择那些最有代表性、最能反映人物思想本质的材料去说明问题，增强生动性和说服力。既要体现出先进思想和价值取向，又应有具体做法和实例；既要有面上的综合，又应有点上的聚焦和说明。

重视结构层次布局。先进事迹材料主体的写作没有一定的限制，结构形式较为灵活，在实际写作中多采用横式结构，即分几个不同的侧面反映人物和集体的先进事迹，或者拟写小标题，或不拟小标题，不管采取何种形式表达，都应事先对材料进行布局，先写什么，后写什么，要仔细推敲，安排好每一个层次内容的支撑材料。

（3）结尾。先进事迹材料的结尾不固定，可以点明主体部分所叙述的先进事迹的意义，进行总体评价，也可以发出号召要求大家向先进人物或集体学习，还可以在主体部分自然结尾。

3. 落款

先进事迹材料一般在正文的右下方注明单位名称、日期，加盖公章。通常不以个人名义署名，无论是先进个人材料还是先进集体材料，都是以本级组织或上级组织的名义组织成稿，代表组织意见。因此，材料完成后，应经有关人员审定，并由组织署名上报。

(五)注意事项

(1)有的放矢组织材料。先进事迹材料大多是为了一定的荣誉目的去写作的文本,而社会中对于各种荣誉的授予,都是就某种情况、某种范围、某个角度、某个方面,有着确定的名目,所以,在进行先进事迹写作之前,必须先弄明白材料为什么荣誉而准备,对照特定荣誉参评条件和指标要求遴选组织事迹材料。

(2)把握分寸、注意细节。先进事迹材料写作的分寸感,主要体现在以下两个方面:一是对个体与他人或集体的褒贬,二是对事例列举和描述的程度、语气、语调的把握。因此,写作先进事迹材料,要注意立足客观事实,防止一味夸大先进个人的作用和影响,把别人或群体的功劳归之于个人,或有明显贬抑他人的语言,避免在突出个体的先进性的同时伤及同事或集体的利益。对关涉的人物或集体所做过的真实事情应该尽量保持在白描的程度,绝不能越过真实的门槛,让受众觉得虚假。

(3)繁简得当、融入感情。先进事迹材料中常常列举多个事例。在有限的文本中,对各个事例的陈述不可笔墨相当、无有区分。能够突出彰显人物或集体先进性的独特、典型事迹,要不惜笔墨予以铺衍,其他相对较为平淡的材料,则可以作为整份材料的"绿叶"存在。在真实、可信的基础上,先进事迹材料的写作要恰当地运用好"感情"元素,要注重选取让人感动的或者含有感情冲突的事例,用富有感情的文字去描摹,在对真挚情感的呈现中,使先进事迹材料拥有感情的力度与深度。

疫情"暴风眼"里,"渐冻"之躯与时间赛跑
——张定宇同志抗疫先进事迹

张定宇,湖北省卫健委副主任、武汉市金银潭医院院长。在"新冠疫情的风暴之眼",他拖着"渐冻"之躯,踩着高低不平的脚步,与病毒鏖战、与死神较量、与时间赛跑,带领医院干部职工救治2800余名患者,以实际行动诠释了"人民至上、生命至上"的理念。9月8日,在全国抗击新冠肺炎疫情表彰大会上,张定宇被授予"人民英雄"国家荣誉称号。

(一)与病毒鏖战

在抗击新冠肺炎疫情中,武汉市金银潭医院被称为"离炮火最近的战场"。

2019年12月29日,随着首批不明原因肺炎患者转入金银潭医院,这家老武汉人都未必熟悉的传染病专科医院成为全民抗疫之战最早打响的地方,承担着大量重症及危重症患者的救治工作。

"这个病毒和我们以前见到的都不一样,这是我一生中遇到的最大挑战。"时间拉回到岁末年初,张定宇回忆说,春节前的一周,患者从一个一个转诊到一拨一拨地转诊。此后,保洁员告急,安保人员告急,医护人员告急,防护用品告急……"特别是早期收治的

病人，所有手段都上了还是拉不回来，内心很煎熬。"

最初那一个多月，清早6点钟起床、次日凌晨1点左右睡觉，不知不觉成了张定宇的常态。好几个夜晚，凌晨2点刚躺下，4点就被手机叫醒。

共产党员、院长、医生，是张定宇的三重身份。"无论哪个身份，在这非常时期、危急时刻，都没理由退半步，必须坚决顶上去！"他说。

在各方支援来前，张定宇领着全院干部职工在一线撑了近一个月。缺少医护，大家主动增加排班频次；缺少保洁员，后勤的顶上去；缺少保安，行政的撑起来……

（二）与时间赛跑

"搞快点！搞快点！"在医院楼道里、病房里，大家常常听到张定宇的大嗓门。可伴随嗓门越来越大，他的脚步却越来越迟缓，跛行越来越严重。曾经，张定宇因为担心影响医护人员的工作和情绪而说是"自己膝关节不好"。可面对一遍遍追问，他终于承认说："我得了渐冻症。"

张定宇的病情让不少同事感到惊讶。"他明明走得好快！"金银潭医院北7病区护士长贾春敏说。有一次，张定宇打电话让她5分钟内到达病区，"他从办公室到北7楼比我远，等我到的时候，他已经在那儿了。平时他老跟不上我们，但他拼的时候，我们跟不上他。"贾春敏说。

可张定宇仍觉得时间不够用。在妻子感染新冠肺炎入院3天后，晚上11点多，张定宇才赶紧跑去10多公里外的另一家医院探望，陪了不到半小时。

"看到他很疲惫，就催着他赶快回去休息。"张定宇妻子程琳回忆说，直到出院，那是丈夫唯一一次去医院陪她。

"知道她确诊，我都懵了，心里很害怕。"张定宇说。即便有再多牵挂，他还是选择在抗疫前线坚守。早上7点半，往往换班的医护人员还没到，张定宇就已经到了。"收病人、转病人、管病人，按道理有些事他可以不管，但他都会到现场亲自过问。"金银潭医院南三病区主任张丽说。

（三）与死神较量

从医30余年，1963年出生的张定宇在不少前线奋战过。他曾随中国医疗队出征，援助阿尔及利亚；2011年除夕，作为湖北第一位"无国界医生"，出现在巴基斯坦西北的蒂默加拉医院；2008年5月14日，四川汶川地震后，他带领湖北省第三医疗队出现在重灾区什邡市……

每一次在患者和自己之间做选择，他都选择以患者为先。以"渐冻"之躯，张定宇硬是与疫魔拼出了惊心动魄的"中国速度"。

"他太累了，病情也加重了，原来左腿还能正常走路，现在也跛了。遇到天气降温，更是完全挪不开步子。"程琳说，有次降温，张定宇从停车场走到楼下电梯口，200多米走了15分钟。

张定宇在车后备厢里放了一根登山杖，扛不住时他会拿出来支撑自己行走。面对因拼命"赛跑"而加剧萎缩的双腿，他淡然地说，既然拦不住时间流逝，那就让它更有意义。

"我从没想过做英雄。是所有人一起作出了牺牲与贡献,而我仅仅是他们中的一分子。"在张定宇心里,"人民英雄"国家荣誉称号不是授予他个人的,而是授予抗疫前线所有基层医务工作者的。

(例文来源:侯文坤,《张定宇:疫情"暴风眼"里,"渐冻"之躯与时间赛跑》,新华网;略有改动)

二、典型经验材料

(一)概述

典型经验材料是对单位或个人工作中的有效、典型做法进行科学总结,使其具有普遍指导意义和实际推广价值的一种文字材料。典型经验材料具有服务公务的独特价值。整理典型经验材料的目的在于研究问题、宣传经验、推动工作。

典型经验材料和先进事迹材料都是先进典型宣传工作的重要应用文种,同属先进典型材料,二者之间既有联系,又有区别。

相同之处主要在于:二者都是典型宣传工作的一部分,存在一定的相关性;二者的写作客体有一定的相同性,都以典型、先进事迹集体或个人的典型、先进事迹作为写作的基础材料。

区别之处主要在于:在写作目的上,先进事迹材料旨在通过宣传先进人物、先进集体的先进事迹来宣传、引导、教育,而典型经验材料的写作目的则主要在于介绍先进的经验和做法。在写作内容上,先进事迹材料主要是介绍先进典型的先进事迹,"以事写人/集体",用典型本身的事实来展现其良好的精神风貌;而典型经验材料则往往是依托事迹推广先进典型经验,"以事论法",通过把经验、做法阐述清楚,用事实来证明其思想方法、工作方法、学习方法等的正确性、先进性和可行性。

(二)特点

(1)真实性。工作中产生的思想和做法被实践证明为有用或有效,才可称之为经验。经验具有已然性,主要来自工作实践。典型经验材料是用典型本身的事实来证实其经验做法的正确性和可行性,因此真实性特点尤为突出,必须依托真实的人或事来书写。

(2)典型性。经验的有效性,主要体现在可操作和普遍适用上。个别化或一般化的经验,不具有操作性和适用性。典型的经验具有丰富的实践性和普适性,有利于在实际工作的具体操作中,照着干、比着做。因此,典型经验材料的重点和关键,就是选择典型对象、典型经验,既要考虑经验对象的适用性、代表性,也要考虑经验的典型性和广泛指导意义。否则,总结的经验往往既不能使人服气,也难以有效推广。

(3)提炼性。经验是从实践中概括、归纳的一种认识、做法和效果。这种概括、归纳经历了从发现事实、认识事物特征,到逐步深化认识,提炼典型经验,并将典型经验上升到理论的高度这一过程。缺少提炼的经验,不具有指导性和独创性。典型经验必须在众多表面经验中有所取舍,提炼概括,把握经验的实质,探寻经验的根源,揭示经验的意义,这样总结的经验才能成为推得开、叫得响、学得了的经验,具有指导性和独创性。

（4）生动性。典型经验材料是通过生活中具体的情况、数据、做法、经验来说明主旨、揭示规律的，不是单纯的理论或数据展示，其目的是为了推广、宣传，因此，生动性、可读性非常重要。在保证真实的基础上，典型经验材料往往追求文辞精炼简明的论述、合理的材料剪裁和谋篇布局、生动鲜活的叙事等，以增强典型经验的生动性和感染力。

（三）分类

典型经验材料属于典型材料的分属种类之一。

按类型分，典型材料往往可分为正面典型材料和反面典型材料，但典型经验材料指的则是正面典型材料。

按对象分，典型材料往往有典型事迹、典型经验、典型事件。典型经验材料是用典型本身的情况说明典型最独到的做法和经验，聚焦的点在做法、经验。

按用途分，典型材料更接近于工作总结。典型经验材料有发言材料、研究材料、上报材料（含述职报告）和推广材料。

（四）结构与写法

典型经验材料的结构与先进事迹材料一致，一般由标题、正文、落款三部分构成。标题、正文、落款的格式、要求都与先进事迹材料相同，但在标题、正文写法上需要重视几点：

1. 标题

典型经验材料的核心内容即是典型的经验做法。因此，标题需要概括出经验做法，展现工作的典型性和有效性，突出工作的特色和闪光点。一般来说，标题的写作有两种方式：第一种是只写做法，如《运用访谈式教学开展党性教育》；第二种是做法＋成效/目的，如《实施干部精细化管理　助推脱贫攻坚》。另外，标题的形式有一行式，如《"诚信先锋"引领出"全国诚信示范市场"》，还有主标题＋副标题式，如《抓实激活，让基层党建强起来——以特色支部推动全面从严治党向机关基层延伸》。

在实际写作中，拟写标题要注重言之有物、言之有趣。言之有物是指标题必须起到能抓住读者眼球，让读者领会到文章的核心内容的作用。要通过对核心内容的凝练，强调实际做法，体现工作的典型性和有效性，不能泛泛而谈。如《坚持"五抓五促"　加强脱贫一线核心力量》《推行党员管理"双十分制"激发党员内生动力》等标题，就是通过使用动宾结构短语的标题拟写方法，直接点明具体工作，强调了何种典型经验、有何成效。言之有趣是指典型经验材料的标题需要尽可能体现工作的特色与闪光点，并用精练且富有趣味性的语言将其概括出来。如《党委"摆擂"支书"比武"　全面激发村支部书记干事创业新动能》这篇材料的标题，通过"摆擂""比武"等形象比喻，概括了有效的经验做法，同时激发了读者的阅读兴趣。

2. 正文

典型经验材料的正文部分，主要包括基本情况、主体和结尾，涵盖的内容主要有具体问题、问题产生的背景、产生问题的原因、解决问题的具体做法、实施的效果、值得分享的经验以及需要进一步思考解决的问题等方面。正文各部分内容除了必须坚持真实和严谨两个原则之外，还必须以逻辑为线，将各项内容紧密联系起来，以达到表现主题的目的。

（1）基本情况。典型经验材料的基本情况部分一般是介绍背景（如具体问题、问题产生的背景、产生问题的原因等），有时对工作成效也会略有提及。

这一部分写作的关键在于运用的事例真实，阐述严谨，做到在时间上有先有后，在时代背景上有虚有实，在工作缘由上有因有果，在工作成效上有内有外。

（2）主体部分。典型经验材料的主体部分是介绍解决问题的具体做法、实施的效果、值得分享的经验和需要进一步思考解决的问题。因此，主体部分的结构和逻辑安排，往往是依据经验观点提炼的方式：即从思想、做法和成效三个方面的路径展开。大致可概括为以下几种写法：

一是以思想认识为主的经验表述模式。这种模式主要是写思想认识为主，把做法和成效置于思想认识之中。如一篇题为《加强自身建设　服务大局需要》的经验材料，在反映××警察学院学生会工作经验时就运用了这种方法。其框架结构以思想认识为主：

> 责任是履职尽责的基石。
> 团结是自身建设的生命。
> 公正是至高最大的廉洁。

二是以做法为主的经验表述模式。这种模式以写做法和方法为主，把认识和成效置于做法和方法之中。以反映××警察学院团学工作经验的典型经验材料——《"口袋里"团建小阵地"零距离"团建大服务》的框架结构为例：

> （一）注重顶层设计，确保探索有方
> （二）注重两线并行，确保推进有力
> （三）注重服务导向，确保工作有效
> （四）注重凝聚合力，确保团结有为

三是认识—方法结合的经验表述模式。如××警察学院撰写的一篇加强学生管理干部建设的经验，其框架结构是：

> 末位淘汰——下篇文章更重要；
> 取经借脑——强根固本有新招；
> 挖井见水——降低一格抓落实。

末位淘汰、取经借脑、挖井见水，既是观念也是方法。这种写法将认识与方法结合紧密，既能帮助人们加深对已有观念的理性认识，又介绍了展开工作的方法，对受众的启迪是双重的。

四是做法—成效式的经验表述模式。如××大学财务处一篇《开源节流谋发展　厉行节约闯难关》的经验材料，在说明如何强化学校财务治理时，就采用了这一表述模式，其框架层次是：

一治:"堵"出最大值;

二治:"合"出高效益;

三治:"抠"出聚财法。

这篇材料的做法就概括为一个字:"治"。工作的成效反映在:"堵"出最大值;"合"出高效益;"抠"出聚财法。总体简练清晰,"做法""成效"实现了高质量结合。采用这种表述模式,一定要注意方法与成效之间的因果关系。

除了上述几种主体常用的结构表述模式外,还可依据思想认识、做法、成效、经验等进行排列组合,有做法—成效—认识式、背景—做法—成效式、成效—认识式等多种。例如,很多典型经验材料的正文,在介绍基本情况/工作背景后,往往会依循"主要做法—工作成效—经验启示"来安排框架体系。

(3)结尾。典型经验材料的结尾往往会简要强调今后需要改进的地方或者今后努力的方向,也可以在主体部分自然结尾。

3.落款

材料完成后,通常应经有关人员审定,并由组织署名上报或宣传报道。

(五)注意事项

(1)体现时代性。要着眼时代,按照时代发展的要求思考问题,发现和发掘事关全局的典型经验。典型是时代的典型。撰写典型经验,在确定典型经验材料主题时,要多想一想形势发展需要不需要,与上级精神一致不一致,与时代脉搏合拍不合拍。以这样一种眼光去审视典型,挖掘典型材料,所总结的材料才能反映时代要求,体现时代特征。

(2)体现指导性。要着眼全局,努力从工作大局上观察问题,从全局的高度观察和分析问题,发现和把握住制约本行业、本单位发展的主要矛盾,看清事物的本质,及时总结解决主要矛盾的经验做法,发现具有普遍指导意义的经验。这是典型经验材料的价值所在。

(3)体现针对性。典型是时代的、全局的,它又是具体的、独特的,把两者结合起来,这样总结的经验才更可贵、更具针对性。要着眼典型个性特征,努力从典型经验的独特性上审视问题,发掘和总结典型对象蕴含的典型价值。

着力培养堪当复兴大任的时代新人
——南京航空航天大学精准推进思想政治建设工作

南京航空航天大学认真贯彻落实全国高校思想政治工作会议和全国教育大会精神,落实立德树人根本任务,传承航空报国精神,着力构建"三全育人"工作体系,精准推进思想政治建设工作,不断提高针对性、有效性和吸引力、感染力,在为国育英才、为国铸重器进程中贡献南航力量。

一是精准把脉，因实施策，构建思政育人共同体。树立"顶天立地"思想政治工作理念，大力弘扬"航空报国、贡献国防"优良办学传统，扎实开展思想政治建设，引导师生争做时代新人的践行者、国之重器的创造者、新风正气的弘扬者。成立由两院院士、国家级教学名师、国家战略产业领军人物、国家重大型号总师组成的学校思想政治工作专家咨询委员会，就思想政治工作领域热点、难点问题进行攻关研究，为制定思想政治建设规划提供咨询。大力支持马克思主义学院建设，将马克思主义理论学科定位为优先建设发展的"高原学科"，在经费投入、政策支持、资源配置等方面予以重点保障。每年投入200万元，设立各类基金，资助师生研究马克思主义中国化最新成果。组建思想政治教育研究中心，建设"川流不息"思政工作团队，全面推行本科生导师制，广泛吸纳党政干部、专业负责人、青年骨干教师、辅导员、离退休教师及杰出校友等参与大学生思想政治教育，构建全校上下联动、校内校外互动的思政育人共同体。

二是精准施教，因时而进，唱响"爱国·奋斗"主旋律。扎实开展"弘扬爱国奋斗精神 建功立业新时代"主题教育活动，举办优秀共产党员陈达院士生平事迹及实物展，深入宣传陈达院士"干惊天动地事，做隐姓埋名人"的爱国奋斗精神，邀请杨利伟、费俊龙、聂海胜等航天英雄到校开展主题教育活动，激励广大师生把爱国之情、报国之志融入祖国改革发展伟大事业和学校"双一流"建设的奋斗之中。整合校内外思政教育资源，聘任校友总师担任思政工作首席专家，精心组织"爱国奋斗·南航担当"——校友总师系列思政公开课，邀请C919大型客机总设计师、AG600水陆两栖飞机总设计师等五位杰出校友担任思政教师，讲授航空航天领域科学知识、核心技术及未来发展，分享成长成才、艰苦奋斗历程，激励广大学生献身国防、航空报国。连续10年举办"南航年度人物"评选活动，评选出100余位优秀师生典型，发挥先进人物的示范作用。

三是精准发力，因势而新，全面提升思政育人实效性。坚持每年开展针对大学生的全样本问卷调查，深入把握当代大学生身心特点和思想状况，在培养价值认同、实践养成和文化熏陶上下功夫，确保思想政治教育取得实效。围绕大学生价值选择困惑，在"南航徐川"微信微博发表文章《我为什么加入中国共产党》，用朴实的语言、生动的事例教育引导青年学生端正入党动机、坚定理想信念。创新思想政治工作方法，录制《7分钟速览中国共产党96周年的辉煌历史》《带你认识不一样的马克思》等视频公开课，获得千万点击量。集中开展马克思主义信仰教育，策划举办"你好，马克思""与信仰对话"等系列公开课，承办"马克思主义·青年说"主题教育活动，紧扣推进马克思主义科学理论学习教育，密切联系青年学生的思想和学习实际，发挥榜样引领作用，形成理论学习教育工作合力。打造《顶天立地谈信仰》党课，在全国教育系统巡讲，出版《顶天立地谈信仰——原来党课可以这么上》，帮助学生纠正错误思想、澄清模糊认识。坚持示范引领专业课程与思政课程同向同行，建成以"物理与艺术"和"航天、人文与艺术"等精品课程为代表的"科技·艺术·文化"系列、"国之重器"与工程素养系列等通识课程群，形成"课程思政"矩阵。组织开展礼敬中华优秀传统文化教育、国防特色主题教育、"高雅艺术进校园"等活动，建设"百岗奉献""学生事务服务中心""学习支持辅导中心"等校内外实践

平台，融会贯通第一课堂、第二课堂和实践教学，不断提升思政教育吸引力。"群星计划"实施以来，学生思想政治素质、学业发展能力、创新创业能力不断提高，传承南航立校兴学国家使命和国防使命的责任感不断增强，每年40%~50%的毕业生主动奔赴军工、国防类单位干事创业。

（例文来源：《南京航空航天大学精准推进思想政治工作 着力培养堪当复兴大任的时代新人》，教育部简报〔2018〕第67期；略有改动）

第十节　记录记载类文书

记录记载类文书是根据某种需要，把身边发生的事情如实地记载，以便为以后的工作、学习提供可靠依据的应用性文体。此类文书能如实反映客观情况，属于工作必备的常用写作文体，应用范围广、种类多，常见的有会议记录、电话记录、工作日志、大事记等。本节我们主要介绍会议记录、大事记。

一、会议记录

（一）概述

会议记录是由会务秘书或指定人员把会议的组织情况（会议名称、时间、地点、与会人员、主持人）、议题和发言的内容、议定的事项等如实地记录下来所形成的书面文书，是会议类文书的重要文种之一。

记录会议除笔录外，还可以采用录音、录像等辅助手段，最大限度地再现会议情境。但就会议记录而言，最终还要将录音录像内容还原成文字。

（二）特点

（1）实录性。会议记录是对会议情况和内容客观、真实、原始的记录，未经加工和增添删减，具有原始性和凭据性，是会后查对有关情况的真实依据。这也是会议记录与会议简报、纪要等在存在形态上的本质区别。

（2）备考性。会议记录是作为分析会议进程、研究会议议程、落实会议精神的依据，是编写会议简报、撰写纪要以及其他文字材料的重要素材，也是重要的档案材料，能够为日后查考提供凭证。

（3）完整性。会议记录是会议全貌的真实反映，涵盖会议基本情况、与会人员讨论发言情况、形成的决议等，不仅有过程，而且有内容，完整地反映了会议的实况。

（三）分类

按照不同的划分标准，会议记录可分为不同的类型。

（1）按照记录方法和详略程度，可分为详细会议记录、摘要式会议记录。

（2）按照会议性质和会议内容，可分为办公会议记录、专题会议记录、党务会议记录、行政会议记录等。

（四）结构与写法

会议记录一般由标题、会议组织情况、会议议题、讨论发言内容、决议、记录结束语、签名等几项内容构成。

1. 标题

标题一般由"会议名称+文种"组成，即"××××会议记录"。会议名称应完整、准确、规范，必要时应写明召开会议的机关或组织、会议的年度或届次、会议的内容等。

2. 会议组织情况

（1）会议日期。即会议召开的具体日期，有时还要注明上午、下午、晚上或具体钟点、时段。

（2）会议地点。会议场所的名称，不能笼统写，而是要具体写明在什么地方什么会议场所召开。

（3）出席人员。即会议参会人员。根据会议的规模和性质不同，对出席人记写的方法也不同。参加人数较多的会议，可以只写参加人员的范围和人数，具体人员通过另备的签到簿体现。人数不多的会议，可以把出席人的姓名、职务、级别等按一定顺序列出。

（4）缺席人员。写明姓名并注明缺席原因，必要时补充说明缺席人员单位、职务等。

（5）列席人员。列席人员是指因工作需要或法定要求参加会议，但不参与会议的具体内容，一般没有发言权、表决权的与会人员。具体记法与出席人员记法相同。

（6）主持人。记明主持召开会议的人员姓名、单位、职务等。

（7）记录人。记明记录人员的姓名、单位、职务。如果是多人共同记录，应全部记明。

3. 会议议题

一般应使用简明扼要的标题式写法，将会议拟讨论的议题予以记录。具有多个议题时应加序号。

4. 讨论发言内容

讨论发言内容是了解会议过程和会议内容的主要依据，是会议成果的综合反映，是日后备查的重要部分，要着重记录。

记录时应先记录发言人，再记录该人员的发言。记录方法有两种，一种是摘要记录，另一种是详细记录。

摘要记录法又称简录法，重在突出重点，记录会议基本情况和讨论发言的主要内容，如会议讨论的议题、发言要点、争论的问题、结论意见、决定事项等。对会议的一般进程、发言者的广征博引等，可省略不记或一笔带过。做摘要记录时，对发言内容要在整体上加以把握，有取有舍，适当归纳，扼要记录。详细记录法又称实录法，多用于重要会议，要求把会议的全部情况都尽可能详尽完整地记录下来。

上述两种方法并不是截然割裂开来的。同一篇会议记录，往往会兼用两种方法。有的发言内容要详细记录,尽可能记下每一句话,保持发言原貌;有的可以适当略记,记下主要内容,保持发言原意。不管哪一种记录,都要如实记录,不可随意编写,扭曲原意。发言人提出的问题、阐述的观点、表明的态度以及话题的转换、争论等,都应该尽可能全面详实记录。

5. 决议

决议即会议作出的结论。一般在会议的最后,由会议主持人予以归纳。记录人应逐字逐句记录。如果决议的事项较多,可采用序号罗列。还要记录与会者对决议的态度,如果与会者一致同意,应写上"一致同意""全体通过"等。如果参会人员有异议或保留态度,则应如实详细记录。如有表决,则要记下表决的票数。

6. 记录结束语

记录完毕,另起一行,写明"散会"或"会议结束"等内容。如遇中途休会,则应注明"休会"。

7. 签名

由于会议记录是不容更改的原始凭证,因此要由会议记录人、主持人等相关人员在会议记录末页下端签名,如"记录人:×××""主持人:×××"。有些重大决策性会议,还需要全体与会人员签名,以示对该记录负责。

(五)注意事项

(1)不可漏记错记。出现漏记、错记,主要有记录人精力不集中、不认真听取发言、记录速度缓慢等原因。漏记、错记会导致会议记录失去真实性、准确性,严重的还会引发矛盾,贻误工作。

(2)不可歪曲虚构。背离会议记录的真实、准确原则,虚构歪曲会议内容,主要是记录人态度不端正、作风不严谨、随心所欲、任意编造所致。有的甚至是出于不正当的动机篡改内容,以达到个人目的。记录人要端正思想态度,充分认识会议记录内容真实的重要性,同时要加强会议记录的交叉审核,完善责任制。

(3)不可字迹潦草。相当一部分会议记录仍然采用人工手写记录。特别是在讨论热烈、发言众多的情况下,要保证书写速度跟上讲话速度,很容易出现字迹潦草、书写不规范等现象,导致日后难以识别。避免字迹潦草,一方面需要记录人提高记录速度,掌握速记技巧;另一方面需要掌握记录方法,熟练使用详录简录法交替记录,确保详略得当,减少冗余无效文字。

××大学学生会组织部会议记录

时间:2020年10月8日18点

地点:团学工作楼3楼320办公室

出席人：胡斯博、王舒燕、刘思然、王亮、郭奕辰、邢东方、崔丹

缺席人：郑艺（国庆回家尚未返校）、杨欢（因私请假外出）

主持人：胡斯博（学生会组织部部长）

会议记录人：崔丹（学生会组织部干事）

会议议题：研究讨论××大学学生会组织部2020年下学期重点工作

会议内容：

1. 胡斯博传达学校团委、学生处有关文件精神和工作要求（略）；

2. 王舒燕总结2020年上半年组织部工作开展情况（略）；

3. 研究讨论2020年下学期组织部重点工作。

王亮：建议进一步熟悉掌握全校团组织基本情况，完善基层团组织、团总支委员情况台账。

王舒燕：要提高两个效率，一是组织部内部工作反馈效率，二是联系学生、协调解决同学关心关注问题的效率。

胡斯博：要加强抗疫动员和宣传教育，特别是要充分利用抖音、微信等新媒体，尝试创建组织部抖音账号。

邢东方：努力克服疫情影响，严格做团员发展工作、团员证注册管理工作和团费收缴、团员组织关系转接等工作。

郭奕辰：继续抓好青马工程、业余团校、干部培训班组织工作和推优工作。

刘思然：应根据组织部工作需要和人员调整，重新进行工作分工。

会议决议：

1. 由崔丹负责，对今天会议提出的几项学期重点工作建议进行梳理，起草工作方案和任务清单后进一步研究讨论。

2. 根据工作需要，对王亮、杨欢、刘思然、邢东方4位干事的工作分工进行调整。王亮除原工作分工之外，要辅助胡斯博开展抗疫宣传工作。杨欢主要负责青马工程材料统筹以及绩效考核工作。刘思然主要负责和各二级学院学生会组织部部长的联系和沟通，月度标兵以及档案管理工作转交邢东方负责。

散会。

主持人：胡斯博（签名）
记录人：崔丹（签名）

二、大事记

（一）概述

大事记是以时间为顺序，用简明扼要的文字如实记载和反映党政机关、企事业单位、社会组织在一定时期内所发生的重大活动、重要事项的事务性文书。大事记是对记事单位发展和变迁的轮廓所作的粗线条的描述，能够比较忠实、完整、清晰地反映工作和发展轨迹，具有总纲作用、备查作用、参考作用和索引向导作用，是总结、检查、统计和资料编

纂的重要依据，具有重要的史料价值。

（二）特点

（1）编年性。大事记是以编年的形式记载重大事件和活动的文体。即以年、月、日等时间为序行文。

（2）记事性。大事记虽然必须实录大事要事，但却坚持述而不论，即只写大事要事，而不直接加入拟稿人员的立场、观点、态度。

（3）简明性。大事记特别要求条目明晰，文字简洁，不渲染描绘。

（三）分类

（1）按照记载的对象划分。可分为国家大事记、地区大事记、机关/单位/部门大事记等。

（2）按照记载的时间划分。可分为年度大事记、季度大事记、月份大事记、断代大事记等。

（3）按照记载的内容和体例划分。可分为综合性大事记、专题性大事记等。

（四）结构与写作

大事记的格式相对固定单一，通常包括标题、前言（后记）和正文三部分。

1. 标题

标题分为完整式标题、简略式标题两种。完整式标题包括单位名称、时间跨度、内容和文种四个要素，如《××省公安厅2019年党建工作大事记》。多数情况下采用简略标题，省略有关要素，如《扶贫攻坚大事记》《2019年大事记》《大事记》等。

2. 前言（后记）

一般扼要阐述编写指导思想、目的、意义，编写体例、记叙的时限、范围、材料来源、使用和处理情况，以及需要特别说明的事等，可放正文前作前言，也可放正文后作后记。

实践中并不是每个大事记都有前言或后记，大多数大事记是在标题之下直接撰写正文内容。

3. 正文

正文是大事记的核心部分，一般包括时间排列和事项记述两项内容，通常采用分条表述形式。

（1）时间排列。大事记必须按照时间的先后顺序记明年、月、日。有的重要事件还要求记清楚上午、下午或晚上的具体时间；有的工作事项不是一天完成的，则应记明起止日期，时间延续较长的某项工作，可以分为几个主要阶段分别记载。

（2）事项记述。即大事记需要记载的大事、要事，通常是一事一记。如果一天之内发生几件大事，则按发生的先后顺序逐项记载，每件大事记为一条，每一条一个自然段。如果是连日组成一件大事的，一般放在事情的最后一天记载。写作要遵循一事一记的原则，用简洁凝练的语言写清"是什么事—是谁做的—有什么特点、意义"等。如果所记事件持续时间较长，则要写清截止日期，内容要完整、全面。

(五)注意事项

(1)准确选事。从本地区、本单位、本部门性质、任务和主要职能等实际出发,选择、确定、记录大事、要事,突出自身活动的特点。

(2)清楚计时。大事记必须写清楚每一件大事、要事发生的年、月、日。特别重要的工作事项还要准确到时、分,甚至秒,原则上不使用诸如"近日""最近""上旬""月初"等不确切的日期表述。正式文件记生效日期,会议则记录召开日期,连续几天的会议,记明起止日期;大事记的条款,要严格按照事件发生时间的先后顺序排列。

(3)突出大事。大事记应该收录一定范围、一定时期内的大事、要事。收录时要做到横不缺项,纵不断线,大事突出,要事不漏,琐事不录。大事要事的记录范围通常包括人事变动、组织变动、上级对本单位的领导活动或本级的主要工作活动等日常重要工作或活动,以及其他足以在本地区、本单位产生重大影响的事件。

(4)只述不评。大事记重在"记",事情是怎样就怎样写,不需要加任何评论。语言要简明扼要,记清记准,表述方式要条文化,不要文章化。

例文

改革开放四十年大事记

原编者按:改革开放是党和人民大踏步赶上时代的重要法宝,是决定当代中国命运的关键一招,也是决定实现"两个一百年"奋斗目标、实现中华民族伟大复兴中国梦的关键一招。为庆祝改革开放40周年,充分展示改革开放40年的伟大成就,引导广大党员干部群众更加深刻地认识习近平新时代中国特色社会主义思想是全面深化改革的根本指导思想,更加深刻地认识改革开放是坚持和发展中国特色社会主义的必由之路,更加深刻地认识中国共产党、中国人民和中国特色社会主义的伟大力量,动员全党全国各族人民在以习近平同志为核心的党中央坚强领导下,统一思想、凝聚共识、坚定信心,不忘初心、牢记使命、不懈奋斗,在更高起点、更高层次、更高目标上将改革开放进行到底,中央党史和文献研究院编写了《改革开放四十年大事记》。现将全文刊发(编者注:出于例文篇幅考虑,本教材仅摘选2018年度大事记),以飨读者。

二〇一八年

1月2日 中共中央、国务院印发《关于实施乡村振兴战略的意见》。

1月18日—19日 中共十九届二中全会举行。全会通过《关于修改宪法部分内容的建议》。3月11日,十三届全国人大一次会议通过宪法修正案。

2月26日—28日 中共十九届三中全会举行。全会通过《关于深化党和国家机构改革的决定》和《深化党和国家机构改革方案》,决定组建中央全面依法治国委员会、中央审计委员会等机构。3月17日,十三届全国人大一次会议批准国务院机构改革方案。

2月28日　国务院台办、国家发展改革委发布《关于促进两岸经济文化交流合作的若干措施》。该措施共31条，其中12条涉及加快给予台资企业与大陆企业同等待遇，19条涉及逐步为台湾同胞在大陆学习、创业、就业、生活提供与大陆同胞同等待遇。

3月3日—15日　全国政协十三届一次会议举行。会议选举汪洋为全国政协主席。

3月5日—20日　十三届全国人大一次会议举行。会议选举习近平为国家主席、国家中央军委主席，栗战书为全国人大常委会委员长，决定李克强为国务院总理。

3月20日　十三届全国人大一次会议通过《中华人民共和国监察法》。23日，中华人民共和国国家监察委员会在北京揭牌。

4月11日　中共中央、国务院印发《关于支持海南全面深化改革开放的指导意见》，赋予海南经济特区改革开放新使命，建设自由贸易试验区和中国特色自由贸易港。13日，习近平在庆祝海南建省办经济特区30周年大会上讲话指出，海南要着力打造全面深化改革开放试验区、国家生态文明试验区、国际旅游消费中心、国家重大战略服务保障区，形成更高层次改革开放新格局。

4月26日　习近平在武汉主持召开深入推动长江经济带发展座谈会时讲话指出，新形势下推动长江经济带发展，关键是要正确把握整体推进和重点突破、生态环境保护和经济发展、总体谋划和久久为功、破除旧动能和培育新动能、自身发展和协同发展的关系。

4月27日　十三届全国人大常委会第二次会议通过《中华人民共和国英雄烈士保护法》。

5月18日　习近平在全国生态环境保护大会上讲话提出新时代推进生态文明建设的原则，强调要加快构建生态文明体系。这次大会总结并阐述了习近平生态文明思想。

5月28日　习近平在中国科学院第十九次院士大会、中国工程院第十四次院士大会上讲话指出，要充分认识创新是第一动力，矢志不移自主创新，着力增强自主创新能力。要以关键共性技术、前沿引领技术、现代工程技术、颠覆性技术创新为突破口，努力实现关键核心技术自主可控，把创新主动权、发展主动权牢牢掌握在自己手中。

5月30日　国务院发出《关于建立企业职工基本养老保险基金中央调剂制度的通知》。

6月9日—10日　上海合作组织青岛峰会举行。10日，习近平主持会议并发表讲话，强调要提倡创新、协调、绿色、开放、共享的发展观，践行共同、综合、合作、可持续的安全观，秉持开放、融通、互利、共赢的合作观，树立平等、互鉴、对话、包容的文明观，坚持共商共建共享的全球治理观，不断改革完善全球治理体系，推动各国携手建设人类命运共同体。

6月15日　中共中央、国务院印发《关于打赢脱贫攻坚战三年行动的指导意见》。

6月16日　中共中央、国务院印发《关于全面加强生态环境保护坚决打好污染防治攻坚战的意见》。

6月22日　习近平在中央外事工作会议上讲话指出，把握国际形势要树立正确的历史观、大局观、角色观。当前，我国处于近代以来最好的发展时期，世界处于百年未有之大变局，两者同步交织、相互激荡。要深入分析世界转型过渡期国际形势的演变规律，准确把握历史交汇期我国外部环境的基本特征，统筹谋划和推进外交工作。这次会议总结并阐述了习近平外交思想。

6月29日　习近平在主持中共中央政治局第六次集体学习时讲话指出，党的政治建设是党的根本性建设，要把党的政治建设摆在首位，以党的政治建设为统领。

6月30日　中共中央、国务院印发《关于完善国有金融资本管理的指导意见》，明确对国有金融资本实行统一授权管理，建立健全国有金融资本管理的"四梁八柱"。

7月3日　习近平在全国组织工作会议上讲话指出，党的力量来自组织，党的全面领导、党的全部工作要靠党的坚强组织体系去实现。强调，新时代党的组织路线是：全面贯彻新时代中国特色社会主义思想，以组织体系建设为重点，着力培养忠诚干净担当的高素质干部，着力集聚爱国奉献的各方面优秀人才，坚持德才兼备、以德为先、任人唯贤，为坚持和加强党的全面领导、坚持和发展中国特色社会主义提供坚强组织保证。

8月17日　习近平在中央军委党的建设会议上讲话强调，全面加强新时代我军党的领导和党的建设工作，为开创强军事业新局面提供坚强政治保证。

8月21日　习近平在全国宣传思想工作会议上讲话指出，中国特色社会主义进入新时代，必须把统一思想、凝聚力量作为宣传思想工作的中心环节。做好新形势下宣传思想工作，必须自觉承担起举旗帜、聚民心、育新人、兴文化、展形象的使命任务。

8月24日　习近平主持召开中央全面依法治国委员会第一次会议时讲话指出，全面依法治国具有基础性、保障性作用。中央全面依法治国委员会要管宏观、谋全局、抓大事，既要破解当下突出问题，又要谋划长远工作，把主要精力放在顶层设计上。

9月3日—4日　中非合作论坛北京峰会举行。习近平主持峰会并在开幕式上发表主旨讲话，提出中非要携手打造责任共担、合作共赢、幸福共享、文化共兴、安全共筑、和谐共生的中非命运共同体。会议通过《关于构建更加紧密的中非命运共同体的北京宣言》和《中非合作论坛—北京行动计划（2019—2021年）》。

9月10日　习近平在全国教育大会上讲话指出，教育是国之大计、党之大计。要坚持改革创新，以凝聚人心、完善人格、开发人力、培育人才、造福人民为工作目标，培养德智体美劳全面发展的社会主义建设者和接班人，加快推进教育现代化、建设教育强国、办好人民满意的教育。

9月26日　习近平在黑龙江考察时讲话指出，现在，国际上单边主义、贸易保护主义上升，我们必须坚持走自力更生的道路。中国要发展，最终要靠自己。

9月28日　习近平在沈阳主持召开深入推进东北振兴座谈会时讲话指出，新时代东北振兴，是全面振兴、全方位振兴，要从统筹推进"五位一体"总体布局、协调推进"四个全面"战略布局的角度去把握，瞄准方向、保持定力、扬长避短、发挥优势，一以贯之、久久为功，撸起袖子加油干，重塑环境、重振雄风，形成对国家重大战略的坚

强支撑。

10月23日　港珠澳大桥开通仪式在广东省珠海市举行。习近平出席仪式。港珠澳大桥总长55公里，是连接香港、珠海和澳门的超大型跨海通道，也是世界上最长的跨海大桥。

11月1日　习近平在主持召开民营企业座谈会时讲话指出，我们强调把公有制经济巩固好、发展好，同鼓励、支持、引导非公有制经济发展不是对立的，而是有机统一的。公有制经济、非公有制经济应该相辅相成、相得益彰，而不是相互排斥、相互抵消。我国基本经济制度写入了宪法、党章，这是不会变的，也是不能变的。在我国经济发展进程中，要不断为民营经济营造更好发展环境。

11月5日—10日　首届中国国际进口博览会在上海举行。5日，习近平出席开幕式并发表主旨演讲时指出，中国国际进口博览会是迄今为止世界上第一个以进口为主题的国家级展会，是中国推动建设开放型世界经济、支持经济全球化的实际行动；宣布增设中国上海自由贸易试验区的新片区、在上海证券交易所设立科创板并试点注册制、支持长江三角洲区域一体化发展并上升为国家战略。

11月7日　中共中央、国务院印发《关于学前教育深化改革规范发展的若干意见》。指出，推进学前教育普及普惠安全优质发展，更好实现幼有所育。

11月9日　习近平向国家综合性消防救援队伍授旗并致训词。

11月12日　习近平在会见香港澳门各界庆祝国家改革开放40周年访问团时讲话指出，40年改革开放，港澳同胞是见证者也是参与者，是受益者也是贡献者。港澳同胞同内地人民一样，都是国家改革开放伟大奇迹的创造者。国家改革开放的历程就是香港、澳门同内地优势互补、一起发展的历程。对香港、澳门来说，"一国两制"是最大的优势，国家改革开放是最大的舞台，共建"一带一路"、粤港澳大湾区建设等国家战略实施是新的重大机遇。

11月13日　习近平在国家博物馆参观"伟大的变革——庆祝改革开放40周年大型展览"时讲话指出，要通过展览，统一思想、凝聚共识、鼓舞斗志、团结奋斗，坚定全国各族人民跟党走中国特色社会主义道路、改革开放道路的信心和决心。

（例文来源：节选自新华网，《改革开放四十年大事记》）

第四章 新闻文体写作

　　新闻是新近发生的事实的报道，不仅是交流思想、传递信息、反映情况、提出建议、发挥舆论监督作用的重要渠道，也是推动日常工作的重要手段。

　　新闻文体是以电视、广播、报纸、杂志、互联网媒体等主要传播媒介记录社会、传播信息和反映时代的应用文体。新闻文体有广义与狭义之分。广义的新闻文体，除了发表于报刊、广播电视、网络的评论与专文外，还包括消息、通讯、特写和速写等；狭义的新闻文体专指消息。

　　新闻文体写作是应用写作的一个重要分支。它与文学创作、历史著作、公文写作等既有紧密联系，亦有本质区别。

　　步入信息时代，新闻与我们的关系愈发密切。对于个体而言，每天我们都生活在新闻的海洋中，越来越多的人开始进入信息交流与分享的过程，成为信息传播的主体，以至于出现了"人人皆传者、人人皆受众"的局面。对于机关团体、企事业单位而言，加强新闻报道，宣讲"好故事"，传播"好声音"，有助于宣传党和国家的方针政策、树立单位的良好形象，是一项经常性的重要工作。

　　本章主要介绍消息、通讯两种主要的新闻文体。

第一节 消息

一、概述

消息是对新近发生或发现的具有一定社会意义的事实的简短报道，是最经常、最大量运用的新闻体裁。在各种新闻文体中，消息对新闻事件的报道是最迅速、最简明。它通常以最快的时效告诉受众、什么时间发生了什么事情、其他文体往往紧随其后。

消息一般有六个要素，即何时、何地、何人、何事、何因及如何发生，简称六要素。

二、特点

（1）真实性。真实性是消息的灵魂和生命，也是新闻写作的基本原则。消息中反映的事实，包括人物、时间、地点、事件、细节、数字等，都要求具体真实，准确无误，不允许艺术加工，更不能捏造事实、无中生有。

（2）时效性。时效性是消息存在的价值之所在，体现在"快"与"新"两个方面。"快"，要求报道迅速及时；"新"，要求反映的是新信息、新情况、新问题、新经验。

（3）简明性。消息一般篇幅短小，语言简洁，要求在有限的容量里传播尽可能多的信息，有的消息只有几十字或几百字，故列宁曾称之为"电报文体"。

三、分类

消息按不同的划分方法可以分为不同种类。

（一）按报道组织形式分类

（1）动态消息。也称动态新闻，这种消息迅速、及时地报道国内外的重大事件，报道社会主义建设中的新人新事、新气象、新成就、新经验。

（2）综合消息。也称综合新闻，指的是综合反映带有全局性情况、动向、成就和问题的消息报道。

（3）典型消息。也称典型新闻，这是对某一部门或某一单位的典型经验或成功做法的集中报道，用于带动全局，指导一般。

（4）述评消息。也称新闻述评，它除具有动态消息的一般特征外，还往往在叙述新闻事实的同时，由作者直接发出一些必要的议论，简明地表示作者的观点。

（二）按篇幅长短分类

（1）简讯。即用三言两语简要地报道新发生或新发现的具有新闻价值的事实。

（2）短消息。即用简洁的文字把最新最重要而又有意义的事实报道出来。一般此类消息,由导语和主体两部分组成,尽管十分简短,但却比简讯具体、完整。

(3)长消息。即用较多的笔墨,详细地报道新闻价值较高的重大的事实。这类消息的写作有导语,还要交代必要的背景,有的写出事件的全过程或工作经验的主要内容。一般说来,长消息主要报道重要的会议、重大的事件或成就,介绍先进经验等。

(4)特写消息。也称目击式消息或情景消息,即对事情的发生或人物活动的现场,给予准确、清晰、生动地描写,力求再现事实。这类消息可以单独报道某一重大事件或作为重要报道的一种补充。

(三)按消息报道内容分类

(1)人物消息。以人物的活动或遭遇为内容的报道。如各行各业先进人物的示范工作或在各自工作岗位上取得了新成就等,都可以写成这类消息。

(2)经验消息。即以生产、经营、工作、学习等方面取得的成就、经验和做法为内容的报道。

(3)事件消息。即迅速及时报道国内外发生的具有新闻价值的事件,故又称为动态消息。

(4)会议消息。即以会议情况为内容的报道。

四、结构

消息的结构是指一篇消息的外部结构形态和内部组合形态。

从外部结构形态来看,常见的消息结构形式有三大类:

(1)倒金字塔结构。这是采用最多的一种消息结构,也称为"倒三角结构"。这种结构是将最重要、最新鲜、最吸引人的新闻内容放在最前面,把次重要的内容放在稍后,依据材料的重要性来排列,很像倒置的金字塔。它的优点是:最能体现新闻性;开门见山,概括性强;切合读者心理,并能引起"新闻欲";便于编辑处理稿件和制作标题;便于记者增加新的重要事实材料。

(2)金字塔结构。这是按事件发生、发展的先后顺序安排层次,将事实结果、最重要的材料留到最后才显示出来的消息结构,相对于"倒金字塔结构"而言,又称"积累兴趣"结构。事件的开头就是消息的开头,事件的结尾就是消息的结尾。这种顺时序写法,有利于读者接受和理解。一些故事性强、人情味浓的消息常采用这种结构。这种结构的优点是:行文构思比较方便;可以保持新闻事实比较完整的故事性;容易清楚地反映出新闻事件原委始末的脉络。

(3)自由式结构。这种结构又称为"散文式结构",是指消息写作中适当吸收了散文写法,形式不拘一格,内容博而不杂,类似自由活泼的散文结构。采用这种结构,消息开头可以先简笔描绘有关场面、情景、气氛、色彩,或即兴抒发见闻、感触;或引发调动读者的联想,激起读者的兴趣;或设置悬念等;然后,再有节奏地和盘托出新闻事实。这种结构的优点是:比较自由和有文采;比较容易突破消息写作的某些模式、条框,有利于改变千篇一律的面孔，使消息行文富于变化。

从内部组合形态看，消息一般由标题、导语、主体、结尾、背景等部分组成。并不是每条消息都应具备这几个部分，有时可根据情况省略背景或结尾。

五、写法

（一）标题

新闻标题，是在新闻正文内容前面，对新闻内容加以概括或评价的简短文字，作用是划分、组织、揭示、评价新闻内容、吸引读者阅读。俗话说"题好一半文"，消息的标题被称为消息的眼睛，好的标题可以让消息增色生辉，耐人寻味，起到吸引读者至关重要的作用。

消息标题不同于文学作品的标题，文学作品标题追求含蓄、意味深远；而消息的标题要揭示新闻价值、新闻事实，因此在形式上别具一格。通常可分为单行题和多行题。单行题指的是只有主标题，如：

防汛救灾彰显基层党组织"硬核"能量

多行标题，主要是根据写作需要，在主标题、引题、副题和提要题等之间做包含主标题的组合。引题与副题可称为辅标题，根据需要设置。近年来在新闻实践中运用比较多的提要题，也可以划入到辅标题之中。

主标题又称正题、大标题、母题，是新闻标题的核心部分。从内容来说，它是标题中最重要、最受人关注的事实和思想，是标题的主体和中心。从结构来说，它是标题的枢纽，直接联系着引题和副题。从字号来说，主标题在多行标题中，所用的字最大，位置最显著，最引人关注。主标题可实可虚，既可以是叙事性的实题，也可以是议论性的虚题。

引题位置在主标题之上，又称为上辅题、肩题或眉题。引题的作用主要是引出主标题。其引出主标题的方式多种多样，常见的方式是通过交代和说明相关新闻的背景、意义、目的、原因、结果以及长句短化、烘托气氛、提出问题等引出主标题。

副题的位置在主标题之下，又称为下辅题，就其位置而言，紧随正题，常对正题内容做一些补充说明，或交代正题的来源和结果，或补充新闻要素，或点明新闻意义的所在，增强新闻的传播效果。副题的涵盖面较宽，伸缩性较大，变化较多，视情况可随意长短，使用也相当广泛，消息、通讯、特写、评论、调查报告、读者来信等各类新闻文体都可使用副题，一般都用来注释主题，或交代必要的新闻要素。

提要题也叫摘要题，一般位于总标题的下方或上面，用以揭示或概括新闻内容要点。提要题一般用于较为重要或篇幅较长的消息，如：

1. "引题+正题"式消息标题

互联网数据服务去年实现收入 116.2 亿元
数据成"金矿"开掘正当时

2."正题+副题"式消息标题

让党旗在抗洪救灾一线高高飘扬

广大公安民警辅警全力以赴防汛抢险、救助群众、维护治安

3."引题+正题+副题"式消息标题

60多条河流超警 50多万人投入抗洪

南方汛情严峻 各方全力抢险

迎战长江第一号洪水，国家防总启动防汛Ⅲ级应急响应

消息标题写作要生动传神。通常要选取那些最能传达新闻事实和新闻主题的词语写入标题，如《最后一个英国士兵默默地撤离了埃及》，这个标题来自一篇报道英军从埃及撤军的消息，该标题用"默默地"三个字来描绘英国士兵撤走时的神态，既准确地表达了侵略者撤退时垂头丧气的情况，衬托了埃及人民扬眉吐气之貌，又鲜明地表现了作者的褒贬态度。

消息标题写作要简洁工整。20世纪40年代有一部电影名叫《一江春水向东流》，其中的一个镜头中，能看到报纸上有条消息的标题:《前方吃紧　后方紧吃》，这个标题把抗战前线的严峻激烈与后方国民党官员逍遥寻欢和大肆搜刮形成强烈的对比，用词简练工整，一字位置之换，既淋漓尽致又生动传神，给人以深刻的印象。

消息标题写作要言简意美。不仅语句要求凝练，修辞上还要讲究对仗、押韵，追求韵律之美。有些好的标题，甚至直接化用古诗词名句。如一则报道我国乒乓球名将邓亚萍与日本选手小山智丽比赛的消息标题为《三番五次凌绝顶　为何不能过小山》。该标题由杜甫《望岳》一诗中的名句"会当凌绝顶，一览众山小"点化而成，既强调了邓亚萍多次登上世界冠军宝座，又通过"小山"一词体现出语意双关，用得贴切，令人叫绝。

消息标题写作要新颖别致。新颖别致的标题，能给人耳目一新之感，自然能先声夺人、吸引读者的注意。如一篇报道××县查处五起林业案件的消息标题《"秀山""明山"不爱山　"树林""玉林"不惜林××县查处五起林业案件》。该消息报道的五起林业案件，分别涉及"×秀山""×明山""×树林""×玉林"四名涉案人员。标题的引题巧妙地将他们的名字与他们滥伐林木、破坏森林的行为连在一起，特别是将他们的名字与他们的行为二者构成矛盾，可谓别出心裁，机智幽默。

（二）导语

导语是消息开头用来提示新闻要点与精华、发挥导读作用的段落。导语能开门见山地反映新闻的要点和轮廓，让读者在一瞥之间读到关键信息，是吸引读者的关键；能为整篇新闻报道奠定基调，起着"一锤定音"的作用，被誉为"一篇之首"。因此，导语的写作往往对消息主体部分的写作有很大的影响作用。

导语通常可分为叙述型导语、描述型导语、评述型导语。

（1）叙述型导语是指用综合概括和直接陈述的方式交代主要新闻事实的导语，如：

新华社北京8月26日电中国人民警察警旗授旗仪式26日在人民大会堂举行。中共中央

总书记、国家主席、中央军委主席习近平向中国人民警察队伍授旗并致训词，代表党中央向全体人民警察致以热烈的祝贺。他强调，我国人民警察是国家重要的治安行政和刑事司法力量，主要任务是维护国家安全，维护社会治安秩序，保护公民人身安全、人身自由、合法财产，保护公共财产，预防、制止、惩治违法犯罪。新的历史条件下，我国人民警察要对党忠诚、服务人民、执法公正、纪律严明，全心全意为增强人民群众获得感、幸福感、安全感而努力工作，坚决完成党和人民赋予的使命任务。

（2）描述型导语是指在形式上适当运用描写手法，在内容上亦描亦述、描述兼有的导语，如：

一身酒气，啥都没说，上前便是一刀。前晚10时20分许，白云区均禾街长红村发生伤人事件，一名男子酒后持刀将一手机店的两名员工捅伤。随后其搭摩的到均禾街罗岗村，又将讨要车资的搭客仔捅伤。此后，该男子在逃跑过程中又先后捅伤、划伤7名路人和一名两岁女童。

（3）评述型导语。此类导语往往以议论方式揭示新闻内容中的主要矛盾及其解决方法，具有夹叙夹议、有述有评的特点，如：

中共中央总书记习近平25日在人民大会堂会见日本公明党党首山口那津男。山口也在会见之际向中国领导人转交了日本首相安倍晋三的亲笔信。研究中日关系的专家认为，习近平有关中日关系的阐述，既着眼现实，又统领未来，对于当前处于困难时刻的中日关系而言，意义非同寻常。

导语既要重点突出、揭示新闻主旨，又要炼字炼句，力求简短、优美生动，因此，在写作时通常要做到"四个注重"。

一是注重选择角度。对一个新闻事实，从不同的角度去写作，可以产生不同的导语。要选择好角度，避免导语简单、枯燥。如消息《祖国强祖国昌："忠勇孪生兄弟"10年演绎血性军人精武传奇》的导语：

"打仗亲兄弟，上阵龙虎兵"。1月下旬，记者在驻闽某团"钢七连"采访到这样一对孪生兄弟：同样的身高、同样的长相、同样的忠诚、同样的勇猛，演绎同样的精武传奇。四班长祖国强、一班长祖国昌，"忠"放首位绝对听指挥，"武"当第一随时上战场，好一对"忠勇孪生兄弟"！

该导语用寥寥数语，把一对来自农村的双胞胎兄弟同到一个连队当兵的情况作了介绍。聚焦"同样"二字，让人感觉生动有趣，很有吸引力。

二是注重寻找反差。即把客观事物对立的两方面，用简洁得当的语言表达出来，以强烈的反差吸引读者的关注。如一篇报道××省山区一些荒山没有绿化的消息导语是：

当鸟语花香的春天到来时，记者在××省山区看到大约半数荒山却见不到新绿。

该导语用"鸟语花香的春天"和"半数荒山不见新绿"来对比，造成鲜明的形象反差，使人产生了一种荒山不治而春天难到的紧迫感。

三是注重设置悬念。悬念式导语不是将主要新闻事实不折不扣和盘托出，而是通过制造悬念，吊读者的胃口，吸引读者认真阅读下文。如消息《××县政府大院没"围墙"》的导语头：

5月26日，星期一。××县城中心广场上，路人闲庭信步，车辆自由出入。

紧邻广场的两栋五层和四层的小楼，与广场之间没有围墙和护栏。如果不是楼前的牌子，很难发现这里就是××县委、县政府办公楼。这座开放式的广场，既是县委、县政府的大院，也是百姓休闲好去处。

该导语呼应标题，对××政府没有围墙，大院即是广场、广场服务群众的情况进行了简单说明，设置了一个与读者通常认知不同的悬念，增加了读者阅读的欲望，产生了良好效果。

四是注重生动形象。强调运用诗词、俗语、谚语、比喻等写作手段增强导语的形象感和生动性。如新华社一篇题为《北京今晨大雨前出现天似黑夜的罕见现象》的消息的导语是：

今天早晨7时30分左右，北京上空乌云密布，天黑似锅底，大有"黑云压城城欲摧"之势，马路上的汽车开着车灯缓缓行驶，市民们惊奇中有些不安。

该导语引用唐代诗人李贺《雁门太守行》中的诗句来渲染当时北京上空乌云浓重的气氛，具有强烈的表现力和概括力。

（三）主体

消息主体又叫消息主干或者消息躯干，是导语之后新闻事实的展开部分，它承接导语，由导语引出。主体部分是消息内容的具体呈现，进一步提供新闻事实发展的来龙去脉及影响，对导语提出的事实加以扩展放大，使新闻事实更具体清楚，更生动形象，对新闻要素，或新闻背景、次要的新闻事实进行补充，使新闻内容更加完整、丰富，从而进一步深化新闻主题。主体的写作要注意以下几点：

（1）紧扣导语。导语和主体是一个整体，导语为整条消息的写作定了基调和方向。主体展开时就要紧紧围绕这个基调和方向，二者必须是互相支持、互相扶助、互相认证、互相参照的。主体需要展示哪几个要素，回答哪几个问题，都必须根据导语铺设的轨迹来写，不能和导语脱节。

（2）主题明确。每篇消息都要表达一定的思想、见解或态度，这就是消息的主题。消息不管有多长的篇幅、多丰富的材料都要围绕个主题或者中心来写，要围绕这个中心选择和使用材料；同时消息的主题要明确，要让读者一目了然，或是在稍加思索之后就能豁然顿悟。

（3）层次分明。消息的主体部分内容较多，在主体表述的时候要注意层次的安排，整个主体的材料分为几部分，先写什么、后写什么，要有一个合理的安排，段落和段落之间要层次清楚、环环相扣，或者是并列关系，或者是递进关系，要有很强的逻辑性，这样才容易为读者所接受和理解。

（4）材料典型。主体是消息的主干，主体运用的材料要有广泛的代表性和强大的说服力，能反映事物的本质，这就要求舍弃与主题无关的材料，选择那些能够突出主体的典型材料来说明新闻事实。

（5）写法创新。消息由于篇幅短小，体式规范性较强，在写作手法上有很多模式化的东西，但是主体的表现手法应该灵活多样，这就要求作者要勇于创新，大胆尝试，使自己写出的消息既符合消息的模式，又有个性特征。

（四）结尾

消息结尾指的就是消息的结束部分。它同导语、主体一起共同构筑了消息的基本框架。文章开首要美，中间要丰富，结尾要响亮有力。消息写作也应如此。

常见的消息结尾方式有六种，即总结式结尾、提醒式结尾、预见式结尾、背景式结尾、对比式结尾、反问式结尾。

（1）总结式结尾。也叫概括式结尾，在新闻的结尾处对新闻主体交代的新闻事实或新闻事实所透析出的思想、道理进行总结、归纳，以期给读者一个完整的印象。总结式结尾一般都有点题的作用，使得消息整体看来首尾呼应。

（2）提醒式结尾。提醒式结尾，在现代的新闻写作中经常可以见到，多出现和使用在具有揭露、服务性内容的新闻报道中。

（3）预见式结尾。这类结尾通常会在消息结尾处指出新闻事件发展的未来趋势，而且要求所预见的趋势必须是有事实作为基础的，是科学的或者具有权威性的。

（4）背景式结尾。这类结尾通常会将新闻背景材料安排在结尾处，对主要新闻事实起补充说明、适当解释、对比衬托的作用。

（5）对比式结尾。在消息结尾部分通过情景、环境、事件中人物态度等方面的对比，产生一种落差感，从而给人留下较为深刻的印象。

（6）反问式结尾。这类结尾是以反问的句式在结尾处提出问题，引导读者对新闻事件进行深入思索，起到发人深思的作用。

（五）消息背景

消息写作中所说的新闻背景，指的就是与新闻事实相关的历史状况、社会环境、政治缘由、地理特征、科学知识等附属说明性材料。交代新闻背景，是消息写作中一个不可忽视的环节，但背景材料不一定每一条消息都有，也不一定单独成为一个部分。背景材料的主要作用是补充介绍有关情况，帮助阐释事物的意义，烘托和深化主题，加深读者的理解等。

消息背景主要包括对比性材料、说明性材料两种。

（1）对比性材料。此类材料主要通过对比衬托，以突出新闻事实的意义，阐明某一主题、表明某种观点。通过对比，突出矛盾和差异，显出特点和价值。这种对比可以是纵比，即对事物自身的今昔对比，前后对比；也可以是横比，用此事物与彼事物作对比。

（2）说明性材料。此类材料往往是对与新闻事实相关的政治背景、地理背景、历史背景、思想状况、物质条件、物品性能特点、名词术语、技术性问题等作介绍和交代，用以说明事物产生的各种因素，揭示事物发生或变化的意义，或帮助受众掌握消息内容、增长知识和见闻。

运用背景材料，要紧扣主题，有明确的针对性，避免喧宾夺主，一切与新闻主题和主要事实没有关系或关系不大的背景材料，都应毫不吝惜地删除。另外，背景是为说明、补充、烘托新闻事实服务的，应该由新闻事实和新闻主题调遣，哪里需要背景出场助阵，背景便应在哪里出现。因此，背景材料运用并无固定格式，依需要而定，根据实际情况在导语、主体、结尾中都可安排。

我国首次火星探测任务"天问一号"探测器成功发射

新华社海南文昌7月23日电（记者胡喆、周旋）"圜则九重，孰营度之？"2020年7月23日12时41分，我国在海南岛东北海岸中国文昌航天发射场，用长征五号遥四运载火箭将我国首次火星探测任务"天问一号"探测器发射升空，飞行2000多秒后，成功将探测器送入预定轨道，开启火星探测之旅，迈出了我国自主开展行星探测的第一步。

探测器将在地火转移轨道飞行约7个月后，到达火星附近，通过"刹车"完成火星捕获，进入环火轨道，并择机开展着陆、巡视等任务，进行火星科学探测。

对宇宙千百年来的探索与追问，是中华民族矢志不渝的航天梦想。从古代诗人屈原发出的《天问》，到如今我国首次火星探测任务被命名为"天问一号"，太空探索无止境，伟大梦想不止步。

首次火星探测任务新闻发言人、国家航天局探月与航天工程中心副主任刘彤杰表示，此次火星探测任务的工程目标是实现火星环绕探测和巡视探测，获取火星探测科学数据，实现我国在深空探测领域的技术跨越；同时建立独立自主的深空探测工程体系，推动我国深空探测活动可持续发展。

"此次火星探测任务的科学目标，主要是实现对火星形貌与地质构造特征、火星表面土壤特征与水冰分布、火星表面物质组成、火星大气电离层及表面气候与环境特征、火星物理场与内部结构等的研究。"刘彤杰说。

我国火星探测作为开放性科学探索平台，包括港澳地区高校在内的全国多地研究机构积极参与研制过程，并与欧空局、法国、奥地利、阿根廷等组织和国家开展了多项合作。

此次火星探测任务于2016年1月经党中央、国务院批准立项，由国家航天局组织实施，具体由工程总体和探测器、运载火箭、发射场、测控、地面应用等五大系统组成。

国家航天局探月与航天工程中心为工程总体单位,中国航天科技集团有限公司所属中国运载火箭技术研究院抓总研制运载火箭系统,中国航天科技集团有限公司所属中国空间技术研究院和上海航天技术研究院抓总研制探测器系统。中国卫星发射测控系统部负责组织实施发射、测控。中国科学院国家天文台抓总研制地面应用系统,负责科学数据接收、处理、存储管理等工作。

(例文来源:新华网)

送别袁隆平

新华社长沙5月24日电(记者 袁汝婷 刘芳洲 周勉) 5月24日,长沙,明阳山殡仪馆。人们来到这里,与袁隆平告别。

上午10时,"杂交水稻之父"、"共和国勋章"获得者、中国工程院院士袁隆平的遗体送别仪式在铭德厅开始。

铭德厅门口,挽联写着:功著神州音容宛在,名垂青史恩泽长存。

哀乐低回。袁隆平躺在鲜花翠柏中,面容安详。阳光透过天花板的玻璃洒落在他身上。他穿着红蓝格子衬衫和深蓝色西装外套,这是他生前最喜欢的衣服。

袁隆平的遗孀邓则一袭黑衣,坐在轮椅上。她的头微微侧着,没有朝着遗体的方向,右手紧紧握住左手,放在大腿上。她的左手戴着一枚戒指。

10时15分,铭德厅内开始默哀。

吴俊穿着一件衬衣,站在默哀人群中,衬衣是袁隆平送给他的礼物。这位"80后"是杂交水稻国家重点实验室副主任,也是袁隆平的弟子。

袁隆平的助理辛业芸,眼圈泛红,始终沉默地看着邓则的方向,面露担忧。

人们面朝遗体,从右至左绕灵一周,与邓则等家属握手,一些人缓缓说出"多保重"。邓则反复说着"谢谢"。

不久后,孩子们推着轮椅,陪着邓则来到遗体正前方。邓则突然站起身来,快步走到袁隆平遗体前,跪在地上,埋头哭泣。

铭德厅外,长沙明阳山仿佛被人潮淹没。拥挤的人群中,许多人看不清面容,一眼望去,只能见到一朵朵明黄和雪白的菊花——人们把手中的鲜花举过头顶。

70岁的农民周秀英和家人来到这里。"知道他走了,一定要来送送他,我们种田的,对他有感情。"她抹着眼泪说。

25岁的青年胡胜涛来到这里。他早晨7点乘坐高铁从广州赶来,下午就要返回。10小时路途,只为深深鞠一躬。"人太多了,我只在遗像前待了不到一分钟,可是很值得。"

江苏的母女张秀华、王宇辰,结束深圳的旅程专程赶来。"90后"王宇辰说:"我想和妈妈一起,来向袁爷爷道别。"

前往殡仪馆的柏油路被人群挤满。

年轻的外卖骑手，骑着摩托车缓慢穿行。外卖箱里，有满满一箱金色稻穗。下单的人来自广东、福建、重庆……

路的左边，身穿蓝色衬衣的"雷锋车队"举起悼念横幅。一排出租车整齐停着，车窗玻璃上贴着"免费接送车"字样。司机刘浩辉说："上百台出租车自发组织起来，免费接送从外地赶来的人们。"

路的右边，42岁的水电工郭庆伟站在一辆棕色的商务车旁，车里堆满了口罩。他和朋友买了8000余个口罩，从23日上午9点起为群众免费分发。"昨晚几乎没合眼，我想为他做点什么。"

许多人前往摆放袁隆平遗像的明阳厅。人山人海，却格外静默。

一名身穿白衣的中年妇女半跪在遗像前，放下一碗青豌豆。这是袁隆平生前爱吃的菜。她哽咽着说："您要记得好好吃啊。"

湖南杂交水稻研究中心主任齐绍武说："袁老没有留下任何遗言。""袁老一直相信，我们会把杂交水稻事业好好干下去。我想，他是放心的。"

这一天，长沙气温23℃。科研工作者说，这是适宜杂交水稻生长的温度。

（例文来源：新华每日电讯）

第二节　通讯

一、概述

通讯是以叙述、描写为主要表达方式，具体、生动、形象地反映新闻事件、典型人物或典型经验的新闻体裁。通讯有时也称为通讯报道，是报纸、广播等新闻媒体的一种主要文体。通讯由消息发展而来，是消息内容的扩充，能够将消息难以容纳的新闻事实，通过较为详细地、形象地、深入地叙述、描写和议论等，进行充分地报道。如果说消息是为满足读者想"早知道"的心理，那么通讯便是为了满足读者想"多知道"的心理。

通讯的写作范围非常广泛，可以是人物、事件、工作、风貌、社会现象等，几乎无所不包。目前我们所称的"通讯"，已经逐步演变为一种集合概念和一种广义的名称，指报纸、刊物中运用的除消息以外包括各类通讯、特写、专访等所有详报型（或深度型）新闻体裁的总称。

二、分类

常见的通讯分类主要是按题材划分，一般分为人物通讯、事件通讯、工作通讯、风貌通讯。

（1）人物通讯。以报道先进人物为主，着重揭示先进人物的精神境界，通过写人物的先进事迹，反映人物的先进思想。

（2）事件通讯。以事件为中心，着重反映现实生活中发生的典型事件和突出事件。

（3）工作通讯。聚集于总结工作中的经验和教训，或者探讨有争议的亟待解决的问题，主旨是介绍工作经验和分析问题。

（4）风貌通讯。主要反映社会生活、风土人情、自然风光和日新月异的建设成就。往往通过具体事例来叙述和描写一个地区、一条战线、一个单位、一个点、一个方面的风貌，一般采取"巡礼""纪行""散记""侧记"等形式。

三、特点

与消息相比，通讯在素材、结构和表现手法上有较大的差异，在时效上也稍逊于消息。尽管通讯材料的细腻和文笔的优美与文学作品有相似之处，但它的内容应是真实的而不是虚构的。真实存在、真人真事是通讯的根本。

（1）通讯报道的事实比消息详细、完整、富于情节，可以满足读者欲知详情的需要。消息旨在让受众尽快了解到事件最重要的概括性信息，而通讯则往往在消息之后，将这个事件的来龙去脉、前因后果等读者渴望知道的详细信息加以整合，然后完整地报道出去。它满足了读者在知晓新闻事件大致结果后探求深层原因和获知详细过程的衍生兴趣，也有利于人们较完整、较深入地了解新闻事件或新闻人物。因此，详细、深入、完整是通讯的突出特色。

（2）通讯报道的事实往往比消息更形象、更生动。它以感性的素材还原生活的原生形态，更具感染力，充满了生活的"原汁原味"。它把人们熟悉的生活和不熟悉的新闻现场推到读者眼前，使读者去认识，去感知，并在感知中形成自己的体验。消息写作主要以叙述为主，描写较少，一般不主张发表议论、抒发情感。而通讯写作，较多地借用文学的表现手法，通过生动地描写刻画，抒发情感、表达立场和观点，讲究事、情、理交融。

（3）通讯的文体较自由，表现手法更为多样。与消息写作较为严格的规范相比，通讯的外在形式更灵活。从标题来看，消息的标题一般必须有一行实题，交代主要新闻事实，而且可以有引题、主题、副题三种组合形式；而通讯的标题可以实写，也可以虚写，一般只有主题，有时可加上副题，很少有引题。消息有一个较为固定的结构方式：导语＋主体，而通讯的结构没有上述消息类似"格式"，没有导语和主体之分的固定结构，文体比较自由，各种笔法，各种结构，各种风格，都可以容纳在通讯中。

四、写法

1. 标题

一个新闻标题的形式与内容，尤其是内容是否吸引读者，几乎决定了读者是否会继续阅读。生活的节奏越来越快，像通讯这样版面面积很大的文章，读者未必有耐心去仔细阅读。因此，一个乏味的标题，可能会断送一篇很好的通讯。

一个好的通讯标题应该做到准确、新颖、生动、简练。准确，就是要切合实际，不要夸大新闻事实，也不要片面，要尽量避免产生歧义。新颖，就是在拟标题时求创新，让人有新鲜感。生动，就是标题也要具有形象性。简练，就是在有形象感的同时，文字要洗练，在做到准确、生动和新颖的同时，标题越简洁越好。

（1）叙述式标题。这是较为常见的通讯标题。优点是直奔主题或新闻事实，开门见山、简洁明了。叙述式标题通常用一句话来描述新闻事实。如：

江苏 103 个县级公安机关执法办案管理中心全部投入使用

（2）抒情式标题。在简练的标题中直接运用抒情的手法表达情感。如：

送别袁隆平：刷屏的悼念，是国士的颂歌

（3）描写式标题。在标题中大量运用各种描写手法和修辞手法，使标题更加生动。如：

英雄城中，那一抹红色格外耀眼
——记从南昌筷子巷派出所走来的老民警邱娥国

2. 开头

（1）开门见山式开头。开门见山是通讯体裁最常用的开头方式。使用这种方式开头的通讯，常常一落笔就直接切入正文所要讲述的主要内容或点明主题。使用这种方式开头，往往使通讯的开头明确而简洁，也能使主题更加鲜明。如《新时代的伟大变革——党的十八届三中全会以来以习近平同志为核心的党中央推进全面深化改革纪实》一文的开头：

2020 年 12 月 30 日，正是岁末年初、辞旧迎新之际，中南海里依然政务繁忙。

当天下午，习近平总书记主持召开中央全面深化改革委员会第十七次会议，在即将跨越 2020 年的重要时间节点，全面总结回顾全面深化改革这场历时 7 年多的伟大变革。

"我们 7 年多来的全面深化改革成就，都在这里了，沉甸甸的！"举起手中 2 万余字的党的十八届三中全会以来全面深化改革总结评估报告，习近平总书记感慨地说。

（2）对比式开头。旨在运用对比的手法，使通讯在一开头就制造波澜，增加吸引力，避免平铺直叙、毫无新意。如通讯《续写塞罕坝的绿色传奇》的开头：

种下一棵树就给大地种下绿色希望，植下一片绿就为生命创造一方美好家园。

这里曾经是林海茫茫、水草丰美，却从清代同治年间开围放垦，致使千里松林几乎荡然无存，以致"黄沙遮天日，飞鸟无栖树"。55 年来，几代塞罕坝人听从党的召唤，艰苦创业、九转功成，从一棵树到百万亩林海，构筑了重要的华北绿色屏障、京津冀生态支撑区，创造了"忠于使命、艰苦奋斗、科学求实、绿色发展"的塞罕坝精神。岂曰无碑，山河为证；岂曰无声，林海即名。塞罕坝半个多世纪的辉煌成就，是推进绿色发展的生动缩影，是建设生态文明的典型范例。

（3）悬念式开头。这种开头往往是通过恰到好处地设置悬念，把故事情节、人物命运推向关键时刻时却故意岔开，不作交待，或者说出一个奇怪的现象却不露原因，以引起读

者一种提心吊胆的紧张心理和期待看到结局的愿望。如通讯《惊心动魄35分钟——空军特级试飞员梁万俊成功迫降某新型国产科研样机纪实》一文的开头：

今年7月1日13时40分，成都某机场被紧张气氛所笼罩。

塔台上，机场边，飞机设计单位领导、空军某试飞大队领导、飞机总设计师、科研技术人员……数百人一齐把焦灼的目光投向骄阳似火的万里晴空。

此刻，一架失去动力的战机在万米高空正以极大的俯角高速向机场滑降而来！

这不是一架普通的飞机。它是我国正在研制的一种新型战机的科研样机，价值上亿元人民币。

这不是一次普通的飞行。它是该型飞机在定型关键阶段的一次试飞，结论对飞机改进意义重大。

这更不是一次普通的降落。飞机在1.2万米高空试飞，因意外情况燃油漏光，飞机发动机停车。为保全科研样机，试飞员决定从距机场20多公里远的地落空滑迫降。

下落航线与跑道呈70度夹角，下降速度400公里/小时左右，一旦失误，该机就可能冲出跑道坠毁。

惊天一落，危险空前。驾驶战鹰迫降的，就是空军某试飞大队副大队长、特级试飞员梁万俊。

（4）比兴式开头。比兴是我国诗歌、文学作品中的一种传统表现手法，宋代朱熹比较准确地说明了"比、兴"作为表现手法的基本特征，他认为："比者，以彼物比此物也"；"兴者，先言他物以引起所咏之辞也"。通俗地讲，比就是比喻，是对人或物加以形象的比喻，使其特征更加鲜明突出；"兴"就是起兴，是睹物起兴，先言他物，引起联想，以便描写主要人物或事物。比兴式的开头，总是先给人描绘一个特定的事物和场景，然后通过两个事物或场景之间的内在联系，进行类比或升华，引出报道的内容。比兴手法运用得当，能够使通讯所写的内容更为形象。如通讯《情系国家安全——记国防大学战略研究部副主任金一南》一文的开头：

综合国力稳步上升的中国，正劈波斩浪，势不可当地驶向伟大复兴的彼岸。

如果把国家比作大海中的航船，战略研究者，就是一个把自己绑在桅杆上的瞭望者，戴月披星，栉风沐雨，不断提醒船上的人们防备冰山，绕开暗礁，避开风暴。

国防大学战略研究部副主任金一南，就是一位优秀的瞭望者。

（5）引用式开头。这是一种以引语、诗歌、民谣、典故或者神话故事和民间传说开头的方式。由于引用式开头能有效增加通讯的文采，获得引人注目的效果。引用式开头所引用的内容要与通讯的主要内容有比较紧密的内在联系，否则会导致画蛇添足。如通讯《一水激活万水流》一文的开头：

"一进洮南府，每天二两土。白天吃不够，晚上还得补。"

——白城昔日民谣

季节性泛滥，长期性干旱。水，是吉林西部多年来苦苦不得其解、又不得不解的难题。怎样管水？怎样用水？这是一个考验我们智慧与胆识的科学命题。

（6）抑扬式开头。为了更好地反映主题，有的时候，通讯作者常常在通讯的开头故意设置一点与主要内容相反的情节，从而对主题形成一种反衬。这样的开头归纳起来有两种形式：一是欲抑先扬，二是欲扬先抑。这样的开头既可能形成某种对比，使主题更加鲜明；又可能为下文埋下出人意料的伏笔，使通讯波澜起伏。如通讯《一幢楼和一个县——追寻40年间桓仁主政者的工作轨迹》一文的开头：

桓仁满族自治县人民政府办公楼，坐落在县城——桓仁镇中心。这幢建成于1945年的两层小楼，到了上世纪70年代，仍然是当时这个国家级贫困县里最高、最气派的楼房。改革开放40年，桓仁发生了翻天覆地的变化，在第十四届中国（深圳）文博会上，还入选了"2018中国最美县域"。在日益繁华的桓仁镇上，这幢73岁"高龄"的办公楼已显得又破又旧……

一位在桓仁投资的南方企业家说："现在很难看到这么旧的办公楼了。那天傍晚6点多，我和富晓明县长开完座谈会走出办公楼才注意到，这个县政府竟然没有围墙，政府办公楼完全和民居街区融为一体。办公楼前的空地上，一群大妈大姐正在跳广场舞，看到县长出来还招手致意。"他接着说了一句话："这幢楼就是营商环境。"

没有围墙的县政府，已然破旧的办公楼。记者对桓仁改革开放40年历史的探访就从这幢老楼开始。

通讯开头虽然写法灵活自由、各种各样，但无论什么样的开头方式，都必须成为通讯不可分割的整体中的一部分。如果仅仅为了追求开头的新颖和文采而过于重视修饰开头，或者开头和主体在内容或形式上无法统一，形成"两张皮"，反而会画蛇添足，得不偿失。

3. 主体

通讯的主体是通讯写作的关键。对于消息来说，主要是传递、告知信息，因此标题和导语有决定性的作用，而主体往往只是对导语或标题的扩展，重要性略逊一筹。通讯不仅传递信息，还要有更深刻的主题、更生动的细节、更严密的结构、更丰富的表达，传递出思想性、感染力。所以，相较于消息而言，通讯最重要的部分是主体，其写作更为复杂，需要更深刻地思考、更系统地安排。

（1）精心提炼主题。通讯更注重主题的提炼。只有主题清楚，才能围绕主题安排结构、组织材料。通讯主题要体现出宏观的高度，如社会的发展方向、事物的发展规律、人性的美丑等；要体现历史的深度，如体现时代精神、时代变化等。通讯的主题还要体现思想的深刻性，体现美好的情趣，给予受众审美的体验。

（2）合理安排结构。通讯结构主要是指其如何谋篇布局。通讯的材料较多、篇幅较长，如果没有合理的结构，会显得凌乱不堪。所谓结构合理，包括两个层面：一是每个较大的部分之间，要有内在的逻辑联系，不能无序堆砌，不能畸轻畸重；二是每个部分内部之间，材料要详略得当，不能用力平均，该突出的地方要浓墨重彩地详述，该简略的地方则要三言两语地概述。

（3）恰当组织材料。通讯需要较多的素材，但并不是什么素材都能拿来为写作者所用。在写作通讯时，无论是人物通讯，还是事件通讯、工作通讯等，一般来说，要注重选用以下两种材料：一是典型材料，最能突出人物或事件特征的代表性材料是构成通讯的骨干材料。写作通讯时应首选能反映主题的典型材料。一般大的通讯，必须由几件典型事例组成。二是细节材料。通讯不仅要有典型的骨干材料，更要有生动的细节材料。骨干材料是构成通讯的骨架，而细节才是丰满的血肉。细节材料是再现型的材料，是指骨干（或典型）事例中细致的情节和现场画面，或者富有个性化的对话。它们是通讯中最有灵性、最富有感染力、最易吸引受众的部分。

（4）曲折生动表达。"文似看山不喜平"，这是文学创作的一个重要原理。通讯作为一种具有文学色彩的纪实性文章，同样要遵守这样一个原理。让内容更加曲折生动、跌宕起伏，获得引人入胜的效果。要把材料表达好，通常要从以下三个方面来下功夫：一是设置好悬念，将最紧张、最离奇、最有反差性的情节和画面先简单交代，吸引读者的阅读期待，激发读者的阅读兴趣。二是适度运用文学修辞手法，如比喻、拟人、排比、对比、象征、借代等，增强生动性和感染力。三是对事实的叙述中融入观点、情感，夹叙夹议、画龙点睛，做到水到渠成、自然流露。

4. 结尾

通讯的结尾是通讯是否能形成一个整体的关键，因此，通讯结尾的写法非常讲究。常见的通讯结尾有五种：

（1）点题式结尾。在前文的基础上，用画龙点睛之笔点明主题或强调主题，使通讯的主题变得更加深刻有力。这种结尾是最为常见的一种结尾方式，多用议论或抒情等表达方式，要言不烦，旗帜鲜明。如通讯《续写塞罕坝的绿色传奇》一文的结尾：

> 生态兴则文明兴，生态衰则文明衰。走向生态文明、建设美丽中国，历史见证了塞罕坝人的奋斗与传奇，也终将记录下我们这代人的信念与辉煌。

（2）启思式结尾。与点题式结尾相反，启思式结尾继续讲述事实，但是这一事实分明非常集中地包含着主题的内涵，让读者自己去思考，去回味。从表面上看，通讯似乎还没有结尾，但实际上一切尽在不言中。如通讯《荒漠上，与草共生的英雄》一文的结尾：

> 作为环保志愿者的带头人，万晓白先后被授予"中国优秀青年志愿者""全国向上向善好青年"等荣誉称号，并获得"中华环境奖""母亲河奖""中华宝钢环境优秀奖"等殊荣。
>
> 2018年，万晓白获得共青团中央颁发的第22届"中国青年五四奖章"。治沙的成功和社会的认可，鼓舞了更多志愿者，一个万平变成了成千上万个万平，一个人的一辈子，变成了成千上万人的一辈子。

恢复生态、建设美丽中国的梦想像种子一样，在更广阔的时空生根发芽，一支支浩浩荡荡的志愿者大军，正向茫茫荒漠开进……

（3）照应式结尾。顾名思义就是通过照应前文的某些情节来结尾。照应的最大好处就是使通讯前后贯通，首尾呼应，浑然形成一个整体。所以它也是一种常见的结尾方式。照应式结尾大约有四种，一是与标题照应，二是与开头照应，三是与通讯主体相照应，四是多处照应。如通讯《关键抉择，必由之路——改革开放40周年》的开头是：

1978—2018。

历史将怎样定义这风云激荡的40年？

这40年，曾面临被开除"球籍"危险的中国进行了"最有勇气的制度实验"，创造了人类历史上"最大的发展奇迹"。

这40年，拥有5000年文明历史的中华民族，以崭新姿态屹立于世界东方，迎来了复兴路上最为光明的前景。

这40年，中国人民在跨越时空的变革中不但实现了物质生活的不断丰富，更在精神上走向主动愈加自信。

该通讯用了一个简洁有力的结尾呼应了开头：走过40年，我们从未如此自豪。迈向新征程，我们更加自信坚定。

（4）展望式结尾。作者在通讯的结尾并没有停留于对过去和现在做一个总结，而是进一步地展望未来，使通讯的主题向未来延伸，从而得到一种升华。这是展望式结尾最显著的特征。这种结尾最大的好处就在于作者给未来描绘了一幅画面，使整个通讯有一种生生不息的运动感。如通讯《一水激活万水流》一文的结尾：

"河湖连通"，这一国家重大水利战略构想，吉林率先破题。

目前，"河湖连通"工程的四大水源工程：引嫩入白、大安灌区、哈达山水利枢纽、引洮分洪入向，已进入全面收尾阶段；全省14个"河湖连通"应急试点工程已全面开工……

到2020年，"河湖连通"工程全面完工时，将体现出显著的生态效益、经济效益和社会效益。规划区内湖泡湿地总面积将达5300平方公里，相当于上世纪50年代70%以上的水平。

"西部美景令人醉"，一个河湖互济、渔兴牧旺、草茂粮丰、碧水蓝天、人水和谐的美丽西部将精彩呈现。

（5）象征式结尾。通讯结尾处往往精心安排一个场景或一个情节，看似与主题无关，甚至看上去还并没有结尾，但实际上常常有种象征的含义，是给读者留下一个想象的空间，让读者自己去体会通讯主题深远的意境。如通讯《一幢楼和一个县——追寻40年间桓仁主政者的工作轨迹》的结尾：

40年过去了，桓仁发生了历史性巨变，但县政府老楼依旧，年复一年，修修补补。老楼的外饰面，每两三年会粉刷一次，楼内，只能哪儿破补哪儿。但是，每年国庆前夕，县里都安排给"为人民服务"5个大字仔仔细细刷一遍红色油漆。

刷过新漆的大字,又深沉,又抢眼。

"漳州110":坚守为民初心　永做"人民的保护神"

酒吧老板担心治安问题,"漳州110"民警连续多个夜晚亮灯守护;女子被"飞车"抢夺项链,"漳州110"民警只用了两个小时就把赃物追回;小区老太太深夜遭遇醉汉敲打房门,"漳州110"民警在门前为其守夜……

在福建漳州,"远亲不如近邻,近邻不如'漳州110'"的说法深入人心,在一代代人中口口相传。

"漳州110"是群众对漳州市公安局巡特警支队直属大队的简称。成立30多年来,这支队伍始终坚守为民初心,矢志改革创新,打造过硬队伍,全力服务群众和维护稳定,被誉为"人民的保护神"。

坚守为民初心

"正是因为有了'漳州110'民警认真负责的态度、兢兢业业的工作作风,我的财产才没有遭受损失。他们的工作态度体现了人民警察对人民群众生命财产安全的高度负责,展现了'漳州110'为民服务的精神。"

这是陈列于"漳州110事迹展览馆"中无数封感谢信中的一封。事情缘于市民郭先生在某娱乐场所附近丢失一台新买的手机,焦急之际,正好在路口巡逻的"漳州110"民警快速帮助他找回财物。

类似的为民服务事例在"漳州110"身上不胜枚举。从创立之初承诺"全天候接受群众报警求助,有危难均可拨打110",到如今打造现代警务新机制适应人民群众新期待,"漳州110"始终着眼于群众所忧、所惧、所需、所盼,从巡逻、接出处警入手,从关乎民生的小案、小事、小情、小节抓起,努力为群众创造更美好的生活体验。

关乎群众的事,群众最有发言权。在漳州市区经营一家汽车租赁公司的施质斌曾多次得到"漳州110"的帮助。在她眼里,"漳州110"的民警责任心强,处理事情耐心、周到,让群众很有安全感。她讲述了自己的这样一次报警经历——"有一年冬天,一名老人在街上摔倒了,站不起来,情况紧急。见此情景,我脑海里首先浮现的是'漳州110',马上就选择报警。不到3分钟,民警就赶到现场,第一时间把老人送到医院,并联系到了老人的家属。"

漳州市公安局党委副书记、常务副局长黄跃欣表示,纵观"漳州110"30多年发展历程,从最初的盗窃"报警110"功能到"110服务"功能,再到"公安110"和"民生110","漳州110"在"时代变迁"与"初心不变"之间,自觉践行全心全意为人民服务的宗旨，"人民性"始终是其鲜明的底色。

矢志改革创新

2020年11月16日，在接到市民电动车被盗的报案后，"漳州110"通过多警种合成作战机制，不到5分钟就赶事发地点，不到40分钟就锁定了犯罪嫌疑人，不到1个小时就查获了被盗的电动车。

"漳州110"讲求快速反应、迅速出警，始终强调第一时间到达到现场，把问题遏制在萌芽状态，这体现的正是其矢志改革创新、不断有效推动警务机制转型升级的持续探索。

建队以来，面对不断发展变化的社会治安形势以及群众的需要和期待，"漳州110"不断探索，始终坚持在改革中创新、在创新中发展，不断探索"更快更好"的机制创新——1996年，落实"屯警街面"改革，变坐等接处警为主动就近接处警，实行24小时全天候巡逻防范机制；2000年，实施"巡指分离"改革，完善点对点、扁平化指挥，形成以指挥中心为龙头、"漳州110"为主体的"点、线、面"结合的网格化巡逻接处警机制；2012年，落实"三警合一"改革，将警力下沉，实行"综合用警、专业用警、精细用警"的警务模式，提升了打防管控整体效能；2016年，落实新基地、新队伍、新科技"三新建设"，探索推行"四警四化"警务新机制，为警务工作迈向现代化作出大胆尝试……

不断推动警务机制改革也增加了"漳州110"的服务功能，扩大了影响力，进一步得到了群众的认可。市民李先生曾报警称其楼下有十余名人员持械滋事，"漳州110"接警后1分钟内立即到达现场并将嫌疑人控制。"漳州110"的快速出警和有效处置，让李先生深受感动，事后他将一面印有"人民卫士，出警神速"的牌匾送到了"漳州110"基地。

"漳州110"现任大队长黄海强表示，敢为人先是"漳州110"的精神特质。"只要对群众有利、对事业有利，我们就大胆探索实践创新。"

改革带来了成效。2016年以来，漳州市区"两抢一盗"发案率逐年下降；接处警回访满意率保持100%；5分钟内到场率突破80%；非违法类警情现场调处率88.37%，常年保持较高水平……

探索还在继续。在实现"快"的同时如何第一时间减少群众受到的伤害？于2017年开始探索并于近日正式实行的合成作战机制起到了良好的效果。该机制组建110合成作战中心，集结治安、网安、刑侦、经侦等力量，一线处警同时后台同步办案，完成从"快接快处"向"快破案快挽回"转型，工作效率进一步提升。

打造过硬队伍

2020年6月29日21时许，"漳州110"民警郑坤泉下水解救打捞落水男子。成功解救上岸后，郑坤泉穿上裤子，还没来得及系好皮带，立马将了将褶皱掉的"红袖标"。

"红袖标"是"漳州110"人身份最显著的特征，群众一看到穿着警服手臂上还系着"红袖标"的警察，就知道他们是"工作最苦、坏人最怕、百姓最爱、形象最好"的先锋警察。

"红袖标"带来的使命感往往伴随队员一生。每年的11月26日是"漳州110"的警队荣誉日,这一天,新警将得到一枚有单独序号的红袖标,出队时,"红袖标"会被装裱起来,作为他们的出队礼物。

林泽斌曾是"漳州110"的一员。如今,他把被装裱起来的"红袖标"摆放在新岗位的办公桌上。他说,把"红袖标"带到办公桌,就是要时刻提醒自己曾是"漳州110"的一份子,不管身处哪个岗位,一定要继续践行"漳州110"精神。

从最初的7个人、3支枪、一辆三轮摩托车,发展到如今的9个中队、240余名警力,"漳州110"如何传承使命、永葆本色?

答案体现在建队以来,"漳州110"43批次520多位民警无违纪违法行为,114人次立功受奖。"功勋背后是铁一般的纪律。民警看中队长,中队长看大队长,一级做给一级看,队伍的正气就起来了。"黄海强介绍,经过多年的工作实践,"漳州110"总结出"党建引领、警魂培树、领导带头、挺纪在前、量化评价、正向激烈"6条队伍管理经验。

"漳州110"队员平均年龄只有30岁,对大部分人而言,这里既是队伍,也是学校。"漳州110"教导员张斌说:"新民警入警后,根据每一个新警的性格特点,安排老民警传帮带,什么事情能做,什么不能做,手把手教授,从工作到生活的方方面面予以管理和指导。"

(例文来源:人民网;作者:苏海森)

荒岛上,苦楝树开出大美的花

王继才同志守岛卫国32年,用无怨无悔的坚守和付出,在平凡的岗位上书写了不平凡的人生华章。我们要大力倡导这种爱国奉献精神,使之成为新时代奋斗者的价值追求。

——习近平

"开山像笆斗,正对灌河口。"位于连云港市灌云县燕尾港以东12海里的开山岛,面积0.013平方公里,只有两个足球场大。

岛上,怪石嶙峋,环境恶劣。放眼望去,只有那几十株苦楝树,倔强地把枝丫伸向天空,给烈日下这座"秃石头岛"带来几处绿荫,也让小岛有了几分生机。

在石头缝隙间瘠薄的泥土里艰难扎根,在烈日暴晒、海风肆虐中顽强挺立,这些苦楝树啊,正像极了它们的主人、在岛上坚守了32年的王继才。

8月8日,记者乘船登上开山岛采访。这一天,是开山岛民兵哨所原所长王继才去世后的第12天。

一

7月27日21时20分,58岁的王继才突发疾病去世。那一刻,海浪击打着礁石,海鸥盘旋着飞向天际,岛上的灯塔一如往常,指引着黑暗中渔船的航向……

那天，长期陪伴王继才守岛的妻子王仕花，因去医院看腿疾而不在岛上。"有我在，你就不会去了……" 7月30日，在向王继才遗体告别时，她数度昏厥。

1983年他们结婚时，王继才是生产队长兼民兵营长，王仕花是民办教师，日子过得安稳。1985年开山岛上部队撤编后，设了民兵哨所。当时岛上无电无淡水无居民，灌云县人武部先后派出10多个民兵守岛，但最长的只呆了13天，没人愿长期值守。

1986年的某一天，王继才去县人武部开会，老政委找到他，请他上开山岛守岛。他答应了，瞒着家里人上了岛。那一年，王继才26岁，他的大女儿王苏才两岁。

"1986年7月14日早上8点40分，县人武部的同志陪我一起上了岛。"王继才生前对初次上开山岛的记忆精确到了"分钟"。

一起留下的，除了食品，还有6条烟、30瓶白酒。"我不抽烟不喝酒，给我这些干啥？"可当天晚上，王继才就理解了。

"满山石头，没淡水也没电，几排营房黑洞洞的，太阳一落山，我心里就怕了！"王继才躲在营房里，用铁锨顶住门，平生第一次开了酒。与最初几天的恐惧相比，更难捱的是孤独。"没人说话，我就灌自己酒，喝完对着大海狂喊，嗓子就这么哑了。"

全村最后一个知道他去守岛的，是王仕花。丈夫上岛后第48天，王仕花来到岛上。原本积攒了满腔怒气和无数怨言的她，在看到丈夫第一眼后，眼泪夺眶而出。"原先高高壮壮的他，胡子拉碴，又黑又瘦，跟野人一样。"哭完，王仕花拉着丈夫的手说："别人不守，咱也不守，回家吧！"

"我答应了，就要说话算数。你回去吧，照顾好老人孩子！我得留下，开山岛是海防前哨，你不守，我不守，谁来守？"王继才对妻子说。

谁也没想到，几天后，王仕花辞掉了小学教师工作，把两岁的女儿托付给老人，也上了岛。这一陪，就是32年。

从此，开山岛的每天，从升旗开始。"升旗！""敬礼！"王继才当升旗手，王仕花庄重敬礼。两个人的升旗仪式，一样的庄严神圣。"开山岛虽小，但岛就是国，必须每天升起国旗。"

就这样，夫妻俩每天升旗、巡逻、瞭望，看航标、测风仪……遇上暴风雨，岛上风大路滑，他们就用绳子把身子系在一起，若是一人跌倒，另一个人好把对方拽住，不至跌入海中。日复一日，他们极目四望，除了偶尔驶过的渔船，只有茫茫海水。两条狗，几只鸡，是他们在岛上仅有的陪伴。

二

200多面褪色的国旗、40多本海防日志、1部手摇电话机、20台听坏的收音机、10多盏用坏的煤油灯……这些物件，记载着王继才夫妇守岛的风风雨雨。王继才总是说："家就是岛，岛就是国，守岛就是卫国。"

为守岛，王继才夫妇尝遍了酸甜苦辣。32年中，只有5个春节是在岸上过的。最初20多年，岛上不通电，只有一盏煤油灯、一个煤炉、一台收音机。遇上风大浪高，船出不了海，岛上的煤用光了，只能吃生米；没淡水，全靠岸上送来的补给和水窖存下的雨水。

　　1992年的冬天，大风刮了17天，补给船无法航行，岛上断粮断火。5岁的儿子哭闹不止，夫妻俩去海边摸来海蛎、海螺，生不了火，只能吃生的。王仕花先把螺肉嚼烂，过滤掉腥臭味，再往孩子嘴里填；顿顿吃海蛎，儿子撒的尿都是乳白色的。当渔民终于送来补给时，一家人已饿得说不出话……

　　其实，守卫着这岛的，不仅是王继才夫妇，还有他们的儿女。

　　1987年7月，王仕花临产正赶上强台风来袭，无法下岛。情急之下，王继才自己为妻子接生。当儿子发出第一声啼哭，他瘫坐在地上也哭了。他给儿子取名"志国"。如今，研究生毕业的王志国，已成长为一名现役边防军官。

　　8月8日深夜，在开山岛上父母住了32年的那间小屋，王志国含泪忆起儿时的时光。抹不去的记忆里，是见不到父母的孤独、姐姐的关爱、父亲的严厉。"我小时候做错了事，比如撒谎了，父亲知道了，就狠狠打，打到我怕。我后来明白，因为父亲觉得他们在岛上没法照护我们，担心我们学坏，所以才格外严格。但是父亲对我的'爱'，始终像大山一样。"

　　"2001年，我上高中要交5000元赞助费，父亲左拼右凑出500元钱，又借了4500元高利贷。为了还钱，深秋了，爸爸还泡在冰冷的海水里捞螃蟹……"讲到这，七尺男儿哽咽了。

　　大女儿王苏小学毕业后，王继才就劝她辍学，照顾离岛上学的弟弟、妹妹。王苏一开始怎么也不愿意。父母找她谈，她头一直埋在手里，最后，懂事的她还是点头答应了。这一答应，就是毫无怨言的十多年。

　　13岁的王苏瞬间长大了，她不再是她自己，她成了弟弟妹妹的"父"和"母"。王苏后来找了工作，微薄的工资到手，第一时间想到的就是给弟弟买书包、给妹妹买花裙子。

　　王继才心里，一直觉得亏欠了大女儿。他向王苏承诺，等她出嫁时，一定要回家，为她办一场风风光光的婚礼。可当这一天真的到来，因为台风，船无法出海接他上岸，王继才食言了！

　　默默地握着女儿的照片，老王长久地望向海的那边，身旁，只有无声的灯塔和翻滚的海浪。海那边，婚礼开始了，等不到父亲的女儿化了5次妆，都被泪水弄花了。催她，她还想等，再催，她还等，一步三回头，也没有等到父亲出现在婚礼上。

三

　　20世纪90年代，王继才夫妇守岛每年的补助是3700元，平均每人每月154元。1995年，开山岛建起灯塔，因守护灯塔每年收入才增加了2000元。

　　家里有老有小，正是用钱的时候，王继才也曾想下岛多挣点钱。1995年，他到县人武部送辞职申请，恰逢老政委王长杰病危。病床前，没等他开口，老政委就拉住他的手说："继才啊，你要答应叔，一定要把那个岛守下去！"

　　"老政委到死都不放心开山岛，我答应了他，就一定要守下去。"从此，王继才的心，像岛上的山石一样坚定。

　　那些年，同村人陆续富了起来，但王继才家常入不敷出。在上海跑运输的大姐希望王继才去帮忙,承诺一年收入三五万元。王继才还是选择了留下。他说:"个人小账算不过来的时候,就算一算国防大账,一算,心里就平衡了。"

伴随着经济的放开搞活,一些不法分子企图把开山岛当作走私、偷渡的"避风港"。有一次,一个"蛇头"私下上岛找到王继才,掏出10万元现金,要他行个方便。王继才一口拒绝:"只要我在这个岛上,你们休想从这里偷渡!"对方恼羞成怒,威胁要让他"吃罚酒"。他毫不犹豫地向县人武部和边防部门报告情况,并协助警方抓获了这名"蛇头"。32年间,王继才协助公安边防部门破获多起走私、偷渡案件。

在渔民眼里,王继才则是"海上守护神""孤岛活雷锋"。渔民晚上出海时,他会亮起航标灯;遇到大雾大雪天能见度低,他就在岛上设法提醒渔船绕道航行。有一次,一条渔船被海浪打翻,5名船员落入海中,王继才发现后,不顾风急浪高,冒着生命危险前去救援,把落水船员一一救上岛。

2013年2月,开山岛成为全国最小的行政村,王继才成为村党支部书记。"全国时代楷模""全国爱国拥军模范""全国十大正义人物"……近年来,王继才获得多项荣誉,可他把所有的荣誉证书都锁在一个箱子里,塞在小屋的床底下。他常说:"荣誉看得多了,眼会花、心会浮,要把组织上给的荣誉当作动力,多做点事情。"

岛上常年潮湿,王继才患上了湿疹,胳膊和腿上满是铜钱大小的白斑,一个摞着一个。医生说,只有离开岛生活,才能根治这种严重的湿疹。可他总是笑笑说:"我怎么离得开呢,离了开山岛,我睡觉也不踏实!"

四

开山岛上巡逻一遍,要迈508级台阶。32年来,王继才带着王仕花,每天清晨扛着国旗走向小岛高处一块平地,一人升旗,一人敬礼。

8月9日早7点,骤雨初歇。记者同王仕花一起去升旗,小狗"毛毛"跟随在王仕花前后,陪伴如昨。

海浪拍打着礁石,海鸥盘旋着飞走又飞回。"升旗!"王仕花一人升旗。"敬礼!"一人静默。依然是那么庄严。她对记者说:"在岛上32年,岛就是我们的家,王继才走了,我决定接过他的棒,继续守岛。"

开山岛是有颜色的。"岛上都是石头,有了国旗,就有了颜色。"这是王继才过去常说的一句话。岛上高盐高湿,旗帜容易褪色,为了让国旗永葆鲜艳,32年里,夫妇俩自己掏钱买了200多面国旗。曾经因冒着风雨去收国旗,王继才跌断了两根肋骨,但只要能爬起来,他就要去升旗。

开山岛是有生命的。上岛之初,王继才和妻子从岸上一点点运来泥土,在石头缝里种树。直到第三年,一斤多的苦楝树种子撒下去,终于长出一棵小苗。如今,几十棵苦楝树、松树在岛上顽强生长,无花果树也结了一树的果子。无花果树上,留有他们刻下的字"热烈庆祝北京奥运会胜利开幕",绕到另一面,又一行清晰和变大的字——"钓鱼岛是中国的"。

开山岛是有变化的。刚上岛时,一盏煤油灯、一个煤炉、一台收音机,就是王继才夫妇全部的家当。这些年，连云港市、灌云县两级政府不断改善岛上设施。2012年装上太阳能离网发电系统，岛上第一次有了电，夫妻俩也第一次看上了电视。部队把两人的住房修缮一新，门窗变结实了。县里给他们装上太阳能热水器，洗澡也方便了。去年，县里为开山岛修筑了新码头，再不像过去那样有点风浪就没法靠航。

开山岛是有誓言的。"我是农民的儿子，为一个承诺，我选择上岛；我是哨所的民兵，为一面国旗，我留下来守岛；我是一名共产党员，为一个信仰，要在开山岛守下去，直到守不动的那一天！"倾一腔热血唯酬夙愿，守万里海疆不忘初心。32年以岛为家，为国守岛，王继才用一生兑现承诺、践行忠诚。

开山岛是有精神的。"甘把青春献国防，愿将热血化丹青。"营房门上这副对联，是王继才专门找人写的。把一生奉献给祖国的海防事业，他坚守的不只是一片小岛，而是深深的家国情怀。

守岛自有后来人。王继才去世后，王仕花向组织表达了继续守岛的愿望，但考虑到她年纪大了，身体状况又不好，灌云县人武部作出了新的守岛安排，请王仕花担任哨所名誉所长，目前暂时先安排9名民兵，3个人一组，轮流上岛执勤一周。

海风吹过，苦楝树哗哗作响，仿佛在重复32年前王继才说过的话——"她来了以后，开山岛就有了家的感觉。"此刻，站在苦楝树下，王仕花仿佛望见了不曾离去的王继才。

苦楝树，虽生长在瘠薄之地，可每到初夏，总能开出一簇簇粉紫色的花，散发出淡淡的清香，待到楝花落尽，就会结出一串串的楝果。岛上缺土，楝果落地后极少能发出芽来，可一旦成活，便要结结实实活一回。

既然选择了这片土地，就要顽强地向下扎根、向上生长——风狂雨骤时，将一切考验刻在年轮里；风和日丽时，沐浴阳光积攒生长的力量，只为给荒岛带去一片绿荫——这不正像王继才一生对开山岛的坚守与眷恋吗！这苦楝树开出的花，是大美的信仰之花，是忠诚奉献之花！

记者离开开山岛时，王仕花站在苦楝树下，用力挥手与记者道别。记者深鞠一躬，向忠魂长留开山岛的王继才，也向王仕花和她的家人，向这岛上的一草一树一石，向32年的岁月，致敬！

汽笛长鸣，迎风飘扬的国旗、巍然矗立的灯塔、飞向远方的海鸥，渐渐远去，那一棵棵苦楝树，却在我们的眼前变得绿意盎然⋯⋯

（例文来源：新华报业网；作者：沈峥嵘，程长青）

第五章 科技文书写作

科技文书是应用文书的一种形式，应用在科学研究和管理等领域。科技文书遵循实事求是原则，具有科学性、实用性和严谨性等特点。通过本章的学习，掌握科技文书的写作要求，熟悉文献综述和科技论文写作要求，进而培养学生严谨、求实和创新的精神。

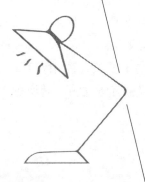

第一节 科技文书概述

科技文书，是以科学技术为内容，以书面语言为载体的专用文书。它以叙述、说明、议论为主要表达方式，总结、交流、推广、普及、传播自然科学领域内的某些现象的特征、本质、规律，对发展科学技术有着重要的影响。科技文书是自然科学和人文、社会科学领域中，科学研究、科技管理工作中所产生的各种文体的总称。

一、科技文书的相关概念

1. 科学技术报告

科学技术报告是描述一项科学技术研究的结果或进展或一项技术研制试验和评价的结果；或是论述某项科学技术问题的现状和发展的文件。科学技术报告是为了呈送科学技术工作主管机构或科学基金会等组织或主持研究的人等。科学技术报告中一般应该提供系统的或按工作进程的充分信息，可以包括正反两方面的结果和经验，以便有关人员和读者判断和评价，以及对报告中的结论和建议提出修正意见。

2. 学位论文

学位论文是表明作者从事科学研究取得创造性的结果或有了新的见解，并以此为内容撰写而成、作为提出申请授予相应的学位时评审用的学术论文。

（1）学士论文。是指应能表明作者确已较好地掌握了本门学科的基础理论、专门知识和基本技能，并具有从事科学研究工作或担负专门技术工作的初步能力。

（2）硕士论文。是指应能表明作者确已在本门学科上掌握了坚实的基础理论和系统的专门知识，并对所研究课题有新的见解，有从事科学研究工作成独立担负专门技术工作的能力。

（3）博士论文。是指应能表明作者确已在本门学科上掌握了坚实宽广的基础理论和系统深入的专门知识，并具有独立从事科学研究工作的能力，在科学或专门技术上作出了创造性的成果。

3. 学术论文

学术论文是指某一学术课题在实验性、理论性或观测性上具有新的科学研究成果或创新见解和知识的科学记录；或是某种已知原理应用于实际中取得新进展的科学总结，用于提供学术会议上宣读、交流或讨论；或在学术刊物上发表；或用作其他用途的书面文件。学术论文应提供新的科技信息，其内容应有所发现、有所发明、有所创造、有所前进，而不是重复、模仿、抄袭前人的工作。

二、科技文书的种类

科技文书分类标准不同,种类也会不同。学界和实务界对于科技文书的种类没有形成一个统一的分类标准,主要有文种分类说、对象分类说和用途分类说。

1. 文种分类说

文种分类说认为科技文书是公文的一种形式,是科技公文的一种样式,因此要符合公文的体例和样式。按照文种分类,科技文书分为:科技报告(包含科技开题报告、研制进展报告、科技考察报告、测试报告、技术总结报告、申请鉴定报告、实验报告、生产使用报告等)、技术鉴定证书、发明申请书、科技发明专利申请文件、专利文献、技术任务书等。

2. 对象分类说

对象分类说认为按照科技文书的受众对象进行分类会更具有针对性。按使用对象分,有科技论文、科技报告、科普读物、科技信息、科技新闻等。

3. 用途分类说

用途分类说认为按照科技文书的具体用途进行分类会让撰写者和受众者更明晰科技文书的具体用途,因此用途分类说也是科技文书分类中采纳较为多的一种分类方式。科技文书按照用途分为:科技论说类(包含学术论文、学位论文等)、科技报告类(包含实验报告、考察报告等)、科技说明类(包含产品说明书等)、科技情报类(包含科技文摘、科技动态等)、科学普及类(包含科普说明文等)。

三、科技文书的特点

(1)科学性。科技文书的科学性,是指导思想、工作方法和工作态度在文章文风上的体现,要求朴实、严谨、不卖弄。科技文书要遵循实事求是的态度,要深入调查研究,从客观实际出发,对调查数据要客观、可靠、科学。另外,科技文书撰写中诸如科技论文,会提出科学假设,科学假设的提出也要符合科学性特点,假设要符合理论基础和现实逻辑,因此是科学假设而并非科学幻想,科学假设也是一个科学问题。如学术论文《动物福利思想的起源及其发展研究》立足动物福利这一科学性问题进行探讨,比较中国与欧盟在农场动物福利法律和操作规范的差异,寻找二者在动物伦理中的主要区别。结果表明,动物福利建立在承认动物生命价值,并承认人类对动物有保护责任的基础之上,让社会认识到动物福利这一前沿性和科学性知识。

(2)实用性。科技文书与现实发展有紧密联系,是记载和描述科学技术发展、产品更新换代、交流科技信息的重要工具。科学文书要解决实际问题,能够促进社会进步,给人民带来便利。如学术论文《应用型本科公安院校治安学专业课程优化设置研究》通过对全国23所应用型本科公安院校治安学专业人才培养方案对比分析,治安学专业课程建设存在课程"类同化"现象、特色不明显、内容交叉重复、结构不合理和理论内涵层次低等问题,为有效指导本科公安院校治安学专业课程优化提供方案,具有一定的实用性。

（3）严谨性。科技文书具有严谨性。要求用语准确，结构合理。陈述概念常用定义法；文书的组织结构具有逻辑性、系统性；反映在方法上，就是观点用事实说话，论证讲究逻辑方法。科技文书所使用的材料，多是通过调研、统计、实验等方式获得的，具有一定程度上的再现性，即可以用同样方式使过程重复出现，其材料具有真实性的特点。论证讲究方法，即材料必须能够支持观点，特别要注意运用反例验证，防止以偏概全。如调查报告《国际野生物贸易研究组织（TRAFFIC）关于网络非法野生物贸易（2012年1月—2014年9月）的监测报告》，报告中TRAFFIC对15家选定网站的五种主要非法野生动物制品（象牙、犀牛角、虎骨、瑁制品及穿山甲片）进行密切追踪监测，并对用于掩盖这些非法制品的12个已知代名词进行定期搜索；监测范围随新制品、网站特别是新代名词的发展趋势而不断拓展更新；调查数据具有连续性和全面性。

四、科技文书的要求

（1）坚持求真务实的科学态度。坚持求真务实，是坚持马克思主义科学世界观和方法论的本质要求。"求真务实"是对马克思主义哲学，特别是对其认识论的精神实质的精辟概括。它体现了马克思主义所要求的理论和实践、知和行的具体的历史的统一。所谓"求真"就是依据解放思想、实事求是、与时俱进的思想路线，去不断地认识事物的本质，把握事物的规律。所谓"务实"则是要在这种规律性认识的指导下，去做、去实践。求真与务实的统一，是马克思主义认识论的必然要求和本质体现。科技文书的基本要求就是要坚持求真务实的科学态度，要基于科学的理论基础，遵循科学的逻辑起点，注重社会调查研究或科学实验方法，提出具有科学性、现实性和价值性的问题，用事实或数据来分析问题，最终提出对针对性、可行性和科学性的解决问题的对策、措施或者方案。如论文《以审判为中心的公安侦查困境及其对策》通过应用大数据技术、划分案件权限、改变监督方式及改进配套奖惩机制等措施，摆脱侦查审核僵硬化、监督职能睡眠化、诉讼准备形式化等困境。

（2）熟悉本专业、本行业的业务。科技文书的撰写要熟悉本专业或本行业的业务背景才能提出更好的解决方案。调研报告的撰写，需要科研人员下基层，下到田间地头，切实了解群众的真实需求，才能提出切实可行的解决方案。软件开发设计需要以行业为背景，只有熟悉了相关的基本业务才能做好相应的开发，如开发某一公安业务系统，需要了解公安行业的法律法规、部门规章，了解公安机关的业务程序和需求，熟知公安专业术语，与公安基层执法人员深入讨论才能将开发的软件更好地进行使用。撰写治安学专业毕业论文，需要系统掌握治安学专业必备的基础理论和基本知识，掌握本专业相关的公安业务知识，掌握公安学相关学科领域的基础知识和基本理论；熟悉治安学专业领域的相关政策法律和行业规范，了解人民警察的发展历史，了解公安学及本专业的发展现状和理论前沿，了解公安实战一线基本情况和实践发展；在此基础上才能撰写治安学专业领域的毕业论文。

（3）较强的思维能力和表达能力。逻辑思维能力是指正确、合理思考的能力。即对事物进行观察、比较、分析、综合、抽象、概括、判断、推理的能力，采用科学的逻辑方法，准确而有条理地表达自己思维过程的能力。语言表达能力具体指用词准确，语意明白，结构妥贴，语句简洁，文理贯通，语言平易，合乎规范，能把客观概念表述得清晰、准确、连贯、得体，没有语病。科技文书写作中要求作者具有较强的逻辑思维能力和语言表达能力，所谓的逻辑思维能力就是要借助观察、比较和分析等能力，清晰和准确地发现问题、分析问题和解决问题，使得科技文书的脉络清晰。同时，科技文书要精准、简洁地呈现在读者面前，做到用语用词准确无误。

第二节　文献综述

文献综述简称综述，是对某一领域，某一专业或某一方面的课题、问题或研究专题搜集大量相关资料，然后通过阅读、分析、提炼、整理当前课题、问题或研究专题的最新进展、学术见解或建议，对其作出综合性介绍和阐述的一种学术论文。文献综述是一种书面论证，它建立在前人研究的基础上；研究者从前人的研究中寻找到可信的证据，建立自己的论据，从而将一个论题推向前进。

一、文献综述的目的和意义

文献综述是研究的基础性工作，也是论文写作的核心环节。文献综述的质量，直接决定研究能否顺利完成，以及论文质量的高低。因此，做文献综述是一项重要的学术训练。文献综述是在确定了选题后，在对选题所涉及的研究领域的文献进行广泛阅读和理解的基础上，对该研究领域的研究现状（包括主要学术观点、前人研究成果和研究水平、争论焦点、存在的问题及可能的原因等）、新水平、新动态、新技术和新发现、发展前景等内容进行综合分析、归纳整理和评论，并提出自己的见解和研究思路而写成的一种不同于毕业论文的文体。它要求作者既要对所查阅资料的主要观点进行综合整理、陈述，还要根据自己的理解和认识，对综合整理后的文献进行比较专门的、全面的、深入的、系统的论述和相应的评价，而不仅仅是相关领域学术研究的"堆砌"。

科学研究的精髓是在学习基础上的创新性探索，需要我们在掌握前人成就的基础上做必要的创新，即科研工作是站在巨人的肩膀上再往前攀登。然而文献综述是站在巨人肩膀上的重要平台，通过文献综述能够系统梳理、了解和掌握已有的科学知识并开展评价和分析，从中获得经验和发现问题，这不仅仅是研究和创新的基础，更是科技工作人员严谨科学态度的展现。

二、文献综述的主要内容

（1）概念的界定。理论是思想的系统化表达，而是在表述过程中必须使用某种语言将一系列的概念呈现出来。文章的基础理论或文献综述部分，首先要澄清的内容就是核心问题相关的基本概念的本质内涵，这是科学研究的逻辑起点。概念的界定一定是论文撰写之前首先要考虑的问题，而且必须要做，并且一定要做好。简而言之，明晰了研究的概念，在某种程度上就明确了研究的逻辑起点和研究的系统边界。明晰了概念也就抓准了论文写作的核心主旨，在论文撰写中要以本质性的内涵来界定基本概念，并作为统一认识和进一步研究的基础。例如，治安学专业学生以《网络群体性事件的现状及演变趋势研究》为毕业论文选题，该学生则需要明确什么是"网络群体性事件"，国内外对于"网络群体性事件"的概念是如何界定的，不同学者界定的逻辑起点是什么等要进行系统分析，只有明确了"网络群体性事件"的概念，才可以开始收集、调研和撰写文章。

（2）研究的背景和发展脉络。研究的背景是指论文选题迄今为止研究的相关情况（包括研究现状、成果、问题、解决方案等），研究背景要介绍选题研究的社会大背景、聚焦的行业大背景以及目前亟需解决的问题。如侦查学专业学生以《5G时代下侦查模式的演变与革新研究》为毕业论文选题，该学生势必要熟悉"大数据战略""5G"这样的时代背景（社会大背景），聚焦"侦查模式"这一公安大行业且结合5G技术，系统梳理侦查模式是如何演变的，并以此为基础提出5G时代下侦查模式的革新设想。

发展脉络是指某指论文选题从缘起到现今发展过程进行总结，总共经历的几个发展历程或几个发展阶段，对此进行系统的梳理才能清晰地定位研究内容的方向。《生态铁军——森林公安走过30年》系统梳理了1984年5月3日森林公安成立以来的发展历程，分别从"危急时刻的重大决策""破冰前行""为祖国大地添绿增色""筑牢林区安全防火墙""广阔的发展空间"五大模块系统梳理森林公安的发展脉络，清晰地描绘森林公安的发展历程。

（3）研究的主要问题。绝大多数都是为了解决现实问题而进行的系统性研究活动，论文坚持以问题为导向，因此文献综述中对现实问题的描绘是必不可少的部分。通过文献梳理学者、专家们对于该领域问题的研究，能够为后续的研究奠定基础。因此文献综述中对于研究的主要问题表达要作出明确的说明、比较和选择确定，并尽可能地描绘成量化的精准程度。

（4）问题形成和控制的机理。论文中对问题产生的根源（原因）及其运行的机理分析，是链接问题与对策建议的桥梁和纽带，实质上是论文的核心内容。文献综述中必须要包含这部分内容并将其梳理、分类、评价到位，特别是要开展评价，否则体现不出研究的特点。

（5）作者对文献的评价。文献综述并不是简单对前人观点进行罗列和整理，而是在资料梳理基础上要形成自己的观点和思想，这样才能站在巨人的肩膀上去看待问题，因此文献综述中最重要的环节是对文献进行评价，通过评价则能发现前人在研究中存在的不足以及某一问题在研究中存在的不系统、不全面方面，这些不足和不系统、不全面的内容即是研究的方向，这样的论文才会有创新性、真实性和严谨性。

三、文献综述的要求

（1）文献要搜集齐全。文献搜集要做到全面覆盖，既有最初的也有最新的，既有国内的也有国外的，只有文献覆盖面广且全，才能保证文献综述的全面性、完整性和系统性。

（2）文献要经典代表。要搜集经典性和代表性文献，从高级别刊物上去查找文献，如被 SCI，EI 等国际期刊收录的，南大核心期刊、北大核心期刊等收录的文献；同时要关注被引率高的文献，知名专家学者的文章等。这样才能代表作者立足在该选题或问题的前沿。

（3）要忠实文献内容。由于文献综述有作者自己的评论分析，因此在撰写时应分清作者的观点和文献的内容，不能篡改文献的内容。引用文献不过多。文献综述的作者引用间接文献的现象时有所见。对文献的梳理和整理要实事求是，遵循作者的真实意图，遵循本源，厘清作者的观点和态度，站在客观、公正的角度来看待问题，切忌篡改文献内容。文献综述中对于某一文献中作者也是引用他人观点的，要进一步追溯到该文献并核实，做到文献直接引用，尽量避免间接引用。

（4）评论要有思想性。文献综述最灵魂的内容就是写作者的评价，这是站在巨人肩膀上的关键。对文献的评论在基于大量文献梳理基础上要进行总结，融入思想性。所谓的思想就是要对文献进行分类、对比、分析。文献综述是从论文写作的角度出发，对以往文献进行分析、归纳和评价，重点评价其研究中存在的不足点和盲点。评价可以放在文章的结尾部分，是整个文献综述的核心部分，通过评价显示出研究的系统性和前沿创新性。

（5）参考文献不能省。有的科研论文可以将参考文献省略，但文献综述绝对不能省略，而且应是文中引用过的，能反映主题全貌的并且是作者直接阅读过的文献资料。

四、文献综述写法范例

一般而言，文献综述的写法主要有六个步骤，分别是选择主题、文献检索、展开论证、文献研究、文献批评、综述撰写。

文献综述的立足点基于论文作者文章的选题，既可以对某一研究领域进行文献梳理，也可以对某一研究类别进行文献梳理，同时也可以对某一概念研究进行文献梳理。文献综述完全取决于研究者的个人研究立意点开展。

范例 1：针对某一研究领域

野生动植物和森林资源犯罪国内外学者论述
（陈积敏，2016）

由于野生动植物和森林资源的开发利用率高和贸易量高，导致野生动植物和森林资源犯罪行为上升。2010—2013 年非洲有 12 万多头大象以及 1215 头犀牛死于非法狩猎（UNEP，2014），平均每15分钟就会有一头大象被盗猎。全球野生动植物和森林资源犯罪造成的损失达到50~200亿美元（ICCWC，2014），占据全球环境犯罪价值评估的10%（UNEP，2014）；其中，非法野生动物贩卖成为排在毒品、军火交易后的世界第三大走私活动。野生动植物和森林资源犯罪的获利部分甚至为部分恐怖组织和活动提供了资金支持。

国外学者分别从行动、管理和规制等角度界定野生动植物和森林资源犯罪的概念（Bryant，1979；Hummel，1983；Curcione，1992），基于研究区域和样本系统明确野生植动物和森林资源犯罪的属性和范畴（Eliason，2003；Tobias，1998）。借鉴社会调查和社区治理等方法，认为野生动植物和森林资源犯罪具有明显的区域特征（Matthew S Crow，2013）和各异的行为范式（McDowell，1997），分析犯罪的驱动因素（Byard RW，2010）并提出犯罪预防策略：运用DNA技术调查分析野生动植物和森林资源犯罪行为（Alacs E A，2010）；加强野生动植物和森林资源资源监测（Guillaume Chapron，2015）；加大执法力度（Linzi，2010），提升执法能力（Wellsmith，2011；Nellemann C，2014）；加强国际合作（John M Sellar，2012；Stephen F Pires，2016）。

国内学者围绕野生动植物和森林资源的调查、保护、管理和法律责任等方面进行的研究较多。从法律视角出发，借鉴美国、新加坡等地经验，定义野生动植物的概念和范畴（周志华，2004）。分类调查区域的野生动植物资源情况（尹峰，2015；孙志勇，2012），从资源现状和经营利用等角度分析野生动植物和森林资源所面临的困境（陈文汇，2006；王田浩，2013）。提出基于物质流、能量流和信息流的过程管控策略（王鑫海，2001），立足资源保护和利用规则角度，从法律体系完善（严旬，2015；王凯、陈俊昌，2014；张冬生，2001）、国际合作（孟宪林，2015；吴柏海，2013）、信息系统及技术（姜喜麟，2008）等主要方面预防野生动植物和森林资源犯罪行为。

——节选自《从资源保护到国家战略：野生动植物和森林资源犯罪研究综述》论文

【点评】

将文献内容进行系统梳理，避免罗列式的列举，而是采用体系性的将研究内容合并融合在一起，在每句话的后面用括弧形式列出此句话主旨内容出处。

另外，对某一研究领域的综述梳理要充分结合国内外专家学者观点，要利用好图书馆电子期刊资源，既要立足国内外，又要注意文献的连续性。

范例2：针对某一类别

治安风险的复杂性与综合的防控政策
（汪广龙，2020）

现有研究将治安风险的形成归为两大机制，即"犯罪动机为何形成"与"犯罪行为为何没有发生"。前者着重解释理性人为何要"犯罪",包括社会规范解体、物质文化与成就文化、经济不平等,以及个体人格、认知与自控能力。而后者认为犯罪的动机和意义是非常复杂的(或者说,每个人都有恶和犯罪的倾向),更应该理解的是为什么没有犯罪,也即应该关注束缚理性人的各种条件,例如,社会网络、犯罪情景和"防卫空间"。

以这两大机制为基础,治安防控一般强调预防和打击并重。传统理论认为,犯罪源于经济、社会、人口和族群等方面的原因,政府政策很难对复杂社会、经济背景产生影响,因此治安防控的重点应该是犯罪打击,更注重事后刑事调查、侦查、逮捕罪犯,减少罪犯重新犯罪的可能。但威尔逊和克林的"破窗理论"认为,治安问题往往起源于社区衰败和失范,治安防控的起点在于防止社区衰败。受"破窗理论"的影响,治安防控的重点从"与犯罪斗争"转移到"防止破窗",从强调高压司法和专业警务向"以问题为导向"的治理模式转变,强调发展预防、社区预防、犯罪情境预防、刑事司法预防,通过对失序行为的"零容忍"政策(Zero Tolerance Policing)提前介入,防止更严重失序的发生。

以上逻辑意味着,综合性的防控政策是治安防控的必然要求,也是中国防控治安风险的基本要义。但市场化转轨道路导致的发展不平等和社会保障缺失,以及中国特殊的社会结构,塑造了中国特殊的犯罪模式(crime pattern)和治安风险。例如,盗窃、抢劫和敲诈勒索等高经济动机犯罪的增长速度快于低经济动机犯罪(例如,杀人、殴打和强奸),治安风险更多与外来人口中的暂住人口相关等等。在此背景下,中国的治安防控政策不仅强调完善就业服务、社会保障,解决群众切身利益问题;还强调矛盾纠纷排查调处、构建基层综合治理网络以及时发现和解决矛盾;重视流动人口、刑释解教人员等的服务和管理;强调对危险物品、特种行业等管理。现有研究也发现,相比于纯粹的司法投入和"严打",公共服务、收入分配、户籍制度等社会政策和"严宽相济"的司法政策可以更显著减少犯罪。

——节选自《治安防控体系烟花的组织机制——基于"打防并举"到"管理服务"变迁历程的研究》论文

【点评】

文献综述的价值在于将前人的研究成果进行梳理,结合作者所研究的领域或角度进行阐述。该篇是针对某一政策领域,对历史文献进行评价和分析。将评价融入到文献综述中去,使得文献综述具有整体思维性。

范例3:针对某一概念

组织、领导、参加黑社会性质组织罪
(岳平,陈伊韬,2020)

组织、领导、参加黑社会性质组织罪同样也是1997年《刑法》新增设的罪名。此时我国

尚未出现组织严密的大规模集团性黑社会犯罪，但是已经有了"山西侯百万""郭千万""海南王英汉"等带有黑社会组织性质的犯罪集团。这些犯罪组织结构严密、成员众多，具有暴力武装，且又拥有相当庞大的资产，能够操纵一定行业和区域的经济，并通过贿赂等手段拉拢相当数量和级别的国家干部充当保护伞，严重危害一定区域内正常的社会、经济秩序。

因此，立法机关出于预防的考虑，在《刑法》第294条规定了黑社会性质组织罪。这一前瞻性立法在条文表述上有两个特点：一是将国内所存在的有组织、有层级的暴力性集团犯罪组织界定为黑社会性质组织罪而不直接称之为黑社会组织，体现了立法机关在这一问题上的保留态度；二是在对黑社会性质组织的界定上，立法机关偏向描述性叙述罪状，即以暴力、威胁或者其他手段，有组织地进行违法犯罪活动，称霸一方，为非作恶，欺压、残害群众，严重破坏经济、社会生活秩序的黑社会性质的组织。鉴于当时的国内情势，这一立法尽管没有明确的规范表述可供司法实践予以参照，但是对于打击黑社会性质组织的犯罪还是起到了积极作用，也为其后在专项斗争中结合实际情况推出相关司法解释预留了充分的空间。诚如有的学者所言："法律的规定有时表现得比较抽象，要使这些抽象的规定与现实生活中具体的犯罪行为特征相一致，就必须首先对它作出具体化的解释。"

从上述文件中可以看出，在黑恶势力犯罪的整治起步阶段，立法对于该类罪名及刑罚的设立具有割裂性，原因在于两者所针对的社会问题有所不同。社会治理中惩治流氓恶势力是出自于"为改革和发展创造良好的社会环境"这一目标，它承袭了早年流氓罪罪名，是及早扫除一度猖獗的街头犯罪的政治性诉求，该任务的提出也为刑事政策启动提供了动力源。该概念的提出带有解决现实困境的紧迫性，因此政策先行于法律而担起调控的职能。而黑社会性质组织罪的增设，更多是出于对未来可能会出现的高级别组织犯罪的提前预防，但当时阶段因缺乏现实基础，故而表述较为抽象。

——节选自《社会治理：黑恶犯罪治理进阶与启示》论文

【点评】
该文章对组织、领导、参加黑社会性质组织罪进行文献梳理。从法学专业视角，以立法者的角度对该罪名进行了全面的梳理和对比。

第三节　毕业论文

大学的使命是创造出学问、技术，要培养出具有创造力的人；而毕业论文是实现这一使命的重要手段之一。毕业论文是本科教学过程中重要的实践教学环节，是培养学生的文化素质、专业素质和工程、实践和团队协作、项目管理等综合素质能力的集中体现。毕业论文是大学生综合运用已学知识表述理论创造、或表述分析应用的应用文。毕业论文是本科生获得学士学位的关键环节，学生通过毕业论文的写作能够提高逻辑思维能力，创新能力，论文写作能力和语言表达能力。

《教育部关于加快建设高水平本科教育全面提高人才培养能力的意见》（教高〔2018〕2号）第四部分"围绕激发学生学习兴趣和潜能深化教学改革"强调：要"加强学习过程管理。加强考试管理，严格过程考核，加大过程考核成绩在课程总成绩中的比重。健全能力与知识考核并重的多元化学业考核评价体系，完善学生学习过程监测、评估与反馈机制。加强对毕业设计（论文）选题、开题、答辩等环节的全过程管理，对形式、内容、难度进行严格监控，提高毕业设计（论文）质量"。

一、毕业论文的分类

大学生学完规定的课程考试成绩合格后可以获得毕业证书，但是不能获得学位。只有通过毕业论文答辩才能获得学位，因此毕业论文是一种学位论文。学位论文是为申请学位而撰写的学术论文，是评判学位申请者学术水平的主要依据，也是学位申请者获得学位的必要条件之一。毕业论文分为学士论文，硕士论文和博士论文。学士论文和硕士论文则要求学生在某一学科的某一方面进行较系统的研究并能提出新的见解。博士论文则要求在研究深度和广度上有更严格的要求，应该对某一问题有全面、系统和创造性的研究并取得突破性的成果。

二、毕业论文的要义

（1）取得学位要求。《中华人民共和国学位条例》（2004年8月）第四条规定，高等学校的本科毕业生，学习成绩优良，较好地掌握本门学科的基础理论、专门知识和基本技能；具有从事科学研究工作或担负专门技术工作的初步能力的授予学士学位，学士学位，由国务院授权的高等学校授予。因此，通过毕业论文答辩才能获得学位。

（2）科研能力锻炼。毕业论文是某一学术课题在实验性、理论性或创新见解和知识的科学记录，或是某种已知原理应用于实际中取得新紧张的科学总结。毕业论文可以记录新的科研成果，考核毕业生知识储备、综合能力锻炼和科研水平的重要载体。

（3）锤炼写作能力。毕业生针对某一特定的选题，系统梳理论文的脉络和框架结构，起于发现问题，终于解决问题而开展系统性的论证过程，这一过程能够锤炼学生的写作能力。在论文撰写过程中对于所描述的语言要进行仔细斟酌，思考其要义并不断地调整和修改，进而提高写作能力和水平。

（4）理论水平提高。毕业论文是基于学生通过3~4年的专业理论和知识学习，掌握专业领域的基本技能和方法，开展专业性的研究。毕业论文实际上是系统地将本专业领域所学的知识在毕业论文中得到体现，综合反映学生的能力和水平。同时，通过毕业论文的撰写，促使学生拓展知识、开拓新的领域，实现学科交叉和知识的融合。

三、毕业论文的撰写

1. 题目拟定

毕业论文选题要简洁、明确，一般字数不超过20字。论文题目是整篇文章的主旨，

要具有专业性、时代性、科学性。选题可以来源于毕业实习（社会实践）、导师课题、专业兴趣等几个方面。无论选题来自何种途径，均需要跟指导教师多沟通。选题要遵循科学原则，坚持人才培养目标为导向，在专业领域范畴内选择可行性、科学性的研究目标或方向。选题要充分考虑到自身的学术水平和能力，选题宜小、精、专，切忌大、泛、空。选题要体现研究内容的创新性，包括研究方法的创新（表5-1）。

表 5-1 论文题目范例及评析

论文题目	题目评析
论野生动物犯罪	题目过大，本科生难以掌控和完成；建议聚焦到某一野生动物犯罪的某一领域
野生动物犯罪现状及问题研究	比第一个题目相对聚焦，但是还是过大，尤其是野生动物犯罪概念难以界定；建议聚焦到某一类别的野生动物，如《穿山甲非法贸易现状及问题研究》
非法野生动物交易治理研究	聚焦到非法野生动物交易，贴近社会热点，但治理范畴过大，建议细化
非法野生动物交易监管困境分析	聚焦到非法野生动物交易，贴近社会热点，就监管困境进行分析，总体可以
非法野生动物交易监管困境及协同治理研究	此标题具有科学性，题目中既能看到时代特点，又能体现问题本质

论文题目要通顺，不能出现常识性错误、歧义或者语句不通，如《公安机关办理企业环境污染类行政案件的可行性分析》，属于犯了典型的常识性错误，公安机关不会办理环境污染类行政案件；如《基于公平和效率的治安调解》属于语句不通等。论文题目一般多用"研究"两字，其实可以根据选题的需要可以多样化，如可以运用"新思考""分析""探析""新论"等词，避免出现"浅析""浅论""浅议"等词。

2. 摘要撰写

摘要是整篇文章的主旨，简明扼要地概括整篇文章的重要内容，即不阅读全文就能感知整篇文章的主要内容、逻辑脉络、研究方法等关键内容。摘要要有一定的概括力、语言精练和明确，内容完整。可以采用"研究背景—主要内容—主要价值"这样的逻辑结构来撰写摘要。摘要撰写建议尽量用短句，没有任何多余累赘语言，信息量要多和足，避免在摘要中进行评价，建议不出现"本人""作者"等字眼。摘要字数一般在200~300字。

论文题目：野生动物非法贸易协同治理研究

内容摘要：野生动物是地球上所有生命和自然生态体系的重要组成部分，它们的生存状况同人类可持续发展息息相关。新型冠状肺炎病毒疫情暴发后，野生动物非法贸易成为全球关注的焦点。我国既是野生动物资源大国，也是野生动物消费大国。当前，我国野生动物管理坚持保护优先和规范利用的原则，但无序的利用致使野生动物非法贸易已成为世界第三大犯罪，严重影响到生物多样性、生态系统服务功能、全球经济和公共安全、野生动物福利等。因此，要从协同治理角度规制野生动物贸易，促进人与自然和谐共生，打造生命共同体。

【点评】

严格按照"研究背景—主要内容—主要价值"思路来进行，通过内容摘要能看到整篇文章的主要框架结构和内容。但是，研究背景介绍的过多，要多关注内容方面可能会更好。

社会科学类：范例2

论文题目：跨境赌博违法犯罪治理研究

内容摘要：跨境赌博违法犯罪活动侵害我国公民财产权利的同时，往往诱发非法拘禁、敲诈勒索、故意伤害、偷越国边境、洗钱和毒品交易等各类违法犯罪活动，严重影响了中国与周边国家的经济交往和政治稳定。文章针对近年来跨境赌博违法犯罪呈现出手段多样化、平台网络化、赌资去现金化和非实名化等新特点，指出了在治理跨境赌博违法犯罪中存在法律法规不健全、警务合作难、侦查办案难等难点并提出了预防为主、严厉打击和综合治理等治理路径。

【点评】

从跨境赌博违法犯罪的影响、特点，存在的问题并对策等方面整体介绍文章的主要内容。这是常见论文的主要摘要形式，属于传统的摘要写作方式。在高级别期刊论文中，这种摘要的形式现在采用的较少；高级别期刊论文中注重研究的理论基础、方法、模型和结论。

社会科学类：范例3

论文题目：城乡基本公共服务均等化的犯罪治理效应
——基于2002—2012年省级面板数据的实证分析

内容摘要：本文利用2002—2012年中国省级面板数据，借助动态面板模型，实证检验了城乡基本公共服务均等化对犯罪率的影响。研究发现：医疗卫生均等化和教育均等化都显著地降低了刑事犯罪率，其中，医疗卫生的城乡差距缩小1个百分点会使所在省份的万人犯罪人数相应地降低0.16人；而教育均等化程度提高1个百分点也会使所在省份的万人犯罪人数降低0.25人。本文还发现，相对其他引致犯罪率上升的因素，推动城乡基本公共服务均等化是更容易实施的犯罪治理手段。因此，中国在打击刑事犯罪的同时，政策重点应该转向各种社会经济因素的调整，特别是缩小城乡之间的不平等；而从犯罪治理层面来看，提高城乡基本公共服务均等化程度甚至比缩小城乡收入差距更为有效。

社会科学类：范例4

论文题目：新时代"枫桥式"基层治安治理模式探究
——基于序次 Logistic 回归模型的实证分析

内容摘要：为深入挖掘和全面阐释"枫桥式"基层治安治理的构成要素、生成逻辑和运行机理。通过开展"新时代诸暨市社区居民安全感状况调查问卷"，并运用序次 Logistic 回归模型进行分析检验，发现"法治因素""技术因素"和"情感因素"无论是作为单独变量，还是作为整合变量均与居民安全感显著相关。同时，在进一步数据挖掘和质性研究基础上，建议探索优化社区"情感联结"，拓展延伸"情感治安"治理体系；促进大数据等信息技术的制度性有效嵌入，创新完善"智慧治安"治理体系；加强基层治安法治化建设，建立健全"法治治安"治理体系，进而在"情感—技术—法治"基础上构建兼具"秩序性"和"动力性"的"枫桥式"基层治安治理模式。

【点评】
以数据分析为出发点，结合数据模型，通过实证方式对研究领域或论文研究视角进行分析，具有说服力和证明性。

自然科学类：范例1

论文题目：城市生态环境用水量的测算与调整

内容摘要：以南京市浦口区为例，分析了城市生态环境用水量的变化及其影响因素，基于多目标理论，测算研究区域的生态环境用水量。结果表明：研究区域的生态环境实际用水量为 0.035 亿 m^3；调整后的生态环境合理用水量为 0.55072 亿 m^3；调整后的生态环境用水量效益增加 10.417544 亿元。因此，通过调整经济用水量可增加生态环境用水量。

【点评】
自然科学类内容摘要写作方式与社会科学类内容摘要写作方式完全不一样，自然科学类侧重于方法和结果，因此在内容摘要中要集中体现方法和结果。

自然科学类：范例2

论文题目：基于激光传感器实时数据的交通信号灯控制优化研究

内容摘要：优化控制交通信号灯对降低车辆延误时长、提高交通运行效率具有关键作用，因此，提出基于激光传感器实时数据的交通信号灯控制优化方法。采用激光传感器采集实时交通流数据，基于激光传感器采集交通流数据的工作原理，完成激光传感器在交通流控制中的布局；依据急迫程度优化控制交通信号灯，利用采集到的激光传感数据计算车辆急迫程度，根据急迫程度最大车流确定规则确定放行车流，最后计算放行车流的绿灯时间，优化控制交通信号灯。实验结果表明，在交通低峰期、中峰期、拥堵时段，所提方法均能有效降低车辆延误时长，是一种可靠的交通信号灯控制优化方法。

【点评】
聚焦于研究领域或视角的设计、操作等规程，尤其是实验（设计）过程和方法，解释实验结果或运行效果。

自然科学类：范例3

论文题目：法医DNA鉴定中的染色体异常现象

内容摘要：染色体异常是严重的先天性疾病，在遗传病及产前诊断中研究较多。近年来，在DNA亲子鉴定中也发现越来越多的染色体异常造成的短串联重复序列特殊图谱及假性排除的案例。本文就法医DNA鉴定中报道过的三体综合征、单亲二倍体以及嵌合体等染色体异常现象进行综述，为法医DNA工作者提供检案参考。

【点评】
通过实验方法得出不同环境下的实验结果，并对实验结果进行数据分析和处理。

3. 关键词选择

关键词是论文的核心所在，有些关键词可以直接取自题目，有些关键词在文中且是论文中的关键和主旨。关键词选择的方法主要有从题目中摘选或从内容摘要中摘选或从论文正文中摘选（出现频次较高）。切忌关键词并不是仅从题目中去摘选。

关键词是反映论文主题概念的词或词组，通常以与正文不同的字体字号编排在摘要下方。一般每篇可选3~8个，多个关键词之间用分号分隔，按词条的外延（概念范围）层次

从大到小排列。关键词应尽量从国家标准《汉语主题词表》中选用；未被词表收录的新学科、新技术中的重要术语和地区、人物、文献等名称，也可作为关键词标注。关键词应采用能覆盖论文主要内容的通用技术词条。

4. 正文写作

毕业论文的正文部分一般包括前言、本论和结论三大部分组成，关键在本论。

（1）前言的撰写。也称引言、绪言、绪论等。包括研究背景，研究目的，研究范围，研究方法，主要观点或成果，评价意义诸方面的内容。前言是论文的开头部分，主要交代论文的背景、选题的目的、现状及问题的紧迫性等方面。前言不能与摘要存在雷同的情况，不涉及论文所要分析的问题及对策等部分内容。前言要简明扼要，篇幅不要过长，一般占据整篇论文字数的 5%~10% 即可。

（2）本论的撰写。本论是毕业论文的主体，集中体现了论文的质量。本论中要能体现学生理论知识积累情况，研究方法运用情况，分析和解决问题的能力，逻辑思维能力等。一般本论部分有理论研究、基本现状、问题分析和对策研究等几大部分组成。各部分内容结构要严谨，逻辑要清晰。

一是理论知识部分：明确相关概念，界定清楚文章的系统边界。介绍基础理论并运用的研究方法等。

二是现状及问题分析部分：分析现状和问题要透彻，借助文献资料或者数据等进行分析，关键在于秉持着实事求是的态度，将调查或实验中获得的数据进行整理并开展分析，既要有表象上的总量、变化率等指标，更要有纵横对比的数据挖掘能力。

三是解决问题部分：要基于问题分析开展针对性的解决问题。提出的对策要基于科学性原则，具有针对性、可行性、可操作性。此部分不再阐述对策的理由，而是具体细化对策。

（3）结论的撰写。结论是论文的精髓，是整篇论文的收尾。既要做到首尾呼应，回到论点，也要做到问题的预期，可能会存在哪些尚待解决的问题和设想。结论撰写要精炼，字数不易过多，一般字数在 5% 左右，概括要准确、用词要严谨。

5. 参考文献列举

一般情况下，根据参考文献标注方式，将参考文献根据文种引用的顺序依次排序；或者根据参考文献作者首字母前后顺序开展排序；或者英文文献在前，中文文献在后开展排序。无论何种排序方式，借鉴和引用的参考文献必须要如实列出。

【范例】参考文献标注方式

参考文献标准格式是指为了撰写论文而引用已经发表的文献的格式，根据参考资料类型可分为专著 [M]，会议论文集 [C]，报纸文章 [N]，期刊文章 [J]，学位论文 [D]，报告 [R]，标准 [S]，专利 [P]，论文集中的析出文献 [A]，杂志 [G]。

【专著、论文集、报告】

[序号]主要责任者.文献题名[文献类型标识].出版地：出版者，出版年：起止页码（可选）.

例如：[1] 刘国钧，陈绍业. 图书目录 [M]. 北京：高等教育出版社，1957：15-18.

【期刊文章】

[序号] 主要责任者. 文献题名 [J]. 刊名，年，卷（期）：起止页码.

例如：[1] 何龄修. 读南明史 [J]. 中国史研究，1998，（3）：167-173.

【学位论文】

[序号] 主要责任者. 文献题名 [D]. 出版地：出版单位，出版年：起止页码（可选）.

例如：[1] 赵天书. 诺西肽分阶段补料分批发酵过程优化研究 [D]. 沈阳：东北大学，2013.

【报纸文章】

[序号] 主要责任者. 文献题名 [N]. 报纸名，出版日期（版次）.

例如：[1] 谢希德. 创造学习的新思路 [N]. 人民日报，1998-12-25（10）.

【电子文献】

[文献类型/载体类型标识]：[J/OL] 网上期刊、[EB/OL] 网上电子公告、[M/CD] 光盘图书、[DB/OL] 网上数据库、[DB/MT] 磁带数据库

[序号] 主要责任者. 电子文献题名 [电子文献及载体类型标识]. 电子文献的出版或获得地址，发表更新日期/引用日期.

例如：[1] 王明亮. 关于中国学术期刊标准化数据库系统工程的进展 [EB/OL].1998-08-16/1998-10-01.

四、毕业论文的要求

（1）立论要有创新性。立论的创新性是毕业论文的价值所在。毕业论文必须着眼于学生的科学研究能力的基本训练，体现学生在专业学科的某一领域有独到见解或某一技术方面具有创新成果或用新的理论方法解决了生产生活的实际问题等。

（2）论据有真实充分。毕业论文撰写中无论是基于理论、技术、方法还是数据都必须要绝对真实，必须要有真实来源和出处，不能认为杜撰，更不允许抄袭与剽窃。

（3）论证逻辑要严谨。毕业论文中会提出相关的论点，论点基于论据进行论证中，结构要严谨。论据和观点之间要匹配且论据能充分的证明论点，与论点之间存在正相关。另外，毕业论文撰写中，论证过程要基于提出问题、分析问题和解决问题的基本逻辑顺序，要形成一个逻辑整体。

（4）撰写体例要规范。毕业论文是学术性的文章，要严格执行《学位论文编写规则》（GB/T 7713—2006）。

五、毕业论文的注意事项

（1）杜绝作假行为。学位论文作假行为包括购买、出售学位论文或者组织学位论文买卖的；由他人代写、为他人代写学位论文或者组织学位论文代写的；剽窃他人作品和学术成果的；伪造数据的等均按照作假行为论处。教育部《中华人民共和国学位条例》《中华

人民共和国高等教育法》《学位论文作假行为处理办法》等造假行为严肃处理提供了法律依据和政策保障。

（2）提高文献检索能力。文献检索在毕业论文中必不可少且不可替代，文献检索能力的好坏直接决定着毕业论文的质量。围绕选题选择合适的检索工具，广泛搜集资料，可利用书本型检索工具（如《全国报刊索引》《复印报刊资料》《国外社会科学论文索引》等），光盘数据库（如《中国学术期刊（光盘版）》，《中国科学引文数据库》（CSCD），《中国学位论文数据库》等），网络资源（如中国知网，中国期刊网等）。同时，要善于利用已有的书目、期刊进行二次文献搜索，灵活运用各种检索工具，最大程度地到跟论文主题相关的主要文献。

（3）定性分析和定量分析相结合。社会科学类毕业生在人才培养方案中会设置毕业实习环节且占学分，自然科学类毕业生需要开展实验，因此无论是社会科学类还是自然科学类毕业论文均会接触到数据。毕业论文建议定性分析和定量分析相结合，基于数据，借助 Excel 或 SPSS 做数据分析（如回归分析），使得论证更严谨、更真实、更客观。

（4）语言严谨和通顺。对重复的语句或内容进行删选，做到文字简练。段落之间如不通畅，需补上必要的过渡语；对个别地方探讨不够深入的，需要少量补写。更换语词，更换局部内容，使表达更为准确、恰当，使内容更为完整、全面。移动语序、分句前后的位置、段落先后的位置，使得表述更为合理。对关键语词选择要斟酌，避免语言呆板。修饰语句，使得语句更富有表现力，包括调整句式，增添修饰或限定语等。

（5）时间进度安排。毕业论文是个系统工程，毕业论文环节主要有选题、开题（提交开题报告）、下达任务书、中期考核、指导记录、评阅、答辩等环节，每个环节均体现在毕业论文设计系统中。毕业生要注意不同环节的时间节点，按照规定时间完成毕业论文工作顺利取得学位。

某校毕业论文时间安排表（以 2020 年为例）

选题与集中辅导：组织教师和学生通过学校毕业论文（设计）管理系统（以下简称毕设系统）进行选题工作。完成截止时间为 2020 年 1 月 20 日。

任务书下达：指导教师通过毕设系统在线填写毕业论文（设计）任务书，经学院教学院长审核后向学生下达毕业论文（设计）任务。完成截止时间为 2020 年 3 月 15 日。

开题：各学院应切实做好学生毕业论文（设计）的开题工作，把好开题质量关。完成截止时间为 2020 年 3 月 30 日。

中期检查：组织指导教师督促学生通过毕设系统在线填写中期检查情况表，指导教师和教学院长应及时审核，学校适时组织抽查。完成截止时间为 2020 年 4 月 15 日。

论文指导与评阅：学生上传定稿的同时上传抄袭检测报告单。指导教师评阅结束后，各专业另外安排至少一名相关专业教师对论文进行评审，填写评阅意见表，并给出学生是否具备答辩资格的意见。完成截止时间为 2020 年 4 月 30 日。

答辩及成绩评定：所有本科毕业论文（设计）都要求进行答辩，答辩工作应重点安排在 2020 年 4 月中上旬。教学秘书负责将成绩录入教务管理系统，完成截止时间为 2020 年 5 月 30 日。

总结评优及归档：做好论文的评选及归档工作。完成截止时间为 2020 年 6 月 30 日。

（6）查重率要符合规定。毕业论文在答辩之前需要通过查重，不同学校、不同专业对于查重率要求不一样。毕业生根据具体专业、学校的要求进行查重，通过正规途径进行查询。

（7）答辩记录要客观真实。答辩记录是答辩秘书完整记录答辩小组专家（教师）对论文的选题、整体框架、写作逻辑、论文创新点以及论文中的关键内容向论文作者提出，论文作者对答辩小组专家（教师）所题的问题进行一一回应的内容。答辩记录具有客观性、真实性和完整性。

第六章 申论写作

　　本章将主要讲述申论作文的写作技法,从思维、结构、技巧和文风四个角度展开。其中,思维一节重点阐述面对申论作文题目可采用的破题方法,可从主体维度、时空维度、操作维度等方向展开立论;结构一节将按照议论文的写作要求,从引论、本论和结论展开,详细阐述申论作文的开篇、主体和结尾的写作方法和注意事项;技巧一节则具体介绍了几种引论的方法和论证的模式;最后从文风的角度整体把握申论作文的写作风格。申论作文写作不仅仅是一种应试文体的写作,还应认识到其内在所蕴含的对于国家公务人员能力素质的要求,是新时代政府治理能力与时俱进的重要展示窗口。"言之有物、言之有理、以理服人、以情动人"才是获得申论作文写作成功的不二法宝。

第一节 申论概述

一、含义

一提到申论，大家脑海中立刻浮现的念头是公务员考试的一个笔试科目。作为国家用来选拔优秀行政管理人才的一门考试科目，申论和我们常见的语文、数学、英语等科目一样，是涵盖一定知识技能和范围的一个单位，因此其作答要求和程式都相对固定，一般包括材料概括、原因对策、综合分析、综合写作以及申论作文等题型。在这个意义上，申论等同于《申论》考试，是指通过特定的考核方式，检测应试者是否具有发现并解决问题的能力、宏观战略思维能力、语言表达能力。这种考试目标明确，考查全面，不同于传统的作文考试，而是要在给定材料的基础上应对作答，给出有效的谋略思想和方法。

除此以外，申论还是一种特殊的写作文体。"申论"一词最早出自孔子所说的"申而论之"。从字面来理解，"申"为引申、申述，"论"为议论、论证，"申论"则指针对特定话题提出自己的观点，并展开论述。在公务员测试语境下，申论就是指应试者依据给定材料，对材料事实蕴含的观点予以归纳引申，阐明并论证自己的主张、观点，表达风格贴近党政机关工作言语风格的一类特殊应试文体。由此可以看出，申论本质为一种议论文，但又因其是国家用于选拔优秀行政管理人才的一种考试方式，因而带有一定的应试性，具有一定的写作技巧。这也是本章节后面将要重点叙述的内容。为避免混乱，本章中将以申论作文代指《申论》考试中的最后一道作文写作题。

二、作用

《申论》作为国家录用公务员考试的科目之一，测试成绩占笔试科目总成绩的40%~50%，被全国各地、各部门公务员考试普遍采用。《申论》中给定的材料一般由6000~8000字组成，都来自现实生活，涉及面广，资料之间存在内在逻辑关系，资料内容隐含一定的主流价值观和意识形态。应试者在阅读材料的基础上必须准确判断，恰当分析，合理归纳，才可进一步论述、论证并提出合理、合法、合情的解决办法。这种切合公务员实际工作情景的特殊要求远非在校学生的写作考试所能比，是对应试者分析问题、解决问题和书面沟通能力的综合考核，充分体现了知识经济时代对复合型人才的新要求。

公务员录用考试是服务于国家对公共管理队伍的需要而存在的，其目的是满足广大民众、国家社会对宏观意义上的"政府"的要求与期待。具体来看，一个好的政府需要满足民众的以下几点需求：一是能够保障民众的基本生活需求，如社会治安、教育、医疗、就业等；二是能够自觉肩负政府的责任，遇到社会问题要主动作为，并且能够提出类似问题的预警解决方案；三是引领正面的社会风气和意识形态，打击社会不良风气，为民众生活创造良好的政治经济文化环境；四是要不断自我革新，不断更新管理体制机制，提出更高的发展目标和理念，创造和谐进取的民族氛围，推动国家实现更加优越的物质文明和精神文明。在这样的背景下，《申论》题目背后折射出的其实就是国家对于现代公共管理人才的要求：一是处理行政工作的基本能力，包括语言文字处理能力、阅读理解能力和计划组织协调能力；二是对于公共管理事务处理流程的熟悉和掌握程度；三是对于国家宏观政策精神以及社会主流价值观的认同与贯彻意识；四是对待公共事务具有关怀情感和思考能力，体现自身认知水平和意识取向。

对应试者本身而言，《申论》中要求的分析、解决问题的能力，独立思考能力和创新能力都是个体完善自我所必需的能力，对于个体自我成长具有重要的意义。从功利角度来看，强化《申论》所要求的个体素养是保证应试者在公务员录用考试中脱颖而出的必要条件；但从社会整体发展趋势来看，国家治理体系和治理能力的现代化不再仅仅是公共事务管理者的责任，它的主体是多元的，目标是体系化的。中国特色社会主义是全社会和全体人民的事业。一个运转良好、活力迸发的社会，需要政府、企业、社会组织、个人等在经济社会事务中扮演不同角色，发挥不同作用，承担不同责任。因此，具备一定的申论素养更是身处于这个时代，我们每位公民应尽的义务。

三、《申论》考试

作为国家录用公务员考试的指定科目，申论最早产生于 2000 年。这一全新的考试科目在全国引起了较大的反响，后在中组部、人事部等部门的组织协调下，各省市（地、市、州）也普遍将其纳入公务员的招考体制中。申论试卷由注意事项、给定资料和作答要求三部分组成。其中，给定资料一般在 6000~8000 字，包含一个或若干个社会问题、社会现象或法律法规，是申论考试作答的基础。申论考试按照省级以上（含副省级）机构的职位、市（地）级及以下机构的职位的不同要求，设置两套试卷。

（一）《申论》考试要求的具体能力

依照 2021 年国家人力资源和社会保障部发布的《中央机关及其直属机构 2021 年度考试录用公务员公共科目考试笔试大纲》中对申论的规定：

（1）省级以上（含副省级）机构的职位申论考试主要测查报考者的阅读理解能力、综合分析能力、提出和解决问题能力、文字表达能力。

阅读理解能力——全面把握给定资料的内容，准确理解给定资料的含义，准确提炼事实所包含的观点，并揭示所反映的本质问题。

综合分析能力——对给定资料的全部或部分的内容、观点或问题进行分析和归纳，多角度地思考资料内容，作出合理的推断或评价。

提出和解决问题能力——准确理解把握给定资料所反映的问题，提出解决问题的措施或办法。

文字表达能力——熟练使用指定的语种，运用说明、陈述、议论等方式，准确规范、

简明畅达地表述思想观点。

（2）市（地）级及以下机构的职位申论考试主要测查报考者的阅读理解能力、贯彻执行能力、解决问题能力和文字表达能力。

阅读理解能力——能够理解给定资料的主要内容，把握给定资料各部分之间的关系，对给定资料所涉及的观点、事实作出恰当的解释。

贯彻执行能力——能够准确理解工作目标和组织意图，遵循依法行政的原则，根据客观实际情况，及时有效地完成任务。

解决问题能力——对给定资料所反映的问题进行分析，并提出解决的措施或办法。

文字表达能力——熟练使用指定的语种，对事件、观点进行准确合理的说明、陈述或阐释。

从上述大纲的表述来看，申论考试考查的重点主要是五种能力：阅读理解能力、综合分析能力、归纳概括能力、解决问题能力以及文字表达能力。两类试卷考察应试者能力类型基本相同，但在能力的具体要求上略有差异，这也是两类工作岗位性质所决定的：省级以上（含副省级）类岗位要求应试者在掌握基本的阅读、概括、执行等能力基础上，还要能够对材料反映出的社会问题进行深入剖析，分析出问题本质，抓住事物的主要矛盾，从而为政策决定提供合理合适的意见参考；市（地）级及以下类岗位则更多地要求应试者具备快速响应政策、良好执行政策的能力。总结来看，申论考试本质上还是要考察应试者价值观的正确性、思维的逻辑性和语言表达的严密性。

（二）题型分布

《申论》科目是录用公务员考试中主观性最强的一门，要求应试者在给定材料的基础上书写成文。一般申论试卷包含五道题，均为主观题，主要包括以下类型：

（1）概括材料题。概括材料就是在对所给材料的阅读和理解基础上，依照题目要求，对于给定资料作出简明扼要的提炼和归纳，并给出条理性表达，字数一般在150~300字。主要包括问题概括型、主要内容概括型、影响概括型、对策概括型、原因概括型等。如下题题干要求所示就可以明显看出是一种原因概括型题目。

给定资料5介绍了汉代王景治理黄河的思路和做法。请概括王景治河后黄河安澜800年的主要原因。（10分）

要求：简明扼要，条理清楚。不超过200字。[2011年中央、国家机关公务员录用考试申论（副省级）]

（2）原因对策题。原因对策题就是在对所给材料的阅读和理解基础上，依照题干要求，对材料中反映出的问题进行归纳总结和提出解决方案的过程。此类题型主要包括原因分析型、提出对策型以及原因对策型，一般要求字数在200~400字。如下题题干要求所示是一种原因对策概括型题目。

假定你是一名派到农村的支教人员，请根据"给定资料"简要分析希望小学遭废弃的原

因,并提出解决希望小学遭废弃问题的具体建议,供上级有关部门参考。(20分)

要求:(1)对原因的分析准确、全面,不超过100字;(2)所提建议具体、有针对性、切实可行,不超过300字;(3)条理清楚,表达简明。[2011年中央、国家机关录用公务员考试《申论》(地市级)]

(3)综合分析题。要求

应试者紧紧结合给定资料,在充分理解给定资料的基础上运用合理的逻辑思维加以推断和引申,将材料中蕴含的启示、意义、经验教训等揭示出来。一般包括理解型、启示型、经验教训型、意义型等。如下题题干要求的是启示型题目。

阅读给定资料4,谈谈你从中国高铁、中兴通讯和中国装备制造业的发展中能分别获得哪些启示?(20分)

要求:(1)紧扣材料,重点突出;(2)观点明确,表述有理;(3)不超过500字。[2015年中央、国家机关录用公务员考试《申论》(省级)]

(4)综合写作题。综合写作题最早出现在2007年,与我们通常意义上理解的公文写作有所区别。通过历年综合写作题目的梳理可以发现(表6-1),申论考试中的综合写作题更多的是考察应试者关于事务文书的书写能力,主要包括总结、答复、讲话稿、宣传稿、倡议书等。这一部分内容的写作技法将在本书的事务文书写作一章中介绍。

表6-1 近五年《申论》综合写作题题型统计

2020年国家录用公务员考试《申论》(地市级)	推荐材料
2019年国家录用公务员考试《申论》(副省级)	导学材料(总结)
2018年国家录用公务员考试《申论》(地市级)	讲解稿
2017年年国家录用公务员考试《申论》(地市级)	领导参阅材料
2016年国家录用公务员考试《申论》(副省级)	讲话稿

例文1

某地中学举办"文明素养教育主题宣传周"活动,假如你是相关负责人,校方请你在这次活动的开幕式上讲话。请结合"给定资料5",写一篇题为"素质养成,从学会道谢和应对致谢开始"的讲话稿。要求:(1)内容具体,符合实际。(2)对象明确,切合主题。(3)语言生动,有感染力。(4)不超过500字。

素质养成,从学会道谢和应对致谢开始

各位老师、同学:

大家好!我很荣幸受邀参加本次文明素质教育主题宣传周活动。文明素质的养成需要

从一点一滴做起,从学会道谢和应对致谢开始。

一句简单的"谢谢"和"不客气"在生活中常常被我们忽略,但对于同学们的素质养成来说,却至关重要。中国是礼仪之邦,文明礼貌是最基本的要求。大家真诚地表达自己的感激,不仅让他人感到愉悦,而且自己也能收获快乐,甚至还能化解生活中的许多小麻烦。文明礼仪培养和教养养成离不开家长、老师和社会的呵护和培育。遗憾的是,孩子们的礼貌言行,有时候可能会受到老师和家长的冷漠,给孩子们的心灵造成了很大的伤害。

因此,作为家长和老师,对孩子们的问候应及时给予温暖的回应,必须时刻以身作则,注意言行礼貌,不断提升自身素养。对于帮助过我们的人,大家也应该真诚的表达感谢。素质养成,就让我们从学会道谢和应对致谢开始。最后祝愿本次活动圆满成功。谢谢大家。

[例文来源:2016年国家录用公务员考试《申论》(副省级)]

例文2

S市将举办"城市样板工程展示会",请你根据"给定资料5",就其中地下管廊建设情况撰写一份讲解稿。要求:(1)紧扣资料,内容全面;(2)逻辑清晰,语言准确;(3)不超过400字。

关于S市地下管廊建设情况的讲解稿

各位观展的领导、同志们:

地下综合管廊是将自来水管道、供电、通信电缆等管线整体迁入地下的城市公共配套设施,能改善城市环境。我市月亮湾地下综合管廊自建成以来平稳运行多年,内部管线有序排列且预留管线空间,并容纳夏季集中供冷管道。

我市从以下几点入手:一是设立工作领导小组。市长担任组长,并涵盖辖区内单位主要负责人;形成常态化沟通和快速推进机制;编制规划、统筹管理。二是解决资金问题。组建开发公司,借力社会资本,负责投资、建设、运营和管理事务;争取国家试点和省财政支持,通过补贴确保股东的基础收益。三是科学设计施工。前期调研分析,组织专家反复论证;建设监控、感知系统,预留升级接入口,实施统一综合管理。四是调动入廊积极性。合理制定收费项目和标准,让管线需求者自主选择使用方式;打造利益共同体,让各单位参与规划、设计和建设过程。

[例文来源:2018年国家录用公务员考试《申论》(地市级)]

(5)申论作文题。一般是《申论》考试的最后一题,字数要求800~1200字,占分值最大,对于《申论》科目的整体成绩起到决定性作用。申论作文一般是在给定材料的基础上,以一个或几个概念为主题,或直接指定主题,针对社会现象或社会问题,要求应试者在分析的基础上提出对策建议,并全面阐述和论证自己观点的一类题型,多以议论文为主。这一部分往往是大多应试者的"命门",由于平时缺少对社会热点问题的关注与思考,缺少针对某个观点进行严密而有逻辑的写作训练，应试者对于申论作文题往往望而却步。虽然申论作文是一种应试文体，有其一定的写作"套路"，但究其根本是应用写作的一种延伸，需要写作者拥有一定的写作基础和素养。这一部分将在后面的章节中进行详细分析。

  给定资料5结尾写到，"城市文明和乡村文明，人造文明和自然文明，都是应该而且可以互补的；理想的生活状态可能还是在城、乡之间自由游走。"请结合你对这句话的思考，自选角度，联系实际，自拟题目，写一篇文章。（40分）
  要求：（1）观点明确，见解深刻；（2）参考"给定资料"，但不拘泥于"给定资料"；（3）思路明晰，语言流畅；（4）总字数1000~1200字。

[例文来源：2019中央、国家机关录用公务员考试《申论》（副省级）]

需要注意的是，综合写作题与申论作文题两者间存在区别，切忌将公文写作的方法照搬至申论作文中。具体来看，综合写作题主要是围绕主题铺展开来，将与主题相关的所有要素全部在文章中呈现，要求全面真实；申论作文题则是在主题的基础上，由应试者根据题干要求自行选择角度，提出论点，并按照一定逻辑顺序论述论点和主题间的关联。

（三）命题趋势

由于本书旨在帮助读者提升应用写作水平，故主要围绕综合写作题和申论作文题两种类型的题目展开讨论。

1. 综合写作题

通过分析近年来中央及各省市《申论》科目中的综合写作题可以发现以下命题趋势：

（1）出现频次增多，所占分值越来越高。综合写作题最早出现在2007年的公务员招录考试中，使当年的应试者们措手不及。此后，这类类似于公文写作的题型开始正式进入《申论》科目。通过分析可以看到，历年这类题型所占分值在20~25分，占到《申论》科目总分的1/4~1/5，对于《申论》获取高分具有重要意义。

（2）要求字数越来越多，题型越来越丰富。由于这类写作题自身的文体性质，需要应试者在理解给定材料的基础上，遵循一定的文体规范要求书写成文。因此，除了申论作文外，这类题型所要求的字数相对较多。从命题形式上来看，讲话稿、新闻稿、公开信、宣传材料等都曾出现过，且多偏向事务文书。

（3）整合度越来越高。历年综合写作题仍然是在给定材料的基础上完成的，但近年来给定材料的数量和字数越来越多，对于应试者的阅读能力提出更高的要求；同时，综合写作题也不仅仅是基于一则给定材料形成，有时会要求应试者基于几段给定材料形成答案，这对于应试者的加工、整合能力也提出更高期待。

2. 申论作文题

（1）对应试者归纳提取能力要求越来越高。近年来在申论作文题中，明确给出作文主题的情况越来越少，更多的是要求应试者基于几段材料或某一句特定话语的理解进行作答。这一转变的背后其实是更多地考验应试者的理解能力和政治的敏锐度，是否可以准确

捕捉句子中的核心观念并与公共事务中的热点问题贴合，突出新颖性和创造性。

（2）对于文章思想深度要求越来越高。绝大多数题目都会要求考生"参考给定材料，但不拘泥于给定材料"。这一方面要求应试者在写文章时可以适当引用材料中的论据，但另一方面也考验应试者是否具有足够的知识储备，能否在已给出的论据或论点之外深入挖掘，发现问题背后蕴含的哲学意蕴，体现自身思想的独特性；同时又要注意与材料主题相贴切，切不可因过分追求新意而跑题。

四、申论作文

（一）概述

前面已经介绍，申论作文作为一种应试文体，本质上是一种议论文，而议论文的核心就在于围绕论点并加以论证。在论证过程中，要注意论点（观点）和论据（证据）的合理编排，这样才能使得一篇文章"有血有肉"。

1. 论点

论点是对论题（事件、人物、现象、观念等）所持有的见解和主张，它解决"需要证明什么"的问题。论点的提炼来源于应试者对于给定材料的理解和把握。一般来说，申论作文都会有一个给定的主题，可能是明确的一个或几个概念，也可能是应试者对于某一句话的理解。如 2011 年国家录用公务员考试《申论》（省部级）卷中就明确要求"以弘扬黄河精神为主题"；再如 2016 年国家录用公务员考试《申论》（地市级）卷中就要求应试者从"好的政策不仅仅是对公民意愿的满足，更是对公民理性乃至德性的滋养"一句的思考出发写一篇文章。但需要注意的是上述列举出两种情况给定的都是申论作文的主题，而非我们这里所讲的论点。

以 2019 年国家录用公务员考试《申论》（副省级）卷中的申论作文题为例。题干要求对"城市文明和乡村文明，人造文明和自然文明，都是应该而且可以互补的；理想的生活状态可能还是在城、乡之间自由游走"这句话进行思考。城乡文明是题干给出的具体主题，即我们所书写的文章必须围绕城乡文明的特点、关系、意义、建设途径等方面来论述，既不是单独讲城市文明，也不是单独讲乡村文明，如果偏离了主题，分数自然也不会乐观。因此，在城乡文明这个主题下，我们可以从城乡文明各自的起源和特点出发，最终阐述两者是辩证统一关系，共同为中华民族文明伟大复兴贡献力量。这些就是我们看待城乡文明这个主题的角度。有了角度我们才能"咬定青山不放松"，往这个方向努力耕耘，从而确定论点。当然，一篇成熟的申论作文必须体现层次的递进，因此在主论点确定的基础上往往还要确定分论点，这在第二节写作技巧中会详细讨论。由此可见，我们在确定文章论点时可以按照"主题—角度—主论点—分论点"这样的顺序进行提炼。

2. 论据

有了论点，就好比一间屋子有了支撑主体结构的主梁；分论点就是屋子的次梁，但仅仅有了框架结构还不够，我们还不能称为房子，它还必须有砖瓦，这就是我们所说的论据。论据就是证明论点的理由和根据，是解决"用什么来证明"的问题，分为事实论据和理论论据两种。事实论据包括事例和数据。理论论据包括名言警句、谚语格言、权威政策、科学道理等。一般我们可以利用给定材料中的内容，在对其进行归纳概括的基础上充当论据，这是一种合理的"偷懒"方式，也是我们所说的事实论据。当然，如果考生希望自己的文章能够让评委耳目一新，就需要提升这些砖瓦的质量，可以适当引用一些理论论据或者给定材料中没有出现的事实论据，但切记一定要符合你论点的立意。以"弘扬黄河精神"〔2011年国家录用公务员考试《申论》（副省级）〕为例，通过阅读可以发现，给定材料中有这样的一些表述：

"在黄河文化演进发展的历史进程中，黄河的治理开发与管理保护占有重要的地位。从某种意义上说，广大人民群众的'治黄'实践活动，是黄河文化发展的沃土和源泉，而黄河经济的发展又为黄河文化建设提供了雄厚的经济基础。"

"为了抵御河患、造福人民，早在两千多年前，我国就开始修建黄河大堤。黄河大堤承载了黄河的记忆，见证了黄河的沧桑，既记录了人类利用黄河、改造黄河、与大自然斗争的宏伟经历，又记录了黄河以其自然破坏力给人类带来的灾难和不幸；既传承了我国劳动人民治理黄河的事迹、成就和精神，又反映了人与自然相互斗争、相互依存的辩证关系。"

"曼扎拉湖治污工程于1992年开始实施，人工湿地的工程包括扬水站、污水沉降池、污水处理池、幼鱼池和养鱼场等，工程在2001年全部完工。经过人工湿地处理后的污水已经基本消除了其中的污染物质……如今，这里的生态又恢复了勃勃生机。"

"致力于黄河文化研究的Z博士提出了弘扬黄河文化的四个关键控制点：首先，深刻认识黄河文化的价值；其次，注重"黄河文化圈"的培养与维护；再次，注重文化创意融入生态旅游的一站式体验；第四是主动融入全球价值链。"

通过这些材料，我们可以看到一些事实：对于黄河的治理经历了一个从抗争、杜绝、压制到尊重自然、共处、引导、和谐的过程。古代治理黄河泛滥是一种做法，而曼扎拉湖治污工程是现代人对于处理人与自然关系的一种新的视角。这些都可以作为论据用来支撑我们的论点，即黄河精神随着时代变迁也在逐渐发生改变，但不变的是它一直承载着人类对于幸福生活的美好愿望。

3. 论证

房子有了框架结构和砖瓦还不够，这些只是建造一间屋子的必备材料，它们之间还是独立零散的。要使房子能够抵御狂风暴雨，还必须依靠泥瓦匠的堆砌，而这些堆砌在申论作文里就是论证的作用。

所谓论证就是演绎论点，是解决"怎样证明"的问题。这就好比一个演员在拿到一个哭的表演题目时，他会思考是要喜极而泣还是嚎啕大哭还是欲哭无泪。根据论证的侧重点不同，我们可以将申论作文分为以下三种类型：

（1）政论文。即在论证过程中既关注原因分析又提出解决对策，两个部分兼而有之，结构较为平衡。

（2）策论文。即在论证过程中着重于提出解决方案，其目的在于对现实社会问题或现象提供决策咨询。

（3）评论文。即在论证过程中偏向于对某个观点立场的解释和批判，进一步提出自己的观点并适当进行意义或做法的引申。

（二）作答要求

1. 考试要求

在申论作文的阅卷过程中，往往会根据文章内容是否"踩点"来划分评分区间。以2011年国家公务员录用考试《申论》（副省级）卷中的"弘扬黄河精神"为例，评分标准如下：

一类文：31~40分。对黄河精神的内涵有充分的认知并清楚地表述出来；能恰当联系实际充分论证；结构完整合理；行文流畅。结构完整指的是，按照黄河精神是什么，为什么要弘扬黄河精神、如何弘扬黄河精神这3个方面来展开论证。或者每一个黄河精神按照这样的逻辑来论述，形成一个个小分论点。对黄河精神内涵的把握，多多益善。

二类文：21~30分。对黄河精神的内涵有明确认知并表述出来；结构较完整；论证充分；行文流畅；对黄河精神内涵的认知6个至少有一个。

三类文：11~20分。明确提及黄河精神内涵，但无论证；或者有论证，但无主题明确观点。不说黄河精神是什么，大谈弘扬黄河精神，11~14分。说出一个内涵，论证跑题了，如大谈如何治理黄河，16~20分。

四类文：0~10分。脱离黄河精神。字数严重不足的（不足300字），直接给0~5分。有一定文字能力，6~10分。无标题，在原得分基础上直接扣2分。

依据此评分标准，我们在申论作文中必须达到以下几点要求：

（1）论点明确，反映材料。文章必须有明确的论点，让阅卷者一目了然；分论点和主论点之间逻辑关系清楚；论点必须与题干要求相符合且符合国家政策方针和客观实际。

（2）论证充分。不能仅围绕论点泛泛而谈，要联系给定材料和自身积累素材进行充分论证。但要注意论据选择一定要贴合论点，切忌大段照抄给定材料，而是应该在理解的基础上对给定材料事实进行概述。论点之间应当有逻辑上的联系，层层递进，凸显论证的条理性和连贯性。

（3）结构完整。一篇结构完整的文章有利于阅卷者快速掌握写作者的写作意图，也可以帮助阅卷者更好地找到阅卷的给分点。从逻辑上看，完整的结构是指论点—论据—论证三者间的严密自洽性；从内容上看，完整的结构应当包括标题、开头、主体和结尾四个部分。

（4）标题简洁凝练。切忌不写标题，另外，标题应当具有高度概括性，能够体现文章的主要站位和意图取向，也可带有一定的趣味性和艺术性以吸引阅卷者。

2. 与普通作文的区别

与传统作文中的议论文体相比，申论作文本质也是一种议论文，但其作为一种选拔公共事务管理人员的应试文体，在一些方面是有差异的。应试者在掌握议论文体的基本写作方法的基础上应当注意以下几个方面：

（1）考察目的更为明确。较之传统作文，申论作文的目的是为国家选拔人才，从而充实公务员队伍。它需要应试者对于社会问题和现象在思维上有深入思考，在情感上要有共鸣，在行动上要有决策，重点是关注被选拔者实际处理问题的能力；而传统作文则更多是一种思维逻辑的训练，主要考察应试者的语言文学水平。

（2）考察能力更为全面。相较于传统作文的"纸上谈兵"，申论作文对于应试者的能力要求更为全面。它包括了阅读、理解、分析、提出并解决问题、贯彻执行、表达等能力。现实针对性较强。

（3）写作主体较为固定。申论作为是一种限定性测试，应试者一般扮演的是公务员或政府部分的虚拟身份，这与其考试目的紧密相连。因此，应试者在作答时站位较高，对于问题的分析理解要有宏观性视角，提出的对策也要实际可操作。

（4）写作风格较为严肃。申论作文一般遵循概述问题—分析问题—解决问题的思路进行，因此在写作程序上较为固定，必须有明确的观点和对策；要符合写作主体的身份定位，符合国家大政方针，提出建议要务实，富有建设性，不能仅仅是个人情感的宣泄；语言风格上也不追求华丽辞藻和高超的修辞。

（三）能力要求

除了大纲中要求的阅读理解能力、概括归纳能力、解决问题能力、贯彻执行能力等，还要注意一个身份定位能力。因为《申论》考试的明确目的——为国家选拔公共行政管理者，因此在面对申论作文时我们的思维模式必须转换。这里可以参考2003年颁布的《国家公务员通用能力标准框架（试行）》中的要求来进行训练。

（1）政治鉴别能力。具有相应的政治理论功底，坚持党的基本理论、基本路线、基本纲领和基本经验，认真实践"三个代表"重要思想；善于从政治上观察、思考和处理问题，能透过现象看本质，是非分明；具有一定的政治敏锐性和洞察力，正确把握时代发展要求，科学判断形势；贯彻执行党的路线、方针、政策。

（2）依法行政能力。有较强的法律意识、规则意识、法制观念；忠实遵守宪法、法律和法规，按照法定的职责权限和程序履行职责、执行公务；准确运用与工作相关的法律、法规和有关政策；依法办事，准确执法，公正执法，文明执法，不以权代法；敢于同违法行为作斗争，维护宪法、法律尊严。

（3）公共服务能力。牢固树立宗旨观念和服务意识，诚实为民，守信立政；责任心强，对工作认真负责，密切联系群众，关心群众疾苦，维护群众合法权益；有较强的行政成本意识，善于运用现代公共行政方法和技能，注重提高工作效益；乐于接受群众监督，积极采纳群众的正确建议，勇于接受群众批评。

（4）调查研究能力。坚持实践第一的观点，实事求是，讲真话、写实情；坚持群众路线，掌握科学的调查研究方法；善于发现问题、分析问题，准确把握事物发展的历史、现状和产生的影响；积极探索事物发展的规律，预测发展的趋势，提出解决问题的建议；善于总结经验，发现典型，指导、推动工作。

（5）学习能力。树立终身学习观念，有良好的学风，理论联系实际，学以致用；学习目标明确，根据自己的知识结构和工作需要，从理论和实践两方面积累知识与经验；掌握科学学习方法，及时更新和掌握与工作需要的知识、技能；拓宽学习途径，向书本学、向实践学、向他人学。

（6）沟通协调能力。全局观念、民主作风和协作意识；语言文字表达条理清晰，用语流畅，重点突出；尊重他人，善于团结和自己意见不同的人一道工作；坚持原则性与灵活性相结合，营造宽松、和谐的工作氛围；能够建立和运用工作联系网络，有效运用各种沟通方式。

（7）创新能力。思想解放，视野开阔，与时俱进，具有创新精神和创新勇气；掌握创新方法、技能，培养创新思维方式；对新事物敏感，善于发现、扶植新生事物，总结新鲜经验；善于分析新情况，提出新思路，解决新问题，结合实际创造性地开展工作。

（8）应对突发事件能力。有效掌握工作相关信息，及时捕捉带有倾向性、潜在性问题，制定可行预案，并争取把问题解决于萌芽之中；正确认识和处理各种社会矛盾，善于协调不同利益关系；面对突发事件，头脑清醒，科学分析，敏锐把握事件潜在影响，密切掌握事态发展情况；准确判断，果断行动，整合资源，调动各种力量，有序应对突发事件。

（9）心理调适能力。事业心强，有积极、乐观、向上的精神状态和爱岗敬业的热情；根据形势和环境变化适时调整自己的思维和行为，保持良好的心态、情绪；自信心强，意志坚定，能正确对待和处理顺境与逆境、成功与失败；良好的心理适应性，心胸开阔，容人让人，不嫉贤妒能。

掌握这些能力后，我们就会意识到站在公共管理的角度，许多事情会有不同的处理方式。例如，针对部分省份高考名额减招的事件，站在家长及学生的角度，似乎是权益受损；但在政府角度，这是对于优质教育资源的统筹安排。同时，作为公共事务管理者，我们还应该思考资源统筹安排带来的影响以及政策实行后配套措施的跟进，最终使政策获得支持。

第二节　申论作文写作技法

本节将主要介绍申论作文的具体写作技法，主要包括思维、结构、技巧和文风四大部分。

一、思维

申论作文的思维要求贯穿整个写作过程，从审题开始，到确立论点再到组织材料进行论证，都体现了应试者的思维过程和思维水平。高分申论作文应当具备以下几个特点：

1. 论点明确，思路清晰

我们已经知道申论作文的本质是一种应试的议论文体，阅卷者往往通过文章的论点质量来基本判定文章质量。因此，让阅卷者第一时间明白文章的论点和论证路径是获得高分的关键。例如，下面一段话中明确点出水真善美、滋润万物的奉献精神和柔弱胜强的品质，并提升到天人合一、道法自然的哲学高度，使得阅卷者可以快速把握文章的论点及行文逻辑。

> 大思想家老子的师父常枞在即将离开人世的时候，老子问师父："今后，我将以谁为师？"常枞说："你应该以水作为老师"。"以水为师"是常枞临终前留给老子的教诲，也是一种高深的智慧。水是真善美的化身，它蕴含着滋养万物、无私奉献的大爱美德，蕴含着柔弱胜刚强的坚定力量与灵活变通的科学精神，同时也蕴含着辩证统一、道法自然、天人合一的哲学思想。

由此可以推断，作者将在后续行文中以水的不同内涵作为分论点展开论述，各论点在水的含义上存在深化递进关系，整体诠释为什么要以水为师。按照前面提到的分类，这篇文章属于评论文；当然我们也可以从怎么办入手，即将论述重点放在对策研究上，如下文就是典型的策论文：

> 我国的农业科技发展与建设现代农业的新要求相比还有一定的差距，这其中的原因值得我们深思。首先，政府观念落后，农技推广片面强调市场化是导导问题产生的根本原因。其次，农技推广服务不足是导致问题产生的重要原因。最后，农技推广人员缺乏，农业人才总量不足也是导致问题产生的原因之一。
> ……
> 加强农业科技创新，其一是政府必须转变观念……其二是必须不断健全农技推广服务体系……其三也是最重要的，必须千方百计设法加大农业技术人员队伍的建设力度。

值得注意的是，政论文、评论文和策论文之间并没有绝对的界限，只是依据不同的侧重点进行划分，不具有排他性，策论文中也可以有原因的分析。至于选择哪一种类型需要根据题干要求、主题性质及应试者自身的能力水平进行选择。

2. 逻辑自洽，详略得当

申论作文本质上是一种应试议论文体，它的目的是考察应试者对于社会问题和现象的分析解决能力。如前文所说，论点是整篇文章中的中心，分论点围绕主论点铺陈开来，是从不同角度阐释主论点。申论作文写作中强调"三性"：一是逻辑性。分论点与主论点之间天然存在着逻辑关系，就好像剥洋葱一样，一层一层地剥开，一步步引导阅卷者理解自己的论点。二是完整性。在决定从某一个角度入手进行立论时也就意味着后面所有的分论点都必须和主论点在逻辑上保持一致。因此，必须要考虑到分论点的展开是否全面，是否能够全面支撑主论点。这样才能体现应试者思维的严密性。三是条理性。论述过程中在对分论点的顺序安排以及论述篇幅上要有自己的考量。一般来说，分论点的编排是遵循一定顺序的，可以是由小到大，也可以是由浅入深。因此，申论作文的写作不仅仅是考验应试者对于关键论点的归纳和表述，重点在于如何发散思维。下面我们提供几种维度作为参考。

（1）主体维度。通常，我们对一个特定主题进行分析时会首先关注它的主要负责人，即这件事由谁来做或者这个问题的受益（害）人是谁，与谁相关等。我们提倡在申论作文中要发散思维，因此，对于主体的思考应全面。大致来说，可以包括政府（国家）、市场（各类经营主体）、社会（人民群众、民族、家庭）以及媒体、名人、专家等。以2016年国家录用公务员考试（副省级）卷中的申论作文题为例，题目要求以《论语》中的"不学礼，无以立"一句写一篇文章。可以看出题干倾向是提倡学礼，那么我们不禁思考，学礼的好处从何体现？结合刚刚给出的主体维度，我们可以确定这样三个分论点：一是学礼以立国。只有国民注意自己的一言一行，让自己的行为举止与大国形象相称，才能提升我国的软实力，彰显大国风采。这是从国家角度出发。二是学礼以立家。家教、家礼构成了传统文化中浓墨重彩的一部分，一个良好和谐的家风可以推动社会文明风气的形成。这是从社会角度出发。三是学礼以立身。我们每个人都要知礼仪，讲廉耻，有做人的基本规矩，才能懂得如何做人处事、安身立命。这是从个人角度出发。

（2）领域维度。所谓领域就是材料或者题干要求所反映的主题是属于哪一个领域的，不同领域之间的关联性又可以帮助我们举一反三。还是以"礼"为例，学礼可以是一种理念，是构建和谐文明城市的体现；但同时"礼"也是一种风俗或者习惯。中国自古以来就是礼仪之邦、泱泱大国，对于礼的尊崇构成了中华民族区别于其他民族的重要特征之一。甚至在古代，礼的位置可以等同于法度，是衡量裁决个体行为的重要指标。当然，领域维度里有很多细小的组成部分，我们无法一一列举，但在这里对其做一个简单的分类（表6-2），读者可以根据需要取用。

表6-2 领域维度的主要内容

领域	内容
利益领域	经济利益（金钱）
	政治利益（权利）
	文化利益（精神文化需求）
	生态利益（环境保护、生态平衡）
思想领域	理念
	常识
	知识
个体素质领域	工作能力
	思想道德
	身体健康
	心理健康
制度领域	风俗习惯
	体制机制

（3）时空维度。这就好比我们英语学习中的时间状语和地点状语一样，我们确定了主语（谁在做）和宾语（做什么）之后，还可以从什么时间、在哪儿做出发，这样我们思维的扩散程度就更加宽阔了。从时间维度看，可以分为事前、事中和事后；从宏观角度看，可以分为过去（历史）、现在和未来。从空间维度来看，可以分为物理空间和思维空间，

物理空间上包含了本国—外国、城市—农村、民族—世界、人类—自然界、地球—宇宙这样几种对应的范畴；思维空间上可以从表因和内因来进行分析。例如，我们在分析"礼"缺失的原因时，就可以从空间维度上来分析。如城市化进程的加快，使得城市文明与从前的乡土文明割裂开来，熟人社会被打破，破"礼"的成本在降低；再如世界经济一体化进程的加快，不少外来糟粕思想也在冲击"礼"；还可以从历史进程来看，"礼"的含义在过去（古代）、现在（当代）、未来的含义是变化的，部分"礼"的缺失也是一种文明的自然更替。

（4）操作维度。前文我们提到过，根据论述重点的不同，申论作文可以被划分为评论文、政论文和策论文。其中，策论文就是指要针对题干给出的主题进行实际操作的设想。在这里我们也给出一些角度供大家参考。首先，我们在具体操作一项工作时，会考虑到其所在的环境限制，这就包括自然地理条件和社会氛围。还是以"不学礼，无以立"为例，重塑尊礼重礼之风，关键要在整个社会形成一种崇尚礼的良好氛围。具体来看，又包括硬条件和软条件两方面。硬条件可以看作是物质条件，是能被看得见、摸得着的，如人力、金钱、物品、技术等；软条件则指管理机制、评价方式、监督程序、人际关系等。

申论作文的思维在于发散，只要逻辑自洽，上述介绍的维度可以自由组合使用。

3. 高屋建瓴，发散思维

我们经常可以看到申论作文的题干要求里经常会出现"写一篇视野开阔、见解深刻的文章""自选角度、见解深刻"等表述，这说明《申论》考试对于文章所体现出来的思想深度是有一定要求的。思想深邃、见解独到其实就是文章论点要深、要新。作文写作时我们总会听到"大处着眼、小处着手""以小见大"等类似的表述。小处着手就是指在下笔时选择贴近生活或者某一个不起眼的环节入手，由这个事或现象展开叙述；大处着眼是指我们在进行某个具体事件或现象叙述时并不仅仅只讲这件事。许多著名作家都习惯于使用这一手法，例如，朱自清的散文《背影》一文中就通过父亲买橘子、爬上月台时的背影这一件小事作为整个文章的主线，但读者通过作者细腻的刻画却感受到了臃肿背影后的父子深情和作者对于父亲的敬爱怀念之情。因此在提炼主论点时，我们就可以倒用这样的一种手法。

一般来说，给定材料的内容都是围绕某个主题的一些具体社会现象或社会问题，这也是我们所说的"小"，在这些现象或问题背后的主题就是"大"。要做到由小及大，一是要不断培养自身的时政敏锐度和哲学修养。许多社会现象和社会问题背后其实都蕴含了许多早已出台或宣传过的大政方针，应试者要能够敏锐地觉察到出题者背后的意图。同时也可以再进一步深入探索国家大政方针背后的哲学意蕴，习近平总书记提出的人类命运共同体其实就体现了辩证唯物主义当中的局部和整体的辩证关系，这样可使论证过程更富有理论性；二是站位要准，保持政府思维，分析材料反映出来的问题时要能够透过现象看本质，从宏观角度思考，而非计较"一针一线"；三是掌握前文所讲的思维导图，尽可能让自己的思维发散，从各个不同维度入手思考问题，可以有效避免自己的文章与别人"撞车"，在体现思维丰富度的同时也可以体现独特性。

遵循这样的思路，我们可以发现，2019年国家录用公务员考试《申论》（副省级）卷中的乡村文化突出了新农村建设和生态文明；2018年国家录用公务员考试《申论》（副省级）卷中的想象力讲的是经济转型升级发展、智能制造构建产业新生态；2011年国家录用公务员考试《申论》（副省级）卷中的黄河治理与开发体现的是科学发展观；2009年国家录用公务员考试《申论》（副省级）卷中的东莞模式其实是转变经济发展方式的例证。这些主题的背后都与国家大政方针相关联，很好地体现了申论考试的特殊政治性。因此，我们在准备的过程中就应该有意识地收集这些政策概念，看到某些热点事件也要及时做好主题的归类。

我们可以通过一个实例来具体了解如何拔高论点立意。以2011年国家录用公务员考试《申论》（地市级）卷中的申论作文题为例：

"给定资料5"画线部分写道："无论我们认为自己已变得多么高明和安全，自然灾害与人为灾难始终是我们生命的一部分。"请结合你对这句话的思考，联系自己的经验或感受，自拟题目，写一篇文章。（40分）

要求：（1）自选角度，立意明确，有思想性；（2）参考"给定资料"，但不拘泥于"给定资料"；（3）语言流畅；（4）总字数800~1000字。

有考生提出这样的作文思路：

主论点：我们正处在一个高风险的社会中，越来越多的城市灾变几如脱缰之马，政府应当积极应对。

分论点：一是加强对民众的安全文化教育，二是整合公共应急资源，三是加大"技术防控"投入。

可以看出，该考生对于材料的理解还仅仅局限于对灾害的防控上，对人和灾害之间的辩证性关系思考不够深入，完全将灾害放置于人的对立面上；提出的分论点也仅从政府角度考虑，虽然符合政府视角的要求，但眼界略显狭窄。

其实给定材料中涉及了交通出行不便、S市大火、人防与技术防控的优缺点对比等丰富内容，我们在细致思考这些问题时就可以发现它们都指向同一个主题，即公共安全文化教育。再深入一层我们还可以发现，公共安全文化属于公民素养的一部分，是公民科学文化素养的重要内容；而提升公民的科学文化素养最终目的在于构建政府与公民共同管理的现代化社会治理结构，当然也可以从文化强国的角度入手。这样一来，整篇文章的思路跃然纸上且立意高远。

二、结构

申论作文的结构从根本上看只要抓住三点，即引论、本论和结论。这里的论指的就是论点，所以顾名思义，引论就是引出本文的论点，表明观点，一般放在开篇；本论就是针对论点论证它的科学性，这是文章的主体部分；结论是再次申明论点，在结尾处给整个论证过程画上句号。

（一）引论

这部分作为申论作文的开篇，其目的在于引出文章的中心论点，在全文中起到一个定调的作用，后面的内容就循着这个调继续往下走。

从内容上看，引论的本质在于提出问题。提出问题的好坏关键看立论的水平。诚如第一部分思维中所讲，论点要做到明确、高远。真正的高度是应试者在吃透给定材料的基础上达到的。看错了，文章容易跑题；看浅了，文章深度就不够。至于如何提高论点前文已经介绍，这里不再赘述。需要强调的是，虽然我们提倡在考试前多积累，但不代表在申论作文中就仅仅使用我们已经准备好的材料。哪怕给定材料的主题拔高之后可以和某个我们已经准备好的政策、哲学观点相契合，也要紧紧围绕给定材料进行作答，从给定材料中的微观问题谈开，点出宏观层面存在的问题根源是比较好的模式，切忌完全抛开给定材料进行作答。以2013年山东省录用公务员考试《申论》（A类）卷为例：

1. 多年来，我国公路运输超限超载问题日益严重，逐渐成为危及道路安全、人民群众生命安全和国家财产安全，影响经济社会健康发展的一个突出问题。超限超载现象出现于20世纪90年代中期，2000年以来超限超载现象骤增，问题日渐突出。据某自治区公路管理局国省干线公路计重收费站超载运输车辆通告数据反映……此外，恶性超限超载运输车辆压垮公路桥梁的事故也频频发生。超限超载的严重危害已经引起了社会各界的广泛关注。

2. 2004年4月30日，国务院民立由交通部牵头、公安部、国家发展改革委等9部委参加的全国治理超限超载工作领导小组……2006年，交通部出台了《收费公路试行计重收费指导意见》……2007年，国×固和扩大××成果，9部委×××《全国车辆超限超载长效治理实施意见》，提出了建立治超工作长效机制，确保治超工作长期、有效和××推进的长远目标。

……

4. 据某省交通厅交通稽查总队李主任介绍，交通部门查车，主要是查超限。虽然根据法律要求，交通路政和公安交警分工明确，各管一摊，但具体执法过程中却常常出现问题……

请结合对全部"给定资料"的理解与思考，以《谈"执法"》为题，写一篇文章。（40分）要求：观点鲜明，内容充实，结构完整，语言流畅，900字左右。

可以看到，该卷"给定材料"中涉及的是运输超载、政府治理超载举措等内容，但题干要求以"执法"为题，这明显已经对材料主题进行了拔高。那么在引论中，我们的主论点必须由材料中的超载现象过渡到执法问题上，而不能一味地谈如何治理超载。下面的例文就是从超载屡禁不止的现象入手进行写作，以设问的方式提出执法的关键在于人的主论点。但在表述上略显繁冗。

治理超载超限是个老生常谈的问题，超载超限车辆被形象地称为"掠夺生命的武器，道路设施的天敌"，其危害性不言而喻。治理超载超限，各部门使劲浑身解数，有的部门采取重点突破，有的部门采用先进科技，还有的部门采取联合执法，但是执法的效果都不尽人意。我们不禁要问：超载超限问题真的进入到越管越乱，越乱越管的恶性循环当中？我们不禁要问：

治理超载超限问题出路何在?

有人说:执法的关键在于制度。我不反对,完善的制度,健全的法制,严厉的惩罚措施是治理超载超限的有效措施。美国出台一系列的法律,进行严格的监管,超载超限问题得到了有效的控制。有人说:执法的关键在于技术。我也不反对,最新的技术能够准确地发现违法行为,能及时作出反应,并能进行严厉的惩处。德国设置超限超载检查站,南非和韩国政府采取先进的称重检测技术,能够及时发现行驶中汽车的超载超限行为,并进行严格查处,取得了较好的效果。

但是我们更应看到制度的制定者是人、技术的发明者也是人,制度的实施者是人,技术的使用者也是人。如果人的道德素质败坏,人的技术能力不足,人的观念落后,那执法的结果就可想而知了。所以,"执法"的关键应在于人,在于执法者的道德素质与工作能力。

(例文来源:国家公务员考试,http://www.guojiagwy.org/lnzt/201405/17-1645.html)

从表达形式上看,引论存在的意义就是要明确亮出论点,如果这个作用没发挥出来,那么再华丽的辞藻也是空架子,反而显得累赘。申论作文本身是服务于政府工作的需要,一针见血、简洁明了的文风自然也更受青睐。所以,引论要精简,引出论点不要啰嗦。

(二)本论

开篇提出文章主论点后,接下来就到了申论作文写作最重要的部分,也就是主体部分。我们多次提到,申论作文的本质是一种议论文,而议论文的本质属性就是论证,即论证论点的科学性与合理性。在引论中,我们已经确定了文章的主论点,那么在下面的篇幅里就要运用分论点和论据对主论点进行论证,这也是一个分析问题的过程。

1. 分论点

所谓分论点其实就是由主论点衍生而来的、从属于主论点并为阐述主论点服务的若干思想观点。凡经证明而立得住的分论点,也就成为论证主论点的有力论据。

以2017年国家录用公务员考试《申论》(副省级)卷为例,题干要求以"以水为师"为题,联系实际,写一篇文章。有例文在开篇引论中确立主论点:"水是真善美的化身,它蕴含着滋养万物、无私奉献的大爱大德,蕴含着柔弱胜刚强的坚定力量与灵活变通的科学精神,同时也蕴含着辩证统一、道法自然、天人合一的哲学思想"。因此,在本论部分应就上述水的丰富内涵进行思考并加以阐述。可以从以下几点考虑分论点:一是水利万物而不争,是个体修养的最高境界;二是水以柔克刚,揭示社会治理的重要内涵;三是水蕴含辩证统一、道法自然、天人合一的哲学思想,是缓解当代国际局势紧张,构建人类命运共同体的重要理论指导。当然也可以从如何以水为师的角度出发。但要谨记,申论作文是选拔公务员的一种应试文体,不能完全写成学术性或哲学思辨式的文章。

分论点的确定肯定是围绕主论点展开的,在逻辑上要和主论点保持一致,态度指向也要一致,不能主论点是说同意A,但分论点却说反对A或者支持B。一般来说,分论点是通过分析主论点而得到的,是主论点内容的拓展和细化。主论点说学习水的精神,分论点就要明确点出水包含哪些精神;主论点点明要学礼,分论点就要明确学礼的什么,或者学礼有什么影响。如前文思维一节中所讲,申论作文写作要像剥洋葱一样,一层又一层。因此，各分论点之间要有递进性，要层层深入，可以是时间的连接，如过去、现在、未来；也可以是空间的扩展，如地区、国家、世界、地球；还可以是思维层面上的深入，如微观、中观、宏观或者个人、社会、国家、全人类等。

分论点的确立除了考验个人的认知水平以外还有一个窍门，即从给定材料里寻找。一般来说，每则给定的材料都可以经过概括加工变为一个好的分论点。如2012年国家录用公务员考试《申论》（副省级）卷所示，给定材料和题干要求围绕公民道德建设展开。当主论点确定为"公民道德是经济社会发展的重要支撑"时，我们就要确立分论点，即要阐述公民道德是怎样影响经济社会发展的。这可以从给定材料中窥见一斑。

  资料4：伦理学家指出：在漫长的封建社会中，中国传统的伦理道德，既有反映统治阶级要求为维护封建统治服务的观念和规范，又有反映中华民族优秀品质的观念和规范。比如，"孔融让梨"中的谦让、孟光梁鸿"举案齐眉"中的和睦、乐羊子妻"断机劝夫"中的深明大义……每个故事都反映出一个时代所提倡的社会道德风尚，也成为今天我们增进人际和谐、维护社会稳定的参考教材。但封建伦理道德中宣扬的"三纲五常""男尊女卑"，则是糟粕，应该否定。正如毛泽东所说："从孔夫子到孙中山，我们应当给以总结，继承这份珍贵的遗产。"【可归纳出分论点一：公民道德建设有助于弘扬中华传统文化】

  资料9：温家宝同志在回答网友提问时曾指出，一个国家，如果没有国民素质的提高和道德的力量，绝不可能成为一个真正强大的国家、一个受人尊敬的国家。【可归纳出分论点二：公民道德建设有助于提升国民素质】

  资料5：网民B认为：市场经济大潮的冲击和物欲主义的侵蚀，使不少人越来越远离向内心的叩问，在不少人身上理想、信仰的感召力在减弱。人们应当重拾信仰，让信仰不再缺席。【可归纳出分论点三：公民道德建设有助于重建内心信仰】

需要强调的是，有时主论点确立的角度不同，论证的侧重点也不相同。虽然议论文的本质属性在于论证文章主论点的合理性，但因为主论点的切入角度不同，论证的行文方式也会各有差异，从而客观上形成了不同的论证类型，也就是前文所讲的政论文、评论文和策论文。如下面的这种写法就更符合策论文的特点。

  韩非子在《有度》一文中强调："国无常强，无常弱。奉法者强则国强，奉法者弱则国弱。"可见，自古以来我国就非常重视法律的执行。然而反观当前，国家公路建设有目共睹，运输实力更是不断增强，但部分地区执法工作开展不力、超限超载、暴力抗法等问题一涌而来，交通安全被严重破坏，法治社会的建设之路走的更是愈加艰辛。为此，要保证交通安全，做好执法工作，政府应多策并举伸出"三只手"。

  （例文来源：网易教育，http://edu.163.com/13/0414/11/8SDTGD3N00294JFM.html）

显而易见，该文紧接着就应以"要保证交通安全，做好执法工作，政府应多策并举伸出'三只手'"为核心，论证伸出哪三只手可以做好执法工作及其原因。可以从"教育手"讲，点明执法的顺利完成依赖于执法人员自身和被执法人员即社会公民的素质水平；也可

以从"监督手"讲，执法权作为一种权利，是人民赋予的，任何权利都必须被关在制度的"笼子"里等。同样的，策论文中的对策也可以从给定材料中找到线索。

需要强调的是，三种类型没有绝对的对错和优劣之分，关键在于主论点的确定和题干的要求，应试者可以根据自身情况适当选择。在写作时无须限制自己必须选择某一类型，可以混合使用，以明确论点、合理论证为宜。当然，如果某些题目本身就含有较多的理论意蕴，话题较为厚重，有比较大的挖掘空间，还是建议写成评论文或政论文，偏重理论的分析更能凸显自己思维的深度和广度，让阅卷者留下深刻的印象。如 2011 年国家录用公务员考试《申论》（地市级）卷提到了现代人的失根问题：

> "给定资料"的画线部分写道："有位知识分子说，'我已经无家可归''我在城市是寓公，在家乡成了异客'。这样，无论在乡村少年身上，还是在农民工那里，以及这些出身农村的知识分子的群落里，我们都发现了'失根'的危机。"请结合你对这段话的思考，参考"给定资料"，自拟题目，写一篇文章。

这可以看作是城市化进程下个体命运的流动性增加，也可以是消费文化背景下即时信息大量轰炸造成的专注能力的缺失，更可以是市场经济改革背景下传统与现代的辩证统一。这样的题目显然更适合进行理论的深挖。

2. 论据与论证方法

有了恰当的分论点还只是完成了论证的第一步，如何证明分论点与主论点的逻辑关系及其自身的合理性才是论证的关键。俗话说，巧妇难为无米之炊。再好的厨师，除了要有一手好厨艺，还需要好食材。在论证过程中，这两者就是指论据与论证方法。具体的论证方法将在技巧一部分详细介绍。

就论据而言，又分为理论论据和事实论据。事实论据就是对客观事物的真实的描述和概括，它包括事实材料、数字材料、神话、寓言、笑话、民间故事、名人轶事等。事实材料的来源有两个，一是从给定材料内进行概括提炼，二是应试者自身的积累。以 2012 年国家录用公务员考试《申论》（地市级）卷中的申论作文题为例。题干要求结合对"无论我们认为自己已变得多么高明和安全，自然灾难与人为灾难始终是我们生命的一部分"这句话的理解，自拟题目，写一篇文章。在阅读材料进行思考的基础上，如我们将主论点确定为：必须增强忧患意识，才能促进城市平安发展。那么为什么要增强忧患意识呢？从给定资料里我们可以看到这些表述：

> 塞内加认为，<u>由于未曾预料到的事件对我们的伤害最大，由于我们必须预想到所有事情，因此我们任何时候都必须牢记，最糟糕的事情随时都有可能发生</u>。每个人在驾车启程，走下楼梯，或是与朋友话别时，都应意识到各种致命的可能性。塞内加强调："<u>不应有始料未及之事。我们的思想应先行一步，去面对所有的问题。我们所要考虑的，不应仅是什么事常会发生，而更应是什么事有可能发生</u>。人是什么？人是一件容器。哪怕是最轻微的振动，最小的颠簸，都会让它破碎。人的躯体软弱而易碎。"

在经历了大地震之后，许多人主张应疏散整个地区的民众，并且不要在震区重建房屋。但塞内加并不认为地球上会有一个地方具有彻底的安全。"谁又能保证，他们所站立的这块或那块土地，就是更好的地基呢？如果我们以为，世界上的某个地方可以幸免于难，保证安全，那我们就错了……大自然还没用这种方式创造过任何永恒不变的东西。"

有中国学者读了阿兰·德波顿的文章之后这样解读塞内加的思想：<u>没有绝对的安全，在某种意义上说，人类的历史正是一个与灾难相伴以及与灾难抗争的历史</u>，而塞内加的思想看似悲观，却有助于我们培养忧患意识，<u>有助于国人在灾难来临之际保持清醒、从容与淡定，并减轻灾难和流血带来的震惊，进而积极地应对灾难。</u>

划线语句都表达了同一个主旨，即：灾难和人类如影随形，没有绝对的安全，只有强烈的忧患意识才是最好的防御措施。这可以提炼成为文章的一个分论点，而材料中塞内加的话就可以作为我们论述该论点的论据。不过要注意在引用给定材料时要对其精炼概括，不要大篇幅的照抄。

就自身积累而言，申论作文中往往会出现"不拘泥于给定材料""联系实际""结合自身的感受和体会"等要求。这其实就是对应试者已有积累的考验。如果全部使用给定材料中的论据也会对阅卷者造成"审美疲劳"。对此，应试者可以从国家政策方针、新闻评论、社会热点问题、所见所闻、切身体会等方面入手，构建自己的论据库。应试者可以对《人民日报》《半月谈》等官方媒体保持追踪式的关注，对反映社会重大问题的民生新闻、热点事件做好记录与分类，以备不时之需。例如，在"以水为师"为题目的申论作文中，学习水柔静但能克刚的品质时，我们就可以使用蔺相如与廉颇的故事，蔺相如以柔克刚，使得廉颇负荆请罪；还可以用毛泽东同志提出的游击战思想、农村包围城市的战争思维来阐述以柔克刚。

曾有一新闻讲的是某地区环保局因其回复居民投诉青蛙吵闹、影响休息的帖子火了。其回复有事实、有政策，还有人文情怀，就很适合拿来用在有关人与自然、发展与环境等相关主题的申论作文写作中。

人是由动物进化而来的。在自然界里，人的智力发达，能劳动，会制造和使用工具，是高等智能动物。但是，任何动物都是宇宙的一份子，人不应该自以为是，凌驾动物之上，应珍惜动物的生命，人与动物和谐相处，则世界会变得更加美丽。世间任何生物，都有他存在的必要，和谐相处才是硬道理，才能构成千姿百态、繁花似锦的大千世界。"明月别枝惊鹊，清风半夜鸣蝉。稻花香里说丰年，听取蛙声一片。"这是忘怀于大自然所得到的快乐，这是一种怡静的生活美，这是人与自然和谐相处的生态美，良好的生态系统是三亚"最强优势"和"最大本钱"，让我们对动物保持敬畏之心，倍加珍爱、精心呵护三亚的青山绿水、碧海蓝天。正是这几年来三亚的青山绿水、碧海蓝天。正是这几年来三亚通过双修和治水等措施，青蛙白鹭的回归见证政府通过大力整治换来了三亚良好的生态环境，不能因为人类而破坏动物的生存空间，请给这些动物一点宽容和理解。

（例文来源：http://baijiahao.baidu.comls?id=15798315875780643078wfr=spider & for=pc）

（三）结论

行文至此，我们已基本完成申论作文的开篇（引论）和主体（本论）。往往此时，许多应试者会匆匆收尾，这给阅卷者一种意犹未尽、虎头蛇尾的感觉。因此在结尾处重述论点既能起到首尾呼应的作用，保证文章的结构完整；也能向阅卷者再次强调文章的主旨观点，使人印象更为深刻。

我们使用重述主论点或强调分论点间逻辑关系的方式来总结全文，但注意在语言表达上不要完全照抄前文的表述。例如，下面例文中的主论点是"以礼的名义奋然前行"，分论点是"个人立于天下需要礼""国家立于天下需要礼"。在结尾处，作者通过阐述"个人礼"与"国家礼"的辩证关系，再次强调主论点"以礼的名义奋然前行"的重要性。

> 大国立于天下，需要有礼数，更需要规矩，无规矩不成方圆。礼的养成，需要每个人自觉遵守社会规范和社会秩序，更要不断学习，提高素质，这既需要弘扬和传承优秀的文化传统，又需要建立一套适应现代社会的价值秩序。以礼的名义奋然前行在一个文明的世界里，以礼立天下，不能用礼束缚住内心的魔咒，一切都是纸上谈兵。

我们可以在结尾处通过强调材料所反映问题的重要性或以充满信心的积极态度展望未来的方式来重述主论点。如：

> 一个不爱读书的民族，是可怕的民族；一个不爱读书的民族，是没有希望的民族。当前，我们必须要做的事情便是多读书、读好书，尤其是肩负着祖国未来的青少年，必须意识到读好书的重要性，坚持不懈，立足长远，养成好的阅读习惯。周总理说过："为中华崛起而读书"。青少年更应当志向高远，坚持阅读，为实现中华民族的伟大复兴而不懈奋斗！

无论采用哪种结尾方式，或者混用多种结尾方式，结论的最终目的是对主旨观点的总结、重申，也是对于文章主题的深刻反思，因此需要以精炼、力透纸背的文字去呈现。

三、技巧

虽然我们常说"文无定法"，但好的文章总是巧妙的心思与纯熟的技巧混合而成。在结构中，我们已经详细叙述引论和本论的含义和写作方法，在这里再重点讲述几种开头和论证的方式，以供读者参考。

（一）引出主论点的常用技巧

（1）设问式。通过自问自答的方式引起读者的思考，自然而然地引出论点。

> 当前，群众路线教育实践活动陆续进入整改落实、建章立制的环节，这是整个教育实践活动攻坚克难的关键所在，也是改进作风能否取得实效的重要检验。如何实现这一环节与前一阶段工作的有效衔接？如何确保整改落实出实招、做实功、求实效？一个重要方法是及时组织"回头看"，对照中央要求和群众期待，对前一阶段工作认认真真地进行"回头看"，看出问题，找到差距。

（2）对比式。通过历史纵向或同属性横向对比，寻找不同引出论点。

在古代，每遇战乱，手艺人之所以成为战争双方都争夺的人员，是因为手艺人掌握着传统社会中最重要的技术，他们代表着当时最先进的社会生产力。如今，尽管现代科学技术取代了手工技能，成为当今时代最强大的生产力，但传统工艺完全可以获得现代科技的提升，从而继续服务于大众。

（3）辩证关系式。适合双主体的作文类型。主要通辨析两个概念之间的关系来引出论点。

家是国的缩影，家和则国兴。家庭幸福牵动每个人的心，幸福就在简单而温馨的家庭生活里：家人团聚、夫妻生活、身体健康、精神追求、平等享受权利……每一束家庭幸福的彩虹都能折射出一道美丽的"中国梦"：团圆梦、亲情梦、健康梦、公平梦……所有的幸福都值得努力，所有的努力都需要梦想来编织，用梦想撑起家庭幸福的天空。

（4）概念解释式。对具有象征性意味的词或比较晦涩难懂的古语、哲学概念进行阐释，从而引出论点。

最近，"断舍离"在微信朋友圈很火。这一概念原意为鼓励"放下心中执着"，有人将此融入日常生活：舍弃家里不需要的东西，脱离对物品的执念，处于游刃有余的自在空间，的确，"断舍离"折射的不仅是一种生活方式，更是一种生存智慧。

（5）故事、名言引入式。指通过叙述故事、引用谚语名言等引出论点。

韩愈《师说》中有这样一句名言："人非生而知之者，孰能无惑？惑而不从师，其为惑也，终不解矣"意思是说，人不是生下来就懂得道理的，谁能没有疑惑？有疑惑却不跟从老师学习，他所存在的疑惑就始终不能解决。孔子对"师"也早先有言："三人行，必有我师焉。这些至理名言，都说明了要善于向有能力的人谦恭学习的道理。

（6）举例式。通过一系列具有相同主题或观点的例子来引出观点。

从小岗村按下的红手印，到家庭联产承包责任制风行神州；从"鸡毛换糖的艰辛创业，到市场经济大潮澎湃不息，30多年的改革成果无不得益于基层探索和顶层设计的良性互动。今天的改革，新旧难题交织，风险挑战重重，推进我们的改革事业，更需要尊重群众实践、鼓励基层探索，用基层的创新加快改革的步伐。

（二）论证的常用技巧

（1）举例论证。是从对典型或多个个别事物的列举中获得对于某个一般结论的支持。如：

激励人心的寒门故事，总是给予人前行的力量。2500多年前，孔子的三千弟子中，"贤人"有72人。这72人中，出身寒　　　　　　　　　　　　　　分论点

门的不在少数。比如,被孔子称为"一箪食,一瓢饮,在陋巷,人不堪其忧"的颜回,不仅位居72贤之首,而且被后世尊奉为"复圣";被庄子言为"三日不举火,十年不制衣"的曾参,由于缺食,浑身浮肿,由于劳动,双手老茧,且面带病色,却被后世尊奉为"宗圣"。千百年来,在古老的中国,这样的故事一直是寒门学子追求进步的指明灯。

> 以颜回、曾参为例

推进乡村振兴战略,引入人才是关键。"治国经邦,人才为急",在国家发展的过程之中,人才发挥着至关重要的作用,而在当今大力推动的乡村振兴工作之中,更是如此。曾经的木渎仅仅是苏州城外的小乡村,产业的缺失,人才的外流让当地发展滞缓,而随着乡村振兴战略的推进,木渎将人才引进工作作为地方发展的重要抓手,出台优惠政策吸引人才,并给予引进人才干事的平台让其大展拳脚。如今的木渎,人均收入甚至超过了苏州城区,在经济与生态双轮并进之中实现着乡村振兴的要义。木渎的发展只是中国推进乡村振兴工作的一个缩影,向我们深刻地阐释人才在推进进程中的重要作用。

> 分论点

> 以木渎镇在引进人才的突出表现为例

传承优良家风,构建社会和谐。家庭是个人的港湾,更是社会的细胞,家庭风气决定了社会的整体氛围。清代宰相张英"六尺巷"的故事,影响着许多人。在邻里矛盾纠纷时,"让他三尺又何妨"的教诲,让家人主动反思,以包容的态度对待邻居的作为,更引得邻居给予同样的回馈,六尺巷不仅解决了两家出行问题,更打开两家人的"心门";上海奉贤南桥镇以村居为主阵地,挖掘寻找南桥古训和家谱,家家户户拿起笔杆写家训,学古今名家佳句,讲治家家训故事,正是对家风家训的重视,才让人人在潜移默化中感受家风文化的熏陶,促进小镇风气的净化,和谐之花绽放。由此可见,家风文化是社会和谐的助推器,只有更好地利用家风文化,教化群众,才能更好地扬社会之正气,促社会之和谐。

> 分论点

> 古今之例相互映衬,既有古人"六尺巷",又有南桥镇的家训,突显家庭风气的重要性

人才兴则国兴,人才亡则国亡。蜀王仁厚义结天下英雄,创蜀兴,随灭,后事赞之;其子,任奸唯恶,人才不兴,拱手让江山,后世诟之。我国经历三次移民潮,海外投资移民和技术移民比重增大,富裕基层和知识精英成为新一轮移民主力军,出现资产和人才双流失现象。究其原因,不外是国内人才配置不合理,且缺乏创新精神。因此,推进人才创新势在必行。

> 分论点

> 同样以古今两个例子作为支撑,其中蜀王例子中还采用了对比论证,通过两代君主对于人才的不同做法突显分论点

（2）分析论证。通过分析论点的影响、原因等来证明论点的合理性。如：

<u>道德是法律无形的支撑，法律是道德成文的保障，道德与法律相辅相成。</u>作为不成文的法律，道德以其"柔"，以其"活"成为人们行事的依据，作为刚性的约束，法律以其"严"，以其"定"成为人们做事的准绳。见义勇为者无需承担治疗费用，让敢扶敢救成为社会常态，道德与法律的结合，体现了人间的温情；博士霸座本无可奈何，但是相关法律的出台却让乘客放宽了心。道德与法律并行，加固了规矩的不可逾越性。　　　　分论点

<u>深化体制改革，是推进科技创新的根本。</u>"道在日新，艺亦需日新，新者生机也，不新则死"，只有不断深化改革，才能更好地推进科技创新。木桶理论告诉我们：木桶盛水量的多少不取决于最长的那块木板，而取决于最短的那一块，而在推进科技创新的进程中，体制机制的僵化就是最短的那一块木板。如果不能解决体制僵化的短板，科技创新就难以实现突破。因此，只有深化体制机制改革，在财政投入、评价标准等方面采取措施，强化科技标准建设，简化科技创新流程，才能提高自主创新能力。　　　　分论点

（3）对比论证。从相反或相异属性的不同事物出发，或从同一事物的正反两面入手，通过揭示负面效应达到支持正面论点的效果。

共同富裕是振兴乡村之本。实施乡村振兴是党中央在党的十九大报告中提出的宏伟战略规划，而实现共同富裕是振兴乡村的核心要义。为了实现共同富裕，<u>首先要尊重农民自身意愿，激活乡村经济发展中的内生动力。</u>但如今却存在部分乡村村委会"独断专权"，不了解村民基本诉求，不听取村民实际意愿，一味我行我素，"代表"全体村民实行自治，最终使得村庄失去的发展的内生动力，不仅使得基层政府职能部门难以落实乡村振兴的政策，更僵化了干群之间的良好关系，延缓了城乡协调发展的步伐。因此，为了实现乡村振兴，调动村民参与基层自治的积极性，激活村庄内生动力，最终达到村民自治的共同富裕才是必由之路。　　　　正

　　　　反

世界上最聪明的民族是犹太族，历史上许多伟大的科学家是犹太人，比如爱因斯坦，霍金等，这与他们热爱读书是密不可分的。<u>中国成年人平均读书不到5本，而以色列人均读书量达到64本。</u>在人均拥有图书、出版社及读书量上，以色列位居

世界第一，因此犹太人取得的瞩目成就与他们的良好阅读习惯是密不可分的。相较于环境恶劣、资源匮乏的以色列，中国可谓幅员辽阔、资源丰富，然而中国却鲜有诺贝尔奖得主，与中国发达的制造业相比，中国制造寥若晨星，这不得不引起我们的重视。

> 以犹太民族和中华民族进行对比

当然，论证的方法彼此之间并没有明确的界限，可以在论证过程中依据论据的性质选择一至两种混合使用。

四、文风

文风，就是文章所体现的思想作风，或文章写作中某种倾向性的社会风气及作者语言运用的综合反映。文风从深层次看还反映了作者的思想作风。毛泽东曾在"延安整风运动"中作了《改造我们的学习》《整顿党的作风》《反对党八股》等重要报告，特别是《反对党八股》一针见血地指出了我们党在当时存在的文风问题，由此在党的历史上拉开了整顿党的文风的序幕。

"当你写东西或讲话的时候，始终要想到使每个普通工人都懂得，都相信你的号召，都决心跟着你走。要想到你究竟为什么人写东西，向什么人讲话的科学定律。"（节选自《毛泽东选集》第三卷）

我们反复强调《申论》考试是为选拔公共管理和服务人员而设计的，其写作主旨一般都是为解决社会公共问题建言献策，最终希望的结果是领导认可、群众理解。因而大段的概念理清或者长篇的历史溯源都是不可取的，要讲究"短、实、新"。"短"是指论点要鲜明、重点要突出。是赞同引导还是反对禁止，态度要明确，不能模棱两可，让读者去猜测。"实"是指分析问题要客观、全面，既要指出现象，更要弄清本质；阐述对策要具体、实在，要有针对性和可操作性。"新"是指文章思想要深刻、富有新意。这里所说的新意，既包括在探索规律、认识真理上有新发现，又包括把中央精神和上级要求与本地区本部门本单位实际结合起来，在解决问题上有新理念、新思路、新举措的话；既包括角度新、材料新、语言表达新的话，又包括富有个性、特色鲜明、生动活泼的话。

文风体现的是一个人的综合写作风格，它不仅仅体现作者的写作语言偏好，更突显作者的理念意识和思维逻辑。在思维和结构两节中，我们已经明白申论作文写作的一些方法，那么在语言偏好上我们也需要注意以下几点：

（1）要准确。由于申论作文是在机关语境下表达的书面语，体现的是政府对待某个问题的态度和决策的倾向，因而要慎重。

（2）要严谨周密。这包括两个方面，一是在表述过程中要前后一致，逻辑自洽，尽可能地占据话语制高点，避免"授人以柄"；二是在语言使用上要以规范、严谨的陈诉句为主,避免语言幼稚的"学生腔",不要有过多的设问、反问句。

(3)语言精练,要言不烦。写作尽量用短句,一句话不超过20个字,在确保要素齐全的情况下,对策尽量精简、全面,在论证举例的过程中,在人物事迹描述清楚的情况下,案例要尽量精简,避免一段论证就只有一个例子。

(4)要理性。说话不要偏激,要成熟稳重,留有余地;看待问题要全面,情感倾向尽量保持中性,不要过于情绪化。

(5)要流畅。语言要体现次序性、秩序性。例如,在划分层次时,使用"首先""其次""再次""最后""其一"等表述,避免使用"还有""就是""然后"等口头化表达。

第三节 真题解析

一、国家录用公务员考试《申论》真题

2018年国家录用公务员考试《申论》真题卷
省级以上(含副省级)综合管理类

给定资料

【资料1】

N市为推动"中国制造2025"试点示范城市在本地落地实施,组成调研组对本市制造业情况进行了调研。下面是调研所形成的材料。

我市已经基本形成了比较完备的智能制造政策框架体系,智能制造试点示范工作稳步推进,智能制造创新平台和核心技术突破初见成效,龙头企业智能化转型和区域集聚加快形成,以工业机器人为引领的智能制造装备产业发展驶入"快车道"。可以说,在以智能制造为重心的方略下,智能经济之"核"初步形成。但仍面临问题和不足:智能制造的基础有待夯实,物联网、云计算和大数据等基础性关键环境要素的建设滞后于智能制造发展需求。其中,智能制造装备缺"核"少"芯"问题最为突出,核心控制技术依赖进口,工业机器人等智能制造核心产业研发投入大部分仍处于实验室阶段。这导致了我市智能经济发展过程中存在着示范引领有待加强、智能制造标准指数缺位、国际技术合作服务乏力等诸多亟待解决的难题。

"要推进强基工程,打通智能制造承载能力的'卡口'。"调研组建议,要瞄准关键基础材料、核心基础零部件、先进基础工艺和产业技术基础的"四基"短板,着力在新材料、智能装备、新一代信息技术等重点领域的"四基"工程化、产业化生产和应用上取得突破;要通过培育一批行业细分领域的"工匠型"企业,积极采用新技术、新工艺、新设

备、新材料，促进"产品"向"精品"转变，并积极参与行业标准制订，形成一批能够代表"N市智造"、引领国内产业发展的技术标准。

传统产业是我市目前经济发展的主要支柱，占全市规模以上工业总产值的比重超过70%，是我市经济整体转型升级的主战场，更是智能制造推广应用的大市场。

调研中发现，在东南亚国家低成本吸引力和发达国家制造业回归双面夹击下，我市传统产业渴望通过智能化改造提升生产效率、产品品质、增强盈利能力的内生需求十分强烈。市委市政府也适时地把传统产业智能化改造列为建设"中国制造2025"试点示范城市的主要任务；建立了N市智能制造产业研究院，在全国率先成立智能制造协会。具有示范意义的项目也在不断涌现。传统产业智能化改造的动力很强、基础扎实。

但数据显示：全市7300多家规模以上工业企业中实施智能化改造的比例不到30%，部分中小企业尚未开展智能化改造。调研组认为，对于实施智能化改造，传统产业的绝大多数企业主存在不懂、不敢、不愿三种态度，主体意识并不强。同时，智能化改造的核心技术发展滞后、系统集成供给不足、人才和网络基础设施支撑有待加强等问题，也延缓了传统产业智能化改造的步伐。

推进传统产业进行智能化改造，就要引导创新协同，构建最大限度发挥大中小微企业、产学研用各方优势的协同创新创业共同体，集中攻克一批以软硬件一体化为主要特征、带动性强的智能装备，自主培育扶持一批具有很强市场竞争力的系统集成、装备研制、软件开发与智能制造新模式应用等领域的智能装备骨干企业。要开展试点示范，在化工、汽车、纺织、家电、机械制造等重点行业中开展智能化改造示范应用，培育一批"专精特新"的"工匠型"企业。

生产性服务业是智能制造发展的推动力，而我市在这方面发展相对滞后，成了发展"瓶颈"之一。当前我市生产性服务业规模小、结构差等问题依然突出，主要表现在：制造企业普遍不能接受生产性服务外包这种模式，导致其发展迟缓；生产性服务业"重硬轻软"，重视工艺技术服务而轻视管理、市场、人才服务；缺乏本土的全国性生产性服务企业；服务资源整合共享机制尚未建立。

要加快谋划新增关键生产性服务业集聚平台，如把电商经济创新园区建成"N市定制制造和定制电商生产性服务业集聚区"，整合现有制造业服务平台，建设"N市生产服务业综合对接平台"等。要大力推进企业内生产性服务建设，积极鼓励制造业企业成立生产性服务业公司，培育企业研究院和工程技术中心。要大力培育智能制造生产性服务龙头企业，重点引进和培育引领性智能制造系统集成服务商、全国性的制造工业设计服务商，建立生产性服务应用技术创新联盟。

【资料2】

W市多次举办了中国机器人峰会。人工智能等流行词汇在这里不是抽象的概念，而是触手可及的现实。W市民营经济发达，但传统产业占比超过70%。这样一个传统制造业占大头的县级市，经济转型升级的突破口在哪儿？W市的探索表明，发展智能经济或许是关键之招。

第四届中国机器人峰会开幕前夕，记者深入W市的工业园区、企业生产车间，探寻和领略这座城市关于智能制造的雄心。

在平板电脑上用手指点击一个程序发出指令，只见一个身材高大的机器人，灵巧地挥舞着手臂，利索地把几个玻璃杯叠放在一起，成了金字塔状。这是智能制造产业研究院以G为首的团队最新研发的双臂柔性机器人，也是国内自主研发的首个十四轴双臂机器人。

在W市，人们意识到，在智能经济这一新形态下，谁能在智能机器人这一先导产业捷足先登，谁就能抢占先机。因而，W市明确把机器人产业作为发展智能经济的切入点。

在W市采访，记者接触到的专家和企业家，均对即将开幕的中国机器人峰会充满期待。这个业内盛会对W市机器人产业的发展拉动作用明显。智能制造产业研究院的迅速成长，以及随后一系列机器人企业的落户，正是W市花大力气举办中国机器人峰会结出的果实。

中国机器人峰会，只是W市布局机器人产业和智能经济的"冰山一角"。W市有关负责人表示，该市发展机器人产业的一系列规划，并不是一时兴起的跟风，而是区域发展战略的延续和深化。W市是经济强市，制造业基础较好，应用市场广阔，发展机器人产业可谓水到渠成。

除了中国机器人峰会、智能制造产业研究院，W市还在规划建设机器人小镇。眼下，一个拥有机器人产业制造基地、机器人产业学院、机器人展览交易市场的机器人小镇正拔地而起。目前小镇已落户智能经济项目21个，投资7.2亿元。

机器人以及智能经济的魅力，不仅在其本身作为新的经济增长点，更在"牵一发而动全身"的强大带动力——机器人是产业结构调整升级的突破口和助力器。

一条自动化流水线上，近20个大大小小的配件经过自动组装、检测，成为一个个喷头，这是记者日前在某自动技术有限公司看到的生产场景。这套生产线是为W市一喷雾器企业量身定制的，平均每分钟可生产60多个喷头，节省劳动力40人至60人。

喷雾器制造是W市的一大"块状经济"，随着人口红利逐渐消失，"机器换人"在业内广受青睐。

在经信局局长的案头，摆着一份长长的企业名单，那是W市传统企业智能化改造的进度表。传统企业借助"机器换人"进行自动化、智能化改造已形成高潮。记者了解到，2016年度W市以"机器换人"为突破口，组织开展"机器换人"重点专项182项，项目总投资21.06亿元，实现企业核心生产设备工序（工位）减员8411人，人均产值提高3倍以上。

不仅通过"机器换人"减少人员、提升效率，还要基于物联网技术，用数据建模，用大数据分析的方法，为产品生产找到一个最合适、成本最低的制造模式。

在另一家公司的实验车间，记者看到两个机械手根据不同的零部件，自如地切换10余套夹具，协同完成一个精密产品的组装。整条流水线上机器人的所有操作都是通过后台

管理系统的精密测算来指示的,设备生产系统和业务管理系统无缝衔接。

从模仿到跟随,再到自主创新,近年来W市涌现出一大批本土的系统集成和服务提供商,服务于传统制造业的升级改造。

高端人才的多少,在一定程度上决定了一个地方产业的发展走向。然而,对一个县级市而言,吸引高端人才并不容易。一个人带来一个产业,这句话是W市引才工作的生动写照。10多年前,辞去国外公司高管职位的L带着技术和人才来到W市。在L的带领下,当年年底,该市第一块靶材产品成功下线,这意味着中国结束了溅射靶材完全依赖进口的历史。

G是自动化领域全球首席科学家。虽然来到W市的时间不长,但他发挥自己的聪明才智,在全球范围内网罗智能领城的高端人才,目前已引进机器人领域国家"千人计划"专家18名,创办相关企业14家,让机器人"块状经济"在W市初具雏形。

欲致奇效,必出奇招。现如今,各地都在寻找经济转型升级的路径。但培育智能经济,打造机器人产业,寻常路径很难起到作用。单就引进人才一条,如果没有政府层面大手笔推动,单凭企业的力量难免捉襟见肘。因而,政府的"有为之手"至关重要。

在W市,地方政府通过筑巢引凤,吸引海内外各类创新基因集聚,并辅以相应的生态,促进其相互碰撞、发酵,产生"化学反应"。在W市,企业家之间、企业家和政府之间这种密切的互动,让企业成长多多。

【资料3】

日前,"D市杯"国际工业设计大奖赛举行了颁奖典礼,共有海内外20多项设计从3000多件参赛作品中脱颖而出,拿下各项大奖。

D市共举办了11届国际工业设计大赛。本届大赛更突出了设计资源与产业对接,开展了设计师对接会、工业设计成果展等系列活动,共征集到参赛作品3255件,最后评出概念组金奖1名、银奖3名、铜奖6名,以及产品组金奖1名、银奖3名、铜奖6名。

一位教师此次拿到概念组金奖。这是一组适合中国人烹饪习惯的智能炊具,名为"美味中国"。"中国人烹饪讲究火候,蒸鱼是蒸五分钟还是八分钟?这个时间往往不好把握,但温度可以最直观体现。"这个锅的最大秘密是手柄一按就可以分离,能自动检测锅内温度,不会让蒸煮、炒菜出现"口感太老""偏生"等问题。这位教师称,这个手柄未来甚至可以与普通的蒸锅、电磁炉等搭配,市场空间非常大,相比于概念复杂、功能冗余的各种智能化产品,这种简单而实用的设计才能真正改变生活。而产品组金奖作品是一套沙发,这套沙发的设计体现多功能,拼接组合适应各种户型。

现场众多专家认为,D市年年举办工业设计大赛,品牌效应已经很强,吸引了国内外越来越多的年轻设计师关注,不少实用化、智能化的工业设计,堪称惊艳,这是一笔有待进一步挖掘的宝贵财富。

"现在,已经不是科技推动设计的时代,而是设计推动科技的时代。"此次设计创新高峰论坛上,著名设计顾问H教授作了主题演讲,谈到了作为典型的工业大市,D市要学会用设计推动技术创新、产品创新，借用人的"慧"，打造物的"智"，将工业技术和设计创新深度融合。H认为，好的设计师应该思考满足人们的实际需求，改善人的生活质量。而更高明的设计师，则要关注人类，关注生存环境，应该思考人与产品、与大自然的关系。谈到中国设计的发展，H指出，中国的设计师应该多研究吸收中国人的传统文化，比如，在设计中国的传统建筑或家具时，应该更多地去中国传统文化中寻找灵感。这并不意味着在一个现代物品上印几个传统图案就行了，而是要真正去体味中国传统文化蕴含的智慧和美。

工业设计协会的Y教授说，此次获奖作品很多都是智慧生活类产品的设计，这构成了工业设计的一种方向。中国如今的产品从外观和结构设计上已经不错了，可以说是"四肢发达""体格健壮"，有很好的基础，但就是缺点儿"脑子"，也就是智能化水平较低。现在迫切需要的就是往这些健壮的铁疙瘩身上植入"大脑"。智能化、交互化成为人类生活的必需，也成为工业设计的关键词。比如，我们开发了一个核心智能化系统，叫作"多行业嵌入式技术"。拥有了这种核心技术，再通过合理的设计，加上不同的外壳，就可以把它变成割草的、扫地的、清洗游泳池的全自动机器。只要你想得到，它甚至可以装到任何产品当中去。这就是服务创新的发展方向。服务设计就是数字化与用户体验的交互，就是在产品中融入时间、情感等因素。未来真正的"智造"，一定需要智能化、交互化的工业设计。

【资料4】

以下是专家意见摘录。

人类经过了农业时代，工业时代，进入现在的互联网时代，接下来的时代应该是"想象力经济时代"。设计师将是那一个时代的主人。

2016年，一场以"创造不可能"为主题的全球创新设计大会走入了人们的视野。数十位设计大咖通过对时代痛点与未来发展趋势的解读与畅想，让我们第一次了解了"新物种""爆款计划"以及"想象力经济"这些概念中隐含的巨大价值。中国领先的创新设计平台，则以"众创"的模式推动想象力向生产力转化，致力于用设计创造更多经济价值。

这里面所体现的"共享设计"的理念，激发了个人创造力的觉醒，并由此引领设计新风潮。这一全新理念，意在打造一个集企业、用户、设计师为一体的共享生态圈，同时将设计上升到了一个"众创"的维度，赋予每个参与者以创造者和受益者的双重身份，由此推动想象力的价值链实现最大化的延展。

让想象力产生价值乘数效应，这正是"众创"所希望的结果。共享价值的实现，激发了更多人加入共享设计生态圈。

设计师可以通过与用户进行交流汲取全新的创意灵感，与企业沟通将设计转变为惠及大众的创新产品。企业家也有了机会向用户展现自身的创意产品，聆听他们的想象进而洞察他们的需求，让具有创造力的设计师助力企业的产品创新，进而创造更大的商业价值。

当用户需求被设计师解读,并对产品进行重新创作,优秀的产品便产生了,这个产品再造并走向市场形成商业价值的过程,就是想象力经济的落地体现。想象力经济的本质正是将人的创新精神转化为商业价值的一个过程。

想象力是消费升级的原动力,消费升级反映了消费水平和发展趋势,让消费者为内心的归属感买单,其突破口在于找到消费者真正的欲求。

每个时代都会出现某种经典产品来推动社会的发展和变革,互联网时代的是手机、计算机等终端产品,智能时代的是智能机器人。智能机器人普及后,对人类来说,想象力将会成为下一个时代的主导,设计师将成为推动社会进步的重要力量。

互联网技术的进步使万物产生共联,共享经济的产生让社会资源得到优化配置。个体创造力的连接与共享是想象力经济发挥价值的基础。个人创造力的觉醒、企业创新力的横空出世推动想象力成为未来经济发展的新驱动力。而创造力共享让每一个天马行空的创意设计变现,从而创造更多颠覆时代的爆款产品,充分挖掘设计师个体的价值。

只要拥有想象力,敢于创新,就有可能迎来想象力经济的时代。

【资料5】

有学者认为:"人最伟大的特点和优势不只是会学习,关键在于富有想象力,具有穿越未来的能力。"爱因斯坦曾经说过:"想象力比知识重要。"

想象力是人类所特有的一种天赋。想象力是在已有形象的基础上,在头脑中创造出新形象的能力。想象力也是一种创造力。培养想象力并非要抛弃知识,而是相反,需要更多元、更丰富、更深远的知识集群。

人工智能技术正在不断推动移动互联网形态完成新变化,完成更自主的信息捕捉,更智慧的分析判断。然而人工智能无论如何先进,终究无法超越人类的审美和想象力,无法超越每一个人呼之欲出的创造能动性。

从某种意义上说,在浩如烟海的知识网中,科学、艺术和古文化对于想象力都起着非常重要的作用,构成了想象力的源泉。

提出了"证伪主义"的波普尔,在科学认识上刷新了人类的认识:敢于批判,不断质疑,是科学精神的核心。这和传统的科学认知"科学是经验积累的产物,被证明或者被无数次重复验证的科学理论就是永远正确的",很不一样。

艺术,作为代表美的精神力量,贯穿于人类发展的全时空。有了它,人类可以无止境地向着无限美丽的世界前进。

历经多少世纪而留存下来的古文化,蕴含着需要想象力才能充分挖掘的惊人智慧和秘密,它是保持想象力永不枯竭的源泉。不少思维活跃的前沿科学家都是人类学和古文化的爱好者。他们研究的科学决然不是宗教,但是,他们比任何人都敏感于那些古老民族的神秘文化和宗教,并从中大量汲取了养分。

而中国人的想象力则更有自己文化传统的优势可以依托,中国人的古典文学和传统艺术催生了一代代中国人的东方式灵感,庄周的梦蝶,屈原的《天问》,敦煌的飞天,李白心中的皓月……,都蕴含着值得中国人真正去体味的传统文化的智慧和美。

这样的例子还有很多，几乎每一个当代在创新领域有所建树的人，都可以捕捉到他们从科学、艺术和古文化中汲取想象力的痕迹。然而，想象力并不独为创新者所占有，在平凡的生活中，想象力能给每一个人以幸福感。

作答要求

请深入思考给定资料5画线句子"科学、艺术和古文化对于想象力都起着非常重要的作用，构成了想象力的源泉"，自拟题目，自选角度，联系实际，写一篇文章。（40分）

要求：（1）观点明确，见解深刻；（2）参考给定资料，但不拘泥于给定资料；（3）思路清晰，语言流畅；（4）字数1000~1200字。

【答题思路】

第一步：确定文章主题。本题是基于对一句话的理解，其中提到了"科学""艺术""古文化""想象力"，"重要作用""源泉"，可以判断出题干要求我们针对想象力进行作答。

第二步：确定角度。想象力是题干主题，通过给出的句子可以很明显看出，文章重点是要论述科学、艺术和古文化与想象力之间的关系。"源泉"二字很明显地指向的是一种因果关系。

第三步：确定主论点及各分论点。即科学、艺术和古文化是想象力的源泉；分论点即论证科学、艺术和古文化是源泉的原因。

第四步：根据给定材料和已有知识储备，展开论证。

例文

想象力的三个源泉
——科学、艺术与古文化

从科技革命到知识爆炸，从大数据到人工智能，人类社会又步入了想象力经济的时代……何谓想象力？它首先是人类原始的天赋和能力，创造新事物、创新新模式，从无到有、从零到一；更深层上，是突破认知的边界，超越已有的极限，颠覆过去的经验。从这个意义上讲，想象力与科技、艺术、古文化是相通的。

科学等待被革新、被打破，科学精神的本质是颠覆、批判、质疑，与想象力的本质相同。科技是一种创造性的毁灭力量，在毁灭旧事物、旧制度的同时，创造新的发明、新的生活方式和生产方式，更能产生新的思想、认识和思考方向。比如看过《人类简史》就会感受到科技到来的震撼，科技很大程度

> 从想象力的内涵出发，点出其与科技、艺术和古文化之间的关系

> 点明分论点一

从科技的产生进行论述	上源于人类的需求与好奇心，这与想象力的产生是异曲同工的。不仅如此，科技不仅仅满足数字化、智能化、自动化，还致力于接地气，具有交互性和实用性，更好地服务人、满足
从科技发展对于想象力的作用进行论述	人，让想象力最大化。科技不是呆板的、高高在上的、脱离群众的，而是充满想象力的，是精彩的、与时俱进的，是众创和共享的，是从群众中来，到群众中去的。
点明分论点二	艺术是天马行空的，是不确定的，是独一无二的，让世界多彩、多变、多元，充满可能性，不再千篇一律、乏味无趣，为想象力提供审美元素和精神价值。科技固然重要，但一味地注重科技发展、忽视艺术，很容易剥夺个性，让社会和人们趋同化、跟风化：电子产品大同小异，相似的外观、相似的功能；城市只有钢筋、水泥、千城一面；更可笑的是，整容和PS技术让明星的脸都越来越像，失去了辨识度……我们的
从反面论证艺术对想象力的作用	想象力一定程度遭受了人工智能和技术的破坏，艺术恰恰可以弥补这一缺陷。例如，吴良镛先生设计改造的菊儿胡同，就将审美价值融入人居环境，打造的便是传统与现代、艺文与人文融合的建筑艺术；崔自默的《艺术沉思录》更是强调科学之思想、艺术之精神。
点明分论点三	古文化为我们提供古人的智慧、思想和经验，打破现代社会的认知，带来差异性的借鉴，让想象力充满魅力。古文化是先人积累的经验，容易和现代社会发生碰撞，产生新的智慧和理念，给创作与创造提供源源不断的灵感：中国传统文化中天人合一、中庸之道的思想用在环境治理中，便创新了生态治
举例论证	理思路；以和为贵、天下大同的智慧运用在文化建设中，便有了各美其美、美人之美、美美与共、百花齐放、百家争鸣的繁荣景象。当然，古文化的运用不是形式主义、花拳绣腿地说几句古文、穿一身汉服那么肤浅，而是要真正融合到我们的思想、观念中。
结尾再次强调主论点	由此可见，科学、艺术与古文化是想象力的三个源泉。想象力的获得要借助科学精神，敢于挑战过去、与时俱进，不断攀登新高峰；想象力的丰富要借助艺术，博采众长，多借鉴、多交流，汲取世界上优秀文化成果的养分；想象力的延续还要学习古文化，探索未知、不同的经验，勇于提出新视
再次强调分论点	角、新理念。
	想象力服务于个人，满足个性化需求，提升人们的幸福感、获得感、满足感；想象力让个体与众不同，区别于他人，

提升自身的竞争力；想象力推动智能经济的发展，为产业模式注入艺术、文化等新动力，提供新思路、新设计，突破历史成绩，创造辉煌成就。未来不仅是人工智能的时代，更是想象力主导的时代；未来属于想象力、呼唤想象力、借助想象力；想象力创造惊喜、创造奇迹、创造未来！[1]

篇末强调想象力的作用，拔高文章立意高度

（例文来源：公考资讯网，http：//www.gjgwy.org/201712/365985.html）

2019年国家录用公务员考试《申论》真题卷 省级以上（含副省级）综合管理类

给定资料

【资料1】

S市积极响应党的十九大报告中"要坚持农业农村优先发展，按照产业兴旺、生态宜居、乡风文明、治理有效、生活富裕的总要求"，坚持将乡风文明建设放在全市发展大局中进行谋划，大力推动农村综合改革、美丽文明村居建设、基层大治理等工作，把乡风文明建设作为重要内容加以部署。为加强基层治理，推动乡村振兴，今年3月13日，S市召开工作大会，对村居建设作了整体部署：到今年年底完成30个美丽文明和谐示范村建设，到2020年年底完成50个示范村居、5个标杆村居建设，按照典型引领、整体推进、总体提升的方针，将乡风文明建设进一步推向深入。

S市一直重视基层党建工作，大力实施固本强基工程，突出村级党组织领导核心作用，按照"党领导一切"原则出台了一系列政策，努力健全以党建为统领、以法治为核心的基层治理体系，通过党组织的有力领导，促进矛盾纠纷的化解和法治观点的强化，逐步提高乡风文明水平。

今年S市选派了104名机关干部任村居第一书记，公开招考205名优秀大学生担任村干部，并推进基层党建下沉到村民小组，落实支部建在小组上。该市党建工作示范村A村牢记总书记"农村党建要让群众更满意"的殷切期望，积极探索"党建+"融合基层治理发展模式，以党建引领基层自治、共治、法治、德治。

S市注重提升城市形态，大力推动城市升级，"美城行动"从中心城区延伸到村居社区。在乡风文明建设过程中，S市以改造乡村人居环境为核心，深入推进农村环境综合治理和生态文明建设，全面提升农村整体环境，取得了明显成效，绿化、美化水平显著提升。

S市共投入2000多万用于文化遗存的修缮和活化。全市现有国家级、省级、市级非物质文化遗产共28项，国家级、省级、市级非遗传承人共27人。S市坚持"一村居一品牌"的工作思路，挖掘提炼村居历史文化特色，打造村居文化品牌活动。

目前全市已建成30个村居主题公园，143个农村公民道德讲堂，每个村居都设置了善行义举榜或好人榜，让核心价值观随处可见、随时可学、随心可感。

S市不断加强核心价值观宣传教育，推进主题公园、标识景观、公益广告建设，开展

农村道德模范和身边好人学习宣讲活动,引导村民树立正确价值观念。同时,S市还大力加强农村思想道德建设,深入挖掘农村传统道德教育资源,引导村民在思想观念、道德规范、知识水平、素质修养、行为操守等方面继承和弘扬优良传统,形成积极、健康、向上的社会风气和精神风貌。

【资料2】

有着良好区位优势和自然条件的Y县城关镇山岔村,多年来却受人多地少、农业基础薄弱、产业结构单一等因素制约,2012年全村人均纯收入仅为3800元,约三成的人口处在贫困线下。在各方努力下,该村2013年实现了整村脱贫,2015年建成省级美丽乡村,2016年被评为市级卫生村,2017年列入小康村建设项目。日前,调研组对山岔村进行了调研,以下是调研记录:

村党支部书记L介绍说,为了彻底改变贫困面貌,2013年,村上联系帮扶单位省环保厅、相关银行,反映发展意见,争取帮扶资金。山岔村通过整合帮扶资金,建成了180平方米的文化宣传基地,安装太阳能路灯10盏,硬化村内道路3公里,硬化西环路至山岔村道路3.5公里,还积极争取财政、建设、文化、扶贫等部门资金,实施了清溪小学及幼儿园新建工程。

该村还积极鼓励农户成立合作社,通过土地流转,形成合作社式的劳作模式,发展现代设施农业、养殖业,并引导群众有计划地种植经济作物。

杨自龙家以前是村里有名的贫困户。原本东奔西走做临时工的他,在村党支部的鼓励下,争取到帮扶贷款90万元以及村级发展互助资金协会所注入的资金30万元,牵头成立了吉隆田农产品产销专业合作社,先后搭建起17座大棚种植草莓。因为绿色环保,来采摘的人很多,经济收入年年增长。

据记载,山岔村以前有九盘水磨,它们在清朝同治年间被焚烧殆尽。清光绪初年,本村村民王生贵、王好存父子重新修建一盘水磨,用于解决老百姓无处磨面的问题,加工场面十分红火。这盘具有传奇色彩的水磨保留到了今天,它不但让后人了解先辈生活,也激励了大家齐心奔小康的勇气,被Y县人民政府授为县文物保护单位。

"我们确立了'一心多景、一轴三廊、四片联动'发展格局。"城关镇党委书记X如是说。他介绍,山岔村2014年被纳入了市级美丽乡村建设行列,城关镇抓住这一机遇,积极为该村出良策,确定以"传承九磨文化、做足山水文章"为主线,因地制宜发展乡村旅游业。该村下决心把发展乡村旅游作为带动全村致富的一个新举措,依托自然资源,发挥山岔村天然水源的优势,彰显历史印记,融合文化元素,做活水的文章,打造避暑休闲的美丽村庄。

L书记说,该村2014年修建了占地650平方米的老年文化活动广场,2015年利用省市县三级配套资金打造了占地7800平方米的水磨文化广场,2016年建成了2000平方米的人造草坪球场并精心打造了400米长的历史文化艺术墙。这些设施不仅丰富了群众文化生活,而且使村民在潜移默化中受到教育,社会风气也越来越好。

山岔村古时就因县八景之一的"烽火夕照"而负盛名。夕阳将落未落之时,晚霞赤红如血，涂遍半边天空，如一幅色彩溢漾的油画。置身此处，山川河流尽收眼底，其景象在夏日最为艳丽壮观。据此，山岔村2016年建成烽火夕照长城墙、山神庙观景平台和小游园，同时恢复了重阳民俗文化活动。

"我们村已通过省、市美丽乡村建设验收，打造了一个不要门票的乡村旅游景点。到这里来，能品野菜、听蛙声、忆水磨、体验农耕文化，看得见山，望得见水，留得住乡愁。" L书记高兴地告诉我们。

依托美丽乡村建设，部分村民办起了农家乐。周云是村里的致富带头人，2014年市级美丽乡村建设时，他看到了商机，有效利用自家宅院，开办"农家乐"。"道路全部硬化，环境干净整洁，景观美丽还有故事，这吸引来了不少游客，生意一天比一天好，1个月纯利润有1万多元。"周云笑呵呵地说。

L书记介绍说："周云的农家乐开办为山岔村的乡村旅游业发展开了个好头，好多村民纷纷效仿，家庭收入开始增长，生活条件明显好转了。可是新的问题出现了，男人们一闲下来就喝酒，女人们一闲下来就传闲话。镇、村都意识到了这个问题。总书记说，'实施乡村振兴战略要物质文明和精神文明一起抓，特别要注重提升农民精神风貌。'我们全面落实总书记的有关指示，大力倡导文明树新风。"他指着一些农家大门边墙说："精神文明建设的第一步就是从每一家找家训、立家规，然后制作成漂亮的牌子挂在门口，时时提醒着进出的每一个人。"他强调，家和万事兴，家庭和睦、邻里亲近，做任何事都容易。

山岔村把家训作为优秀传统文化传承发扬，在全村范围内从家谱村史、牌匾楹联、经典家训中广泛征集好家训，使该村成为户户挂家训、家家立家规的"家训村"，以文明家风推动良好社会风气形成。周云家的大门口贴的是"家庭和谐、邻里相亲"，对于周云来说，好的家训是他家庭和睦、创业致富的根本。周云说："自从挂上了家训牌，全村的人就开始讨论张家或者李家的家风，不但监督别人，而且反观自己、要求自己、教育孩子。大家和睦相处，邻里亲近。"

【资料3】

某学者发表文章，介绍了中国现代史上著名实业家卢作孚在乡村建设方面作出的历史贡献。该文章摘录如下：

卢作孚于1893年出生在原四川省合川县一个世代农耕的家庭。作为一个没有念过大学的农家子弟，他却创造了中国现代经济史、社会史、文化史、教育史上的奇迹。卢作孚创办的民生公司是中国近现代最大最有影响的民营企业集团之一。

1927年，卢作孚开始在中国西部开展以北碚为中心的嘉陵江三峡乡村建设实验，被誉为"北碚之父"，和晏阳初、梁漱溟并称中国现代史上"乡村建设三杰"。他的核心思想是：中国的现代化，基础在"乡村现代化"。他认为："乡村是不断供给城市人口的地方。如因教育缺乏，供给的都是无知识的人口，那不惟于城市文明没有帮助，反而妨碍不小。乡村教育不发达，不但是乡村问题，而且变成城市问题了。"而"乡村经济事业如没有（和城市）同样的速度进展，亦必引起城市原料的恐慌"，大量农村人口涌向城市，"城

市人口无休止地逐渐增多，更会成了城市问题。"——这些近百年前说的话，仿佛针对的就是当下的现实。他始终抓住城市与乡村发展的关系，来思考中国的发展问题，从而突出乡村建设的基础意义，抓住了要害。

"乡村现代化"，既是一个奋斗目标，更规定了推动乡村运动的范围与方法。这也是最具启发性之处：从事乡村运动，既要落实为一个个具体问题（教育问题、救济问题等）的解决，但又不能局限于此，要有一个"乡村现代化"的大视野、大目标，既立足局部，又着眼全局。

卢作孚在设计嘉陵江三峡乡村建设时，一开始就提出了"要将嘉陵江三峡布置成为一个生产的区域、文化的区域、游览的区域"的目标，并且具体规划为经济建设、文化教育建设、社会建设、环境建设、自治建设等几个方面。这表明，卢作孚的"乡村现代化"是一个"全面现代化"的概念，并不局限为物质的建设，而追求乡村政治、经济、文教、社会、环境的全方位的改革。其一，卢作孚规划中的文化教育建设，不仅以"教育事业"为中心，而且把"研究事业"放在突出的位置。在他看来，乡村建设必须建立在科学研究的基础上，因此他强调服务于乡村建设的研究，"要注意应用的方面，有生物的研究，有理化的研究，有农林的研究，有医药的研究，有社会科学的研究"。后来北碚建立了西部科学院，就具体体现了他的这一思想。在城镇设立研究机构，当时这在全国是一个独创。其二，卢作孚特别重视社会建设。他不仅积极发展公共文化娱乐建设，创办博物馆、图书馆、运动场，而且大力推动"公共事业"，开展"社会工作的运动"，这背后又是"人"的建设。他要通过这些公共事业，培育新的"人民"："皆有职业，皆受教育，皆能为公众服务，皆无（不良）嗜好，皆无不良习惯"。其三，他对环境建设也倾注极大热情，提出"凡有市场必有公园，凡有山水雄胜的地方必有公园"，他的理想是把北碚乡村建设实验区建设成"皆清洁，皆美丽，皆有秩序，皆可居住"的人间净土、乐园。其四，他在推动乡村社会建设时，特别关注的是，所有的公共事业，都要"大众出钱，大众出力，而且是大众支持。由这些具体的活动引起大众管理公共事务的兴趣，以形成大众管理公共事务的方式"。

如何着手乡村现代化？卢作孚的回答是："政治、经济、文化这三方面的建设诚当并重，但更当以经济建设为中心，更当集中一切力量于经济建设。"只有经济建设的发展，才能"增进人们的富力"，人民富裕了，才能增进其"完纳赋税的负担力"，从而增强国力。而卢作孚更要强调的，是"经济活动为国家最大多数人所必须参加的活动"，经济建设是最能动员最广泛的民众参与的。

他自己也身体力行，以民生实业公司总经理和北碚峡防局局长的双重身份，动员民生实业公司的财力、物力和人才、技术优势，全力支持北碚峡区的乡村建设，着手五大工程建设，即投资煤业，开创峡区煤矿业；投资交通业，修筑铁路；投资纺织业，建立大明染织厂；投资科学研发，创建科学院、博物馆；投资教育，创办兼善实业股份有限公司，以企业养学校。而民生公司自身也从中获得了发展新机遇：不仅获得经济利益，而且利用乡村建设所提供的良好的社会、学习环境，培训了近千名的建设骨干人才。卢作孚力图构建一个"以工辅农,工(工商业)农(乡村建设)互动"的发展模式,其意义和影响是深远的。这一点在强调以工哺农,建设新农村的今天,就看得更加清楚了。

卢作孚乡村建设思想最核心的一个层面,即他所提出的"训练人是一切问题的中心问题"的命题与任务。他提出以"人人都能自立,人人都能立人"为乡村建设的根本目标。这应该包含两层意思:一是乡村现代化建设最终要落实到"立人",即我们今天所说的"人的现代化"。二是乡村现代化建设又要依靠"人人都能自立"的建设者去推动。

【资料4】

关于如何重新认识乡村生活的意义,有学者撰文指出:

美国作家梭罗曾经倡导一种简朴的物质生活和丰富的精神生活,他28岁时只身一人来到家乡城外的瓦尔登湖,自建小木屋,自耕自食两年有余,"过一种经过省察的生活,去面对人生最本质的问题"。可以说,梭罗在乡村生活中重新发现了我们在城市的现代文明中过分重视物质资源而失去的东西,进而启发我们思考"作为精神资源的乡村文化"对人类所具有的重要意义。

人在乡村中,最能感受到大自然的熏陶。"人在自然中",真正地"脚踏大地,仰望星空",这本身就是一个最基本、最重要、最理想的生存状态,同时也是最基本、最重要、最理想的教育状态。别的不说,单是在乡居生活中能够每天"按时看日出"(这是作家福楼拜提出的一个著名的生命命题),就足以使我们感悟生命的意义,尽享生命的欢乐了。梭罗曾因看早晨的阳光,而产生"黎明的感觉",即每天都以新的眼光,以一种新鲜感去重新观察、重新发现已经司空见惯的生活,从而获得新生。作家M说,在大自然中,"体验阳光,体验美,体验幸福,体验纯净,体验温馨,体验柔情,体验思念和怀想,这样的精神生活,这样的心理空间,实在太有魅力"。正是在大自然中,我们成为一个"精神明亮的人",这才是一个健康的人。

"仁厚黑暗的地母呵,愿在你怀里永安她的魂灵!"鲁迅在《阿长与〈山海经〉》的结尾书写的"地母",很容易让人联想到希腊神话里的英雄安泰,他在失败之时总是投向大地,从母亲那里获得力量。鲁迅对故乡民间世界的依恋也颇类似于此。民间文化伴随着童年记忆构成他回忆中极具温情的人生体验,他对民间风俗的津津乐道,对民间人物不无温情的回顾都表现出民间文化对他的吸引力。鲁迅正是在他家乡的民俗、民间文化的熏陶下被培育出来的。

在中国,有一位当代作家H,他也在农村建屋,自由游走、生活在城市与乡村之间。H认为,人们对乡村的"投奔",实质上是在投奔乡村所呈现的"文明意义",这种"文明意义"有三:其一是自然造化的"没有一片叶子是完全相同"的"个异性",而这样的个异性在严格雷同的"技术高精度"和大量重复的"规模经济"中已经被完全屏除。其二是"永恒"的感觉,"除了不老的青山、不废的江河、不灭的太阳,还有什么东西更能构建与不朽精神相对应的物质形式"。其三是"共有共享"的理想,"大自然无比高远和辽阔的主体,至少到目前为止还无法被任何人专享与收藏,只可能处于人类共有和共享的状态"。

【资料5】

"城市和农村要互补发展,"某官员日前指出,"有些经济学家总是简单地认为,只要把农村的人口搬到城市里来,就完成了城镇化,生产效率会自动提高、社会分工会自动推进,这其实是有问题的。"该官员特别强调了一个误区,即将城乡一体化变为城乡"一样化"。当前,村庄大量被拆,数量急剧减少,部分基层干部梦想一步就把农村变成城市。其所造成的后果不是城乡互补发展,而是城乡"一样化",这不仅可能导致宝贵的乡土旅游资源的丧失,也不利于现代化农业的建设。

据此,该官员认为,未来的城镇化发展应该坚持"两条腿"并行,城市、农村协调统一,宜城则城、宜乡则乡,统筹区域发展、体现地方特色、做好产业支撑、保证公共服务、保护生态环境,让农村和城市同样美丽。

有专家指出,我们在城乡关系认识上存在一些误区。他认为,不是城市文明高于农村文明,也不是农村文明高于城市文明,两者是相互依存、功能互补的关系,所以既不能把城市文明凌驾于乡村文明之上,也不能把乡村文明凌驾于城市文明之上。

城市文明和乡村文明,人造文明和自然文明,都是应该而且可以互补的;理想的生活状态可能还是在城、乡之间自由游走。

作答要求

"给定资料5"结尾写到,"城市文明和乡村文明,人造文明和自然文明,都是应该而且可以互补的;理想的生活状态可能还是在城、乡之间自由游走。"请结合你对这句话的思考,自选角度,联系实际,自拟题目,写一篇文章。(40分)

要求:

(1)观点明确,见解深刻;

(2)参考"给定资料",但不拘泥于"给定资料";

(3)思路明晰,语言流畅;

(4)总字数1000~1200字。

【答题思路】

第一步:确定文章主题。本题是就一句话进行理解作答,但整句话字数较多,并且已针对主题进行阐释,即城市文明和乡村文明的关系。

第二步:确定文章角度。题干要求中提到城市文明和乡村文明的互补、在城乡之间自由游走的表述,说明出题人的真实意图是要求应试者阐述城市文明和乡村文明的关系。这种关系既包括两者的区别,更重要的是两者的联系。但仅仅就二者间的关系进行阐述还不能使主题得到升华。联系给定材料可以看出,无论城市文明还是乡村文明都是新时代中国的形象,二者缺一不可。

第三步:确定主、分论点。本题主论点是城市文明和乡村文明共同塑造新时代中国的形象。分论一为城市文明和乡村文明各自都有什么特点,即两者的区别;分论点二为两者之间的联系。

第四步:明确论点的具体表述,并引用论据论证论点。

谱城市乡村协奏曲　奏新时代文明赞歌

当农村凋敝小空心化一次次成为新闻而撩动全社会的神经，我们愈发怀念"故人具鸡黍，邀我至田家。绿树村边合，青山郭外斜。"的质朴，愈发咏叹"牧童遥指杏花村"的情趣和美好。如果说城市文明给予了我们追逐梦想、实现梦想的机会，那乡村文明则寄托着中国人延承了千年的田园梦和最原始的乡愁。只有借乡村振兴战略之契机，聚全社会之力带动农村事业的发展，谱写出城市文明与乡村文明的协奏曲，才能守住乡土文化之根和可持续发展之魂，奏响新时代中华文明的赞歌。　　　　　　　　　　　　　　　主论点

城市文明是梦的高点，顺应大势才能勇立潮头。中国是农业大国，绝大部分中国人都能在农村找到自己的生命印记或家族的历史渊源。我们集全社会之力以求实现乡村振兴不是倡导中国人都回到农村，更不是反城市化。城市作为非农业产业和非农业人口集聚形成的居民点，不仅给予了我们安身立业、追逐梦想之所，更是我们与世界接轨、追赶人类现代文明、技术的摇篮。如果说农村偏重于自然景观，寄托着人文情怀，那城市则是实现梦想，最大化实现人生价值的载体，尊重城市文明正是尊重人类追求物质丰盈、顺应时代潮流的必然选择。正是因为尊重、顺应城市文明，我们才告别了贫穷和落后，迎来了富起来、强起来的机会，让更多的中国人有机会、有条件走向"返乡之路"，才有了刘强东等从农村走出来的能人回馈家乡、振兴家乡的机会。

分论点一：乡村的特点

分论点一：城市的特点

乡村文明是梦的起点，把根留住方可行稳致远。耕读传家（男耕女织是中国文学作品中最经典的情景之一，涌动的则是农耕民族对自我文明最直白的骄傲。乡村作为农耕经济的载体，不仅让我们把"中国人的饭碗稳稳地端在自己手上"，更是中华文化传承的载体，是华夏民族五千年文明之根。顺应时代潮流，走新型城镇化之路，并不是将农村变成城市，而是尊重农村、农村文化、农村自然景观最本真的特质，重构新型城乡关系、人与自然的关系，用城市文明、现代技术为农村的发展注入新的动力。如果说"归去来兮"是古代文人逃避现实不

分论点二：乡村文化和城市文化的融合

293

如意的无奈之举,那新时代"农家乐""重走乡村之路""去农村寻根"则是当下中国人对乡村复兴意识和理性的觉醒,是城市文明反哺乡村文明动人的乐章,催生了新时代发展自下而上的内生动力。<u>城市让生活更美好,农村让文明更立体。新时代的中国需要城市的繁荣与世界接轨,新时代的中国同样需要重新认识古老乡村文明的价值和使命。</u>只有谱写城市文明与乡村文明的协奏曲,实现人造文明和自然文明的互补,才能让我们的现代化成为有根的现代化,为中国人创造在文明间自由行走的美好生活。

> 再次强调主论点,城市与乡村的统一能塑造新时代的中国

(例文来源:中公教育,http://www.docin.com/p-2371209042.html)

2020年国家录用公务员考试《申论》真题卷
省级以上(含副省级)综合管理类

给定资料

【资料1】

在中国特色社会主义进入新时代、决胜全面建成小康社会、开启现代化新征程的大背景下,把各方面优秀人才团结凝聚到党和国家的事业中来,显得比以往任何时候都更加重要和紧迫。总书记明确要求"在知识分子和广大人才中大力弘扬爱国奉献精神,激励他们的爱国之情、报国之志。要加强对人才的政治引领,做好各类人才教育培训、国情研修等工作,增强他们的政治认同感和向心力,实现增人数和得人心有机统一"。

L省是经济大省、人才大省、开放大省,遇到的矛盾问题更早更多。面对一系列难题,L省以新时代中国特色社会主义思想和总书记关于人才工作重要论述为指导,紧紧围绕"实现增人数和得人心有机统一"的总目标,探索出了一条对人才的政治引领实效化的新路径。

L省始终坚持党管人才这一根本原则,着力构建权责明确、务实管用的组织架构。坚持一把手抓、抓一把手,省委书记批示要求"认真落实党的知识分子政策,加强政治引领",各级党委(党组)都把加强对人才的政治引领作为"书记项目"。2018年,L省调整了机构布局,进一步整合了人才工作的相关力量,明确了对人才的政治引领职能职责。

L省把总书记关于人才工作重要论述作为人才培训的第一课,引导广大人才同党中央保持高度一致。通过实施"爱国、奋斗、奉献"精神教育三年行动计划,引导广大人才树牢"四个意识"、坚定"四个自信"、做到"两个维护";通过常态化组织人才赴井冈山、遵义等红色教育基地学习,让广大人才在切身感受中提高对世情国情党情的认识,坚定理想信念。

此外,全省集中举办高层次人才"爱国、奋斗、奉献"精神主题学习会,邀请省委

讲师团专家做报告。学习会上,为高层次人才颁发证书、授予奖牌,增强其荣誉感和成就感。会后,制作主题学习会视频,放大典型示范效应。同时,开展"身边的榜样——知识分子群像群塑"活动,分层分级分类别,评选出一批可看可知、可比可学的先进典型,通过榜样的力量感召广大人才投身全省建设。

L省积极响应"一带一路"、脱贫攻坚等国家战略和重点工作,动员人才开展对口帮扶、对口支援。仅2018年,全省就选派各类人才3109名到对口帮扶地区服务锻炼,并依托博士服务团计划,选派经济金融、医疗卫生等领域博士教授16批140余人次,到西部地区和革命老区援助帮扶,让人才在祖国最需要的地方绽放青春、追逐梦想。

感情亲近,思想才能贴近。L省建立健全专家联系制度,各级班子成员、部门党委(党组)书记分别结对联系一批专家教授、名医大师、技术骨干,形成横向到边、纵向到底的工作机制。各级党组织坚持"四必访两必到",在重要节日、专家取得重大成就时、逢十生日、罹患重大疾病时领导干部必访,逢年过节、逢有喜事时问候祝福短信必到。注重"关键小事",以周到贴心的服务把专家人才紧密团结凝聚起来。

【资料2】

M农场成立于2015年,是一家将生态稻田和人工智能相结合的高新技术企业。它所研制的"胚芽米",是一种在稻谷加工过程中保留其胚芽部分的精制米,比普通大米含有更加丰富的维生素B族和微量元素。创始人小李的初衷就是希望越来越多的老百姓能吃到更有品质的大米。

创立之初,M农场就将人工智能引入水稻种植阶段。小李说:"传统农业,往往包含着最苦、最累、最费人工的劳作过程,我们希望通过高科技为传统农业增效。"他算了一笔"人工账":以人工巡田、除草为例,传统农业中,高质量的巡田速度为每人每天50亩到80亩,一季稻田需巡田130天;每人每天人工除草约1.5亩到2亩,一季稻田需除草3至4轮。小李表示,这样的方式费时费力,即便给每亩稻田提供1000元人工费,也还是没有人愿意干。为了改变这一困境,M农场使用田间机器鸭代替人来巡田、除草,效率提高300%,成本降低50%。

此外,M农场还使用物联网技术及田间智能机器对生态水稻数据进行全方位监测和采集,由专家团队进行建模及大数据分析,进行人工智能海量数据训练,深度挖掘水稻生长全过程数据,进行图像识别,建立水稻最佳生长模型,实时生成稻田长势及病虫害的可视化智能管理界面,提供病虫害防治指导、作物保护方案,实现了生态农业无人化、智能化管理。

M农场在种植全过程中不使用任何化学农药、化肥、除草剂,而采用生物制剂、有机肥,以确保大米的食用安全和营养价值。以生态稻田为基础,M农场引入旅游、文化、艺术等多元化产业。小李说:"我们打造共享农场、田园综合体,吸引旅客来体验田园生活。我们还挖掘稻米文化,通过自然课堂为孩子们讲述'一粒米的旅行'。农场美丽的田园景色,吸引着一批又一批的人来到这里摄影绘画写生。"如今,"稻田上的艺术节""稻田上的自然课堂""稻田上的露营节",种种衍生产品,不一而足,给M农场带来更多的发展机遇。

小李表示，当下的农业，正逐步走出传统模式，已不再是单纯的第一产业。在M农场，"一产"实现种植标准化、人工智能化等有机生态种植，"二产"实现胚芽米、胚芽米食、乡村手工艺等与胚芽米生产有关的加工，"三产"实现休闲观光、户外活动、宜居养生、精品民宿、乡村艺术等稻田上的系列自然体验。M农场以生态水稻种植为基础，实现一二三产业高度融合发展，力图打造新型全产业链模式。

目前，M农场拥有60多位员工，平均年龄只有27岁，他们是农场培养的一批知识型、技术型"新型农民"，是创业生力军。M农场也成为青年人发展新型农业、改变乡村的青春舞台。"70后怕种田，80后不愿种田，90后不提种田"是网友的调侃，也是部分事实。小李坦言，农业的形象一直是劳作辛苦而收入低，很难吸引年轻人，而一个没有年轻人加入的行业，是没有未来的。"让农民成为令人羡慕的职业"是M农场努力的目标之一。在M农场的示范和带动下，如今更多农民和返乡青年愿意扎根农村，做新型农民，发展新型农业。

今年年初，小李被评为省级杰出创业青年。颁奖礼上，小李说："乡村振兴，是农业强、农村美、农民富的全面实现。M农场是乡村振兴战略的实践者和受益者。新时代的创业者，一定要有社会担当，要做些对国家和社会发展有意义的事情。"

【资料3】

2019年3月，G省启动"专家助力脱贫攻坚服务团"第三期工作。本期由4名成员组成脱贫攻坚队，驻帮扶对象W县一年，全面助攻脱贫攻坚。脱贫攻坚队成员如下：

队长小陈，男，31岁，G省就业管理局工作人员；王老师，男，28岁，Z大学教育学院教师；马医生，女，29岁，G省第一人民医院医生；张主任，男，30岁，田地农业科技有限责任公司技术专家。

驻县的第一周，小陈带领3名队员深入方方面面走访调查，以下是他的调查日志内容。

2019年3月11日 周一

今天是驻县的第一天。上午，我们与李县长会面，他介绍了W县的基本情况：W县地处G省中部，县域面积2065平方公里，总人口34.5万人，其中农业人口32.2万人，共辖12镇4乡217个行政村。该县共有贫困户1.73万户，贫困人口7.45万人，贫困面21.59%，是G省深度贫困县之一，脱贫攻坚任务十分艰巨。

下午，我召集队员开了碰头会，让大家谈谈各自想法。王老师想重点关注教育问题，他说："扶贫先扶智，让孩子们接受良好教育，是阻断贫困代际传递的重要途径。"马医生想重点关注医疗问题，她准备先从县医院着手了解情况。张主任是农业技术专家，他告诉我们，W县素有"中国马铃薯良种之乡"之称，他想重点关注农产品种植及深加工方面的问题。而我想重点关注一下县里的就业问题，"授人以渔"才能真正帮助贫困户过上好日子。

2019年3月12日 周二

上午，我们一起去了北寨镇。W县真是个神奇的地方！奇特的地形地貌和特殊的气候条件造就了如画般的自然景观。有高山，有森林，还有水系，自然风光非常美丽。把绿水青山变成金山银山，将丰富多彩的自然风光与脱贫攻坚工作结合起来，对县里的脱贫工作乃至未来的长远发展都会起到很大作用。

下午，我和马医生去了县医院。县医院的门诊大楼刚翻新，就医环境看起来还不错，但进一步走访发现，医疗设备陈旧老化，像B超机、核磁、CT这类设备已多年没有更换过。比起设备，人才短缺、技术落后是更大的问题。医院乔院长说："两年来只招到两个人，上个月还走了一个，去了省里的大医院。招不到人便没有办法提升技术。无法提升技术，便没人来看病，更留不住人才。"但我们了解到，该院新招的医务人员，每月工资有六七千元，对于一个贫困县来说，这样的工资并不算低。可为什么留不住人呢？乔院长告诉我们，这与医生自身职业发展的特点有关。医生技术的进步需要不断地学习，只有接触更多的患者，见识更多的病例，才能让自身医术不断提高，解决更多疑难病例。而只有大医院才能给予这样的成长机会和平台。

从县医院出来，我们去了贫困户老杨家。"别人拿钱供孩子读书，我是拿钱供孩子看病。"这是老杨对我说的第一句话。原来，老杨大儿子患有重度糖尿病，大部分时间在病床上度过。"在县医院治疗效果不怎么好，可又没钱带他去大医院看，只有先吃药维持吧。"老杨说，"今年我种了不少香菇和羊肚菌，等多攒些钱就带儿子去外地看病。"

2019年3月13日 周三

今天，我和王老师与县教育局刘局长一起去县城的育红中学考察。去的路上，刘局长告诉我们，专任教师数量不足、整体素质不高是当前的大难题。

育红中学算是W县教学条件比较好的学校了，但是学校除了购置必需的教学、办公用品来维持正常的教学工作外，已无能力添置电教设备、教学挂图、投影仪等教辅设备，学校连一个图书室都没有。教师们知识结构老化、教学方式陈旧。面对课改的新要求，他们明显力不从心，更谈不上运用现代化教学手段了。由于经费紧张，老师们也没有参加业务培训和到外地听课学习的机会。育红中学黄校长说："教学条件差、待遇低，难以吸引优秀人才来任教。没有人才，就难以提高教学水平，这是个恶性循环。"

2019年3月14日 周四

这几天，张主任跑了好几个镇，走访了几家企业，深入了解W县产业发展的状况。张主任告诉我们，马铃薯、中医药、食用菌是县里三大优势产业，已初步形成主导产业雏形，但产业布局零星分散，基础设施建设严重滞后，没有形成区域发展、规模发展，产业集中度不高。全县产业发展的科技支撑体系还不健全，特别缺乏科研技术人员。

下午，我和张主任一起去了马铃薯种植基地。基地负责人说，现有产品仍以初级产品为主，缺乏深加工增值，没有形成品牌效应，导致市场竞争力弱，盈利能力不强。由于缺乏技术专家指导，村民在种植过程中遇到的问题经常得不到及时解决。

2019年3月15日 周五

一大早,我和张主任去了一家食用菌生产企业,就是收购贫困户老杨种植的香菇和羊肚菌的那家。这家企业的吴经理告诉我,县政府去年就想把三家食用菌生产企业整合起来,打造一个食用菌产业园区,可迟迟没有落地。人手不足是一大难题,很多种植农户都外出务工了,留在家的又缺乏种植技术。回来的路上,我琢磨着,要是能将无法外出务工的贫困人员吸引到食用菌产业园区中来,让村民"不出村、有活干、把钱赚"就好了。

下午,队员们聚在一起,商讨如何利用自身优势,开展后续扶贫工作。经过一周的走访调查,大家更加坚定了打赢脱贫攻坚战的信念与决心。

【资料4】

为了促进快递配送从业青年的职业发展和社会融入,共青团H省委邀请了部分省人大代表、省政协委员,走进快递企业开展调研,并与企业代表、从业青年代表等进行座谈交流。以下是座谈时所收集到的部分资料。

共青团H省委权益部部长:总书记明确要求共青团主动关注、积极联系、有效覆盖快递小哥等新兴青年群体。为了解并解决快递配送从业青年在职业发展和社会融入方面面临的一些问题,今年年初,我们面向这一群体开展了一次问卷调查。

结果显示,受访者中,每天工作时间超过8小时的占88.32%,其中工作8~10小时的占31.79%,工作10~12小时的占27.66%,工作12小时以上的占28.87%;每月休息时间不超过4天的占94.84%,一天都没休息的占25.09%。

有受访者表示,当前大部分快递公司制定了完善的用工制度,但仍有一小部分快递公司存在规避劳动法、不与员工签订劳动合同等问题。受访者中,没有与公司签订劳动合同的占6.74%,与公司签订劳动合同期限为1年的占60.52%,签2年的占22.33%,签3年及以上的占10.41%;从事快递工作的时间不足1年的占48.0%,工作1~3年的占32.6%,工作3年以上的熟练工仅占19.4%。

关于职业发展,有47.15%的受访者表示所在快递公司职业发展通道设置不合理,而在这些受访者中,有60.5%的人表示不愿意在公司继续工作,有"跳槽"意愿;在社会融入方面,20.79%的受访者表示城市归属感差,身在城市却无法融入城市。

解决快递配送从业青年面临的问题,需要社会各方的关心支持,需要各位人大代表、政协委员的建言献策。

快递人员代表:我今年22岁,来公司有一年了,每天都处于"抢时间"的状态。上个月在派送中和一辆面包车发生了擦碰,幸好人没事,可是误点导致客户投诉,公司扣了绩效,结果一天就白干了。这种事,在同事身上也常有发生。借着这次机会,我想建议公司确定更加合理的配送量、送达时间和薪酬标准,不能"以罚代管"。我喜欢我工作的这座城市,想留下来和这个城市的青年们一样,努力奋斗,创造美好生活。可是,每天"累得下班就想睡觉"的工作压力,让我没精力参与正常的社会交往、体验这座城市的美好。我感觉,我始终像一个过路人。

某快递企业负责人：公众对快递人员的辛苦和安全风险缺乏了解，对他们不够尊重、理解与认可。有些地方，甚至存在客户辱骂、敲诈快递从业人员的问题。这些都导致快递人员离职率很高，我们的用工成本也随之提高。

省人大代表A：经过这次调研，我们对快递人员的劳动保障、安全风险和权益保护等问题有了更深入的了解。我们会建议相关部门统一快递人员的职业准入和培训标准，对快递人员的业务水平、职业素养等加以提高。快递企业也要给快递人员提供发展通道和晋升平台，让他们有盼头。

省政协委员B：大多数快递小哥缺乏应有的保障，要想办法减轻他们的生活压力。还要提升公众对快递小哥的理解和尊重，让他们工作得有尊严、更体面。我们会呼吁全社会进一步关注快递小哥面临的诸多问题。

【资料5】

2019年4月，S省省委人才发展局在外省某高校举办引进高层次人才政策宣讲会。宣讲会吸引了来自全国各地的1000多人参加。

刚从国外归来的医学博士小田就是此次参会者之一。S省优美的环境、清新的空气、便利的交通、广阔的前景都吸引着她，使她对宣讲会充满着期待。

小田一早便来到会场，在入口处，她收到了工作人员发放的一本《S省引才政策选编》。小册子的首页写着：栽下梧桐树，引得凤凰来。入座后，小田翻开小册子，仔细阅读起来：

● S省坚持把人才作为第一资源，以总书记关于人才工作重要论述为指导，加强全省人才工作顶层设计和制度安排。以制定实施《百万人才进S省行动计划（2018—2025年）》（以下简称《行动计划》）为主要抓手，不断创新人才引进培养机制，实行更加积极、开放、有效的人才政策，向国内外优秀人才敞开最热情的怀抱。《行动计划》明确，从2018年至2025年，S省将引进各类人才100万人，并从4个方面提出30条含金量十足的政策，不断完善人才引进、管理、评价、流动、激励、保障等领域的制度体系，为广大人才来S省干事创业提供有力的制度保障。

● 《行动计划》出台后，S省全面梳理现有人才政策，制定了一批急需政策，调整了一批过时政策，逐步建立健全人才制度体系。特别是在人才服务方面，制定出台了《关于引进人才住房保障的指导意见》《S省高层次人才子女入学实施办法》《关于引进高层次人才配偶就业安置实施办法》等制度，基本形成覆盖人才落户、安居、购房、购车、子女入学、配偶就业、医疗保障、出入境、居（停）留等全方位的人才服务保障政策体系，着力解除人才来S省就业创业的后顾之忧。

● 以新一轮党政机构改革为契机，S省成立省委人才工作委员会，加强对全省人才工作的宏观指导、科学决策、统筹协调和督促落实，着力提升人才工作地位；组建省委人才发展局，并加挂省委人才工作委员会办公室牌子，进一步整合人才工作相关力量，统筹全省人才政策、项目、资金、力量等资源，建立起统一高效的党管人才领导体制，用前所未有的力度推进招才引智工作。

翻看完小册子，小田注意到了会场左侧的展板。她走到展板前，看到展板上列出了S省针对高层次人才制定的重点项目——大师级人才、杰出人才引进计划。该计划聚焦航天领域重大科技创新基地、国家深海基地南方中心、国家南繁科研育种基地、国家热带农业科学中心、全球动植物种质资源引进中转基地五大平台，以及教育、医疗、科技、文化等重点领域，积极推动高校、医院、科研院所、企业等用人单位引进大师级人才、杰出人才。人才来省后可以直接纳入省委联系服务重点专家范围，享受免租金、可拎包入住的人才公寓；在薪酬待遇、科研资助等方面，采用"一人一策、一事一议"的方式给予支持。同时，鼓励用人单位采用年薪制、协议工资制的方式提供报酬，并配备工作助手。对于大师级人才、杰出人才领衔的团队式引进，S省将集中政策和财力给予重点支持。

正看着展板上的内容，一阵优美的旋律吸引了小田的注意。此时，会场前方的屏幕开始播放宣传片。"改革的动力、创新的活力，正让我省穿山越水一路向前，让每一个梦想都有生长的土壤，让每一种奋斗都有驰骋的天空。你的舞台就在眼前，在这里，你的未来更加精彩！"时长8分钟的宣传片让在场的所有参会者充分感受到了S省的魅力。

宣传片播放结束后，宣讲会正式开始，S省省委人才发展局有关负责人发表了热情洋溢的推介讲话，向广大优秀人才发出诚挚邀请。

作答要求

假设你是S省省委人才发展局的工作人员，请根据"给定资料5"，以"海纳百川聚四方之才"为题，为S省省委人才发展局有关负责人撰写宣讲会上的推介讲话稿。（30分）

要求：

（1）角色定位准确；

（2）内容切合主题；

（3）语言流畅，有感染力；

（4）字数800~1000字。

【答题思路】

第一步：确定文章主题。本题有些特殊，它是对事务文书的一种考察，题干中明确指出"讲话稿"，因此，在格式和语言风格上要符合讲话稿的写作规范。本题主题在题干中已经明确给出，就是要为S省招纳人才。

第二步：确定写作角度。本题的角度包括两个方面，一是角色角度，即要符合S省省委人才发展局的工作人员的身份；二是内容角度，即要达到吸引人才的目的。因此，在讲话稿内容中应以S省为引进人才所提供的良好条件为主，可以包括物质条件、人文环境、政策支撑等方面。

海纳百川　聚四方之才

尊敬的各位来宾：

　　大家好！欢迎参加我省引进高层次人才政策宣讲会，我是省委人才发展局负责人×，很荣幸能在此高端人才会上和大家交流。S省环境优美、空气清新、交通便利、前景广阔，是一个适合高端人才干事创业，实现理想的地方。下面请允许我介绍S省人才引进政策和计划。 ——讲话稿的格式规范，要有称呼

　　栽下梧桐树，引得凤凰来。一直以来，我省将人才视作第一资源，并在关于人才工作重要论述的指导下，对全省人才工作顶层设计和制度安排进行强化。制定实施《百万人才进S省行动计划（2018—2025年）》，该计划创新人才引进培养机制，实行积极、开放、有效的人才政策，计划引进人才100万人；同时，不断通过政策来完善人才引进、管理、评价、流动、激励、保障等领域的制度体系，为广大人才来我省干事创业提供了有力的制度保障，能放心投入我省的温暖怀抱。 ——总述S省对引进人才的渴望和决心

　　我省具备全方位的人才服务保障政策体系，制定出台了《关于引进人才住房保障的指导意见》《S省高层次人才子女入学实施办法》《关于引进高层次人才配偶就业安置实施办法》等制度，基本覆盖人才落户、安居、购房、购车、子女入学、配偶就业、医疗保障、出入境居（停）留等全方位服务，着力解除人才的后顾之忧，得以人全身心投入个人发展中。 ——分论点一：制度保障优势

　　我省还建立起统一高效的党管人才领导体制。成立委员会，加强对全省人才工作的宏观指导、科学决策、统筹协调和督促落实，着力提升人才工作地位；组建人才发展局，进一步整合人才工作相关力量，统筹全省人才政策、项目、资金、力量等资源，用前所未有的力度推进招才引智工作，足以看出我们对人才的重视和诚意。 ——分论点二：人才管理机制优势

　　除此之外，我省特别推出针对高层次人才制定的重点项目——大师人才、杰出人才引进计划。本计划聚焦航天领域重大科技创新基地、国家深海基地南方中心、国家南繁科研育种基地等5大平台，以及教育、医疗、科技、文化等重点领域。并对来我省就业创业的大师级人才、杰出人才给予住房、薪资 ——分论点三：人才培育保障优势

待遇、科研资助等方面的"一人一策,一事一议"支持。同时,也鼓励用人单位采用年薪制、协议工资制的方式提供薪酬,并配备工作助手,共同助力人才引进。

改革的动力、创新的活力,正让我省穿山越水一路向前,让每一个梦想都有生长的土壤,让每一种奋斗都有驰骋的天空。在此,我代表S省向广大优秀人才发出诚挚邀请,在这里,有你的舞台,更有精彩的未来!

谢谢大家!

讲话稿的格式规范:要有感谢语

二、全国公安院校联考《申论》真题

2019年全国公安院校联考申论真题

给定资料

【资料1】

夏末时节,北出雁门,桑干河流水潺潺,湛蓝的天空倒映其中,葱茏的南山脚下,塞上绿洲跃然呈现。今日的C市已非昨日的"雁门关外野人家"。在这里,生态优先的观念深入人心,发展中严守生态红线,以生态促发展,以发展保生态,实现了生态与发展的完美融合。

市商务局投资服务中心王主任说:"绿色发展已经成为C市干部的普遍共识,有什么样的理念就会引回什么样的项目。"近期,C市Y县政府与省内一个大型国企以及某知名公司三方签约,引进了天鹅公主生态旅游度假区项目。投资商项老板说:"把投资5亿元的生态旅游度假区项目选在Y县,就是因为这里的生态。"C市的P县则与某港务局合作,共同打造了一个集煤炭贸易、洗选加工、装车发运、电子商务、金融服务为一体的现代化煤炭贸易集散中心。此项合作,不仅能让煤炭生态化地"走出去",更带动了新兴产业的发展。

登长城、观古堡,呼吸新鲜空气,欣赏地方小戏,观看速度赛马,前来Y县旅游的人络绎不绝。村民李大富做梦都没想到,他的房子还能收上房租。他高兴地说:"我这三间房,每间每天连吃带住100块,3间房一天就能有300块呢!"2017年,Y县接待游客214.97万人次,同比增长27.28%,实现旅游收入20.89亿元,同比增长25%,好生态变成了高收益。

C市地处国际公认的畜牧养殖黄金带,但由于生态脆弱,地理优势一度难以显现。为此,C市积极推进"粮改饲"试点,以恒天然、古城乳业、金沙滩羔羊肉等60多个龙头企业为引领,形成了草牧业的全产业链条发展模式,各类农畜产品在全国22个省市打开了市场。2017年，当地农民年人均草牧业纯收入达到了3400元。此外，C市还开展了以全域绿化为目标的大规模植树造林活动。2018年，全市启动了黑驼山、洪涛山和紫荆山的全流域绿化工程，实施了以"一城两线"为重点的18项造林工程，完成营造林33.48万亩。

近年来，C市大力开展工业固废综合利用，成效显著。亚洲粉煤灰及脱硫石膏处理与利用技术国际交流大会已经连续5年在C市召开，这就是产业生态化的魅力。目前，C市已经建成工业固废综合利用企业145家，年消化工业固废3400万吨。陶瓷业是C市第二大产业，为了使其在发展和生态之间找到平衡，C市大力推进现有陶瓷企业上档升级：推动企业全部采用天然气生产；鼓励企业积极推行新工艺、新技术，改造落后装备，降低能耗成本，提高产品质量档次；对资源能源消耗高、环境污染重、技术工艺落后、产品质量低劣的陶瓷产业项目，一律亮红灯。此外，C市还针对养殖排放污染的问题，打造了3个畜禽粪污综合利用示范项目，建设了60个规模养殖场粪污处理厂。

新兴产业的发展更是以生态为先导。光华发电公司多年来积蓄的3400亩闲置灰场一直无法有效利用，C市就推动该公司利用闲置灰场上马光伏项目，并顺利并网发电。目前，C市已成为全省风力发电、光伏发电行业的龙头地区，其中风电、光伏和生物质能等新能源发电装机容量位居全省第一。

为了扎实推进生态保护，努力打造践行"两山论"的示范区，C市全面实施了整治入河排污口、河道清淤清垃圾、拆除河道违法建筑等"七大攻坚战"，力求恢复桑干河鱼翔浅底、人水和谐的美景。为打造优良的宜居环境，C市大规模开展城乡垃圾、污水集中无害化处理。2017年，C市建设了51个处理项目，总投资24.4亿元，初步实现了城乡垃圾与污水全覆盖、全收集和全处理。

打造"绿水青山"需要从产业发展、自然保护、居住环境等多领域着手，需要政府、企业与社会共同努力、通力合作。"大自然从不背叛热爱它的人"。C市以生态保护为抓手，以经济社会可持续发展为根本目标，两者互相促进，实现"绿水青山"与"金山银山"的有机统一。

【资料2】

两年前，在市人社局的定点帮扶下，北部某县张西河乡许家窑村实现了整村脱贫。扶贫攻坚如何"提质"，脱贫致富怎样"增效"，关键就在于让扶贫与扶志、扶智"同频"，使扶贫的外源动力与脱贫的内生动力"共振"。

为了进一步巩固脱贫成效、提振村民致富"精气神"，市人社局从老百姓家家都有针线筐箩（一种箩筐）的"生活百宝箱"中获得启发，创新开展给每家赠送"争先筐箩"的活动。在这一"争先筐箩"中，有习近平新时代中国特色社会主义思想和党的十九大精神学习资料，有讲述蒙牛乳业前董事长牛根生从放牛娃到中国乳业巨头舵手的传奇经历的传记，有关于种植养殖等方面的农业科技书籍……

平时松松垮垮、懒懒散散的村民李二宝是个单身汉，受到"争先筐箩"的影响后，主动跟邻居学了钢筋工技术，后来去建筑工地工作，每天有300元的收入，一年后还娶上了

媳妇。家里养羊的李拴柱看了牛根生的励志故事后笑着说:"成为企业家是不可能了,我的目标是成为咱们村的养羊大户。"后来他的养羊规模扩大了一倍,盖了新羊圈,不仅供两个儿子上了大学,还神气地开上了小轿车。

在一次扶贫座谈会上,提到"争先筐箩",村里的老支书感慨地说:"'争先筐箩'是精神脱贫的'百宝箱'"。村民代表郭斌也喜不自禁地说:"旧有'针线筐箩',缝衣补线,罗织家长里短;今有'争先筐箩',争先恐后,争做致富能人。"

【资料3】

作为钱塘江正源的新安江,总长359公里,发源于安徽省黄山市,干流的三分之二在安徽省境内,流入浙江省境内的千岛湖。千岛湖水质的优劣很大程度决定于安徽,因为,千岛湖水的68%来自安徽。千岛湖最深处有117米,是个典型的深水湖泊,这样的湖泊,污染物一旦沉入湖底,很难被清理,按业内的话来说,"千岛湖一旦被污染,极难修复"。因此,要保证千岛湖的水质,需要安徽进行严格的流域治理,但过于强调流域治理,则势必会影响区域的经济发展。就流域治理来说,浙江与安徽的诉求存在差异。

国际上,位于同一条河流上的两个地方,上游保护了环境,下游对上游给予生态补偿,已形成惯例,但在中国,现有法律、法规及政策基本没有涉及生态补偿。就新安江流域的跨省生态补偿,安徽、浙江两省已进行了多次协商。

安徽省环保厅L厅长说:"跨省生态补偿最终达成共识得跨越两大分歧。第一,评判交界处新安江的水质变好或是变差,以哪个水质数值作为标准?浙江省认为千岛湖是一个湖治,应该以湖泊二类水水质为标准。安徽省则认为新安江在其境内是一条河流,应该采用河流三类水水质标准。河流三类水和湖泊二类水两个标准间有个难以妥协的差异:河流三类水不监测水的富营养化指标,湖泊二类水却把富营养化指标看得很重,而富营养化是湖泊污染的大敌。双方的分歧缘于对新安江的地理认知。经过协商,最终双方都能接受的方案是,把新安江最近两年的平均水质作为评判基准。第二,监测结果是依照浙江省的还是安徽省的?双方妥协的结果是在河口建一个水质自动监测站,以该站的数据为依据,并参考两省联合监测的数据。"

全国政协人口资源环境委员会原副主任W说:"建立补偿机制首先要做好顶层设计,制定配套的政策法规。横向补偿,光靠兄弟省、市、县之间坐下来谈是很艰难的,形成共识的效率还比较低,需要'家长'来加强沟通和协调。"

2015年9月26日,国家财政部、环保部联合印发《新安江流域水环境补偿试点实施方案》,决定从2016年起启动实施新安江流域水环境补偿试点工作,要求浙江和安徽两省政府共同推进新安江流域水环境保护,保障千岛湖水质安全,促进新安江流域上下游经济社会协调可持续发展。文件规定,中央财政划拨2亿元给安徽省用于新安江治理。两年后,若两省交界处的新安江水质变好了,浙江省地方财政再划拨给安徽省1亿元;若水质变差,则安徽省划拨给浙江省1亿元;若水质没有变化,则双方互不补偿。因此,这被称为"亿元赌局"。

经过持续治理,2017年9月的监测结果显示,新安江出境断面水质达到试点方案考核标准，且好于2014至2015两年的平均水平。据此，浙江省履行"约定"，2016年和2017年的共2亿元生态补偿基金已经支付到位。

截至2017年年底，新安江首轮生态补偿两年试点工作如期完成，并取得积极成效：流域水环境治理稳中趋好，试点资金项目稳步推进，一批行之有效的工作机制逐步建立，生态效益、经济效益和社会效益显著，为建立完善我国跨省界流域生态补偿机制提供了典型示范，积累了宝贵经验。

【资料4】

东山湾，海域面积469平方公里，岸线长220多公里，是我国东南沿海的天然港湾，沿岸人口稠密，经济发达。环东山湾有W市的洞头港区、东山港区和T市的大麦屿港区。由于行政隶属不同，同一湾区的港口没有统一的规划，各自为政，造成港口功能重复、涉港项目布局不合理、互抢资源和腹地等问题。港区近岸海域污染问题也一直未能得到有效治理。

在新发展理念指导下，W市与T市深刻认识到协同发展的重要性。两市加强近岸海域污染整治，建立陆海统筹、区域联动、部门协同的海洋污染治理机制，全面实施东山湾重点区域生态环境保护。2017年12月3日，两市环保局联合公安局、行政执法局，出动50多名人员，关停了一家夜间偷排污水的汽车玻璃小厂，抓获涉嫌犯罪人员刘某某、关某某等5人。此后，两市联合开展代号为"章鱼"的污染整治行动，摸清陆源污染物入海总量和来源，确定海域水质管理目标和减排方案，适时实施污染物排海总量控制制度，强化直排入海污染源和沿海工业园区的监管，加强污水处理厂提标改造，规范入海排污口设置，逐步实现船舶和港口作业区污染物零排放。经过"章鱼"行动，东山湾近岸海域的污染状况得到了显著改善。

此外，两市还加强种养殖业面源污染管控，推广"肥药双控"技术，引导农民科学施肥、安全用药，合理确定养殖规模，划定禁止养殖区、限制养殖区和养殖区，对养殖废水进行有效处理，实现达标排放，取得重大成效。

2017年年底，两市合作开展了东山湾青年志愿者环保之旅活动。该活动以东山湾为体验实践载体，吸引了数百名青年志愿者参加。这项活动通过开展近岸海域污染情况调查、举办环保公益讲座、徒步环保考察等系列活动，倡导绿色文明和可持续发展。两市的各大媒体对这一活动进行了大力报道，吸引了两市市民的广泛关注，为两市协同合作、推进跨行政区生态环境建设营造了良好氛围。

为了统筹推进东山湾地区的一体化、协同化发展，省政府建立了由市长、分管副市长和有关部门负责人参加的市际联席会议制度，负责环东山湾区域合作的统筹协调工作，审议城市总体规划、区域规划，对重点开发区的产业发展和空间布局等进行宏观指导，协调推进跨行政区生态环境建设等。同时，省政府将东山湾发展规划编制、重大项目实施、两市协调发展配合程度纳入省对市的考核评价体系，并对"不作为""慢作为"严肃问责。

2018年3月，W市市民薛先生向省监察部门投诉反映环东山湾大桥建设迟缓，原定

2年工期，结果3年了也没有投入使用，去T市办事需要绕很多冤枉路，给市民生活造成很大不便。省监察部门调查发现，是W市和T市的建设部门相互扯皮影响了工程进度，于是建议两市的市政府对相关人员严肃问责，并将问责结果报省政府。

【资料5】

当前，大数据、人工智能已经走进普通人的生活。出行用APP软件叫车，再也不担心司机不打表、拒载、服务态度差了，下车时司机还客气地希望你给好评。这既解决了每天大量的出行者打车不便的难题，也提供了大量的就业岗位。吃饭用APP软件点餐，菜品图片、价格、评价、送达时间全都明确，省心又省力。大数据正在改变经济社会发展和人民的生活。

美国大数据研究专家肯尼斯·库克耶在其著作《大数据时代》中指出，大数据是无法在一定时间范围内用常规软件工具进行捕捉、管理和处理的数据集合，是需要新处理模式才能具有更强的决策力、洞察发现力和流程优化能力的海量、高增长率和多样化的信息资产。

大数据的价值在于共享，但现在很多企业由于种种原因不愿实现数据共享，快递行业内K企业与D企业的快递柜之争就是一个例子。K企业是快递业的龙头企业，飞鸽快递柜是其旗下品牌，D企业是由K企业和其他几家快递企业共同注资成立的一个快递网络平台，平台上的快递企业都使用K企业的飞鸽快递柜。在2017年3至4月的续约过程中，D企业要求所有快递柜信息的触发必须通过D企业，取件码信息无条件给到D企业，飞鸽需要返回所有包裹信息给D企业，这是K企业无法接受的。D企业如此在乎快递柜，是因为快递柜极大缩短了"最后100米"的配送时间。国家邮政局数据显示，目前快递包裹从配送终端到用户手中这段距离，不到整个货物运输流程的5%，却要花费约5小时，约占快递配送时间的45%。而飞鸽虽然2016年亏损超过2亿元，但K企业表示，飞鸽快递柜有超过5000万的用户，在柜子数量铺开后会接入更多的公司，效益空间非常大。双方的争执，不仅损害了消费者的利益，也影响到企业自身的发展。据悉，此事导致K企业股价下跌，K企业创始人的身家蒸发近20亿元。而D企业并不希望和K企业闹僵，如果无法妥善处理与K企业的关系，也会严重影响其他快递公司与D企业合作的态度。

大数据时代，合作共享是提高资源配置效率最有效的方式。如果手握大数据却不能共享，不能把大数据有效运用到经济社会发展之中，不能让更多社会组织、企业、消费者加入到大数据运用中来，不能运用大数据为他人服务，并从中受益，那么大数据的意义何在？社会组织和企业掌握大数据的目的又是什么？对企业来说，效益和效率永远是追求的目标，开发大数据，目的就是要通过大数据，把企业的效益和效率提高，并将开发出来的大数据通过共享实现价值最大化。换言之，如果不能实现共享，大数据就不能称为大数据，充其量只是企业的内部数据，只能带来微观利益，而不能产生宏观效益。只有被共享，大数据的生命力才能不断增强，大数据的社会价值和经济价值才能不断提高。

【资料6】

以下是某大学教授在学生毕业典礼上的致辞《做一个善于合作的人》节选：

同学们即将离开学校，意味着即将进入竞争的社会。因为我们所处的时代是一个充满竞争和挑战的时代，无论什么人，都无法避免竞争，都会遇到各种挑战。智者借力而行。我认为，竞争中制胜的重要法宝就是合作，学会合作才能进步、发展和壮大。"合作"二字怎样强调都不过分，从大处讲，合作关乎中华民族的伟大复兴，从小处讲，合作关系到一个人的前途和命运。

与人合作，要与人为善。与人为善是中华民族的传统美德，是为人处世的重要准则。在一个集体中，大家相互理解、相互尊重、相互支持，这个集体就有凝聚力。与人合作，要以人为师。"梅须逊雪三分白，雪却输梅一段香"。我们应当随时注意学习他人的长处，随时以他人缺点为戒。与人合作，要有容人之量。海纳百川，有容乃大。这里的"容"是指宽容、包容。在一个团队里面，我们一定要能容人、容言、容事。与人合作，要有主人翁精神。在一个单位，像干自己家里的事儿一样去工作，这就是主人翁精神的体现。主动做事，不会吃亏。以主人翁的心态对待每项工作，就会让我们走向成功，实现自己的梦想。

亲爱的同学们，《吕氏春秋·有始览》有言："天地合和，生之大经也"。合作是世间万物生生不息的根本，是人类社会发展的趋势。希望同学们做一个善于合作的人，努力为国家、为人民做出自己应有的贡献，书写自己的精彩人生！

作答要求

"给定资料6"中提到："天地合和，生之大经也"。根据你对这句话的理解，结合给定资料，联系实际，自选角度，自拟题目，写一篇文章。（40分）

要求：

（1）观点明确，见解深刻；

（2）思路清晰，语言流畅；

（3）结合"给定资料"，但不拘泥于"给定资料"；

（4）字数1000~1200字。

【答题思路】

第一步：确定文章主题。无论是"天地合和，生之大经也"这句话的内涵指向，还是材料6的意义，都说明这篇大作文的主题应紧扣合作展开。

第二步：确定写作思路。首先本文要从正面出发，即应在文章中提倡合作，这个必须把握准；其次，思考侧重于哪一部分进行写作。如侧重于策论文，则需要重点写合作带来的意义。可以考虑从国家、社会组织或公司团体、个人三个不同的主体维度展开阐述；如侧重于评论文，则需要重点写为什么要合作，深度挖掘合作的内涵。

第三步：确定主、分论点，按照一定逻辑组织论据，最后深化论点。

合作成就美好未来

从古至今，团结合作一直是中华民族的优良传统之一。从苏秦游说六国，合作抗秦，让秦不敢东出函谷关十数载；到安徽浙江协商合作，共同治理新安江流域污染；再到"一带一路"伟大倡议提出"共建、共商、共享"，为推进全球经济复苏提出中国建议，无不证明这一观点。合作是个人成事之关键，也是社会发展之根本。只有合作才能实现共赢，创造美好未来。

> 提出主论点：合作的意义。确定本文是策论文，下面应重点论述合作有哪些意义

合作，让生态环境更"绿"。习近平总书记曾说过"绿水青山就是金山银山"，强调的正是生态环境保护的重要意义。温州与台州完善协同机制，加强合作，通过开展专项整治，建立省际联席会议制度，共同治理东山湾海域污染，取得了良好的生态效益；而C市政府、企业和社会各界通力合作，共同努力，树立绿色发展理念，引进生态旅游项目；开展工业固废综合利用，让C市实现生态与发展的完美融合。由此可见，秉持合作理念，能够让生态治理得以更加顺利，让环境变得更加美好。

> 分论点一：从生态环境角度

合作，让资源配置更"优"。大数据时代，共享是提高资源配置效率最有效的方式。然而，面对合作共享的时代趋势，部分企业缺乏合作意识，独来独往，只关注自己的小圈子，不愿实现数据共享，导致数据资源无法被充分利用，无法通过共享实现价值最大化。而部分企业则是欣然将数据进行分享，以实现互利共赢，腾讯与京东加强合作，一方面腾讯通过微信为京东提供流量入口，让京东实现客流量的增长；而腾讯也通过京东补齐自身电商发展的短板，以便更好与其他企业进行竞争，两者通过合作，实现资源配置效率的提升。所以说，只有通过合作，才能优化企业资源配置效率，让企业发展得更好。

> 分论点二：从资源配置角度

合作，让竞争实力更"强"。从"众人拾柴火焰高"到"三个臭皮匠，顶个诸葛亮"再到"一个篱笆三个桩，一个好汉三个帮"，无不证明合作的重要意义。在社会当中，任何人都无法逃避竞争，都会遇到各种各样的挑战，工作上，你需要与同事保持合作，才能顺利完成任务。因此，我们需要秉持

> 分论点三：从结果角度

"求同存异"的原则，学会与他人进行合作，通过合作实现进步、发展和壮大，从而帮助提升个人竞争实力，让你在社会走得更稳、走得更远。

古语有云："千人同心，则得千人之力；万人异心，则无一人之用。"合作是制胜的法宝。加强地区合作能改善生态环境，加强工作协同能提升竞争实力，加强产业合作能优化资源配置。唯有精诚合作，才能抓住关键，推动社会的发展，实现国家的进步！

（例文来源：中公教育，http://www.offcn.com/shenlunpd/2019/0920/10720.html）

> 最后再次强调主论点，即合作具有意义。本文的三个论点属于并列的结构，如在编排分论点的时候可以考虑递进层次关系则更好

2020年全国公安院校联考《申论》真题

给定资料

【资料1】

"这几个玉米是我亲手种的，没有洒农药，您一定得带回所里煮了给大伙儿尝尝……"

近日，H省S市新风派出所的郑副所长来到溪后村入户走访。刚从菜园子回来的张大妈看到后，热情地招呼他进屋，亲如家人。由于儿子在外务工，已经76岁的张大妈常年独居。前段时间，张大妈在菜园里摔倒，民警闻讯赶到将她送往医院治疗。之后，所里的民警经常来家里走访，关心张大妈的日常生活情况，帮助她解决生活中的实际困难，并将"警民联系卡"贴在厅堂的醒目位置，以便她能及时联系到民警。

"随着警务改革的深入，对农村警务工作的要求自然也就更高了。"S市公安局政工室詹主任说。近年来，S市公安局建立"大部制联勤，大警区联动"的警务管理机制，实行"1警+5员"工作模式，即每1名民警身兼"引导员、服务员、巡防员、调解员、联络员"5个角色，派出所民警全部挂职兼任村干部，既促进地方发展又延伸警务触角，实现警务覆盖全域化、警务跟进实时化、警务惠民终端化。"党建引领下的'1警+5员'工作模式打通了服务群众的'最后一公里'，实现了资源的最大整合，有利于打造共建共治共享的社会治理格局。"詹主任说。

2019年6月，S市南郊派出所接到村民赵某报警，称其利用自家门前空地扩宽路面时，遭到邻居吴某的多次阻挠。"扩宽路面本是一件便民利民的好事，为何遭到邻居阻挠？"带着疑问，民警赶赴现场了解到，赵某正在扩宽的道路路基较高，邻居吴某担心路面扩宽后，如遇降雨天，屋檐水溅起的水花会导致他家的墙体受损。为防止矛盾纠纷进一步升级，民警对吴某晓之以理、动之以情，一面努力平复其情绪，向其耐心释法说理；另一面联系吴某在外工作的儿子，让其做父亲的思想工作。与此同时，说服赵某做出承诺，路面扩宽后做好相关防水措施。最终，两人握手言和。

如何更好为民服务，有效化解矛盾纠纷，真正建成"平安南郊、和谐南郊"？近年

来，南郊派出所坚持发展新时代"枫桥经验"，积极探索矛盾纠纷新解法。南郊派出所周所长介绍，派出所牢固树立"调解也是执法"的理念，推动执法活动向矛盾纠纷调解延伸、执法资源向矛盾纠纷调解倾斜，利用接处警的"黄金时间"，最大限度地把矛盾纠纷就地化解在一线。同时，建立矛盾纠纷回访制度，以提高群众对矛盾纠纷调解工作的满意度。做"专"调解队伍，是南郊派出所践行"枫桥经验"的又一法宝。该所建立了乡村"调解微信群"，把熟悉辖区情况、在群众中有威望、具备一定法律知识、热心并善于调解的离退休干部、村干部、法律工作者等聘为专、兼职村级调解员，同时邀请国土、民政、司法等部门工作人员充实乡一级调解队伍，实现线上线下调解同步进行，提升矛盾纠纷化解的质效和权威。对一些属疑难杂症的矛盾纠纷，由接处警民警做好先期取证后，第一时间联合乡、村两级调委会，发挥专业人民调解员和调解志愿者的作用，这样既能实现非警务警情的有效分流，又能发挥人民调解员的专业优势，防止"民转刑"，起到"第一道防线"的作用。

"王大爷，您儿子用微信转账了500元，让我们转交给您，他怕您老人家不会用手机取钱。"民警前往后村社区王大爷家中，转交了其儿子给他的生活费。王大爷是一名"留守老人"，儿子在外务工。因老人取款困难，他儿子便联系民警，将钱用微信转账给民警，再由民警帮忙提现转交给老人。考虑到他们许久没有见面，民警还用微信让父子俩进行视频聊天，以解思亲之情。S市的每个派出所都专门建了"民警在身边"微信群，让辖区的每一户都至少有一人实名加入微信群，坚持做到"民需警应"。如今，"民警在身边"微信群成了加强警民联系，便利民生、服务百姓的互动平台。近年来，派出所主动为群众联系相关部门，上门为孤寡老人、留守儿童和残疾人提供服务，实现"民警多动腿，群众少翻山"。派出所还将"民警在身边"微信群的二维码送到工地，使外来务工人员办理暂住登记"一次都不用跑"，用实际行动解决群众需求。

2019年7月，S市"智慧平安小区"——明德小区南门视频监控系统突然报警，其所在区的公安分局迅速组织警务站民警赶至该小区，通过调阅小区内部道路、单元门、电梯视频监控，成功在该小区抓获一名在逃人员。2019年，S市将"建设智慧平安小区"列为年度10件实事之一，通过基础数据与科技管理的深度融合，打造具有"高清视频全覆盖、智能门禁全安装、人员信息全采集、平台数据全共享"等特征的新型"智慧平安小区"，提高治安防控的智能化水平。

2019年8月，S市市区内一辆汽车与电动车发生剐蹭，两名驾驶员在雨中打斗，被人拍了视频传到网上，引起舆论关注。S市公安局北城分局当天即对两人分别做出行政拘留15日、处1000元罚款和处500元罚款的决定，并向社会公布。当地群众说，这件事给百姓上了一堂法治课。在推进社会治安综合治理过程中，S市公安机关注重法律效果与社会效果的统一，加强典型违法犯罪的刑事处罚与行政处罚的有效衔接，对公共场合辱骂他人、殴打他人、滋事扰序和交通违章违规等违法"小事"，一律依法严肃处理。市公安局马政委表示："从'小事'抓起，提升社会正气，让法治成为基层治理的价值标准，是S市公安机关推进社会治理的一个特点。"在社会治安综合治理实践中，S市公安机关还把依法治理的手段前移，主动与住建、规划、土地、商务、金融办等部门建立局际联席会议制度，就交通运输、土地转让、民间借贷等方面的突出问题向各单位发函，适时提出建议，推动社会治安治理向制度化治理、常态化治理迈进。马政委说："党的十九大提出'加强和创新社会治理，维护社会和谐稳定，确保国家长治久安、人民安居乐业'，这为S市公安机关的工作提供了根本遵循。"

【资料2】

2017年，H省P市新埭镇星光村在法院的涉诉纠纷是39起，2018年下降到25起，2019年至今只有11起。星光村涉诉纠纷走起了"下坡路"，靠的正是P市近年来探索推广的"无讼"工作——调和息讼，就地化解矛盾。这一基层社会治理的新路子不仅从源头上有效减少了矛盾纠纷的产生，更推动了传统无讼文化与现代法治精神的融合。

"无讼"理念可追溯至被誉为"天下第一清廉"的文化名人陆稼书。陆稼书，清代理学家，康熙九年进士，历官江南嘉定知县、直隶灵寿知县、四川道监察御史等。"陆稼书任职嘉定、灵寿知县时，'动之以情、晓之以理、喻之以法'的'无讼'理念，深受百姓推崇，使得两县政清人和，庭可生草，以至无讼之境。"P市市委祁书记说。"以和为贵、乡党调处、义理断案"，陆稼书倡导的法律文化价值仍可"活用"于当下P市基层社会治理。

近年来，伴随经济社会快速发展，P市社会矛盾纠纷易发多发。同时，基层法院面临"案多人少""案结事不了"的现实困境。"面对转型期基层社会治理的困难和现状，P市以先贤陆稼书'息事无讼'文化为工作理念和导向，将矛盾纠纷预防和化解的关口前移，打造'无讼'村（社区）。"祁书记说。2017年开始，P市深挖"无讼"文化，积极探索创新，创设了"调解优先、诉讼断后"制度体系，打造了"息事无讼"的基层社会治理品牌。2019年1~9月，P市法院收案数同比下降8.2%，其中民商事案件收案数同比下降13.9%，逐渐形成了"不轻易言讼、不争讼"的良好氛围。

"P市的'无讼'实践是基因式的文化传递和传承。传统法律文化和现代治理文化交相辉映，带来了社会的和谐稳定。"P市政法委孙书记说，"'无讼'并不是指完全没有诉讼，而是第一时间把矛盾纠纷化解在萌芽、化解在基层；'无讼'也不是通过'压讼'来掩盖矛盾，而是通过'解讼'化解纠纷。"在创建"无讼"村（社区）、成立"息事无讼"工作室的过程中，P市创新地提炼出了"提、议、调、督、评"的"无讼"五步工作法，纵深拓展"发现问题—协商讨论—调解处置—监督指导—评议评价"的"无讼"工作路径。

P市新埭镇是先贤陆稼书的故里，2017年成为"息事无讼"工作机制试点。作为新埭镇星光村的一名村干部，沈斌在村里工作多年，群众基础好，工作能力强。如今他还有另外一个身份，那就是村里的无讼员。"星光村目前有一支由8名党员干部、组长等组成的无讼员队伍，自成立以来，化解了不少矛盾。"沈斌举例，承包户、租赁户拖延租金是该村一大难题，以往年底收缴率在70%左右，有时遇到恶意拖欠、拒不缴纳的，只能上诉公堂，费时费力。而开展"无讼"试点后，如今收缴率已接近100%。

"不只在农村，'无讼'的理念其实对城市治理也有影响，比如'红色物业'。"孙书记以近期P市"红色物业"解决小区停车难问题为例：社区"红色议事厅"用减少5%绿化面积，增加140个车位，满足业主停车需求的办法，将矛盾纠纷的关口进一步前移，增强了群众的获得感、幸福感、安全感。市一级有"无讼工作中心"，镇一级建"无讼工作室"，村一级设"无讼站"；站里汇聚各方力量，无讼调解员、无讼志愿者、法律顾问、平安书记……P市正通过打造"四平台一中心一网格"的社会治理体系，完善自治、法治、德治"三治融合"机制。

P市的"无讼"在线调解平台也是践行"无讼"理念的一大亮点。无论是婚姻、家事，还是民间借贷、道路交通事故，各种类型的民事纠纷，都可以在这个平台上进行调解。孙书记介绍："我们的平台汇聚了各个行业的优质解纷资源，既有人民调解、综治调解、法院特邀调解，又有行业调解、律师调解、仲裁调解等，主体多元，形式多样。平台现有线上调解机构39家，线上调解员166名，调解机构和调解员均注明擅长领域，方便当事人作出选择。"有当事人在调解结束后发出感叹："没想到现在矛盾调解也处处渗透着科技感，确实给我们带来了极大方便！"

【资料3】

就在上个月，H省D市的C派出所被授予了一个响当当的荣誉——全省"人民满意的公务员集体"称号。那天，C派出所"义警协会"秘书长老陈在微信朋友圈写下这样一句话："回顾既往，百姓欢欣鼓舞；展望明天，警民同心，携手共进……"

多年来，D市作为人口大市，万人警力配备数却不到6人。如何在警力有限的情况下，筑牢基层社会治安综合治理这道防火墙，一直困扰着C派出所的刘所长。

今年3月，C派出所开展常态化"大走访"工作，在商业街走访了老陈等20多名店主后了解到，这一带的群众都有一个共同的愿望——参与公益组织，但苦于没有组织和方向。刘所长马上产生一个想法：能不能运用群众的力量，解决警力不足的问题呢？这个想法经过所里人员的反复讨论之后上报了上级领导部门，获得批准后，所里马上向辖区群众发出招聘"义警"的信息，一周的时间一支近百人的"义警"队伍就成立了。

成立不久，"义警"就立了大功。今年5月，"义警"在巡逻中听闻有一伙驾驶外地车辆的可疑人员在收集黄鳝血，便一边赶赴现场，一边报告派出所，最终协助派出所抓获了8名犯罪嫌疑人，一举破获一起利用黄鳝血碰瓷的连环诈骗案件。

C派出所将"义警"队伍分为巡查"义警"队和应急"义警"队，根据报名者的特长及意愿将人员分配到相应类别。巡查"义警"队被编入辖区26个小网格，参与网格治安巡逻防范志愿行动，对群租、电动车停放楼道、违规充电、违章搭建、违规经营等问题进行及时报送，同时协助社区开展环境卫生、消防安全、反扒反诈骗、矛盾纠纷化解等宣传服务工作。应急"义警"队协助社区开展突发事件的发现、预警、报告、处置、安全维稳及善后工作。

自组建"义警"队伍后，C派出所对"义警"进行了岗前、岗中培训。同时针对人员密集场所，定期组织"义警"队伍开展反恐防暴强化培训，切实提升"义警"队伍的实战能力。通过一系列举措，"义警"队伍的标准化、正规化、专业化程度越来越高。

老陈在第一时间加入了"义警"队伍。每天晚上6点半，他都会穿着红背心，带着队员准时出现在大街小巷。"现在辖区马路上的500块窨井盖在什么位置、有无破损,我心里都一清二楚。"老陈介绍,"义警"每周至少需要参加一次所在小网格的服务,时间不低于2小时,服从网格片区的任务安排、考勤、记录等管理。对不服从管理、连续一个月不参加服务或出现违法违规行为的"义警",将作"清退"处理。

C派出所牵头组织"义警"队伍后,采取由社区警长、专职辅警和"义警"队长构成的"1+1+1"组织管理模式,有序推进工作开展,每周进行工作总结,形成材料作为奖励及完善"义警"模式的重要依据。

"义警"达到不同的服务业绩和服务时间,会得到不同的"星级义警"评定,星级由低至高分为五级。对表现优秀的组织和个人,积极申报表彰对其奖励,而对表现不佳、不符合要求的队员,则予以降级或劝退处理。

"义警"队伍中,有热心志愿服务的居民,他们能更好地将众多资源进行整合,拉近与居民之间的距离,有利于第一时间掌握群众诉求、化解群众矛盾、解决群众难题,实现执法、管理、服务的有机统一;也有拥有一技之长的专业人士,刚刚增设的"义警突击队"就是由具备越野、登山、水上运动、无人机操作等专业特长的人员组成,他们利用自己的一技之长,协助公安、交警、消防等开展公益救援、搜寻救助等工作。

C派出所还配备了可视化调度平台,这也是首次应用4G网络技术对讲终端服务"义警"。当"义警"发现警情,可立即用4G对讲实时拍摄视频上传,并用对讲汇报警情支援需求。可视化指挥平台迅速定位警情位置,并在平台地图框选"案发"附近"三警"(民警、辅警、义警)队伍人员,发出支援指令。通过"可视化平台、对讲终端、义警人员"有效结合,切实达到"常态化管理、作战时指挥"的良好作用。

"自从有了'义警'后,每天都有人在我开的店面附近巡逻,社会治安越来越好了,我可以专心做生意,什么都不用担心。"经营五金店的李先生说,"不仅是我这样认为,周边的邻居都感觉现在有'义警'巡逻,既安全又放心,我们为政府的'义警'举措点个大大的赞。"

"'义警'就是我们的左膀右臂,已经有越来越多的群众要求加入'义警'。"C派出所刘所长说。

【资料4】

党的十九届四中全会提出"我国国家治理体系和治理能力是中国特色社会主义制度及其执行能力的集中体现",并总结了我国国家制度和国家治理体系多方面的显著优势,其中包括"坚持人民当家作主,发展人民民主,密切联系群众,紧紧依靠人民推动国家发展的显著优势"。从北京街头的"西城大妈""朝阳群众",到遍布全国各地的平安建设志愿者组织,一个个社会组织将公共服务的触角伸向社会的每一个角落,为促进社会的平安和谐增添助力。各地公安机关围绕构建共建共治共享的社会治理格局目标,充分发动群众,凝聚起群防群治新力量,不断增强着人民群众的获得感、幸福感、安全感。警力有限,而民力无穷,人民群众是公安工作的深厚基础和力量源泉,和谐安全的社会环境需要每一个人来守护。

作答要求

H省拟举行全省公安系统"与民同心 共创和谐"主题演讲比赛。假设你是参赛的"青年公安干警代表",请你结合给定资料,自拟题目,撰写一份演讲稿。(40分)

要求:

(1)角色定位准确;

(2)内容切合主题;

(3)语言流畅,有感染力;

(4)字数800~1000字。

【答题思路】

第一步:确定文章主题。"与民同心 共创和谐"的主题点出本文写作重点应关注与人民群众之间的紧密联系,在密切警民关系的过程中共同创造和谐美好社会。同时,注意本文题材要求是演讲稿,并对演讲者身份做了限制,这就要求在作文书写过程中要时刻紧扣青年公安干警这一身份,从日常工作事例出发,阐述主题,避免大而无当。

第二步:确定分论点,深化主题。警民同心作为本文的主论点,要对其进行深入细化。如从构建警民同心的原因来看:从国家层面来讲,警民同心的根源是中国共产党"全心全意为人民服务"的执政理念所要求的,体现的是中国特色社会主义制度的优越性;从社会层面来讲,警民同心对于构建和谐社会,激发社会活力具有巨大作用;从个人层面来讲,追求美好生活是我们每一个个体的美好愿景。

第三步:选择论据,充实论证。本文是演讲稿的题材,且演讲主题为青年民警,所以一味地对警民同心的理论渊源进行升华就显得过于拔高和空洞。演讲稿是要结合演讲者本人的实际经历方能显得动人、接地气。所以在如何实现警民同心、构建和谐社会的论证上,要多用实例,对具体工作内容进行挖掘。

警民同心 其利断金
——"与民同心 共创和谐"主题演讲比赛演讲稿

尊敬的各位领导,亲爱的同事们:

你们好,我是来自××的××,很荣幸作为青年公安干警代表参加此次演讲比赛。从宣誓成为一名人名警察的那一刻起,"服务人民"这四个字就已经深深刻入我们每一个人心中,"密切联系群众,紧紧依靠人民"既是一切工作的出发点和落

注意讲话稿格式

注意演讲比赛环境,需对自己做介绍

脚点，也是践行公安责任使命、守护和谐安全社会环境的制胜法宝。

　　人民警察心系人民，守一方热土、护一方平安。"110"承载着人们心中最大的安全感，而所有公安干警也无愧于人民群众的这份信任：为了做到"民有所需，警有所应"，打开手机，S市每个派出所都建立了"民警在身边"微信群；为了打通服务群众的"最后一公里"，有的基层民警挂职兼任村干部，身兼民警、引导员、服务员、巡防员、调解员、联络员5个角色，既促进地方发展又延伸警务触角。在一言一行中，我们都始终践行着"为人民服务"的初心和使命。

　　警民同心共治理，凝聚群防群治新力量。人民群众是公安工作的深厚基础和力量源泉，警力有限，而民力无穷：在无讼调解平台、调解微信群中，既有熟悉辖区情况、在群众中有威望的离退休干部、平安书记；又有具备一定法律知识的专业法律工作者，主体多元，形式多样，最大限度把矛盾纠纷就地化解在一线；在日渐壮大的"义警"队伍中，既有热心志愿服务的居民，又有拥有一技之长的专业人士共同协助开展工作，成为我们的左膀右臂。有了群众的协力帮助，公安工作如虎添翼，不断创出新高。

　　展望明天，警民携手再出发，续写社会和谐新篇章。围绕构建共建共治共享的社会治理格局目标，我们当如何更加紧密地联系群众、更加全面地保护群众、更加周到地服务群众，是我一直思考的问题。随着科学技术的不断发展，公安工作也需要与时俱进，着力提升智能化水平。通过基础数据与科技管理的深度融合，打造智慧平安小区；通过可视化调度平台，迅速定位警情位置，调动周边支援力量……越来越先进智能的科学技术，将为警民携手、警为民需增添新动力。相信在我们每一位公安干警的努力下，在广大人民群众的支持下，警民同心，汇聚澎湃合力，必将不断增强着人民群众的获得感、幸福感、安全感，助力社会和谐再上新台阶！

　　（例文来源：申论大本营，http://shenlunhome.com/forum.php?mod=viewthread&tid=556）

点明主题的重要意义

从警察角度出发，与民同心是职责所要求

从民众角度出发，警民合作是提高治理水平的现实要求

从未来发展出发，警民合作将有巨大的发挥空间

符合青年公安干警的身份，通过对未来警民合作的希冀自然地引出自身平时的工作内容，显得接地气，内容饱满充实

演讲稿的结尾应鼓舞人心，烘托气氛并再次点明主题

参考文献

半月谈图书编写组，2018. 申论范文宝典：2019年版［M］. 北京：新华出版社.

包锦阳，2017. 应用写作教程［M］. 杭州：浙江人民出版社.

曹丽娟，叶黔，达廖华，2017. 应用写作［M］. 成都：四川人民出版社.

陈颀，2018. 实用应用文写作教程［M］. 北京：北京理工大学出版社.

陈征，2018. 手把手教你写公文［M］. 北京：人民邮电出版社.

成公胜，2017. 申论轻松跨越［M］. 北京：北京理工大学出版社.

董攀山，2017. 典型材料写作谈［J］. 写作（12）：64-78.

段艳艳，章春明，2019. 跨境赌博违法犯罪治理研究［J］. 云南行政学院学报，21（6）：60-64.

冯汝常，2016. 大学应用写作［M］. 北京：高等教育出版社.

公务员资讯网. 中央机关及其直属机构2021年度考试录用公务员公共科目考试大纲[EB/OL]. （2020-10-15）[2020-10-20]. http：//www.chinagwy.org/html/kszc/gj/202010/42_379645.html.

郭小春，2018. 申论与应用文写作［M］. 北京：北京理工大学出版社.

国家公务员考试网. 国家公务员通用能力标准框架（试行）[EB/OL]. （2015-1-13）[2020-10-09]. http：//www.chinagwy.org/html/kszc/gj/201501/42_87189.html.

韩高峰，2018. 应用文体美学特点刍议——兼与文学文体比较［J］. 长春师范大学学报（5）：85-87.

何琼，2002. 谈谈应用写作思维的广度和深度［J］. 贵州教育（10）：39-40.

胡冰，2018. 古代应用写作初期理论史研究的理论问题［J］. 枣庄学院学报（4）：132-135.

胡湘娟，2018. 本科毕业论文写作指导研究[J]. 科技资讯（21）：170-171.

华图教育，2014. 国家公务员录用考试专用教材——申论［M］. 北京：红旗出版社.

黄高才，2017. 应用写作［M］. 2版. 北京：北京大学出版社.

黄文贵，2017. 应用写作实训教程［M］. 重庆：重庆大学出版社.

姬艳涛，李宥成，2020. 新时代"枫桥式"基层治安治理模式探究——基于序次Logistic回归模型的实证分析[J]. 河北法学，38（3）：135-148.

姜恩庆，2018.《典论·论文》对应用文写作理论研究的意义［J］. 应用写作（1）：10-13.

姜晓云，2010. 如何使领导致辞更具水平与特色［J］. 新闻与写作（1）：92-94.

蒋天堂，杜焰，2019. 基于激光传感器实时数据的交通信号灯控制优化研究[J]. 激光杂志，40（9）：155-158.

焦东起，2012. 浅谈积累与写作［J］. 德州学院学报（7）：67-68.

李芳，2016. 应用文写作［M］. 北京：北京理工大学出版社.

李慧迪，2019. 地方本科院校毕业论文写作探析［J］. 邢台学院学报（3）：183-185.

李培芬，2012. 申论精解［M］. 北京：中国人民公安大学出版社.

李依晴，2019. 新编应用文写作［M］. 天津：天津科学技术出版社.

李展，2016. 贺信正文写作的"三段论"［J］. 应用写作（8）：26-28.

梁兰菊，2019. 本科毕业论文写作对学生创新思维能力培养探析[J]. 高教学刊（24）：31-33.

林华，2017. 应用文写作教学模式的研究与实践［J］. 曲靖师范学院学报（5）：107-110.

灵鹏教育.《申论》阅卷规则大揭秘（大全）[EB/OL].（2017-04-16）[2020-10-20]. https：//www.sohu.com/a/134294442_577932.

刘冲，2016. 论大学生毕业论文写作中的文献检索与利用[J]. 赤峰学院学报（12）：178-180.

罗忠贤，2008. 例说贺信的写作［J］. 应用写作（5）：36.

马明亮，2014. 公安院校法学本科毕业论文写作指导研究[J]. 西部法学评论（2）：96-104.

马奇，麦克伊沃，等，2011. 怎样做文献综述——六步走向成功[M]. 陈静，肖思汉，等译. 上海：上海教育出版社.

马晓燕，李少英，何文智，等，2017. 法医DNA鉴定中的染色体异常现象[J]. 复旦学报（医学版），44（S1）：33-36.

马增芳，2007. 展望未来　鼓舞人心——例谈闭幕词的写作［J］. 应用写作（8）：35-36.

彭青，2015. 应用写作[M]. 北京：北京大学出版社.

邱相国，2011. 事务文书写作［M］. 武汉：武汉大学出版社.

石爱民，2004. 开幕词写作例谈［J］. 应用写作（2）：36-37.

孙百臣，2018. 计划与总结写作如何互为参照［J］. 秘书之友（1）：23-25.

孙秀秋，2017. 应用写作［M］.5版. 北京：中国人民大学出版社.

孙永良，蒋子烨，2019."应用写作"与"实用写作"考辨［J］. 秘书（5）：44-51.

唐棣，2016. 申论的思维［M］. 北京：五洲传播出版社.

滕新贤，李丹，2018. 应用文写作教程［M］.2版. 上海：同济大学出版社.

汪广龙，2020. 治安防控体系演化的组织机制——基于"打防并举"到"管理服务"变迁历程的研究[J]. 公共管理学报，17（2）：128-140，174.

王大江，罗堰，高强，等，2015. 学术论文与申论写作［M］. 成都：西南交通大学出版社.

王丽华，2002. 试论方案的写作［J］. 应用写作（10）：18-20.

魏东升，陈道，任婕，等，2018. 半部申论［M］. 石家庄：河北人民出版社.

魏勇，2012. 怎样写会议记录［J］. 应用写作（6）：22-24.

闻君，倪亮，朱军，2008. 行政公文写作及范例全书[M]. 北京：北京工业大学出版社.

吴亚才，2006. 工作要点的特点与写作要求［J］. 秘书之友（3）：27-29.

席忍学，2018. 应用文写作导练［M］. 成都：西南交通大学出版社.

谢吉琴，2012. 提高本科毕业论文质量的思考[J]. 中国校外教育（21）：8.

谢亦森，2006. 怎样写好工作汇报材料［J］. 应用写作（8）：48-50.

徐桂成，林超，2016. 写好会议主持词应做到"四个清"［J］. 应用写作（10）：34-36.

徐占品，2009. 竞职演说稿应该把握两点一性［J］. 应用写作（3）：38-39.

许可，王丰，2017. 申论解决方案——一本完胜申论考试的武林秘籍［M］. 北京：清华大学出版社.

许正林，2018. 毕业论文写作的基本技巧与方法[J]. 新闻与写作（2）：104-106.

许祖华，2018. 大学语文及应用文写作教程［M］. 武汉：华中师范大学出版社.

杨景生，2019.《论语》对于应用写作的启示［J］. 应用写作（8）：10–14.

于成鲲，陈瑞端，秦扶一，2011. 公务与事务文书写作规范［M］. 上海：复旦大学出版社.

岳海翔，2011. 综合事务文书写作：要领与范文［M］. 北京：中国纺织出版社.

岳海翔，2016. 中国党政机关事务文书写作技巧与范例指导全书［M］. 杭州：浙江人民出版社.

岳平，陈伊韬，2020. 社会治理：黑恶犯罪治理进阶与启示[J]. 上海大学学报（社会科学版），37（5）：82–93.

岳文强，崔雨峰，2017. 实用应用写作［M］. 北京：北京理工大学出版社.

张海鹏，陈帅，2017. 城乡基本公共服务均等化的犯罪治理效应——基于2002—2012年省级面板数据的实证分析[J]. 世界经济文汇（6）：1–15.

张江艳，2020. 由"辞命体"到"应用文"——分析刘熙载应用文写作观及其当代价值［J］. 秘书（1）：73–85.

张良，2020. 倡议书写作应做到"三个注重"［J］. 应用写作（4）：49–51.

张小龙，2014. 张小龙申论80分绝技［M］. 北京：清华大学出版社.

张芯薪，2013. 例谈表扬信与感谢信的写作之异［J］. 应用写作（6）：42–44.

张雪梅，2003. 总结的前言部分写作例谈［J］. 应用写作（1）：19–20.

周文建，2006. 怎样写大事记［J］. 新闻与写作（5）：44.

周莹，2010. 致辞写作应把握针对性原则［J］. 应用写作（11）：33–36.